Jason Kalman

·

The Book of Job in Jewish Life and Thought
Critical Essays

Hebrew Union College Press

Cincinnati

2021

Джейсон Кальман

•

Где премудрость обретается?

Еврейская интерпретация Книги Иова от раввинистического периода до XVI века

Hebrew Union College Press

Cincinnati

2025

Academic Studies Press

Библиороссика

Бостон / Санкт-Петербург

2025

УДК 82(=411.16)
ББК 83.3(0)9
К17

Перевод с английского Георгия Копылова

Серийное оформление и оформление обложки Ивана Граве

Изображение на обложке: печатается с разрешения Klau Library, Hebrew Union College, Cincinnati, Ohio.
Фото автора на задней стороне обложки: Д. Х. Аарон.

Кальман, Джейсон.
К17 Где премудрость обретается? Еврейская интерпретация Книги Иова от раввинистического периода до XVI века / Джейсон Кальман ; [пер. с англ. Георгия Копылова]. — СПб.: Academic Studies Press / Библиороссика, 2025. — 342 с. — (Серия «Современная иудаика» = «Contemporary Judaica»).

ISBN 979-8-887199-42-9 (Academic Studies Press)
ISBN 978-5-907918-30-6 (Библиороссика)

Несмотря на отсутствие в еврейском литургическом цикле и ограниченное место в еврейской религиозной практике, Книга Иова определяет еврейскую культуру на протяжении последних 2000 лет. Усилия бесчисленных комментаторов, толкователей и творческих переписчиков сосредоточились на попытках доказать Божественную справедливость страданий, обрушившихся на Иова.

Книга Джейсона Кальмана описывает богатую традицию осмысления этой библейской книги в древних, средневековых и современных еврейских текстах, таких как Талмуд, мидраши и средневековые трактаты еврейских мудрецов.

УДК 82(=411.16)
ББК 83.3(0)9

© Jason Kalman, text, 2021
© Hebrew Union College Press, 2025
© Г. И. Копылов, перевод с английского, 2024
© Academic Studies Press, 2025
© Оформление и макет.
ООО «Библиороссика», 2025

ISBN 979-8-887199-42-9
ISBN 978-5-907918-30-6

Посвящается Чарли, Гарри и Либби, с любовью

Благодарности

Я начал интересоваться Иовом, когда в десятом классе ходил на занятия по Танаху, которые вел Йогев Тзук. В колледже мой интерес был поддержан ушедшей от нас Мириам Шухат. В Университете Макгилла он разгорелся с новой силой благодаря курсу, посвященному «Зогару», который вел Лоренс Каплан. Я благодарен им всем за то, что они вдохновляли меня на этом раннем этапе и снабдили меня прочной основой.

Большая часть представленного в этой книге труда начала оформляться в моей докторской диссертации под руководством Б. Барри Леви, написанной в Университете Макгилла. Но без его поддержки и заботы обо мне и как о студенте, и как о становящейся личности книга никогда не была бы написана и я совершенно точно не был бы тем исследователем и преподавателем, которым стал. Как я смею надеяться, эта книга доказывает, что он не напрасно вложил в меня столько сил. Его учительство и дружба продолжаются все эти годы и представляют собой настоящую драгоценность.

В годы, которые я провел в Университете Макгилла, мне во многом помогла мудрость Эрика Каплана, Карлоса Фрэнкеля, Эстер Франк, Анны Гоншор, Яэль Халеви-Уайз, Гершона Хундерта, Лоуренса Каплана и Юджина Оренстейна. И тогда, и в последующие годы меня также поддерживала доброта, дружба и мудрость Херберта Бассера.

Я благодарен за щедрую помощь Мариано Гомесу Аранде, Авишаю Бар Ашеру, Джудит Баскин, Бреннану Бриду, Марку Брегману, Райану Бирну, Роберту Кэмпбеллу, Мордехаю Коэну, Алану Куперу, Джозефу Дану, Тамару Дувдевани, Роберту Эйзену, Абрааму Гроссу, Роберту Харрису, Саре Яфет, Эфраиму Канарфогелю, Ривке Керн-Ульмер, Наоми Колтун-Фромм, Джонатану Каплану, Мод Козодой, Хартли Лахтеру, Филу Либерману, Мартину Локшину, Рэйчел Мандален, Кэрол Ньюсом, Лиоре Петровер, Алисе Рети, Джордану Росенблюму, Арику Садану, Йехуде Зеевальду, Моше Соколову, Карле Зульцбах, Барри Уолфишу, Йоахиму Йешайе и недавно ушедшему от нас Яакову Эльману. Этот проект многим обязан долгим часам бесед с Цзюнь-Лян Сяо. Я глубоко признателен ему за дружбу, поддержку и щедрость духа.

Участники Еврейского электронного семинара Вандербильта, координируемого Филом Либерманом, прочли несколько глав этой книги. Я выражаю им сердечную признательность за сотрудничество и поддержку.

Во времена до цифрового доступа ко многим старым книгам и рукописям мне оказывали щедрую помощь Беньямин Рихлер из Института микрофильмов еврейских рукописей (ныне его почетный директор) и Шерил Джаффи, в прошлом куратор Коллекции Джейкоба М. Лоуи в Национальной библиотеке Канады.

На протяжении почти 16 лет Колледж еврейского союза — Еврейский институт религии (*HUC-JIR*) был для меня счастливым домом. Мои коллеги, студенты и администрация поддерживали и подбадривали меня самыми разными способами. Хотя некоторые из коллег к настоящему времени закончили карьеру или перешли в другие институции, я хочу особенно отметить вклад в этот проект Дэвида Х. Аарона, А. Дж. Берковитца, Сьюзан Эйнбиндер, Нили Фокс, Джошуа Гарроуэя, Эдварда Гольдмана, Алиссы Грэй, Адама Камесара, Барри Когана, Стивена Кауфмана, Майкла А. Майера, Хаима О. Рехнитцера, Ричарда Сарасона и Кристин Томас. Бывший президент Дэвид Элленсон, бывший проректор Майкл Мармур и нынешний проректор Андреа Вайсс оказывали мне поддержку и поощряли меня. Исследовательское сообщество служило и продолжает служить для меня источником вдохновения.

Работники Библиотеки Клау проявляли исключительный профессионализм, сохраняя уникальные сокровища коллекции и предоставляя к ним доступ. Не будет преувеличением сказать, что многие из материалов, с которыми имеет дело эта книга, доступны исследователям и ученым только благодаря усилиям прошлого и нынешнего руководства и работников Библиотеки Клау. Дэвид Гилнер, Йорам Биттон, Лорел Волфсон, Джордан Финкин и Маргалит Таль сделали все возможное и более того.

Хотя академические монографии обычно подписаны именем одного автора, на самом деле они, несомненно, продукт коллективной работы. Долгие годы сотрудничества с Дэвидом Х. Аароном и Соней Рети показали мне, что издательство *HUC Press* — лучший партнер для этого проекта. Об их вкладе свидетельствует каждая страница, и даже если бы я смог найти слова, чтобы поблагодарить их, они бы все равно нашли способ сделать это более сжато и красноречиво.

В комментариях к Книге Иова часто обсуждается ценность дружбы. Жаклин Дю Туа и Ванесса Сассон прошли со мной долгий путь — буквально и фигурально. Насколько лучше было бы Иову, если бы его друзьями были они, а не те четверо!

Я выражаю благодарность своим студентам в Университете Макгилла, где я впервые излагал этот материал, множеству студентов в различных синагогах и мельтоновских классах в Монреале и Цинциннати, которые помогали мне разобраться в нем, и пытливым умам студентов *HUC-JIR*, которые помогали мне находить всё новые способы понимать его. Их вопросы и возражения способствовали широте охвата текстов, жанров, периодов, языков и идей, проявляющейся в этой книге.

Мои братья и сестры — Кори и Эстер, Кэти и Шон, Итан и Стефани — поддерживали меня во всех начинаниях. Своей любовью к знаниям я обязан моим родителям, моим первым учителям. Если бы они не затащили меня в еврейскую школу, не поддерживали и не поощряли (почти) каждый мой шаг впоследствии, все это было бы невозможно и даже невообразимо.

Моя жена Дана слышала каждый стук по клавиатуре и каждый щелчок мыши, из которых этот проект собирался на протяжении более чем 20 лет, и каждый из них сделали возможным все те жертвы, на которые она пошла. Без нее во всем этом не было бы никакого смысла.

В этот год пандемии мы удостоились радости (и испытания) проводить все время дома с нашими детьми Чарли, Гарри и Либби. Благодаря этому мы увидели познание и рост, которых в противном случае могли бы не заметить и которые подтвердили, что остановить их не сможет ничто. Мы лишь надеемся, что обнаруженная нами в них радость открытия сохранится и что однажды они найдут некое вдохновение в этом итоге моих собственных исследований. С этой мыслью я посвящаю свой труд им, с любовью.

Введение

Люди говорят мне, что у меня терпение Иова. И они говорят это не в хорошем смысле. Они имеют в виду, что у меня *настоящее* терпение Иова. Любой, кто читал еврейскую Книгу Иова, знает, что главного героя можно назвать каким угодно, но уж точно не терпеливым. Популярность идиомы, видимо, восходит к переложению Иак. 5:11 в Библии короля Иакова 1611 года: «Вот, мы ублажаем тех, которые терпели. Вы слышали о терпении Иова и видели конец оного от Господа, ибо Господь весьма милосерд и сострадателен»; впрочем, эта фраза есть уже в Библии Уиклифа 1382 года. К XVI веку она широко использовалась в христианских трудах, например, в «Loci Communes» Вольфганга Мускулуса, переведенном на английский в Лондоне в 1563 году. Выражение проникло в английскую культуру и, как показывает быстрый поиск в Google, остается общеупотребительным. Однако по крайней мере с начала XX века словари английских идиом для носителей языка (то есть не те, в которых идиомы объясняются только изучающим английский) должны были уже не только объяснять, что обладать терпением Иова значит быть очень, очень терпеливым, но и указывать, что Иов — библейский персонаж (из еврейской Библии / Ветхого Завета) [March 1906: 372, 374, 563]. То есть тот, кто пользовался этим оборотом речи в XVI веке, мог не читать Книгу Иова, но, скорее всего, понимал, что Иов — главный герой одной из книг Библии. К XX веку употребление этого выражения уже ничего не говорило о том, знает ли говорящий или пишущий Библию.

В октябре 2019 года Еврейское телеграфное агентство выпустило подборку отзывов раввинов о фильме Джоэла и Итана

Коэнов «Серьезный человек» по случаю его десятилетия[1]. Автор статьи, Стивен Сильвер, сразу замечает, что фильм «стал наиболее откровенно еврейской работой Коэнов. Действие фильма происходит в 1967 году в их родном городке в Миннесоте, и все указывает на то, что сюжет основан на вольной интерпретации библейской книги Иова». Фильм, говорится далее в статье, «рассказывает историю Ларри Гопника... еврея — профессора колледжа, чья жизнь неожиданно разваливается на части, как в истории Иова». Когда фильм вышел на экраны десятью годами ранее, А. О. Скотт в обзоре в «Нью-Йорк таймс» спрашивал: «Вы слышали о парне, который жил в земле Уц и был непорочен, справедлив и богобоязнен? Его звали Иов. В новой версии этой истории, в "Серьезном человеке", некоторые детали были изменены»[2]. Как и библейская книга, фильм рассказывает историю человека, переживающего ничем, по видимости, не заслуженное страдание. Авторы обзоров, которые я привел в пример выше, исходят из наличия у себя и у читателей культурного опыта, позволяющего опираться на общее знание библейской книги и ее содержания.

В числе отзывов раввинов, о которых писало Еврейское телеграфное агентство, был отзыв старшего раввина большой реформистской конгрегации, рассказывавшего, что, когда в его кружке по изучению Торы обсуждалась Книга Иова, участники часто отмечали сходство этой истории с фильмом братьев Коэн. Хотя в статье почти ничего не говорилось о контексте, из того, что пишет раввин, ясно, что участникам нужно было сперва ознакомиться с библейской книгой и начать понимать ее, и лишь потом они начинали видеть связь. Хотя и Скотт в 2009 году, и Сильвер десятью годами ранее находили сходство между фильмом и библейской книгой очевидным, насколько вообще могли увидеть там нечто общее их аудитории или аудитория зрителей фильма —

---

[1] Silver S. «A Serious Man» Came out 10 Years Ago. Here's What Real Rabbis Think of the Coen Brothers Film // Jewish Telegraphic Agency. 2019. October 16. URL: https://www.jta.org/2019/10/16/culture/a-serious-man-came-out-10-years-ago-heres-what-real-rabbis-think-of-the-coen-brothers-film (дата обращения: 26.08.2024).

[2] Scott A. O. Repeated Calls to God, And Always a Busy Signal // New York Times. 2009. October 2.

хороший вопрос. И даже если зрители все же ассоциировали фильм с библейским текстом, достаточно ли они были знакомы с Книгой Иова, чтобы понять параллели: праведные страдальцы Ларри и Иов, три раввина — на месте трех друзей Иова, разрушительное торнадо в фильме и буря библейской теофании?

Нет сомнений в том, что многие члены еврейского сообщества опознали некоторые из этих тем, но в основном обсуждение фильма среди евреев касалось того, поддерживает ли он стереотипы или насколько он отражает опыт евреев, живших в пригородах Среднего Запада в 1960-е годы — а не проблемы теодицеи[3]. Если представители зрительских аудиторий что-то и знали об Иове, это могло быть связано с широко освещавшимся в прессе политическим провалом, который случился пятью годами ранее.

Всего за пять лет до того, как «Серьезный человек» вышел на экраны, бывший губернатор Вермонта, Говард Дин, активно пытался номинироваться на пост президента от Демократической партии. В интервью, которое он дал в пятницу 2 января 2004 года, Дин, стремясь укрепить свою связь с религиозными избирателями из Библейского пояса, чтобы сместить занимавшего тогда должность Джорджа Буша (позиционировавшего себя как возродившегося христианина), сказал, что Книга Иова — его любимая книга Нового Завета. Дин, выросший в епископальной среде и учившийся в религиозной школе, женился на еврейке и воспитывал детей в обеих традициях[4]. Его (не)знание Книги Иова примечательно: он знал название книги, но перепутал Завет, в который она входит, а потом запутался, пересказывая содержание. Но особенные затруднения возникли, когда он попытался объяснить разногласия между исследователями по поводу того, была ли заключительная часть, где Иов получает от Господа вдвое больше того, что у него было прежде, в оригинальном тексте или она была добавлена позднее. Все это указывает на то, что некогда

---

[3] Дискуссию о еврейской рецепции фильма см. в подборке статей в: Association for Jewish Studies Review. 2001. Vol. 35, № 2.
[4] Foer F. Beyond Belief: Howard Dean's Religion Problem // New Republic. 2003. December 29.

он, возможно, знал о книге больше. Большинство газет не допускали подобных мыслей относительно своих читателей, и статьи, в которых освещалась оплошность Дина, спешили объяснить, что книга — из Ветхого Завета или еврейской Библии, и рассказать, о чем она: «Книга Иова, ветхозаветная история праведника, чья вера подвергается испытанию лишениями, завершается тем, что Господь возвращает то, что он потерял, и главный герой продолжает жить, пока не умирает "в старости, насыщенный днями"»[5].

Является ли страдание Иова испытанием или наказанием — вопрос, который будет не раз подниматься ниже. Здесь, однако, для нас важно понимание того, что читателям нужно было напомнить сюжет книги. В самой известной статье, посвященной промаху Дина, политический обозреватель Уильям Сэфайр, за десять лет до того опубликовавший работу о значении Книги Иова в политической мысли [Safire 1992], рассказал своей аудитории о книге и о дискуссиях о ней в академической среде[6]. Американская еврейская пресса была не слишком озабочена тем, что Дин плохо знал Библию; она сосредоточилась на представлявшемся опасным религиозном повороте в его политической кампании. Но обсуждая в последующие несколько месяцев то, что Дин перепутал Завет, к которому принадлежит книга, даже американские еврейские авторы, обращавшиеся к еврейской аудитории и еврейской повестке, не исходили из предположения, что содержание книги известно их читателям.

Статья в *Los Angeles Jewish Journal* содержала объяснение книги и ее связей с современными литературными фигурами — Альфредом Теннисоном, Томасом Карлейлем, а также Синтией Озик — причем эти писатели рассматривались как предположительно более знакомые читателю, чем библейская книга[7]. Подоб-

---

[5] Wilgoren J. Dean Narrowing His Separation of Church and Stump // New York Times. 2004. January 4.

[6] Safire W. The Book of Job According to Howard Dean // International Herald Tribune. 2004. January 6.

[7] Richman R. Safire Says Book of Job Political // Los Angeles Jewish Journal. 2004. November 18. URL: https://jewishjournal.com/culture/arts/10547/ (дата обращения: 27.08.2024).

ным же образом в статье, подготовленной для *JT News*, но тогда не опубликованной, профессор Вашингтонского университета Мартин Джаффи дал детальный обзор Книги Иова и некоторых ее интерпретаций [Jaffee 2009]. Примерно в то же время рав Шломо Рискин, чью колонку о недельных чтениях Торы печатали еврейские газеты во всех США, также вынужден был объяснять:

> Возможно, вы помните, что Книга Иова, трагическая история праведника, который теряет семью и богатство, хотя сам не совершает никакого греха, начинается так: «Был человек в земле Уц, имя его Иов; и был человек этот непорочен, справедлив и богобоязнен и удалялся от зла. <...> и был человек этот знаменитее всех сынов Востока» (Иов 1:1–3). И этот человек теряет все эти вещи из-за того, что Сатана хочет склонить его к богохульству[8].

И это Рискин должен был объяснять постоянным читателям колонки, посвященной разборам Пятикнижия! Другими словами, несмотря на все освещение в американских СМИ оплошности Дина, когда «Серьезный человек» вышел на экраны, нельзя было рассчитывать на то, что еврейское сообщество будет что-то по-настоящему знать о Книге Иова.

Эта ситуация среди американских евреев была такой же, как и примерно веком ранее. В 1894 году реформистский рабби Исаак С. Мозес из Чикаго и его брат, рабби Адольф Мозес из Луисвилля, составили подборку библейских, раввинистических и средневековых еврейских текстов для обучения еврейской молодежи в воскресных школах и на дому [Moses, Moses 1889]. Выбирая фрагменты, касающиеся Иова, они решили не включать в подборку все обсуждения сцены небесного суда в первых двух главах, так что читатель не мог узнать о том, что Бог и Враг[9] имеют какое-то отношение к ситуации, в которой оказался Иов

---

[8] Riskin Sh. The World Is an Unfair Place: Vayera // New Jersey Jewish News. 2004. October 28.

[9] За исключением прямых цитат и когда иного не требует контекст, я использую для обозначения фигуры, которая в первых главах Книги Иова именуется haSatan/השטן, термин «Враг».

[Moses, Moses 1889: 187–188]. Бог появляется из бури, чтобы защитить божественное всеведение, и потом опять — чтобы раскритиковать друзей Иова и вознаградить его самого. В этой конструкции нарратива Бог дает, но не отнимает [Moses, Moses 1889: 223–126]. Важность этой книги, как объясняют авторы, заключается в «воодушевляющем духовном состоянии Иова», которое обычно упускается из виду в силу того, что, как они уверяют, хотя в воскресных школах хорошо подается Пятикнижие, последующий материал освещается недостаточно, и поэтому еврейские дети не получают «столь полного знания о библейских текстах, как их сверстники неееврейского происхождения» [Moses, Moses 1889: II].

Такое прочтение книги — как воодушевляющей — и отсутствие всякого влияния Бога и божественных существ в первых двух главах — это отголосок более ранних попыток обучать еврейскую молодежь на страницах *American Israelite*, в те времена одной из самых распространенных еврейских газет. Стараясь привнести не известные из других мест нарративы и тексты в еврейские дома, *Israelite* в 1871 году стала печатать колонку, идея которой заключалась в том, чтобы родители могли рассказывать своим детям о некоторых значимых фигурах, живших во времена вавилонского изгнания[10]:

> Другой благочестивый и мудрый еврей из числа оказавшихся в пленении, чье имя было Эйоб, или Иов, известен потомкам благодаря Книге Иова. Этот человек, по видимости, жил в земле Ооц, или Уз, на границе Аравийской пустыни, и был богатым и благочестивым вождем, известным своей мудростью и справедливостью. Так случилось, что он потерял свое богатство и к тому же своих детей и был поражен отвратительными недугами. И все же не терял он веры

---

[10] Хотя раввинистическая литература считает вавилонское пленение одним из периодов, в которые мог жить Иов, библеистика XIX века неоднократно оспаривала это предположение, причем некоторые авторы рассматривали Иова как типологическую префигурацию Израиля в пленении. См., например, [Umbreit 1836]. О дискуссии в еврейских кругах относительно периодизации см. [Vargon 2001].

в Бога и восклицал: «Бог дал, Бог взял, да славится имя Божие». Дни его мучений прошли, к нему вернулось и здоровье, и богатство, и он остался верным своему Богу[11].

Этот пассаж примечателен тем, что здесь тоже обходятся стороной действия Бога; причина страданий Иова в том, что «так случилось». В то же время здесь изображается терпеливый Иов, который стойко проходит через тяготы. В этом смысле автор этой колонки и братья Мозес разделяли взгляд на книгу, ориентировавший их читателей на интерпретацию, наиболее близкую их «товарищам нееврейского происхождения» или по меньшей мере знакомую их христианским соседям. Почти десятью годами позже рав Исаак Майер Уайз, редактор *American Israelite*, а также основатель Еврейского союзного колледжа (Hebrew Union College) и других важных институций реформистского иудаизма в Соединенных Штатах, прочитал лекцию об Иове, текст которой он воспроизвел в газете. Это очень ценная лекция, но в контексте наших текущих задач бросается в глаза введение:

> В каждой Библии мы находим Книгу Иова, включающую 42 главы, 1070 стихов, каждый из двух коротких строк. В еврейской Библии она относится к Агиографам, третьему разряду Писаний, и следует за Притчами Соломоновыми. В греческом и сирийском вариантах Библии она следует за пятью книгами Моисея. Ее можно не спеша прочитать за три часа — я засекал время; но чтобы ее понять, понадобится немного больше, ибо число комментариям к ней — легион. Это произведение искусства, полное возвышенного, так что те, у кого есть вкус к поэзии, особенно к возвышенному, никогда не устают ее читать.

Он завершил лекцию словами: «...прежде чем пускаться в углубленные спекуляции, прочтите Книгу Иова и хорошо разберитесь в ней...»[12]

---

[11] Lessons for the Young: Great Men Among the Early Captives // American Israelite. 1872. August 16.

[12] Wise I. M. A Review of the Book of Job Lecture by the Editor // American Israelite. 1879. July 31.

Уайз в этом тексте дал указания, как найти книгу в Библии, а также предложил маркетинговый план, как заинтересовать нашедших ее потребителей в том, чтобы ее прочесть. Как и Шломо Рискину 130 лет спустя, авторам посвященных Книге Иова статей приходилось давать разъяснения аудитории, интересовавшейся еврейскими вопросами в достаточной мере хотя бы для того, чтобы регулярно читать американские еврейские газеты. Причины этого, скорее всего, довольно заурядные. Знание Книги Иова не есть нечто, что можно обрести, регулярно посещая синагогу. Дело не в том, что члены еврейской общины плохо осведомлены, но в том, что Книга Иова по большей части остается для еврейского образованного класса элитным текстом и не становится общеизвестным образчиком еврейской литературы. Б. Барри Леви утверждает, что «уяснение того, как евреи как народ взаимодействуют с Библией, должно начинаться с понимания, что их реакция диктуется синагогой и ее практиками» [Levy 2000: 53]. Он объясняет, что существует годичный цикл чтения Торы, каждый из Пяти свитков читается публично в определенные религиозные памятные дни, тогда как десятки пассажей из пророков читаются в рамках дополнительных чтений, или *хафтарот*, в Шаббат и по праздникам. Благодаря регулярным публичным чтениям этих источников и упоминанию их в других местах литургии они известны общине. Однако немалое число библейских книг не читаются публично, и, как он утверждает, многие постоянные посетители синагоги не узнали бы в них библейские книги. Книга Иова, по его мнению, — это как раз типичный пример такой ситуации. «Не считая редких упоминаний вскользь, иудаизм как публичная религия практически не интересуется Иовом» [Levy 2000: 60][13]. Книга Иова не является частью формальных публичных чтений Писания в синагогальной практике

---

[13] Роберт Гордис приходит к похожему выводу: «Так как книгу, в отличие от Торы и Пяти Свитков, не читали официально в рамках синагогальных служб, ей посвящено мало специальных мидрашей и гомилетических комментариев. Вместо этого гомилетические и этические комментарии к книге рассыпаны по Вавилонскому и Палестинскому Талмудам и разнообразным собраниям мидрашей». См. [Gordis 1965: 224].

большинства евреев; лишь немногие стихи цитируются в литургии, и хотя во время поминальных служб может быть сказано: «Бог дает и Бог берет», то, что это стих из Книги Иова, едва ли известно скорбящим и тем, кто приходит их поддержать. С учетом того, что синагога уделяет этой книге мало внимания, а также того, что немногие современные евреи посещают синагогу, раввинам и еврейским исследователям, чувствовавшим, что книга заслуживает большей известности, приходилось искать особые пути, чтобы целенаправленно донести ее до них. Наиболее формальным подходом был перевод и комментарий. В американо-еврейском контексте первой серьезной попыткой был комментарий на Книгу Иова, написанный родившимся в Венгрии и жившим в Балтиморе раввином Бенджамином Шольдом, опубликованный в 1886 году [Szold 1886]. В отличие от большинства предшествующих комментаторов, предполагавших, что книга представляет собой попытку объяснить, почему праведные страдают, а нечестивцы благоденствуют, Шольд в целом говорит, что Книга Иова — о том, как праведные сохраняют твердую веру перед лицом бедствий, и это прочтение согласуется с интерпретативным трендом, который формировался в стране, ставшей для Шольда домом[14]. Однако, не считая рецензий на книгу в американской еврейской прессе, большинство евреев того времени не могли знать о 500-страничном томе, написанном на иврите. Рецензенты превозносили комментарий как первый крупный вклад в раввинистическое учение, возникший из американской еврейской среды, но сетовали на то, что книга была недоступна для большинства членов общины:

> Этот труд, несомненно, будет в полной мере воспринят в тех странах Старого света, где знание иврита более распространено, чем в нашей среде. Американский иудаизм может

---

[14] Летом 1883 года Шольд посетил в Цинциннати Исаака Майера Уайза и показал ему рукопись своего комментария. Уайз одобрил то, что Шольд избежал ловушки критики, и высказался в поддержку публикации книги. См. The Book of Job Expounded by Rabbi Benjamin Szold // The American Israelite. 1883. July 27. P. 4.

гордиться тем, что такое объемное литературное произведение, написанное на чистом и превосходном иврите, было создано одним из его ученых раввинов[15].

То, что комментарий написан на иврите, во многом подкрепляет тезис Леви. Если оставить в стороне раввинов и еврейских интеллектуалов, то, чтобы узнать о книге в еврейском религиозном контексте, нужно было иметь доступ к самой книге, а также учителя или комментарий на вернакуляре. Первые комментарии к «Иову» на английском, написанные еврейскими авторами в США, — это комментарии Морриса Джастроу и Мозеса Буттенвизера [Jastrow 1920; Buttenwieser 1922]. Обе книги — продукты академической науки, но они были опубликованы издательствами со значительно более широкой аудиторией. В дополнение к своим комментариям оба автора включили в свои издания новые переводы библейской книги, отвергая доступные переводы как неприемлемые либо из-за устаревшего английского, либо из-за непонимания оригинального иврита, вызванного недостаточным вниманием к современной критической библеистике. По мнению Джастроу, перевод JPS[16], вышедший в 1917 году, был приемлемым, хоть и не идеальным. Оба автора сетовали на то, что Книгу Иова просто «знали», а не «читали». Как пишет Джастроу,

> можно сказать, что Книга Иова пострадала от своей известности. Из-за того что она, по общему мнению, представляет собой литературный шедевр Ветхого Завета и фактически один из шедевров мировой литературы, обычный человек чувствует себя избавленным от необходимости читать ее; так же обстоит дело с «Потерянным раем» Мильтона [sic!], который вызывает всеобщее восхищение, но читается сравнительно мало, за исключением тех случаев, когда его

---

[15] Mielziner M. The Book of Job // American Israelite. 1886. September 3. См. также: Drachman B. Dr. Szold's Commentary on Job // American Hebrew. 1886. October 8.

[16] JPS — The New Jewish Publication Society of America, Новое еврейское публикационное общество Америки. — *Прим. пер.*

чтение предписывается тем, чья незрелость не позволяет им постичь его значения. Отношение обычного человека к Иову, по-видимому, заключается в следующем: нужно ли это читать, чтобы укрепиться в мнении, которое всякий готов принять на веру? [Jastrow 1920: 7]

Это мнение, как поясняет Буттенвизер, заключается в том, что «Бог осуществляет индивидуальное материальное воздаяние», и эта теодицея и есть то, «против чего Иов в конечном счете восстает» [Buttenwieser 1922: VII]. Буттенвизер убежден, что эта ортодоксия сохраняла силу вплоть до конца XVIII века и ослепляла как древних, так и современных читателей в отношении того, что Иов на самом деле бросает вызов этому старому предположению. Как утверждает Буттенвизер, Иов учит, что Бог действует в человеческой жизни и что моральный закон, «внутренне присущий человеку, есть высшая реальность, абсолютный руководящий принцип для человеческой жизни и поведения» [Buttenwieser 1922: VIII]. В чем соглашаются в своих предисловиях Буттенвизер и Джастроу, так это в том, что заставить читателя действительно прочитать книгу — это само по себе непростая задача. В отсутствие ощутимой потребности в знании Книги Иова, как и легкого доступа к этому знанию в рамках синагогальной практики, обычный мирянин не может воспринять книгу без руководства. Пройдет больше 30 лет, прежде чем появится еще один англоязычный еврейский комментарий на Книгу Иова; однако эта следующая попытка будет несколько более успешной.

Проект «Книги Библии Сончино» возник в 1945 году в Англии, начался он с публикации комментария к Псалтири. Комментарии были задуманы как сжатое пособие для мирского читателя и включали как оригинальный иврит, так и перевод, а также комментарий, основанный на критических исследованиях. Также издание было снабжено богатыми иллюстрациями из раввинистических и средневековых еврейских источников. Посвященный Книге Иова том, опубликованный в 1946 году, был написан американским реформистским рабби Виктором Эмануэлем

Рейхертом [Reichert 1946]. На этот комментарий, который пережил не менее пяти изданий, оказал большое влияние учитель Рейхерта Буттенвизер, о чем говорит сам Рейхерт. Базовый тезис Рейхерта, вполне соответствующий трактовке Буттенвизера, заключается в том, что к концу истории Иов признаёт, что вселенная морально управляется Богом, однако пути Господни остаются для него непостижимыми. Главная награда — по ту сторону материального возмещения: это то, что «праведный человек никогда не отделяется полностью от общества Бога» [Reichert 1946: XIX].

Вслед за комментарием Рейхерта и, вероятно, в связи с его широким влиянием вскоре возникли другие подобные проекты, а также проекты, посвященные конкретно Книге Иова. Одним из них была попытка Союза американских еврейских конгрегаций (The Union of American Hebrew Congregations, UAHC) создать комментарий к Библии, который подходил бы для состоящих в Союзе семей. Хотя начало серии было положено в конце 1920-х годов, первый том, посвященный Пяти свиткам, появился только в 1950 году, а том об Иове появился восемью годами позднее. В предисловии редактора серии говорится о том, что UAHC долго собирался выпустить комментарий к Книге Иова, — «величайшему литературному произведению всех времен» — и похоже, что давление конкурентов поспособствовало реализации проекта. Родившийся в Лондоне американский реформистский раввин Соломон Фрихоф в 1958 году пишет комментарий, где он трактует Книгу Иова как «напряженную эмоциональную историю о страдающем герое, который спорит с человеком и Богом о смысле жизни» [Freehof 1958: 10][17], а не как систематический анализ незаслуженного страдания праведника. Он считает, что Иов как индивид не виновен в выпавших на его долю страданиях, и убежден, что в прологе книги намечается испытание праведника, которое Иов, несомненно, проходит. Существеннее, однако, то, что Фрихоф объясняет страдания Иова порочностью человече-

---

[17] Небольшой анализ интерпретации Фрихофа можно найти в [Sheldon 1980: 229–231].

ского рода. Именно человеческая неспособность понять Вселенную, нехватка совести или нехватка сострадания есть то, что постоянно приводит к страданию невиновных. В отличие от других мыслителей, которые видят ответ Иову в том, что Бог вообще явился, Фрихоф находит важное сообщение в содержании речи Бога из бури:

> Иов спрашивает: «Почему я страдаю?» Бог отвечает: «Потому что ты не знаешь природу и потому что даже животные сильнее тебя». <...> Мы, современные люди, понимаем это как данный Богом человеку мандат на то, чтобы он вступил в его природное царство. Во многом человеческие страдания вызваны именно незнанием внешней природы; и Бог хочет, чтобы мы победили микробов и обуздали разливающиеся реки — и так уменьшили человеческие страдания.
> Это основательный ответ и упрек друзьям. Друзья говорят: «Все страдания — из-за греха». Это не так. Огромная часть человеческих страданий вызвана нашим незнанием природы и нашей слабостью в сравнении с ней. Миллионы детей, которые буквально до вчерашнего дня страдали из-за инфекционных заболеваний, страдали только из-за одного греха — того, в котором Бог упрекает Иова из бури...
> [Freehof 1958: 32]

Говоря о неспособности человеческих существ покорить природу и использовать науку для разрешения мировых проблем, Фрихоф, разумеется, уловил самую суть дебатов своего времени. После Второй мировой войны наука подвергалась суду за тот ущерб, что она способна нанести, но Фрихоф сумел направить свой текст таким образом, чтобы заявить, что науку можно использовать и для исправления повреждений. По словам Фрихофа, это по-настоящему «современный ответ» из бури.

Вторая мировая война, несомненно, стала своеобразным фоном для комментариев и Рейхерта, и Фрихофа, но на Фрихофа, помимо этого, оказало влияние и другое связанное с Иовом событие того времени, а именно театральная постановка. Основанная на Книге Иова пьеса Арчибальда Маклиша 1958 года, «J. B.», шла на Бродвее с декабря 1958 года и до октября 1959-го; она привлекла большое внимание и была хорошо воспринята, в том числе и еврейской публикой[18]. Однако, по мнению многих обозревателей, ее успех в значительной мере был связан с тем, что публика в последовавшее за Второй мировой войной десятилетие ощущала себя как Иов, а не со знанием библейской книги[19].

К концу 1950-х годов, и определенно к началу 1960-х, обращаться к Книге Иова стали чаще, пытаясь сжиться с опытом Второй мировой войны в целом и массовых смертей и истребления холокоста в частности, из-за чего нужда в комментариях к библейской книге возросла. Вероятно, намерение, которое Фрихоф обозначает в предисловии — создать комментарий, который был бы полезен как для еврейской, так и для христианской аудитории, — не позволяет ему более открыто обсуждать вопросы зла, страдания и теодицеи, вызванные смертью шести миллионов евреев. Столь начитанный автор, как Фрихоф, не мог не заметить возросшего интереса к Иову среди современных еврейских философов и писателей (хотя отмечалось, что эти авторы не оказали существенного влияния на его религиозное мировоззрение) [Friedman 2013: 51]. К тому времени, когда Фрихоф начал писать свой комментарий, Мартин Бубер прочитал для переполненных аудиторий в Нью-Йорке три лекции, в которых он говорил о трагедии холокоста и о Книге Иова.

Бубер читал эти лекции в Еврейской теологической семинарии в Нью-Йорке (технически они читались в аудитории в Колумбийском университете, потому что потребовалось больше мест) в ходе своего первого визита в Северную Америку в 1951–1952 годах [Friedman 1988: 144]. В третьей лекции, «Диалог между Небесами и Землей», он развивает положение, что религиозные мыслители не могут предъявлять требования пережившим холокост:

---

[18] Сам Фрихоф после публикации своего комментария написал обзор на «J. B.» — в нем он одобрительно говорит о современных вопросах, которые ставит Маклиш, хотя, возможно, и не о его ответах. См.: Freehof S. Job in Our Time // Carnegie Magazine. 1959 (March). P. 84–88.

[19] Многие обозреватели указывают на различные существенные отличия пьесы от библейской книги. См. эссе, собранные в [Hone 1960].

> Осмелимся ли мы говорить выжившим в Освенциме, Иову газовых камер: «Славьте Господа, ибо Он благ, ибо вовек милость Его»? Единственным ответом, который получил библейский Иов, была близость Бога, то, что он вновь познал Бога. Ничего не было объяснено, ничего не было улажено; неправильное не стало правильным, жестокость не стала добротой[20].

Отвечая на свой собственный вопрос, Бубер допускает, что наступит время, когда он и другие выжившие «вновь узнают своего жестокого и милостивого Бога» [Friedman 1988: 147]. Критика Бубера в конечном счете направлена на Бога, на иногда жестокое, иногда намеренно отсутствующее божество, способное на произвольные поступки. Ни «Иову Библии», ни «Иову газовых камер» нельзя вменить вину за его страдания. Однако, как и в более ранних работах Бубера, Бог милостиво поддерживает отношения с человеческими существами. Этот взгляд Бубер разделяет с Рейхертом и Фрихофом, однако они никогда эксплицитно не связывали это с холокостом. Однако хотя ни Фрихоф, ни Рейхерт не обсуждали Книгу Иова в свете недавней трагедии, в последующее десятилетие количество попыток связать холокост с Иовом резко возросло.

На Йом Ха-Ацмаут (День независимости Израиля) 1956 года рав Йосеф Дов-Бер Соловейчик, в то время *рош-иешива* в Иешива-университете в Нью-Йорке, произнес публичную речь под названием «*Коль доди дофек*» («Голос моего возлюбленного, который стучится»), где он коснулся и холокоста, и Книги Иова. Обсуждая в речи Иова и страдание вообще, он опирается на работы Германа Когена и утверждает, что посредством несчастий Бог пытается возбудить в людях способность к ответу, к морально более правильному действию — что страдание должно порождать эмпатию к горю и утратам других людей. С точки зрения Соловейчика, Иов поначалу оказывается на это не способен, но в какой-то момент ему удается осмыслить свое страдание — когда он искренне молится за своих друзей.

---

[20] Цит. по: [Friedman 1988: 147].

Хотя аудитория Бубера и Соловейчика была по большей части академической, осознание значимости истории Иова в связи с холокостом вскоре начало распространяться более широко. К 1959 году журнал *Jewish Spectator* начал печатать на своих страницах поэзию, затрагивающую тему холокоста. Вскоре в нем было опубликовано стихотворение Хильды Маркс, где спрашивалось: «Нас были миллионы, Иов, / Что нужно, / Чтобы доказать тебе, что мы страдали больше, чем ты / <…> Одно только время может приколоть / Медаль мученика на нашу память» [Diner 2010: 114]. Английский перевод «Ночи» Эли Визеля вышел в 1960 году, но прошло три года, прежде чем он начал расходиться и Визель получил внимание публики. Описывая вечера в Освенциме, он пишет: «Некоторые говорили о Боге, о Его таинственных путях, о грехах еврейского народа и о будущем Избавлении. А я перестал молиться. Как я понимал Иова! Я не отрицал Его существования, но сомневался в Его абсолютной справедливости» [Визель 1993]. За этим последовала статья Визеля 1964 года в *Jewish Chronicle*, в которой он заметил по поводу еврейской теологии:

> В нашем поколении полно мудрецов и прославленных учителей, которые изучили все книги и все теории. Они «знают». Мне полагается ими восхищаться. Я все еще не способен понять ту полную ужаса улыбку ребенка, которого отняли у матери и превратили в горящий факел; не могу я и постичь ту ночь, которая в то же мгновение омрачила глаза матери. Иов выбирал вопросы, а не ответы, и точно не речи. Он не понимал своей трагедии, которая была в конечном счете просто трагедией одного человека, преданного Богом и своими друзьями.
> Эти мыслители и философы отказались понимать события тех дней, которые не вытекали ни из какого закона — и никакой закон не вытекает из них. Основной материал здесь составляют смерть и тайна; нашим восприятиям он не под силу <…> Я все еще не понимаю, что случилось, или как, или почему. И мои подсчеты всегда дают одну и ту же упрямую цифру: 6 миллионов[21].

---

[21] Wiesel E. A Plea for the Dead // Jewish Chronicle (London). 1964. April 23. Статья была перепечатана под тем же названием в [Wiesel 1965].

Исследование Визелем холокоста через Книгу Иова — а иногда Книги Иова через холокост — было продолжительным [Kalman 2005a]. Самый обстоятельный его текст об Иове — это пересказ библейской истории «Иов: наш современник» [Wiesel 1976]. Здесь он недвусмысленно подчеркивает невиновность Иова:

> Иов знал, как знаем и мы, что он не совершил никакого греха; ему не за что было себя укорять, и Богу тоже. Иов знал, как знаем и мы, что всю свою жизнь он поступал в согласии с волей Бога, боясь и любя Его, никогда не нарушая закона, никогда не нарушая заповедей [Wiesel 1976: 193].

С тем, что Визель видел себя кем-то наподобие Иова, невозможно спорить. Как Иов страдал без причины, так страдал и Визель. Комментируя заключение Книги Иова, в котором говорится, что Иов умер, «насыщенный днями», Визель писал:

> Пресытившись жизнью; с него хватило. Несмотря на видимость счастья, несмотря на возвращенное богатство, до жизни ему больше не было дела. Он узнал, что достаточно всего лишь праздной беседы или пари между незнакомцами, чтобы человеческая жизнь обрушилась, как замок из песка в шторм [Wiesel 1976: 206].

Позже Визель еще раз пересказал Книгу Иова в 1998 году [Wiesel 1998], но и до, и после этого он публично говорил об Иове в разных формах. Так, уже 2 ноября 1967 года в культурном центре «92nd Street Y» он прочитал лекцию «Легенды Мидраша: Книга Иова», в которой уже виден общий абрис того, что впоследствии стало текстом «Иов: наш современник». (У него были похожие выступления там же в октябре 1983 года и в октябре 2009 года.) Лекции в культурном центре на 92-й улице — это только один пример: множество видео на YouTube показывают, что он выступал по этой теме и во многих других контекстах. Важно здесь то, что Визель применяет библейский текст к определенным историческим событиям; это явная попытка понять историческое событие сразу после того, как оно случилось, посредством обращения к библейской традиции и мидрашам. Иов предоставляет словарь для обсуждения чрезмерной трагедии и утраты.

Если комментарии предыдущего десятилетия только намекали на параллели между Книгой Иова и опытом холокоста, то в тех, что публиковались после 1960 года в американских еврейских контекстах, эта тема вышла на передний план и стала центральной. В этих комментариях холокост служил источником языка для обсуждения Книги Иова, и такой подход приводил к разрыву с предшествовавшей традицией еврейского комментирования библейской книги. Со времен гаонов и вплоть до раннего Нового времени практически никакие комментарии не касаются конкретных исторических обстоятельств человеческого страдания. Книга Иова со времен ее написания была важной моделью для осмысления *природы* человеческого страдания, и именно к этой книге «люди веры <...> обращаются почти инстинктивно» [Knight 2001: 745]. Притягивает ли постхолокостных еврейских мыслителей Иов потому, что о его значимости говорит раввинистическая традиция, или потому, что в страдании Иова можно увидеть параллель страданию жертв холокоста, или же потому, что эта книга превосходит другие библейские тексты в отношении вызовов, с которыми сталкиваются читатели, не вполне ясно. Стивен Кепнес пишет, что поворот постхолокостных мыслителей к Иову может быть не чем иным, как попыткой «переутвердить непрерывность еврейства перед лицом радикального вызова, который представляет собой Шоа» [Kepnes 2000: 253][22].

Примечательно в еврейских комментариях к Книге Иова, написанных с начала 1960-х годов, согласие в том, что никакое исследование проблем теодицеи, поднимаемых этой книгой, не может обойти стороной холокост.

Родившийся в Америке консервативный рабби и ученый Роберт Гордис посвятил значительную часть своей исследовательской карьеры критическому изучению Книги Иова, при этом его подход сформировался в первую очередь под влиянием его зна-

---

[22] Кепнес дает блестящий обзор разнообразия возможных объяснений того, почему Книга Иова интересна постхолокостным авторам.

комства с древней ближневосточной литературой[23]. Ему принадлежат два сборника посвященных Иову текстов: «Книга о Боге и человеке: исследование "Иова"» [Gordis 1965] и «Книга Иова: комментарий, новый перевод и специальные исследования» [Gordis 1978]. В обеих книгах его заявленные задачи не выходят за рамки критического исследования, но при более внимательном изучении обеих работ становится очевидно, что холокост играл в его мысли важную роль. В первой книге Гордис упоминает холокост лишь вскользь (фактически он не использовал сам термин, к середине 1960-х годов уже вошедший в оборот).

> В наши дни страстный бунтарь Иов снова занимает достойное место, потому что люди столкнулись с чудовищными злодеяниями XX века и вынуждены задаваться ключевыми вопросами человеческого существования и человеческой доли. Притом что проблемы веры для современного человека становятся все необъятнее и темнее, смелость и верность себе Иова, дерзнувшего подвергнуть сомнению праведность Бога, вызывают у него все более глубокий интерес и восхищение...
> В ситуации принесенного Второй мировой войной опустошения и повсеместной утраты веры в способность человека управлять своим миром американский поэт и драматург Арчибальд Макдиш обратился к Иову и использовал канву библейской книги в своей драме, «J. B.» Многие строки из библейского текста цитируются в этой пьесе, где автор пытается разобраться с мучительной проблемой незаслуженного страдания человека в мире, в котором он чаще оказывается жертвой, чем грешником. Несмотря на всю свою одаренность, никто из тех, кто заимствовал элементы Книги Иова в своих произведениях, не создал ничего равного оригиналу, не говоря о том, чтобы его превзойти [Gordis 1965: 227–228].

Хотя в главе под названием «Дальнейшая судьба Иова: канон, версии, легенда» Гордис признаёт, что его прочтение Книги Иова

---

[23] Обсуждение Гордиса как библеиста см. в [Greenstein 1986]. Гордис пишет о своем методе изучения Книги Иова в [Gordis 1973–1974].

мотивировано стремлением дать какое-то понимание происходящего страдания, он делает существенную оговорку: «Мы не можем понять влияния этой мощной и тревожной книги на западный мир, если забудем о том, что 25 веков, прошедших со времени написания книги, по большей части были веками веры» [Gordis 1965: 119]. Это важное замечание. Как и многие другие читатели, Гордис видел в Книге Иова двух Иовов: Иов пролога и эпилога — благочестивый и праведный, он принимает и добро, и зло как исходящие от Бога; у Иова диалогов средней части книги бунтарский дух. Первый Иов был симпатичен мыслителям этих 25 веков, последний симпатичен Гордису и его современникам, для которых «страстный бунтарь Иов снова занимает достойное место» [Gordis 1965: 227].

В гордисовском комментарии к Книге Иова 1978 года холокост играет значительно более важную роль. Он посвящает работу «святым, да воздаст Господь возмездие за их кровь», и, что более существенно, обсуждению холокоста посвящено предисловие [Gordis 1978: IX]. Если в последней трети его первой книги холокост лишь упоминается вскользь, то во второй он появляется на первой же странице. Предисловие начинается так:

> XX век отмечен технологическими изменениями, количество, масштаб и скорость которых превосходят воображение... и эти изменения катапультировали человеческий род в состояние перманентной революции, которая влияет на все аспекты человеческой жизни. <...> К сожалению, эти позитивные достижения... сжимаются до состояния карликов перед лицом равных возможностей для зла. <...> Чудеса науки и техники покрыты тенью ужасов, которым они дали волю: нацистского холокоста в Европе, атомных бомб, сброшенных на Хиросиму и Нагасаки. <...>
> Тем не менее все больше чутких мужчин и женщин, некоторые из которых происходили из той или иной религиозной традиции, некоторые — нет, вступали в ночи в схватку с демоном сомнения и отчаяния. <...> В этом устремленном вдаль искании... многие мужчины, женщины и молодые люди обратились к Книге Иова как ценному ресурсу в борьбе с проблемой зла. Никогда эта книга, представляющая собой самое глубокое и — если можно использовать такой

эпитет — самое красивое обсуждение темы, не была столь релевантна, как в наше время, когда страдание человека превзошло его самые безумные кошмары, в этот самый жестокий из веков [Gordis 1978: XI].

Вероятно, за представлением Гордисом своего нового комментария и перевода по крайней мере отчасти стоит намерение дать этим мужчинам и женщинам надежное орудие в их столкновении с этими теологическими проблемами. Но оказал ли холокост какое-либо влияние на его прочтение книги? Ведь его роман с Книгой Иова начался задолго до холокоста. Как рассказывает он сам, «…задолго до того, как ужасы XX века проявили себя в полной мере, я, 15-летний юноша, познакомился с Книгой Иова. <…> И с того дня я был в рабстве… никогда не был свободен от этой захваченности Иовом…» [Gordis 1978: XII]. С учетом того, что до нацистского «окончательного решения» Гордис 20 лет занимался Иовом, к тому моменту у него уже сложилась основательная трактовка этой книги. И все же в двух его послевоенных книгах об Иове, как и в ряде статей, явен поворот в его мысли, о чем свидетельствует его комментарий к первой главе Книги Иова.

> Когда Господь на небесах похваляется благочестием Иова, Сатана… цинично настаивает на том, что Иов служил Богу только потому, что он получал за это должное воздаяние. Уязвленный этим вызовом, Господь позволяет Сатане подвергнуть Иова серии испытаний. <…> Тем самым здесь есть намек на то, что все события, какой бы ни была их непосредственная причина, имеют свой исток в воле Бога. <…> Так подготавливается почва для спора о справедливости Бога. Однако утверждать, что здесь происходит разоблачение бессердечности Господа, запросто принимающего пари, которое предполагает уничтожение семьи Иова, значит не уловить дух народного предания, суть которого не в ответственности Бога, а в том, как Иов реагирует на свое страдание. Ни автор, ни его самые ранние читатели (или слушатели) ни в малейшей мере не могли чувствовать, что Господь виновен в жестокости или несправедливости, в частности потому, что Он изображается как царь, обладающий бесконечной властью над Своими творениями [Gordis 1978: 2].

Очевидно, что аргумент Гордиса здесь обращен к современникам. Он уже замечал раньше, что предыдущие поколения были людьми веры, которым благочестивый Иов — Иов, принимающий Божий суд, — был в высшей степени симпатичен. В поколении Гордиса, в особенности в период между публикациями его первой и второй книг, произошла явная и значительная перемена в отношении к роли Бога в истории Иова. В 1966 году Ричард Рубинштейн в своей книге «После Освенцима» поднял тему «смерти Бога», утверждая, что представления о Боге в еврейских и христианских источниках не подходят для того, чтобы объяснить ужас холокоста [Rubenstein 1966]. Артур Грин, ныне выдающийся исследователь еврейской мистики, а в 1960-е годы — студент Еврейской теологической семинарии[24], так говорил о воздействии книги на свою мысль и мысль своих сверстников: «Это был кто-то, кто наконец начал подступаться к проблемам, кто задавал вопросы, которые мы сами боялись задавать — кроме как самим себе и, может быть, самым близким друзьям»[25].

Гордис в это время был одним из преподавателей в JTS, и значительная часть его комментария к Книге Иова, по видимости, была обращена к Рубинштейну и к тем, кто принимал позицию Рубинштейна. Собственно говоря, Гордис написал на страницах журнала *Judaism* открытый ответ Рубинштейну, прямой и достаточно резкий. В статье «Жестокий Бог или никакого — неужели нет другого выбора?» он ругает Рубинштейна за вывод о том, что «вера в Бога как Господина истории должна быть отброшена» [Gordis 1972: 277]. Хотя Гордис признает, что холокост как переломное событие в истории еврейской мысли «ставит огромную проблему перед традиционным библейским воззрением, предполагающим, что Бог действует в истории, и перед королларием отсюда, согласно которому Его праведность проявляется в человеческих делах» [Gordis 1972: 277], он не готов отказаться от традиционного понимания Бога. Его критика Рубинштейна отчасти вытекает из несогласия в отношении того, что представля-

---

[24] Jewish Theological Seminary, далее — JTS. — *Прим. пер.*
[25] Цит. по: [Braiterman 1998: 88].

ет собой традиционный взгляд на Бога; Рубинштейн, с его точки зрения, слишком этот взгляд упрощает. Даже после того, как была сформирована классификация возможных объяснений страдания в Библии,

> ...изучение Книги Иова показывает, что эти идеи неверны. <...> Независимо от того, насколько правильны эти интуиции, существование Книги Иова... всегда препятствовало принятию этих конвенциональных придуманных человеком ответов... исчерпывающих объяснений, потому что Иов не дает человеку забыть о том, что в зле остается ядро тайны [Gordis 1972: 280][26].

Взгляды Гордиса на теодицею сходятся с взглядами предыдущих поколений, уверенных в справедливости Бога вопреки частым свидетельствам обратного; пути Бога просто невозможно постичь. Гордис, используя современные исследования древнего Ближнего Востока для обоснования своего прочтения Книги Иова, не отрывается от раввинистической традиции и утверждает, в комментариях к Иов 1, что книга не вменяет Иову ответственности за его страдания. Называя главу «Сказание о праведном Иове», Гордис утверждает невиновность как Иова, так и жертв холокоста.

В отличие от ранних американских попыток использовать Книгу Иова как великое литературное произведение в качестве средства для привлечения читателей к Библии, после холокоста комментарии по большей части стали обсуждениями теодицеи. Хотя предыдущие комментаторы Иова тоже понимали, что их аудитория разделяет с Вирджинией Вулф мнение о том, что Бог показал Себя не в лучшем виде, этот вывод был более ожидаем от тех, кто видел ужасы холокоста или знал о них; для этих читателей Иов обретал конкретное и личное значение[27]. Гордис, публикуя свои труды в издательстве Университета Чикаго и в из-

---

[26] О взглядах Гордиса на тайны зла см. [Sheldon 1980].

[27] См. письмо Вулф к леди Роберт Сесиль, 12 ноября 1922 года, в [Nicolson, Trautmann 1978: 585].

дательстве Еврейской теологической семинарии, осознавал, что книги, обращенные к элитарной аудитории, никогда не станут достоянием широкой публики, в отличие от Эли Визеля, чьи тексты об Иове публиковались издательством Random House.

Примечательно, что с 20-х годов практически все работы об Иове на английском языке писались академическими исследователями, которые являлись либеральными раввинами или были тесно связаны с либеральными еврейскими институциями (Джастроу, например, был сыном крупного либерального раввина)[28]. Бунтарство Иова, его вызов классическим способам мыслить Бога и справедливость, возможно, были симпатичны либеральным тенденциям в иудаизме, а после холокоста многим все это, вероятно, было даже необходимо. При этом после шольдовской «The Book of Job» 1886 года ортодоксальное сообщество в Соединенных Штатах произвело сравнительно мало комментариев к Иову на каком-либо языке, и, похоже, ему хватало опоры на классические еврейские комментарии из «старого мира». Для ортодоксального сообщества это означало, что Книга Иова оставалась текстом для элиты, знающей раввинистические источники и средневековый иврит. Первый ортодоксальный комментарий к Книге Иова на английском появился только в 1979 году. При этом комментарий к Иову рабби Шломо Ицхаки (Раши; 1040–1105, Франция), чьи комментарии к Торе и Талмуду считаются каноническими, был переведен на английский для широкой еврейской аудитории лишь в 1989 году, что говорит либо об отсутствии у аудитории интереса к этой книге, либо о том, что в среде раввинов не было большого желания популяризировать книгу в общине.

В 1979 году Джошуа Сперка решил, что он обязан написать комментарий к Книге Иова, чтобы исправить заблуждения, содержащиеся в других современных комментариях. Сперка, родившийся в Польше и иммигрировавший в США в 1921 году, был допущен к служению в 1930 году Еврейским теологическим колледжем в Чикаго. Он служил на нескольких кафедрах и также

---

[28] Еще один пример реформистского рабби — [Singer 1963].

был тюремным капелланом в Мичигане. Сперка писал, что он был «возмущен дерзостью многих авторов, писавших о Книге Иова, в чьих интерпретациях Б-г подвергается суду» [Sperka 1979: 12]. Для Сперки нет необходимости, чтобы справедливость Бога была видима в мире, то есть он считает, что работа теодицеи может не быть явной. Однако он настаивает на том, что вера в справедливость Бога должна сохраняться. Другими словами, страдание может представляться лишенным причины, но это не обязательно следует из того, что Бог несправедлив. Но Сперка не защищает Бога в ущерб Иову. Комментируя первые главы книги, он замечает: «Пролог дает один определенный ответ; Иов не подвергается наказанию ни за какой грех. Страдание Иова — это проверка его веры» [Sperka 1979: 12]. Это испытание было испытанием праведника, подвергнутого ему именно потому, что Бог знал, что он выстоит.

Сперка обосновывает эту позицию, ссылаясь на раввинистическую традицию, утверждающую, что Бог испытывает только сильных, что он подобен горшечнику, который знает, что. когда испытываются слабые сосуды, они не выдерживают, но крепкие сосуды всегда выдерживают проверку[29]. Сперка нигде не обсуждает моральную проблему возможной несправедливости Бога, убивающего детей Иова, лишь чтобы удостовериться в том, что Он и так знал об Иове.

И все же намерение Сперки заключалось в том, чтобы утвердить моральную непререкаемость как Бога, так и Иова. И его ответ на вопрос о том, почему Иов страдал, по существу был сформирован холокостом. В посвящении своей книги Сперка пишет: «Эта Книга Посвящена Памяти и Мученичеству Шести Миллионов Евреев, убитых Нацистскими Варварами. Немногие сопротивлялись этому преступлению, многие в нем соучаствовали, весь цивилизованный мир был к нему безразличен и молчал» [Sperka 1979: 9][30]. Это последнее высказывание отражает то, как Сперка трактует Книгу Иова. Его основной тезис заключает-

---

[29] Ср. Берешит Раба 32:2 и 34:2.
[30] Мы сохраняем здесь авторские заглавные буквы.

ся в том, что человек и Бог — партнеры в создании лучшего мира. «Когда Б-г подробно описывает Иову творение и естественные законы, Он напоминает, что человек был сотворен для того, чтобы господствовать над природой и миром. А значит, если происходит зло, то побороть его — задача человека» [Sperka 1979: 159]. Этот вывод Сперки похож на то, что говорит Фрихоф: страдание и несправедливость в значительной мере происходят из того, что род человеческий не исполняет должным образом предначертанную ему в творении роль.

В то время, когда Сперка писал свою книгу, ортодоксальному сообществу были доступны только комментарии к Книге Иова из серии «Книги Библии Сончино», и они рассматривались как далеко не идеальные, потому что в них цитировались либеральные еврейские и нееврейские авторы (и написаны они были реформистским рабби). Труды Гордиса, консервативного раввина, и Фрихофа, реформистского еврея, тоже, скорее всего, не вызывали одобрения. Комментарий Сперки заполнил лакуну. Цитирование Талмуда, Мидраша и классических еврейских мыслителей делало книгу уникальной в 1979 году и определенно удовлетворяло ее предполагаемую аудиторию; то, что она печаталась и 25 лет спустя, подтверждает, что так оно и было[31]. К тому же, поскольку работы Гордиса были в первую очередь адресованы научному сообществу, ему было проще говорить об Иове-бунтаре и о проблематичном божестве, чем Фрихофу, Рейхерту и Сперке, которых беспокоило то, как они представят Бога своей мирской аудитории. В этом отношении все трое порывали с ранней раввинистической традицией, которая в определенные моменты представляла Иова бунтарем, но лишь изредка ставила под вопрос справедливость Бога. Также ясно то, что растущее число комментариев к Книге Иова, производимое всеми деноминациями, имело определенное направление, заданное холокостом и желанием ответить на него на языке религии. В некоторых отношениях авторы комментариев, вероятно,

---

[31] Более подробное обсуждение этой лакуны в публикациях ортодоксальных еврейских комментариев к Библии на английском см. в [Levy 1983: 111–113].

в связи со спецификой жанра, были менее решительны, чем эссеисты, поэты и философы, хотя все авторы разделяли общую для евреев религиозную приверженность теме отношений между Богом и народом.

Комментарий к Книге Иова, опубликованный издательством Artscroll, — вероятно, наиболее доступный комментарий из выполненных в правом или ультраортодоксальном ключе [Eisemann, Scherman 1994]. Популярность, которой пользуются артскролловские комментарии к Библии с самого возникновения серии в 1976 году, делает весь проект заслуживающим обстоятельного изучения, но нижеследующие замечания ограничиваются комментарием к Книге Иова.

Холокост в этом комментарии не упоминается, и он не содержит ни слова в защиту Иова. Комментарий представляет собой антологию интерпретаций Книги Иова, взятых из талмудической литературы, мидрашей, средневековых комментариев и философов, причем самый поздний источник — Малбим (Меир Лейб бен Иехиэль Михаэль, ум. 1879). Предисловие к книге исходит из посылки, что устная традиция (то есть интерпретация Библии в Мидраше, Талмуде и сочинениях средневековых и ранненововременных комментаторов) и библейская история Иова, по видимости, противоречат друг другу. Авторы комментария заявляют, что библейскую историю можно прочитать

> ...от начала и до конца, не услышав и шепота о вменяемой Иову вине. Сам Бог свидетельствует Сатане о безвинном совершенстве Иова. За подтверждением мы можем обратиться к самому неожиданному источнику, самому Сатане. Он никоим образом нигде не оспаривает фактов, представляемых Богом. Скромно уклоняясь от своего долга, он просто требует проверки. И ни разу он даже не намекает, что Иов мог сделать что-то, чтобы заслужить наказание. Такую картину мы видим в Книге Иова [Eisemann, Scherman 1994: XIII–XIV][32].

---

[32] Вводное эссе — совместный труд Эйземана и Шермана; комментарий и перевод выполнены Эйземаном.

Согласно артскролловскому комментарию, библейскую Книгу Иова можно прочитать буквально как отрицающую всякую провинность со стороны Иова, которая могла бы быть причиной его страдания, рассматриваемого как наказание. И тем не менее авторы упорно трактуют книгу через призму раввинистической традиции, как они ее понимают. Они представляют эту традицию сообразно перенятой раввинистической мудрости — сообразно мнению большинства еврейских мыслителей, обнаруживавших в Иове изъян, несмотря на отсутствие какого-либо явного указания на это в библейском тексте. Авторы комментария замечают: «Мудрецы ощущали, что страдание Иова должно быть оправдано какой-то причиной, помимо речи Сатаны» [Eisemann, Scherman 1994: XIV]. В качестве следующего шагом они приводят разнообразные грехи Иова, включая его молчание, когда он служил советником египетского фараона.

Авторы ясно осознают это противоречие — не просто между текстом и раввинами, но между тем, что говорит сам Бог, и тем, что говорят раввины:

> Иов убежден, что он жертва явной несправедливости — его друзья утверждают, что он определенно согрешил. В финале Иов оправдан, а его друзья отвергнуты. Но раз традиция соглашается с друзьями, то история выворачивается наизнанку. Иов в самом деле грешен и заслуживает наказания, и друзья все время стояли на твердой почве [Eisemann, Scherman 1994: XV].

Более того, авторы считают, что знание традиции необходимо для правильного понимания библейской книги, поскольку иначе читатель может счесть, будто текст говорит, что Бог позволил Врагу незаслуженно покарать праведника [Eisemann, Scherman 1994: XV]. Авторы могли бы последовать за Сперкой, обратившись к альтернативным раввинистическим источникам, чтобы объяснить страдания праведников, но сила связанной с Иовом традиции явно перевешивает, и авторы вынуждены заключить:

> В [библейском] тексте самом по себе друзья [Иова] предстают в самом жалком свете: они нечувствительны, замкнуты в одномерных банальностях, не проявляют любви; в конечном счете их роль сводится к истязанию беззащитного. На деле, как мы теперь понимаем, они лучшие друзья, какие могут быть даны человеку. <...> Иов не понял их. Не понимали их и мы, будучи привязаны к форме, в которой книга написана, и видя только горизонт мира, в котором заперт Иов. Теперь мы все понимаем. Есть более глубокая истина. Ошибался он, а не они [Eisemann, Scherman 1994: XXXI].

Говоря прямо, редакторы чувствуют, что нужно защитить читателя от текста Книги Иова. Авторы, которых мы рассматривали ранее, считали, что они раскрывают то, что говорит текст. Артскролл же полагает, что непосредственное содержание текста и его смысл — две совершенно разные вещи: праведный значит грешный, невинный значит виновный, говорить ложное значит говорить правду. Еще важнее, возможно, то, что артскролловский комментарий мог создавать впечатление, будто правая ортодоксия отбрасывает назад движение, явно наблюдавшееся в современных комментариях, написанных более либеральными еврейскими авторами. С этой точки зрения в холокосте нет ничего уникального; он подобен крестовым походам и разрушению Храмов и его следует рассматривать через ту же теологическую призму. В предыдущем веке некоторые комментарии к Иову отстаивали благость Бога, некоторые — благость как Бога, так и Иова. Но только после холокоста некоторые начинают защищать Иова, но не Бога.

За три десятилетия, прошедшие с первой публикации артскролловской книги, появилось множество новых комментариев, написанных еврейскими авторами, которые занимаются Иовом в американском контексте. К ним постепенно стали добавляться переводы и пересказы классических еврейских комментариев и переводы трудов раввинов XIX и XX веков[33]. Хотя это изобилие

---

[33] Среди прочего см. [Rosenberg 1989; Friedman 1996; Parkoff 1994; Rabinowitz 2001; Pfeffer 2003; Schwab 2005; Hakham 2009; Kravitz, Olitzky 2017; Kazarnovsky, Weisberg 2012; Greenstein 2019].

предполагает спрос, сложно оценить, насколько эти работы реально достигают широкой еврейской аудитории. Реакция на историю губернатора Дина и на «Серьезного человека» показывает, что проникновение Книги Иова в современное еврейское сознание ограниченно. Несмотря на все старания этих авторов, то, что зритель «Серьезного человека» может опознать в фильме отсылку к Книге Иова — это скорее заслуга неожиданного успеха бестселлера рабби Гарольда Кушнера, а не результат сознательных усилий, направленных на глубокое знакомство с самой книгой[34]. Разошедшаяся тиражом более четырех миллионов экземпляров книга Кушнера «Когда с хорошими людьми происходят плохие вещи» («When Bad Things Happen to Good People»), 14 страниц которой посвящены Иову, вероятно, представляет собой основной источник знаний об Иове для многих людей. Кушнер, достаточно подробно рассказывая историю Иова и сравнивая ее с фольклорным преданием, которое, вероятно, было распространено на древнем Ближнем Востоке до возникновения библейского текста, явно не питал иллюзий по поводу того, что может знать или не знать его аудитория о библейском праведном страдальце. Книгу Кушнера прочитали миллионы людей различных вероисповеданий; как показывает ее публикация в 1981 году Schocken Books — нишевым издательством, наиболее известным изданием произведений Франца Кафки, — Кушнер полагал (по крайней мере поначалу), что его публика по большей части будет состоять из еврейских читателей. В книге, написанной после смерти его младшего сына, Кушнер говорит о господствующей во вселенной случайности как о том, что объясняет наказание без преступления. Кушнер считает, что в речи из бури божество описывает пределы божественной власти: Бог может явиться испытывающему горе, чтобы утешить, но Он не способен ничего сделать с причинами зла и страдания. Ясно, что такое прочтение Иова и основной теологический аргумент Кушнера вызвали симпатию у многих читателей. Однако многие отзывы на книгу,

---

[34] Freedman A. M. Schocken's Search for Quality Books Brings New Riches // New York Times. 1982. August 15.

написанные как еврейскими, так и христианскими авторами, оспаривают кушнеровскую интерпретацию Книги Иова и то, как он использует книгу для обоснования собственных теологических взглядов. Еврейский феминистский теолог Джудит Пласкоу заключает, что для Кушнера

> ...Бог находится рядом со страдающим и поддерживает его, давая ему ресурсы для того, чтобы найти смысл в страдании. Хотя Кушнер не первый, кто дает такое решение проблемы зла, он пытается найти его основания в самой Книге Иова. Отвечая Иову, Бог не занимает сторону ни его друзей, которые отрицают благость Иова, ни самого Иова, который отрицает благость Бога. Бог, повелевающий Иову «и сокруши нечестивых на местах их», признаёт, что Он сам не может это сделать. Ничего не говоря о пастырских мотивах и силе книги Кушнера, нельзя не отметить, что как теодицея она не работает. <...>
> Нужна достаточно изощренная логика, чтобы извлечь ограниченного Бога из ужасных и сбивающих с ног образов мощи, которые Бог обрушивает на Иова из бури. Но так же сомнительно, что в таком Боге Иов может найти утешение, ибо честность и последовательность Иова заключается как раз в том, что он отказывается отделять Бога от какого-либо аспекта опыта [Plaskow 1983–1984: 471].

Потребность рецензентов столь открыто возражать Кушнеру указывает на их беспокойство о публике, которая, по крайней мере по мнению рецензентов, была либо не знакома с библейской книгой, либо недостаточно знакома для того, чтобы не соглашаться с Кушнером. Рецензенты явно были встревожены: теодицея Кушнера была проблематичной, его библейская экзегеза была проблематичной, использование последней для обоснования первой было проблематичным. Также они должны были понимать, что влияние его книги намного превосходило то влияние, на которое могли рассчитывать они. Лучшее, что они могли сделать, — это убедить исследователей религии и духовных лиц не рекомендовать книгу, которой на момент публикации их рецензий было продано уже больше 400 000 экземпляров. Более непосредственную озабоченность вызывало то, что читатели книги, которые — даже представители ортодоксальной общины — воспринимались как не знакомые с Книгой Иова достаточно хорошо, чтобы понять, как далеко Кушнер отходит от традиции, — узна́ют историю Иова только в описании Кушнера и поддадутся влиянию его теологических взглядов.

Еще бо́льшую тревогу вызывал вопрос, вспомнят ли они то, что узнали об Иове из книги «Когда с хорошими людьми происходят плохие вещи», слыша о промахе кандидата в президенты или смотря «Серьезного человека». Ключевые теологические и философские дебаты — попытки найти рамку для понимания мира с опорой на текст Библии — оставались делом раввинов, исследователей, философов и эссеистов, большинство из которых писали друг для друга. Книга Иова представлялась слишком насыщенной значениями и слишком подверженной ошибочным трактовкам для тех, кто был недостаточно погружен в традицию, чтобы знать, что ее смысл отличается от того, что в ней сказано, и что уж конечно в ней не утверждается, что Бог может причинить вред праведнику без должной причины.

С конца библейского периода и до сегодняшнего дня раввины и еврейские исследователи самых разных взглядов, проповедники, эссеисты, философы, мистики, поэты и художники использовали историю Иова как повод для прояснения и обсуждения важнейших для еврейской мысли тем: природы зла, теодицеи и божественного провидения; границ свободной воли; значения стремления к библейской, философской и мистической мудрости. Книга Иова отсутствует в регулярной литургической и ритуальной практике, но о ее значимости в еврейской жизни говорит то, что она не обойдена стороной ни в одной части традиции еврейской интерпретации. Иов обсуждается в псевдоэпиграфике, в раввинистических библейских переводах (таргум) и мидрашах, в литературе гаонов, в средневековых философских и мистических трактатах, в десятках комментариев к Библии, в секулярной и литургической поэзии, в проповедях и хвалебных речах, к нему обращаются произведения искусства во всем еврейском мире. С самых ранних времен люди не считали особо сложным винить

Иова в том, что выпало на его долю, и отстаивать божественное правосудие, упрекая Иова, что бы о нем ни говорила книга. В редких случаях избирался более мягкий подход, подразумевающий, что Иов подвергался испытанию, подобно Аврааму, а не наказывался за некий предполагаемый грех. Однако авторам, пытавшимся с помощью Книги Иова осмыслить трагические события середины XX века, было труднее согласиться с таким подходом к ее центральному персонажу. Некоторые из них, сведущие в традиции, сознательно порывали с ней, предпочитая утверждать праведность Иова — даже за счет Бога. Чтение Книги Иова уже долгое время представляет собой часть практики, направленной на то, чтобы справиться с трагедией. Хотя Книге Иова и не отведено в еврейских ритуалах и религиозной практике определенного места, в наши дни в сефардских общинах распространена практика ее чтения на Девятое ава[35]. Это литургическое использование Иова в день поминовения страданий сообщества — потери Первого и Второго Иерусалимских храмов и изгнания из Испании — показывает, что в еврейском сознании Книга Иова выполняет функцию того, что может послужить источником некого утешения, катарсического опыта в переживании утраты. Комментарии к этой библейской книге редко прямо говорят об исторических событиях, но, по всей видимости, катастрофические исторические события отбрасывают мрачную тень на еврейские сочинения, посвященные Иову и его страданию, даже в тех случаях, когда авторы не высказываются открыто о том, что подвигло их взяться за перо или ручку.

Однако контраст между тем, насколько Иов важен в раввинистической и исследовательской литературе, и тем, насколько незначительна его роль в литургии, указывает, что знание содержания этой книги не распространилось на широкую публику, в отличие от знания Торы и Пяти свитков. То, что ранние американские еврейские просветители старались ограничить доступ к книге, отбирая те ее части, которые представлялись допусти-

---

[35] См. «Шулхан Арух», О. Х. 554:1–2. О месте Книги Иова в литургии см. [Elbogen 1993: 108].

мыми для широких кругов (это заставляет вспомнить, как раввинистический мудрец Гамлиэль пытался спрятать перевод Книги Иова на арамейский 2000 лет назад), лишь способствовало неосведомленности публики[36]. Ограничение доступа к Книге Иова посредством избирательного, манипулятивного перевода, вместе с ее общим исключением из литургии и практики, привело к тому, что читала книгу лишь элитная группа, к тому же придерживавшаяся совершенно разных интерпретаций. С точки зрения некоторых из этих читателей, Иов был израильтянином; или нет, евреем; или нет, реальным человеком, с которым случились ужасные несчастья; или только некоторые несчастья; или с которым не случилось ничего, потому что он был лишь вымышленным персонажем притчи. Если он существовал, то это определенно было во времена патриархов — ведь он женился на Дине, дочери Иакова. Или, возможно, он был служителем во дворце фараона до Исхода; или, возможно, он возвратился из Вавилонского изгнания. Его дети были праведны и были убиты; были грешны и наказаны Богом; или вовсе не убиты, а только на время спрятаны. Бог был ответственен за то, что случилось с Иовом, — или Он не имел к этому никакого отношения. Иов был праведен и был подвергнут испытанию, как Авраам; или он был наказан за свою греховность или за невежество. Когда друзья пришли к нему со словами утешения, они все повторяли одни и те же банальности, хотя каждый говорил немного разное. Елиуй, четвертый друг, знал правду: причиной страдания Иова была мистическая тайна; или, может быть, ее можно было объяснить с помощью немного измененной аристотелевской философии. По словам Бога, первые три друга говорили неправильно, но Иов действительно был грешен, как они полагали. Иов был терпелив в своих мучениях, но он был богохульником, который заслужил все, что ему выпало, хотя Бог сказал, что он был невинен и говорил истинно. Иов был праведен, но *только в собственных глазах*[37].

---

[36] в. Шаббат 115а; ср. т. Шаббат 13:2–3; и. Шаббат 15с.
[37] См. обсуждение Нахманида в шестой главе этой книги.

Во влиятельном исследовании, посвященном фреймированию идеи истории библейской рецепции, Бреннан Брид задает важные вопросы о том, как подходить к Книге Иова как предмету изучения. С чего начинать, если считается, что до масоретского текста и его формального написания существовало древнеближневосточное народное сказание? Следует ли понимать ранние переводы, такие как Септуагинта, как интерпретации масоретского текста или как библейский текст, если некоторые еврейские и христианские авторы рассматривали как Писание и толковали именно их, а не ивритскую книгу [Breed 2014: 2–3]? Вопросы Брида важны и в контексте интерпретации Книги Иова, и, как он показывает, в контексте интерпретации библейских текстов вообще. Эти вопросы также поднимаются в нижеследующих главах. Однако следует уточнить, что, за исключением тех случаев, когда об ином говорится особо, обсуждаемые здесь сочинения опираются в качестве своего авторитетного источника на то, что сейчас идентифицируется как масоретский ивритский текст Книги Иова. Иногда они опираются на переводы; однако они учитывают, что эти переводы отличны от оригиналов. Таким образом, мы можем говорить о настоящем предприятии как об истории рецепции, поскольку в основе его лежит один исходный текст. Все эти труды вращаются по орбите вокруг одной звезды.

В этом пособии исследуется, как еврейские читатели в разные времена и в разных местах интерпретировали Книгу Иова, что могло мотивировать их стратегии чтения и выводы, а также — как их труды передавались и сохранялись. Мы попытаемся здесь добавить в экзегетическую цепь новые звенья и предложить новые взгляды на старые связи.

Пролог
Где премудрость обретается?

Библейская Книга Иова вызывала интерес исламских мыслителей на протяжении более чем тысячелетия, христианских мыслителей — двух тысячелетий, а еврейских мыслителей — еще дольше. Этот интерес не в малой мере связан с неутешительным образом не вполне сострадательного Бога, который предлагает книга: Он не только позволяет праведнику страдать, но также позволяет Себе быть вовлеченным в цепочку событий, которая приводит к страданиям центрального персонажа, Иова.

С конца библейского периода до наших дней для еврейской экзегетической традиции история этого «праведного страдальца» служила поводом для обсуждения самых важных тем в еврейской мысли: природы зла, теодицеи и божественного провидения; меры свободы воли; значения поиска библейской, философской и мистической мудрости. Поскольку Библия играет — и играла исторически — центральную роль в еврейской мысли, комментарии к еврейской Библии всегда были для мыслителей господствующей формой литературного творчества. Они толковали библейский текст, но в то же время обсуждали более общие теологические и философские вопросы.

О важности Книги Иова свидетельствует то, что нет ни одной части еврейской интерпретативной традиции, которая не произвела бы комментария к ней. Иов обсуждался в псевдоэпиграфике, в таргумах и мидрашах, в литературе гаонов, в средневековых и нововременных философских и мистических трактатах, а также в десятках библейских комментариев. Более того, этой книгой пронизаны еврейское искусство и литература, поэзия и проза, вспомогательные труды, такие как глоссарии и словари, а также проповеди и панегирики. Сложный иврит, выразительная и богатая поэтика и глубокая и трудная теологическая проблематика отличают Книгу Иова от более известных или более доступных библейских книг. Ниже будет предложен подробный обзор раввинистических, средневековых и ранненововременных обращений (раввинистических и караимских) к Книге Иова во всем еврейском мире, сопровождаемый библиографическими замечаниями о наиболее доступных и лучших дополнениях и вторичных источниках. Я старался сделать свой обзор подробным, хотя и не исчерпывающим. Значительное число комментариев к Иову — авторство некоторых из них установлено, других — предполагается, некоторые анонимны — существует только в рукописном виде, и доступ к ним оказалось возможно получить лишь в ограниченной мере, так что они обсуждаются лишь в самых общих чертах. Замысел этого «пособия» — в том, чтобы дать детальное руководство будущим исследователям еврейских интерпретаций Книги Иова в частности, но также создать «карту» еврейской библейской интерпретации для тех, кто решит заняться историей рецепции других библейских книг.

Подробного и систематического исследования интерпретации Книги Иова в еврейской традиции с Античности и до конца Средних веков не существует. «Измерения Иова» Глатцера более всего приближаются к подобному исследованию, но это скорее «читательский справочник», чем историческое исследование [Glatzer 1969]. К тому же, когда Глатцер в 1969 году опубликовал свой труд, он не имел доступа к ряду важных комментариев к Книге Иова, так как они оставались доступны лишь в рукописи, обсуждение же других было проблематично из-за того, что авторство или происхождение некоторых книг не было установлено. Также доступа к некоторым принципиальным для этого обсуждения сочинениям (например, относящийся к свиткам Мертвого моря Таргум Иова) не было ни у кого, кроме узкого круга специалистов. Другое упущение состоит в том, что в «Измерениях Иова» игнорируются переводы еврейской Библии (в том числе переводы на древнегреческий). Однако со времени публикации этого труда появилось несколько исследований места Книги Иова в раввинистической литературе[1]. Также увидели свет несколько обзорных работ, но число и характер текстов, к которым они обращаются, ограничены. Введение Цзюнь-Лян Сяо к первой части его комментария к Книге Иова — вероятно, самый подробный обзор еврейской интерпретации, соседствующий в его труде со столь же ценными панорамами христианских и исламских подходов [Seow 2012]. Хотя Сиу упоминает и разбирает многие тексты, его эссе, будучи введением к другой работе, ограничено в том, сколь много оно может сказать о каждом отдельном тексте. В трех книгах Стивена Виккио, «Иов в Древнем мире», «Иов в средневековом мире» и «Иов в современном мире», даются описания длиной в страницу (иногда больше) множества текстов, принадлежащих самым разнообразным религиозным и нерелигиозным авторам, а также исследуются древнеближневосточные предшественники библейской книги. Его обзор Древнего мира включает в себя Септуагинту, апокрифы, псевдоэпиграфы и свитки Мертвого моря, а также основательное описание того, что говорят об Иове раввинистические источники. В книге, посвященной Средним векам, много внимания уделено Саддии Гаону и приведены достойные обзоры Раши, Йосефа Кара, Маймонида и «Зогара» [Vicchio 2006]. Джереми Пфеффер в «Провидении в Книге Иова» проявляет наибольший интерес к средневековым еврейским сочинениям; он пишет о трудах Саадии, Авраама ибн Эзры, Раши и его учеников, Маймонида, Герсонида, Иосифа ибн Каспи, Бахьи бен Ашера, Зерахии Хена и Шимона бен Цемаха Дурана. В книгу включены переводы фрагментов ряда сочинений, которых не существует на английском [Pfeffer 2005]. Подход «Книги Иова в средневековой еврейской философии» Роберта Эйзена более ограничен: он фокусируется на одном специфическом типе интерпретаторов, еврейских философских экзегетах; вместе с тем его работа отличается

---

[1] См., например, [Baskin 1983; Mack 2004].

наибольшей глубиной, так как помимо обзора сочинений в ней производится сравнение и описывается эволюция еврейской мысли о провидении, теодицее и пророчестве. В его книге отдельные главы посвящены разбору сочинений Саадии, Маймонида, Самуила ибн Тиббона, Зерахии Хена, Герсонида и Шимона бен Цемаха Дурана; более кратко в ней исследуются Иммануил Римский, Элия бен Элиэзер ха-Иерушалми и Исаак Арунди [Eisen 2004]. В «Зле и страдании в еврейской философии» Оливера Лимана анализируются связанные с Иовом труды Саадии, Маймонида и Гермонида [Leaman 1995]. Обе недавние попытки обзора интерпретаций Книги Иова, «Обратил ли ты внимание твое на раба Моего Иова?» Сэмюэла Бэлентайна и «Книга Иова: биография» Марка Ларримора, покрывают обширные области интерпретативных текстов, написанных авторами, принадлежащими к различным религиозным сферам, на протяжении двух тысячелетий [Balentine 2015; Larrimore 2013]. Бэлентайн кратко разбирает представления об Иове в раввинистической литературе, у Саадии и Маймонида, а Ларримор посвящает несколько страниц Иову в раввинистической литературе и Иову в трудах Маймонида.

Взятое в целом, все это показывает, что попытки написать историю еврейской интерпретации Книги Иова во многом основаны на обращении к одним и тем же авторам и трудам; историки раз за разом говорят об одном материале с нескольких различных позиций, и в итоге представление о еврейских взглядах на Книгу Иова искажается ограниченным набором трудов и жанров, с которыми авторы имеют дело. Узость подхода этих исследований проявляется в отсутствии сколь-нибудь основательного обсуждения раввинистического Таргума Иова или широты идей, содержащихся в дюжине комментариев в стиле *пшат*, созданных во Франции и Испании, как и еще полутора дюжин комментариев и трактатов средневековых еврейских философов. Также не изучаются восемь мистических комментариев и трактатов, полдюжины антологий средневекового комментария, десятки стихотворений и проповедей, юридические кодексы и респонсы, полемические сочинения, глоссарии и пересказы, народные сказания и иллюстрации. Настоящее пособие начинается с исследования места Книги Иова в еврейской литургии, религиозной практике и галахе; далее мы обратимся к Иову в раввинистической литературе и арамейском таргуме, после рассмотрим, как Иов фигурирует в трудах комментаторов *пшат* и других французских комментаторов, в трудах испанских комментаторов, в философских и мистических прочтениях, в антологических произведениях, в сочинениях караимов и, наконец, в искусстве и литературе. Я обсуждаю, как эти различные индивиды и школы мысли отвечали на неизбывные вопросы об Иове: был ли он реальным человеком? Если да, то кем он был? Что произошло с его детьми и в чем причина его страдания? Ответствен ли Бог или Враг за мучения Иова? Каковы роли четырех друзей и как объяснить разрешение его страдания и его вознаграждение?

Я начал писать это пособие по предложению Цзюнь-Лян Сяо для книги под его редакцией «Лики Иова» (готовится к изданию в Berlin: de Gruyter)[2]. Однако в результате продолжающихся обсуждений предприятие разрослось настолько, что включить текст в его проект оказалось невозможно. Я благодарен ему за щедрость, сотрудничество и поддержку, а также за разрешение использовать исходную работу как основу для данного пособия.

С конца библейского периода история Иова служила еврейским интерпретаторам поводом для обсуждения важнейших тем еврейской мысли. Поскольку Библия исторически играла в еврейской мысли центральную роль, комментарии к Библии были в еврейской традиции господствующей формой литературного творчества. Эти работы являются одновременно и объяснениями библейских текстов, и обсуждениями теологических и философских вопросов, связанных с этими текстами. Наследие Книги Иова в этом отношении особенно богато. Как литературное произведение эта книга вдохновляла еврейских писателей, поэтов и художников. Как Писание она формировала еврейскую молитву и обряды.

---

[2] К настоящему моменту вышел первый том: [Seow 2023]. — *Прим. пер.*

Глава 1
Иов в еврейской литургии и религиозной практике

Строго говоря, в стандартной еврейской литургии у Книги Иова нет формального места[1]. Начиная с талмудического периода этот текст стал рекомендуемым чтением для скорбящих, так как обычное изучение Торы в подобных обстоятельствах было запрещено. Поскольку пост Девятого ава также был днем скорби — скорби по разрушению Храмов — подобные практики считались правильными:

> Учили наши мудрецы: всех тех заповедей, которых придерживаются во время скорби, придерживаются и Девятого *ава* — запрещены еда и питье, умащение, надевание сандалий и половые сношения, и запрещено читать Тору, Пророков и Писания, учить Мишну, Талмуд, Мидраш, галаху и Агаду. Читает же он те места, которых не имеет обыкновения читать, и учит те места, которых не имеет обыкновения учить, и читает книгу Плачей, Иова и мрачные пророчества Ирмиягу (Таанит 30а).

---

[1] Согласно м. Йома 1:6, готовясь к ритуалам Йом Кипура, мудрецы читали Книгу Иова наряду с Ездрой, Паралипоменон и Даниилом перед первосвященником, если он не мог читать сам. Не вполне ясно, почему именно были выбраны эти книги, но с уверенностью можно сказать, что в случае Иова темы воздаяния и наказания резонировали с духом Дня искупления. Хотя позднейшие раввинистические источники полагают, что первая беда случилась с Иовом в Рош ха-Шана, а вторая на Йом Кипур, в пользу этой идеи в последнее время находится мало доказательств. См. [Mack 2004: 81–91].

Рабби Иехуда вводит дальнейшие ограничения, допуская к изучению только Плач, Иова и отрицательные части Иеремии. Между серединой XII и до середины XVII века публичное чтение Книги Иова на Девятое ава было стандартной практикой в общинах[2]. Шулхан арух, Орах Хаим 554:1 (Йосеф Каро, Цфат, 1563) содержит запись:

> На Девятое ава умывание, миропомазание, ношение обуви и брачные связи возбраняются. Также возбраняется чтение Торы, Пророков и Агиографий, изучение Мишны и Мидраша, Гемары, галахи и аггады, ибо сказано, «Повеления Господа праведны, веселят сердце» (Пс. 18:9). <...> Но читает он Иова и отрицательные части Иеремии. Но если они прерываются утешающими пассажами, он должен их пропускать.
>
> Дозволяется изучать мидраш о Плаче и *Перек эйн мегалхин* (последнюю главу в. *Моэд катан*) и изучать комментарии к Плачу и Иову.

В палестинской традиции Книга Иова, Книга Притчей и Псалтирь читались с использованием особого набора акцентуаций, отличавшего их музыкальную интонацию от той, с которой читались вслух Тора и другие библейские книги. В вавилонской традиции этой особой интонации нет. Источники раннего Средневековья, однако, подтверждают использование особых акцентов, и, скорее всего, эта система существовала и ранее, хотя более ранние свидетельства нам неизвестны [Wickes 1881: 8–9]. Например, ни вавилонский, ни палестинский Талмуд не упоминают об использовании особых акцентов для трех упомянутых

---

[2] См. [Fleischer 1985: 70]. Публичное чтение этой книги практикуется и сейчас, в основном в общинах сефардов. Этномузыковед Авраам Идельсон задокументировал публичные чтения Иова в сефардских общинах Амстердама и Лондона, а также сирийскими, марокканскими, иракскими и итальянскими евреями [Idelsohn 1924: 210–217]. Стихотворение Йосефа б. Каланйомуса (XIII век) было написано с целью помочь изучающим запомнить кантилляцию Книги Иова, Книги Притчей и Псалтири (см. [Berliner 1886]). В ранненововременных караимских общинах восточной Европы существовала традиция читать избранные места из Иова на Десятое ава (см. [Tuori 2016: 41]).

книг, несмотря на их присутствие в палестинской традиции. В то же время несколько средневековых источников говорят об общей традиции, приписываемой мудрецам талмудического периода, касающейся схожести музыкальных акцентов для трех книг:

> Наши мудрецы говорили: почему у этих трех книг, то есть Иова, Псалтири и Притчей, общая мелодия? Потому что все трое снизошли со своего высокого положения и возвратились. Иов, ибо как объясняет Книга Иова, «И возвратил Господь потерю Иова…» (Иов 42:10); Давид [«автор» Псалтири], потому что он сбежал от сына своего Авшалома и был в удалении от своего царства шесть месяцев; Соломон, ибо так о нем написано [Buber 1889: 10–11][3].

Формулировки этих источников явно средневековые, и хотя они претендуют на раннее происхождение, их свидетельства недостаточны для доказательства существования ранней традиции особого музыкального лада[4]. Более того, по крайней мере если рассматривать сохранившиеся материалы, существует вероятность, что лад Иова происходит из григорианского хорала, а это означает, что зародился он значительно позже талмудического периода [Idelsohn 1929: 56–58].

Несмотря на то что текст как целое в синагогальной практике практически отсутствует, отдельные стихи из Книги Иова фигурируют в ежедневной литургии[5]. Приведу два наиболее распространенных примера. Серия предварительных утренних молитв (бирхот ашахар) начинается с нескольких благословений, которые цитируются из Вавилонского Талмуда (b. Ber. 60a). Первое из них — «Благословен Ты, ЙХВХ, Бог наш, Царь вселенной, Который дал שכוי (сехви, в переводе NJPS[6] — *mind*, «уму») способность

---

[3] Похожий текст также можно найти в [Stal 2009: 111].
[4] См. замечание Бубера о приведенном пассаже в [Buber 1889: 10–11].
[5] Мак утверждает, что сложность языка Книги Иова сделала ее неудобным текстом для использования в литургии. См. [Mack 2004: 30–32].
[6] New Jewish Publication Society of America, Новое еврейское издательское общество Америки. — *Прим. пер.*

отличать день от ночи». Язык здесь заимствован из Иова 38:36. Слово *сехви* — гапакс легоменон. Талмуд считает, что его значение — «петух»: «Когда некто слышит голос петуха (תרנגלא), ему следует сказать, Благословен Тот, Который дал петуху способность отличать день от ночи».

Это случай пересечения средневекового библейского комментария и юридических предписаний. По поводу этого стиха Раши пишет: «Так звался петух на языке мудрецов. Некоторые говорят, что это сердце, которое смотрит и наблюдает, и созерцает вещи грядущие»[7]. «Некоторые», которые «говорят», — это Таргум Иова и Авраам ибн Эзра. Подобным образом, в Комментарии раббейну Ашера бен Йехиэля (Рош, Толедо, 1250–1327) на b. Berakhot 9:23 автор объясняет, что это слово может означать «сердце» (хотя он высказывает предположение, что на арабском оно значит «петух»). Давид бен Йосеф Абудархам (Севилья, середина XIV века) в своем комментарии к еврейской литургии, «Сефер Абудархам» (Будничные молитвы, утренние благословения 19), утверждает, что *сехви* — это петух. Вопрос о том, насколько чтение ежедневных молитв повлияло на то, как комментаторы интерпретируют библейский стих, открыт для дальнейших разысканий.

Молитва о мире, которой завершается чтение молитвы амида (18 благословений), составляющей ядро трех ежедневных служб, равно как и Кадиш (в его разнообразных вариантах) и благословения после приемов пищи, используют язык Иова 25:2: «Созидающий мир в Своих высотах (עשה שלום במרומיו), да сотворит Он мир нам и всему народу Израиля». Хотя эта формулировка отсутствует в талмудической литературе, она была закреплена в Седер рав Амран Гаон (в старейшем действующем молитвеннике, секции 1:18 и 1:78). Талмуд (b. Rosh Hashanah 23b–24a) так объясняет этот стих:

> Как сказал рабби Йоханан, написано: «держава и страх у Него; Он творит мир на высотах Своих!» Солнце никогда не видело вогнутой стороны луны или вогнутой стороны

---

[7] Об интерпретации Иова у Раши см. [Kalman 2008b].

радуги. Вогнутой стороны луны — чтобы она не чувствовала себя униженной. Вогнутой стороны радуги — чтобы поклоняющиеся солнцу не сказали, что оно испускает лучи.

В своем галахическом кодексе «Арбаа Турим» (О. Х. 56) Яаков бен Ашер (1270, Кёльн — 1340, Толедо) говорит о том, что благословение было включено из-за ангелов, «которые суть огонь и вода, которые суть противоположности, и одна не гасит другой». То есть Бог действительно создает мир в небесах таким образом, что это также предполагает Его способность поддерживать мир на земле. Очевидно, что это объяснение похоже на предлагаемое Раши, но бен Ашер также ссылается на Берешит Раба 12:8, где поясняется, что «держава» в стихе относится к ангелу Гавриилу, а страх — к Михаилу. Параллель с огнем и водой — это, по видимости, отсылка к Берешит Раба 4:7, где говорится, что слово שמים (небо) в Бытии 1:8 — это смешение слов אש (огонь) и מים (вода), потому что Бог смешал огонь и воду, чтобы сотворить небеса.

Наконец, благословение, следующее за вечерним чтением *Шма* (Слушай, Израиль), начинается со слов אמת ואמונה (Истинно и Достоверно) и далее описывает Бога стихами из Псалтири. В вариации этой молитвы в ашкеназском обряде (которая обнаруживается уже в юридическом компендии Махзор Витри, составленном в XI веке) есть фраза «Который творит дела великие и неисследимые, чудные без числа...». Практически идентичный пассаж мы находим в Иов 5:9 (где он произносится устами Елифаза) и в 9:10 (в устах Иова); в литургии, однако, было добавлено указательное местоимение[8], так что фраза звучит как «Тот, Который творит», а не «Который творит», как в библейском тексте [Hoffman 1996: 76]. В контексте молитвы стих из Иова располагается между изображением величия Бога в том, как Он защищает Израиль и не дает ему споткнуться, и описанием того, как Бог спас Израиль в море во время Исхода. В обоих случаях вывод

---

[8] В оригинале — *definitive article*, «определенный артикль»; соответствующие фразы — «The One who performs» (литургия) и «Who performs» (Иов 5:9). — *Прим. пер.*

для литургиста состоит в том, что Бог предположительно продолжит содействовать Израилю, как и в дни минувшие[9].

В еврейском законе и практике Книга Иова обсуждается или выступает как важный источник в двух категориях случаев: в ритуалах скорби и при *онаат деварим* (причинении обиды словами). В практике правила личного поведения во время оплакивания совпадают с запретами, действующими на Девятое ава, которые были описаны выше. Шулхан арух (Йоре деа 384:4) объясняет: «Скорбящему дозволяется читать Иова, Плач, отрицательные части Иеремии и Законы траура».

Помимо этого пример друзей Иова служит основой для практики утешения скорбящих. Талмуд (в. Моэд Катан 28b) учит:

> Рабби Йоханан сказал: «Утешителям не позволено ничего говорить, прежде чем скорбящий начнёт [речь], ибо сказано: "После того открыл Иов уста свои" (Иов 3:1); "И отвечал Елифаз" (Иов 4:1)»[10].
>
> Рабби Аббаху сказал: «Откуда нам известно, что скорбящий сидит во главе [стола]? Ибо сказано, "Я назначал пути им и сидел во главе и жил, как царь в кругу воинов, как утешитель плачущих"» (Иов 29:25).

Далее в этом тексте объясняется, что мудрецы понимали ינחם как страдательный залог и читали стих «подобно плачущим, которых утешают». В *Мишне Тора* (Законы траура 13:3) Маймонид расширяет пассаж из Талмуда дополнительной информацией из Книги Иова:

> Скорбящий сидит во главе собравшихся. Посетителям дозволяется сидеть только на полу, как сказано: «И сели рядом с ним на землю» (Иов, 2:13). И не могут начинать говорить,

---

[9] Обсуждение этого см. в [Hoffman 1996: 78–80].

[10] В письме графу Фаро с соболезнованиями по случаю смерти его тестя государственный деятель, финансист и библейский экзегет XV века Исаак Абарбанель объясняет, что не решался написать ему в первые дни траура. Только когда граф Фаро обратился к нему первым, он посчитал уместным ответить, ссылаясь на утешителей из Иов 2, которые заговорили лишь после того, как Иов начал «излагать своё горе» [Skalli 2007: 12–15, 82–85].

пока скорбящий не заговорит первым, как сказано: «И никто не говорил ему ни слова» (там же), и далее: «После этого раскрыл Иов уста свои и проклял день, когда он родился» (Иов, 3:1); «И ответил Элифаз...» (Иов, 4:1). А когда скорбящий склоняет голову, посетители должны его покинуть, чтобы не утомлять его чрезмерно [Бен Маймон 2011–2019, 2: 503–504][11].

До сих пор друзья Иова представали идеальными утешителями, однако едва они начинают говорить, как превращаются в образец недостойного поведения.

В Мишне (m. Бава Мециа 4:10) записано, что подобно тому, как нечуткое поведение в коммерческих сделках приносит вред, нечуткие слова (אונאת דברים) причиняют вред в самых разных ситуациях. Мишна объясняет, что не следует провоцировать продавца, спрашивая, сколько стоят те товары, которые не собираешься покупать, или кающегося грешника, напоминая ему о его прошлых дурных делах, или обращенного, напоминая ему о деяниях его предков. Комментируя этот пассаж, Талмуд (b. Бава Мециа 58В) добавляет, среди прочих, такой пример: «Если человека постигло горе, если его поразила болезнь, или же ему пришлось похоронить своих сыновей, не говорите ему, как друзья Иова сказали ему: "Богобоязненность твоя не должна ли быть твоею надеждою, и непорочность путей твоих — упованием твоим? Вспомни же, погибал ли кто невинный..."» (Иов 4:6).

В этом комментарии из Талмуда есть доля иронии, учитывая, сколько места в нем уделено разбору поступков Иова с целью

---

[11] Кроме того, Маймонид цитирует Иов 29:16: «А спор [решения которому] я не знал, я [тщательно] расследовал», устанавливая закон, согласно которому судьи должны быть терпеливы и оценивать доказательства, прежде чем вынести решение по делу (Мишне Тора, Законы о сангедрине 20:7) [Бен Маймон 2011–2019, 2: 192]. Требуя достойного обращения даже с рабами нееврейского происхождения, Маймонид записывает в Мишне Тора, Законы о рабах 9:13: «И это разъяснено [там, где говорится] о хороших качествах Иова, которыми он славился: "Если презрел я право раба моего и рабыни моей, что были в тяжбе со мною... Ведь Создавший в (материнском) чреве меня создал и его, и утвердил нас Один в утробе"» (Иов, 31:13–15) [Бен Маймон 2011–2019, 13: 551].

точно установить его грехи. Дело здесь не в том, верно ли то, что говорят друзья, а скорее в том, как они обращаются к Иову. Как объясняет Аарон Лихтенштейн,

> если говорить о религиозности Иова, то Хазаль [мудрецы ранней раввинистической литературы] придерживаются значительно расходящихся взглядов, причем некоторые из них считают его бунтарем и богохульником. Ни один из них, однако, не оспаривает того, что ответы его утешителей — образцы запрещенного *онаат деварим* (речевого угнетения): «Нельзя говорить [со страдающим] так, как говорили с Иовом его товарищи: богобоязненность твоя не должна ли быть твоею надеждою, и непорочность путей твоих — упованием твоим? Вспомни же, погибал ли кто невинный» (Иов 4:6–7). Следовательно, притом что *йахадут* [иудаизм] определенно придерживается основополагающей веры в связь между грехом и страданием, скромность и чуткость требуют того, чтобы мы воздерживались от частного применения... [Lichtenstein 1999: 57].

В этическом завещании (ארחות חיים / пути жизни), приписываемом талмудисту XI века Элиезеру из Вормса (но предположительно датируемом уже XIII веком), автор предупреждает своих детей: «Утешайте страдающих и говорите к их сердцу. Товарищи Иова были сочтены достойными наказания лишь потому, что они укоряли его, хотя следовало им его утешать» [Abrahams, Fine 2006: 40]. Обратим внимание, что, хотя здесь сказано, что содержание их речей могло быть верным, это были неправильные слова в конкретный момент.

В малом трактате Талмуда Авот рабби Натана A 37 друзья также выступают в качестве образца правильного поведения в беседе:

> И начал Иов и сказал (Иов 3:2 и passim); И отвечал Елифаз Феманитянин и сказал (Иов 4:1 и др.); И отвечал Вилдад Савхеянин и сказал (Иов 8:1 и др.); И отвечал Софар Наамитянин и сказал (Иов 11:1 и др.); И отвечал Елиуй, сын Варахиилов, Вузитянин, и сказал (Иов 32:6). Писание рас-

положило их одного за другим, чтобы всем в мире стало понятно, что мудрый человек не заговаривает ранее того, кто превосходит его в мудрости, не прерывает речь своего товарища и не спешит отвечать [Goldin 1955: 157].

Здесь также проблема состоит не в содержании их речей, но в соблюдении приличий.

То, что Бог заявляет со всей ясностью, что Иов — единственный участник беседы, верно говорящий о божестве, вероятно, подкрепляется текстом похоронной литургии, который относится по крайней мере к XIII веку и продолжает использоваться. Стихотворение הצור תמים בכל פועל («Скала совершенна во всех деяниях») подтверждает справедливость решения Бога забрать жизнь ушедшего. В современной версии этого текста есть стих «Господь дал, Господь и взял; да будет имя Господне благословенно!» из Иов 1:21 [Lehnardt 2014: 117]. К эпохе Возрождения стихи из Книги Иова также стали использоваться как источник для эпитафий на могильных камнях — например, выражение «чтобы просветить его светом вечности», основанное на Иов 33:30 [Perani 2014: 232]. Стихи использовались и более творчески. На могильном камне Рефаэля Хизкии из Форли, умершего в 1592 году, мы находим большое стихотворение, которое заимствует библейские стихи, чтобы сказать об усопшем:

> Человек, рожденный женою, краткодневен (Иов 14:1).
> Посмотри на славного человека, который возвысился среди благородных земли,
> На человека непорочного и справедливого (Иов 1:8), истинного князя народов (ср. Пс. 46:10),
> Который добр и есть несчастному надежда (Иов 5:16) и восстановитель развалин (Ис. 58:12) [Perani 2014: 255].

Что бы ни думали средневековые мыслители об Иове в своих комментариях, деконтекстуализированные стихи работали в других контекстах хорошо. Мыслители могли не считать Иова праведником, но не испытывали проблем, применяя слова из библейского текста к другим.

Опять же, рассматривая талмудический дискурс об Иове и последующее тысячелетие комментариев, важно иметь в виду, что эти дискуссии фокусировались на модели социального взаимодействия, понимаемого как практическое общение между ныне живущими современниками. Позднейшие раввинистические мудрецы и другие комментаторы были прежде всего заняты теологической контекстуализацией дискурса Книги Иова как общей теории, а не применением ее к конкретным случаям конкретных индивидов.

С другой стороны, цитаты из Иова оказались полезны в качестве авторитетного текста для обоснования юридических позиций.

Фрагмент руководства для судей из Каирской генизы, авторство которого, вероятно, принадлежит гаону из раввинской академии в Суре Самуилу бен-Хофни (ум. 1013), содержит два пассажа, в которых текст Книги Иова служит основанием для судебных правил. Возможно, что эти пассажи связаны с утраченными более ранними мидрашескими традициями. Первый пассаж опирается на высказывание Елиуя в Иов 32:11–12: «Вот, я ожидал слов ваших, — вслушивался в суждения ваши, доколе вы придумывали, что́ сказать. Я пристально смотрел на вас, и вот, никто из вас не обличает Иова и не отвечает на слова его». На основе этих слов в руководстве утверждается, что истцу следует апеллировать к суду, если с его точки зрения постановление судьи ошибочно. Второй пассаж имеет более теологический характер и говорит о божественном провидении и справедливости в сотворении людей и вселенной, опираясь на Иов 10:10–12: «Не Ты ли вылил меня, как молоко, и, как творог, сгустил меня; кожею и плотью одел меня, костями и жилами скрепил меня...» Предпосылка о божественной справедливости также служит моделью для человеческого правосудия [Ariel 2020].

Написанная в XIII веке ספר החנוך («Книга обучения») — это составленный анонимным автором компендий 613 заповедей в том порядке, в котором они появляются в Пятикнижии. Эта работа, созданная в Испании, приписывалась талмудисту Аарону бен Йосефу Галеви из Барселоны (ок. 1235–1290), другому рабби Аарону, ученику Шломо ибн Адрета (1235–1310), а также недавно Пинхасу бен Йосефу Галеви, брату упомянутого Аарона Галеви из Барселоны. Кому бы ни принадлежало авторство, современные исследователи соглашаются в том, что эта работа была написана кем-то из круга студентов Нахманида, несмотря на явную симпатию автора к Маймониду [Kanarfogel 2018: 42–43]. Каждая заповедь соотнесена с ее источником в Библии, объяснен ее смысл и описана правовая практика. Книга Иова цитируется для подтверждения этих объяснений около десяти раз, но она никогда не выступает основанием для заповеди[12]. Несколько раз Иов обсуждается, а не только используется как авторитетный источник.

Заповедь 169 говорит об объявлении кого-либо ритуально нечистым в связи с болезнями кожи, которые в Торе называются צרעת (обычно это слово неверно передается как «проказа»). Текст открыто не связывает это правило с дерматологическими проблемами самого Иова (Иов 2:7). В нем приводится цитата из Иов 34:21, где Елиуй уверяет Иова, что Бог уделяет внимание человеческим делам, устанавливая индивидуальное провидение (это соответствует взглядам Нахманида). Как указывается далее в том же пассаже, известно, что эта болезнь — наказание за грех, обычно за недоброжелательные сплетни. Из этого делается вывод, что Иов, вероятно, был виновен в некоем грехе, что и объясняет его бедственное положение [Wengrov 1992, 2: 215–217].

Заповедь 255 запрещает заниматься колдовством или спиритуалистической медиацией. Обосновывается это тем, что подобные занятия бесполезны, потому что Бог управляет миром, вознаграждая праведных и наказывая нечестивых. Здесь снова цитируется Елиуй, уверяющий Иова, что Бог воздает человеку по его путям (Иов 34:11). Далее говорится о том, что всем хорошим людям, особенно представителям народа Израиля, следует сообразовывать свою мысль с этим уверением.

Заповедь 338 возбраняет говорить с другим евреем так, чтобы это причиняло страдание или беспокойство. Здесь цитируется Иов 4:6–7: первые три друга Иова приводятся в качестве дурного

---

[12] Книга Иова цитируется в заповедях 169, 187, 236, 255, 338, 392, 485, 514 и 545.

примера; они объясняют ему его положение тем, что он согрешил. Это не означает, что Иов безгрешен, говорится лишь о том, что их обвинительная интонация нарушает это правило (см. выше).

Заповедь 545 обязывает прогнать мать-птицу, прежде чем забрать ее птенцов из гнезда. Этот закон интерпретируется как выражающий желание Бога сохранить виды навечно. Под бдительным взглядом Бога провидение воздействует на людей индивидуально, но на животных — как на виды. То, что мать-птицу прогоняют, позволяет ей выжить и снова завести потомство, что гарантирует сохранение вида. Здесь снова цитируется Иов 34:21, где Елиуй говорит о свойствах провидения в отношении отдельных людей. Следующая за этим дискуссия опирается на мысль Маймонида, что у всех заповедей есть иные обоснования, помимо получения воздаяния, которым Бог вознаграждает за их исполнение. Они улучшают положение и совершенствуют индивида, который им следует. В соответствии с утверждением Елиуя в Иов 35:6–7, в тексте говорится, что соблюдение или нарушение заповедей никак не влияет на Бога, но только на индивида.

Упоминания в «Книге обучения» Елиуя как друга, который правильно высказывается о Боге и божественном провидении, соответствуют тому, как понимают его роль в книге и Нахманид, и Маймонид. Хотя Иов не является непосредственной темой ספר החנוך, изображение божества, в полной мере надзирающего над нижним миром и справедливо управляющего им, определенно противоречит эксплицитному нарративу библейской книги.

Одна из общеупотребимых форм юридического дискурса в раввинистическом иудаизме — это *респонсы*, ответы раввинов на вопросы о галахе, религиозной практике, догматике и, как в случае Симеона бен Земаха Дурана ниже, даже о смысле Книги Иова. Эта литература огромна, и цитаты из Иова возникают в ней регулярно. Здесь я привожу лишь несколько примеров того, как используются Книга Иова и связанные с ней материалы.

В респонсе главного раввина Иерусалима Леви ибн Хабиба (ок. 1489, Самора, Испания — 1545, Иерусалим), касающемся того, должны ли евреи верить в учение о реинкарнации (переселении душ, гилгуле), автор обращается к комментарию Нахманида к Иову для обоснования своей позиции. Сперва он объясняет, что еврейские философы, опирающиеся исключительно на разум, не могут принять идею реинкарнации, но

> ...есть другая группа, обладающая большим авторитетом; она состоит из тех евреев, которые опираются на веру. Все они пишут, что это учение истинно и представляет собой основополагающий принцип Торы, посредством которого дается ответ на вопрос о том, почему страдают праведники. <...> Мы все обязаны прислушиваться к словам этих более поздних мудрецов; верить в учение без сомнений и оговорок. Тем не менее мне кажется, что крайне неправильно излагать это учение публично. <...> Наши учителя... никогда не говорили о нем иначе, как намеками и загадками. <...> Язык Нахманида в его комментарии к Иову свидетельствует об истинности того, что я сказал. Он пишет там: «Если хочешь понять эту великую тайну, обрати свой слух к моему мнению. Пусть бразды удерживают тебя и скорбят о грехе и пусть облако покроет твое лицо». <...> Чтобы ты увидел, что рабби, благословенна его память, говорил об этом вопросе как о тайне, отсылая к нему лишь намеками и загадками. И в сколь большей мере следует так поступать нам, принадлежащим этому времени, чьи умы в сравнении с его как бессловесные младенцы[13].

Этот респонс ценен в нескольких отношениях. Во-первых, он говорит о рецепции и доступности нахманидовского комментария к Иову. Во-вторых, он подтверждает, что использование учения о реинкарнации для объяснения трудностей Книги Иова было распространено за пределами круга комментаторов Библии и имело достаточно широкое хождение. Наконец, он указывает на пересечение между комментарием и практикой. Объяснение Книги Иова подкрепляет здесь утверждение, что евреи обязаны придерживаться определенных догм. Другими словами, это раввинистическое предписание об обязательных верованиях. Однако лишь немногим ранее вопрос об этом конкретном веро-

---

[13] Перевод респонса взят из [Jacobs 1975: 143–144]. Обсуждение Нахманида и Книги Иова см. ниже, в шестой главе этой книги.

вании имел большое галахическое значение. В XV веке между несколькими раввинами развернулась дискуссия о том, должен ли иметь приоритет левират, а халица (ритуал снятия башмака) должна использоваться для его избежания только в случае необходимости, или приоритетом должна обладать халица, чтобы избегать левиратных браков. Те, кто выступал в защиту приоритета левирата, ссылались на каббалистическое учение о переселении душ (гилгуле), в частности, на его изложение у Нахманида. Левиратный брак стал пониматься как механизм, посредством которого душа умершего могла переселиться в ребенка брата (или близкого родственника) умершего и его вдовы[14]. В 1487 году сефардский рабби Йосеф бен Гедалия из Иерусалима предложил аргумент в защиту левирата, опираясь на связанные с Иовом учения в работах Нахманида и в книге «Зогар»:

> Много вы сделали для того, чтобы высказаться против тайны гилгуля, и не правы вы были в этом. И если это полученная традиция, каббала, в чем смысл... господину суждения различать? Это тем более так, ведь мы обнаружили, что этого мнения придерживается рабби Шимон бар Йохай, самый прекрасный из таннаев, и другие таннаи и амораи. И говорили они, что Иов родился от левиратного брака, и как будете вы отвечать перед лицом великого светоча Нахманида, да благословится его память[15].

Если говорить о детях, то мистическое произведение XII века *Сефер хасидим* («Книга благочестивых»), приписываемая Иегуде Хасиду (1150–1217, Регенсбург), превозносит Иова как идеального отца. Матери должны заботиться о физических нуждах детей, но отцы должны заниматься их духовным благополучием.

> Если он ведет своих сыновей и дочерей в темноте или в месте, небезопасном, как он видит, для их тел, то он собирает своих слуг и служанок, или сам идет с ними, чтобы не было им

---

[14] Объяснение см. в [Hallamish 1999: 281–309].
[15] Цит. по: [Ogren 2009: 92]. Более широкий контекст дается в [Ogren 2009: 87–93].

причинено вреда или боли. Сколь же более должен он защищать умы своих сыновей и дочерей, чтобы не согрешили они перед Тем, Кто сотворил мир; тем самым ему следует больше заботиться о том, чтобы они не согрешили в их деяниях, их телах и их мыслях. Посмотрите, как много постится, и воздерживается, и рыдает, и умоляет человек, чей сын болеет, потому что душа его обеспокоена о теле его сына. Ему следует делать по крайней мере столь же много, если он [его сын] грешит, ибо благополучие души вечно. Значит, следует ему охранять их от греха в их деяниях, телах и мыслях, ибо сказано: «Ибо говорил Иов: может быть, сыновья мои согрешили и похулили Бога в сердце своем» (Иов 1:5)[16].

Возможно, несколько необычно использует пассаж из Иова Яаков бен Иоше Леви Моэлин (Махарил; Германия, 1365–1427), — прославленный талмудист и кодификатор практик германского еврейства, — обсуждая практику на вечер Йом Киппура. В своей ספר מהריל (Сефер Махарил: Эрев Йом Киппур, 43a) он говорит, что для того, чтобы пробудить подлинный дух покаяния, еврейские мужчины обычно получали в синагоге после полуденной молитвы сорок ударов плетью. Эта практика известна и из других галахических источников, но Махарил добавляет, что мужчины должны смотреть на север. Объясняя этот выбор направления, польский раввинистический авторитет Давид ха-Леви Сегал (Турей-Захав, 1586–1667) указывает на Иов 37:22: «Золото приходит от севера»[17]. Он поясняет, что поскольку причина большей части грехов — деньги, а «золото» приходит с севера, то смотреть во время бичевания в сторону источника греха — правильно. Объяснение Турей-Захава опирается на b. Bava Batra 25b, где движение ветров обсуждается со ссылкой на Иов 37:9–10. Рав Хисда далее задается вопросом о смысле Иов 37:22: «От севера приходит золото. Это северный ветер заставляет золото течь». В продолжении того же пассажа проводится мысль, что северный ветер вызывает, посредством изменения погодных условий и их

---

[16] Цит. по: [Baumgarten 2004: 161–162]. В книге Баумгартен также имеется блестящее контекстуализирующее обсуждение текста.

[17] В синодальном переводе — «светлая погода приходит от севера». — *Прим. пер.*

воздействия на урожай, обесценивание золота. В любом случае в данном тексте золото рассматривается как драгоценный металл. Эти интерпретации резко отличаются от Раши, Нахманида и Ибн Эзры, которые воспринимают золото в пассаже как отсылку к солнцу. Ибн Эзра поясняет: «С севера течет золото. Золото означает сияние небес... Бог является в блеске славы. Ибо сияние Бога видимо, когда восходит солнце, и люди восхваляют Его и радуются».

Из этого краткого обзора использования Книги Иова в еврейской литургии и практике возникает важный вопрос. С учетом того, что в еврейской практике не было регулярных публичных чтений Книги Иова, что она не была обязательным чтением ни в какой точке литургического цикла и что цитаты из нее редки в молитвеннике, как объяснить то, что она пронизывает раввинистическую литературу Античности, является одной из самых комментируемых библейских книг в Средние века, становится темой диспута между евреями и христианами и вдохновляет еврейское искусство, поэзию и философию на протяжении веков?

Глава 2
Иов в ранней раввинистической литературе

Иов в Мидраше и Талмуде

В целом евреи поздней Античности придерживались двух противоположных взглядов на характер Иова. Согласно более раннему взгляду, наследующему консенсусу периода Второго храма, Иов — добродетельный человек, чьи несчастья были не наказанием, а испытанием. Как полагает «Завещание Иова», непоколебимая вера Иова в конце концов должна принести ему великое вознаграждение. Такова, однако, была позиция меньшинства.

И книга, и фигура Иова появляются в значительном числе источников периода Второго храма. В них Иов предстает более терпеливым и святым в сравнении с фигурой из еврейской Библии, и тем более с Иовом раввинистических и средневековых еврейских изображений[1]. Среди свитков Мертвого моря есть четыре манускрипта еврейских текстов, сохранившиеся в переводе на арамейский. Исследователи говорят об аллюзиях на Иова в нескольких текстах СММ, но самую явную отсылку мы находим

---

[1] См. недавний обзор в [Harkins 2017: 13–33].

в 1QHodayota, где описание учителя общины напоминает то, как изображается Иов после разговора с Богом, обращающимся к нему из бури[2]. По большей части то, как выглядит Иов в этих источниках, похоже на сохранившиеся еврейские тексты. Однако некоторые исследователи считают, что таргум 11QtgJob выказывает «большее благоговение перед Богом, более положительно изображает Иова и, возможно, полемизирует с Елиуем» [Seow 2012: 116].

Вариант Книги Иова, содержащийся в Септуагинте, созданной, вероятно, в Александрии во II веке до нашей эры, приблизительно на 15–20 % короче по сравнению с масоретской версией. Здесь за 42:17 следует добавление, содержащее детали, которых в еврейском тексте нет: Иов был прежде известен как Иовав, он был из земли Ауститис на границах Идумеи и Аравии и был потомком Авраама по линии Исава. Ему, в воздаяние за его благочестие, было обещано воскресение, о чем в Септуагинте говорится гораздо больше по сравнению с еврейской Библией. Хотя в отношении содержания его история очень похожа на еврейскую, бунтарство Иова в Септуагинте часто смягчается за счет того, что вопросительные предложения еврейской версии в греческой переформулируются как повествовательные (см., например, масоретский текст Иов 14:14, 21:22), или даже того, что проблематичные высказывания просто опускаются (например, масоретский текст Иов 9:24). Еще одно дополнение, которое мы находим в греческой версии, — расширенное высказывание жены Иова о смерти ее детей (2:9–10); это пример характерного для литературы времен Второго храма возросшего интереса к окружающим Иова женщинам[3].

В апокрифах имеется проходное упоминание Иова в Сир. 49:9[4], где говорится, что пророк Иезекииль отмечал праведность Иова (см. Иез. 14:14). В Книге Товита обнаруживается примечательное

---

[2] См. [Szpek 2005: 366] и более новую работу [Newsom 2018].

[3] См. [Marcos 1994].

[4] В синодальном переводе отсутствует. — *Прим. пер.*

число сходств с Иовом. Оба вынуждены страдать, несмотря на свою праведность или, быть может, из-за своей праведности. Хотя в греческой версии мы не находим упоминаний Иова, в Вульгате (2:12–18) открыто проводятся параллели между испытаниями Товита и Иова. Однако если этническое происхождение Иова в масоретском тексте неясно, Товит — это явно пример праведного страдающего еврея.

Изображения Иова в псевдоэпиграфической литературе во многом схожи с версией Септуагинты. Сохранившиеся фрагменты Аристея из Проконнеса описывают Иова (Иовава) как праведного потомка Исава, который жил в Идумее и терпеливо переносил свои страдания. Терпение и выдержка Иова также подчеркиваются в «Завещании Иова» — самом пространной версии Книги Иова, сохранившейся из этого периода — где об Иове (Иоваве) также говорится как о потомке Исава и богатом и милосердном правителе в Авситисе, который позднее взял в жены Дину, дочь патриарха Иакова. Обратившись к Богу, этот Иов решил разрушить храм, посвященный Сатане. Он получил предупреждение от ангела, что этот поступок приведет к длительным страданиям, но в конце концов Бог даст ему избавление и он воскреснет. «Завещание Иова» часто говорит о благочестии Иова, например, в стихах 5:7–8, где Иов возвращает упавших червей на свою кожу, чтобы они могли продолжать есть его гниющую плоть. В отличие от описания жены Иова в масоретском тексте, где она вскоре исчезает из повествования, в «Завещании Иова» Сатана использует его первую жену, Ситис, чтобы обмануть Иова и посмеяться над ним. Ее бо́льшая роль здесь может быть связана с тем, что в Септуагинте ее диалог также расширен. Вилдад, Софар и Елифаз, как и в масоретском тексте, приходят утешить Иова, но они обеспокоены его состоянием и утверждают, что причина этого состояния — грех. Елиуй же, вместо того чтобы представлять голос разума, как в масоретском тексте, здесь оказывается побужден Сатаной отвергнуть праведность Иова, и, в отличие от трех друзей, в конце рассказа он не получает прощения. Текст завершается описанием даров Иова его дочерям, которым в этом тексте даны имена. Они получают волшебные пояса или веревки, которые Бог дал Иову, когда исцелял его раны[5]. Эти веревки трансформируют дочерей, и они начинают петь гимны на языке ангельских существ. Подобные веревки были в этот период типичным амулетом, и «Завещание» указывает на то, что евреи пользовались магией. В сочинениях александрийского философа Филона Иов почти не упоминается. Филон цитирует Иов 14:4 (об изменении имен VI), чтобы обосновать мнение, что праведность эквивалентна несовершению греха. Историк Иосиф Флавий упоминает Иова как пророка в трактате «Против Апиона» (1:8).

Одобрительный взгляд на Иова в литературе периода Второго храма вскоре уступил место сильно отличающимся оценкам. Согласно этой более поздней традиции, Иов был отнюдь не праведником, но богохульствующим бунтарем, что по сути ясно из его риторики в диалогах. Эта точка зрения, развившаяся впервые в III–IV веках нашей эры, была распространена как среди палестинских, так и среди вавилонских амораев, однако последние с течением времени значительно расширили и радикализировали теологический и экзегетический репертуар [Kraemer 1995: 165–171][6]. Этот поворот в раввинистических подходах отчасти был вызван знакомством евреев с христианскими интерпретациями и необходимостью ответить на них[7].

В христианской интерпретации Иова, основывавшейся в основном на Септуагинте и на «Завещании Иова», Иов обычно изображался праведным страдальцем, на чью выдержку перед лицом страданий следовало равняться. Более того, Иов пророчествовал о воскресении Иисуса. Некоторые раввины, для которых такое изображение Иова было неприемлемо, пытались развенчать

---

[5] См. [Bohak 2008: 122]. В Античности и в Средние века стихи из Книги Иова появляются в отдельных рукописях, совершенно деконтекстуализированно, так что это ничего не говорит о смысле книги. В одном случае Иов 38:13 используется для описания функции амулета, который помогает Богу в устранении нечестия [Naveh, Shaked 1998: 57].

[6] О том, как изменялось отношение раввинистических источников к протестам Иова, см. [Weiss 2016].

[7] См., например, [Baskin 1983; Jacobs 1971].

его и сделать бесполезным для христианских мыслителей, желавших удержать колеблющихся относительно обращения в христианство евреев, а также привлечь христиан, чьему интересу к обращению в иудаизм способствовали персидские гонения[8]. Хотя столкновение с неевреями оказало влияние на экзегезу Иова, вопрос о теодицее также имел значение. Поворот в раввинистическом подходе к Иову подкреплял классический взгляд на теодицею. Описывая Иова как грешника, источники давали решение проблемы библейской книги. Иов был не праведным страдальцем, а лицемером и еретиком, подвергавшимся наказанию. Таким образом оказывалось, что система работает исправно [Leibowitz 1987: 278–334].

Ни одна из сохранившихся книг раввинистической интерпретации (мидраша) не посвящена Книге Иова[9]. Предпринятая Соломоном Аароном Вертгеймером попытка реконструировать предполагаемый Мидраш Ийов оказалась безуспешной (см. обсуждение ниже). Хотя такой работы и не существует, в раввинистической литературе можно обнаружить попытки объяснить различные части Книги Иова. В раввинистических источниках имеется частичное согласие по поводу того, кем был Иов, когда он жил и насколько он заслужил выпавшие на его долю несчастья. Как утверждалось, «можно сказать, что существует почти столько же Иовов, сколько говорящих о нем раввинов» [Baskin 1992: 101]. Это замечание вполне обоснованно, как показывает даже самый беглый обзор раввинистических источников. Ниже не проводит-

---

[8] См. главу первую выше.

[9] Различные традиции, посвященные Иову, собраны в составленной в XII–XIII веках антологии мидрашей *Ялкут Шимони* и обозначены как наставления 891–928. Эти наставления, а также ссылки на их более ранние раввинистические источники, см. в [Hyman 1965, 2: 397–419]. Обсуждение *Ялкут Шимони* и ее составления см. в [Elbaum 2004]. В *Ялкут* собраны лишь немногие из 400 отдельных наставлений об Иове. Бóльшая часть цитат содержатся в Вавилонском Талмуде (40 %) и в Берешит Рабба (20 %). В каждой из Вайикра Рабба, Мидраш Танхума и Танхума Бубер содержится от 7 до 9 %. Остальная четверть распределена между таннайскими источниками (8 %), аморайскими источниками, в том числе Иерусалимским Талмудом (5 %), и другими текстами мидраша (5 %).

ся тщательного размежевания между таннайскими, аморайскими, палестинскими и вавилонскими источниками, хотя взгляды на Иова, разумеется, в каждом из этих контекстов несколько различались. Наша цель здесь — дать обзор того, как Иов понимался в раввинистической литературе, с учетом особого влияния времен и мест, которое исследуется в разнообразных цитируемых нами работах. Параллельные раввинистические источники указываются в скобках непосредственно вслед за отдельными комментариями об Иове и связанных с ним обстоятельствах. Количество и разнообразие приведенных источников должно дать по крайней мере некоторое представление о распространенности той или иной идеи и степени, до которой она была принята.

Когда жил Иов

Согласно раввинистическим источникам, Иов мог быть израильтянином (Берешит Раба 57:4; и. Сота 5:5, 20c) или неевреем (в. Сота 11a, 15a; в. Бава Батра 15b; в. Сангедрин 106a; Шмот Раба 1:12, 12:3; и. Сота 5:5, 20d; Седер Олам Раба 3). Он мог жить в Египте во время рабства евреев там (в. Сота 11a, 15a; в. Бава Батра 15b; в. Сангедрин 106a), или в Ханаане во время скитаний по пустыне (в. Сота 35a; в. Бава Батра 15a). Другие полагают, что он жил во времена Авраама (Берешит Раба 57:4; и. Сота 5:5, 20c), в период Судей (Берешит Раба 57:4; в. Бава Батра 15b; и. Сота, 20c), или Давида (в. Бава Батра 15b), или во время возвращения из Вавилонского пленения (в. Бава Батра 15b; Берешит Раба 57:4; и. Сота 5:5, 20d), или в период событий, описываемых в книге Есфирь (в. Бава Батра 15b; Берешит Раба 57:4; и. Сота 5:5, 20d). Другие предположения включают время сыновей Иакова (Берешит Раба 57:4; и. Сота 5:5, 20c), время Навуходоносора и халдеев (Берешит Раба 57:4; и. Сота 5:5, 20d) и время царицы Савской (в. Бава Батра 15b; Берешит Раба 57:4; и. Сота 5:5, 20d). С другой стороны, возможно, Иов никогда не существовал и был лишь притчей (в. Бава Батра 15b; Берешит Раба 57:4; и. Сота 5:5, 20d); Иеремия использовал историю Иова именно в таком ключе (Песикта Раббати 26:7). Но вне зависимости от того, был ли Иов притчей или нет, авторство книги Вавилонский Талмуд приписывает Моисею, хотя не с полной определенностью (в. Бава Батра 15а). Идея о Моисеевом авторстве способствовала укреплению статуса Иова как нееврея, поскольку, согласно раввинистическим учениям, после смерти Моисея неевреи не обладали пророческим даром. Кроме того, это устанавливало *terminus ad quem* в отношении времени, когда Иов жил. Наконец, Моисеево авторство создавало динамику, в рамках которой Книгу Иова нужно было читать так, чтобы ее теодицея согласовывалась с Торой, так как Моисей, под божественным воздействием, написал то и другое.

Традиции, одобряющие Иова

Среди раввинистических мудрецов были те, кто одобрял Иова. Утверждавшие, что он возвратился из Вавилонского пленения, одновременно говорили о том, что у него был дом учения в Тверии (в. Бава Батра 15а; Берешит Раба 57:4; и. Сота 5:5, 20c). Среди придерживавшихся убеждения, что он жил во времена сыновей Иакова, некоторые считали, что он был женат на Дине (Берешит Раба 19:12; Танхума Бубер, *вайишла* 19)[10]. Источники объясняли, что Иов служил Богу из страха, из любви или из того и другого (м. Сота 5:5; т. Сота 6:1; в. Сота 31а; и. Сота 5:5, 20c). Возможно, он был пророком (Седер Олам Раба 6; в. Бава Батра 15b; Седер Элиягу Раба 26:142) или судьей, который своими силами пытался добиться справедливости (Песикта Раббати 33:2). Возможно, он родился обрезанным, подобно некоторым другим праведникам (Авот рабби Натана А 2), и возможно, он самостоятельно открыл Бога, как Авраам и Езекия (Бемидбар Раба 14:2). Кроме того, он был верным слугой Бога (Авот рабби Натана В 43; Сифре, ва-этханнан 3), свидетелем истинности Торы (Седер Элиягу Зута, 11). На его праведность указывала его сдержанность, то есть то, что он воздерживался от недостойных вещей и никогда не смотрел на чужую жену (Авот рабби Натана

---

[10] О Дине в этом контексте и об отношении раввинистической традиции к более ранним эллинистическим источникам см. [Low 2013: 7–9].

А 2; в. Бава Батра 15b). Он был щедр и гостеприимен; его дом был открыт со всех четырех сторон, чтобы принимать всех нуждавшихся (Авот рабби Натана А 7; Берешит Раба 30:8, 66:1; Танхума Бубер, *толедот* 13). Вместо того чтобы требовать при заключении денежной сделки сдачу, он дарил ее другому участнику (в. Бава Батра 15b; в. Мегила 28a; и. Сота 5:5, 20c). Принимавшие милостыню от Иова становились благодаря этому дару настолько успешны, что им более никогда не приходилось просить о помощи (в. Бава Батра 15b; в. Песахим 112a; Берешит Раба 39:17). Иов присваивал поля сирот, чтобы возвратить их в лучшем состоянии (в. Бава Батра 16a). Он давал свое имя вдовам, чтобы помочь им найти новых мужей (в. Бава Батра 16a). По большей части мудрецы соглашались в том, что Иов, до того как начались его несчастья, представлялся праведным.

Что касается того, заслуживал ли Иов своих страданий, несколько источников утверждали, что Бог поразил его, невинного, без причины, и это сильно беспокоило считавших так мудрецов (в. Бава Батра 16a; в. Хагига 5a). В шехтеровском прибавлении В к Авоту рабби Натана А сохранен раввинистический тезис, что Враг был низвержен с небес, потому что он спровоцировал Бога поразить Иова [Schechter 1887: 164]. Реакция Иова на эти страдания в ряде источников удостаивается похвалы. Мудрецы восхищаются его высказыванием, что Бога следует благословлять и когда Он дает, и когда берет (Мехильта рабби Ишмаэля *баходеш* 10). Другие восхищались тем, что, хотя он желал отомстить халдеям, он принял, что это воля Бога, и воздержался от мести (в. Сота 11a; в. Сангедрин 106a; Шмот Раба 1:12, 12:3; и. Сота 5:5, 20d). В целом считалось, что до нападения Врага Иов был праведен. Однако его реакция на несчастья показала, что это было не совсем так.

Неодобрительные мнения об Иове

Значительно более распространены были традиции, согласно которым Иов заслуживал того, что произошло с ним. Самые суровые критики Иова учили, что он был одним из трех слуг фараона, искавших способы сдержать рост еврейского населения в Египте. Согласно этой традиции, когда фараон повелел убивать детей, Иов промолчал и не воспротивился аморальному указу (в. Сота 11a; в. Сангедрин 106a; Шмот Раба 1:12, 12:3; и. Сота 5:5, 20c)[11]. Возможно, из-за того, что Иов не был достаточно смел, он был брошен Врагу, как агнец на заклание, чтобы отвлечь его, пока евреи бежали из рабства и пересекали Красное море (и. Сота 5:5, 20c; Шмот Раба 21:7; Берешит Раба 57:4; в. Бава Батра 15b). Также Иова обвиняли в том, что он пришел в мир лишь ради того, чтобы получить свое вознаграждение (в. Бава Батра 15b; и. Сота 5:5, 20d; Берешит Раба 57:4), и в поддержании разнообразных ересей (в. Бава Батра 15a, 16a). Более того, в своих речах он бросал вызов Богу (Песикта де-Рав Кахана 10:7; Танхума Бубер *рэ'эх* 13, 15; Танхума Бубер *тазриа* 8; Танхума Бубер *берешит* 13), пытался поставить себя на один уровень с Богом (в. Бава Батра 16a) и в целом высказывал неверные взгляды на божество (Песикта Рабати 38). В целом Иововы нападки на Бога представали в гораздо худшем свете, когда раввинистические источники указывали на все благое, что Бог сделал для него. Кроме богатства, угодий и большой семьи Бог дал Иову ощутить вкус мессианской эры: скот Иова был особой породы, а его по-

---

[11] В позднесредневековом йеменском Мидраш га-Гадоль на Исход обсуждение выглядит несколько иначе. Умерщвление евреев там мотивируется не озабоченностью фараона ростом их численности; в этом мидраше он страдает от некоего жестокого заболевания кожи. У фараона было три советника. Когда он заболел проказой, он спросил лекарей, что может излечить его. Валаам посоветовал ему истребить евреев и искупаться в их крови, чтобы исцелиться. Иов промолчал, что означало его согласие. Иофор услышал и убежал. Тот, кто это посоветовал, был убит, промолчавший подвергся истязаниям, сбежавший удостоился прибавления буквы к имени: оно было Иофер [Jether] и стало Иофор [Jethro] (Исх. 4:18) (я использую здесь перевод из]Malkiel 1993: 87]). Раввинистическое наставление, согласно которому фараону был дан совет убивать израильских младенцев, мы находим в Шмот Раба 1:34. Однако Мидраш га-Гадоль — это единственный источник, который увязывает две прежде разделенные раввинистические традиции и связывает исцеляющее средство для фараоновой проказы с историей трех его советников: Иофора, Валаама и Иова. Малкиэль прослеживает историю легенды о заболевшем проказой фараоне.

севы вырастали, как только были посажены в землю, и сразу созревали, так что животные могли пастись (Танхума Бубер *толедот* 13; Песикта де-Рав Кахана 7:65; Песикта Рабати 17:6; Ваикра Раба 17:14; в. Бава Батра 16а; Берешит Раба 30:8; Рут Раба 2:10). В отличие от обычного скота, который часто падал жертвой голодных волков, животные Иова могли защитить себя от хищников (в. Бава Батра 15b; Кохелет Раба 9:11). «Недостатки» Иова также высвечивались тем, что раввинистические источники часто сравнивали его с Авраамом.

Иов и Авраам

В некоторых текстах отмечается, что Иов жил в тот же период, что и Авраам (и. Сота 5:5, 20c; Берешит Раба 57:4); другие находили его достаточно достойным для того, чтобы взять в жены Дину, правнучку Авраама (в. Бава Батра 15а; и. Сота 5:5, 20c; Берешит Раба 19:12, 57:4). Согласно одному из источников, библейский текст удостаивает Иова большей похвалы, чем Авраама (в. Бава Батра 15b). В этом тексте Враг напал на Иова, чтобы отстоять значимость Авраама: Бог сказал, что нет подобного Иову, и Враг предъявил свои обвинения, чтобы показать, что Иову не сравниться с патриархом (в. Бава Батра 15b). Это примечательный текст, поскольку он разрешает раввинистическое затруднение. В библейской книге Бог провоцирует испытание Иова: Враг появляется, Бог спрашивает, где он был и видел ли он раба Его Иова, хвалясь его непорочностью и неповторимостью. В в. Бава Батра 15b инициатором спора выступает Враг, а Бог защищается:

> *И был день, когда пришли сыны Божии предстать пред Господа; между ними пришел и сатана* (Иов 1:6): [Враг] сказал [Богу]: «Господь мира, я рассмотрел весь мир и не нашел никого столь же преданного, как Твой слуга Авраам. Ибо Ты сказал ему, *встань, пройди по земле сей в долготу и в широту ее, ибо Я тебе дам ее* (Быт. 13:17), и все же он не смог найти место, чтобы похоронить жену свою, Сару, пока не купил его за четыреста серебряных шекелей. И все же он не роптал против Тебя. [Тогда] *сказал Господь сатане: обра-*

тил ли ты внимание твое на раба Моего Иова? ибо нет такого, как он, на земле: человек непорочный, справедливый, богобоязненный и удаляющийся от зла.

Провокация Врага теперь соответствует высказыванию Бога в следующей главе, что Враг вынудил его причинить страдания Иову без всякого основания.

Немногочисленные источники подразумевают, что Иов и Авраам были равны: Бог сказал, что Иов столь же благочестив, как и Авраам (в. Бава Батра 15b), и что оба боялись (Танхума Бубер *ваикра* 15; Танхума *ваикра* 7; Танхума Бубер *маттот* 1; Танхума *маттот* 1; Бемидбар Рабба 22:1) и любили Бога (т. Сота 6:1; в. Сота 31a). И об Аврааме, и об Иове говорилось, что они рабы Божии (Авот рабби Натана В 43; Сифрей Деварим *писка* 32). Кто бы ни получал нечто, в чем он нуждался, от Авраама или Иова, будь то еда или деньги, процветал, и ему никогда более не приходилось просить подаяния (Берешит Раба 39:11). В большинстве своем раввинистические мудрецы ставили Авраама несколько выше Иова. Эта традиция, по видимости, предшествует раввинам, о чем свидетельствует «Завещание Авраама». В этом источнике архангел пытается убедить Авраама последовать за ним, и когда ему это не удается, он говорит Богу: «И боюсь я коснуться его, ибо изначально слывет он другом Твоим, и все его поступки пред лицем Твоим всегда были самые наилучшие. И никто из людей не может равняться с ним — даже Иов, удивительный человек» (15:12–13) [Витковская, Витковский 2001: 176][12].

Иов боялся Бога, тогда как Авраам Его любил (и. Сота 5:5, 20с; Авот рабби Натана В 45). Если говорить о том, как оба переносили страдания, то Иов уступал, но он также выходил проигравшим, когда сравнивались их характеры вообще. Авраам был более щедр, чем Иов. Иов ждал, когда те, кто в нужде, придут к нему, Авраам же сам шел к ним. Если дом Иова был открыт с четырех сторон, так что посетители могли приходить с любой, то Авраам специально устраивал для путешественников места

---

[12] Обсуждение см. в [Weinberg 1994].

отдыха (Авот рабби Натана А 7, В 14). Когда голодные и испытывающие жажду приходили к Иову, он давал им питье и пищу, которые были им привычны. То же, что давал им Авраам, было гораздо лучше того, к чему они привыкли (Авот рабби Натана А 7, В 14). У мудрецов были и другие способы поставить щедрость Иова под вопрос. Согласно одному мнению, Бог дал Иову выбор между всеми его страданиями и нищетой. Иов предпочел страдание, и это значит, что хотя он и был готов заботиться о бедных, но был чрезмерно привязан к своему богатству и положению (Шмот Раба 31:12) [Caspi, Milstein 2004: 42].

Иов был скромен и сдержан и никогда не смотрел на чужую жену (Авот рабби Натана А 7, В 14). Другой источник добавляет, что он вовсе никогда не смотрел ни на одну женщину, чтобы не смотреть на чужую будущую жену (Авот рабби Натана А 2). Авраам же не смотрел даже на собственную жену Сару, пока ему не пришлось — когда они впервые приближались к Египту. Он сказал ей: «Вот, я знаю, что ты женщина, прекрасная видом» (Быт. 12:11), что означает, что он впервые увидел ее лицо (в. Бава Батра 16а).

Вопрос о том, служил ли Иов Богу из любви или из страха, важен потому, что через него можно представить страдание справедливым наказанием. Если Иов служил из страха (то есть страха воздаяния или страха потерять то, чем он обладал), то он подобен тому, кто служит ради обещанного вознаграждения. Праведник не боялся бы таких вещей, но служил бы Богу из любви, не помышляя о вознаграждении. Иов 1:1 прямо говорит, что Иов был богобоязнен. Предполагает ли это, что он был таков из любви, подобно тому как то, что он не грешил устами, предполагает, что он не грешил и в сердце? Обсуждение м. Сота 5:5 в в. Сота 27b разворачивает вопрос так. Если мы прочитаем слово לא (ламед, алеф) как предполагает *кетив* в Иов 13:15, то Иов служил Богу из страха, потому стих тогда означает: «Вот, Он убивает меня, и я *не* буду надеяться»; но если мы прочитаем לו (ламед, вав) в духе *кере*, то Иов служил из любви, потому что стих тогда означает: «Вот, Он убивает меня, но я буду *на* Него надеяться». Этот вопрос — любовь или страх — был важен для многих комментаторов на протяжении веков. Для тех, кто понимал его историю как испытание, Иов должен был показать себя. Для тех, кто видел ее как наказание, служение Иова Богу было неправильно, потому что неверной была его мотивация.

Друзья Иова

Религиозная и этническая принадлежность друзей Иова — предмет для споров, но в литературе прилагались усилия, чтобы утвердить еврейское происхождение Елиуя (в. Бава Батра 15b). Хотя они путешествовали из разных мест, друзья прибыли вместе, чтобы утешить Иова. У каждого из них завяло дерево — знак того, что они должны навестить скорбящего друга (в. Бава Батра 16a; Таргум Иова 2:11). Таргум говорит также о других знаках: мясо, которое они готовили, снова становилось сырым, а их вино превращалось в кровь. Талмуд приводит расхожий афоризм: «Либо друг, подобный друзьям Иова, либо смерть» — он отсылает к поведению друзей Иова как к образцу уместного поведения в доме, где скорбят, и указывает, что им воздалось за то, что они навестили своего нуждающегося друга (в. Бава Батра 16a; в. Моэд Катан 28b; Кохелет Раба 7:8). Эти раввинистические наставления стоят особняком: хотя Бог отвергает друзей, раввинистическим и позднейшим комментаторам они симпатичны своим традиционным пониманием воздаяния и наказания.

Будучи единственным товарищем Иова, которого Бог не осудил в конце библейской книги (Иов 42: 6–9), Елиуй получает в раввинистических источниках особое признание. То, что он не был одним из тех, за кого Иов вынужден молиться, указывает, что он был праведен в сравнении с ними. Елиуй считается пророком и мудрецом, который умел слушать Иова, прежде чем говорить (в. Сота 15b; Авот рабби Натана A 37). О нем также говорится как об одном из семи человек, которые пророчествовали неевреям, хотя есть записи о спорах некоторых раввинов по поводу того, был ли сам он неевреем или израильтянином (в. Бава Батра 15b). Он также открыл Израилю тайны Бегемота и Левиафана (Шир га-Ширим Раба 1:28). Объяснение, которое Елиуй дает дождю (и, возможно, наводнению; см., например, Иов 36:27), для некоторых раввинов служило достаточным основанием для написания всей книги (Берешит Раба 36:7). Раввинистический диспут о природе пророчества Елиуя и его родословной также записан. Рабби Акива полагает, что Елиуй — это на самом деле Валаам (и. Сота 5:5, 20d). Это может быть отражением раввинистической антихристианской полемики [Baskin 1983: 38–40; Mack 2004: 107–110]. Слова Елиуя в 37:23 двусмысленны, и раввинистические источники спорят о том, богохульствует ли он здесь или его слова достойны похвалы (Шмот Раба 34:1).

Мидраш Ийоб

Соломон Аарон Вертгеймер, родившийся в Словакии иерусалимский библиофил, впервые опубликовал «реконструированный» Мидраш Ийоб в 1903 году [Wertheimer 1902: 4a–8b][13]. Реконструкция Мидраш Ийоб опирается в основном на цитирование в средневековых трудах. Из примерно 50 пассажей, собранных Вертгеймером, лишь 5 прямо указывают — без дальнейших уточнений — на Мидраш Ийоб как свой источник и только дюжина касается характера Иова и обсуждает причины его страдания. Из последних восемь говорят об Иове одобрительно, тогда как четыре подчеркивают его пороки. Тексты из коллекции Вертгеймера, если считать, что они подлинные, показывают, что некоторые раввины, всерьез принимавшие характеристику «справедливый и непорочный», не только симпатизировали Иову, но и возвеличивали его.

В пассаже, где говорится, что Иов страдал из-за собственного бунтарства, текст исходит из необычной посылки, что Иов и его друзья были посвящены в происходящие на небесах дискуссии между Богом и Врагом. В пассаже 32 мидраша, комментирующем Иов 9:22: «Все одно; поэтому я сказал, что Он губит и непорочного и виновного», Иов бросает упрек Богу, используя слова,

---

[13] Текст был переиздан как [Wertheimer 1926] и позднее в расширенной редакции [Wertheimer, Wertheimer 1950]. Здесь цитируется расширенная редакция.

сказанные самим Богом Врагу: «Ты засвидетельствовал обо мне, что я непорочен и справедлив, и сделал все это со мной. Может быть, одной мерой ты правишь миром и для праведных, и для нечестивых, и мучишь меня недугами» [Wertheimer, Wertheimer 1950, 2: 171][14].

Из пассажей с высказываниями в защиту Иова два взяты дословно из известного раввинистического корпуса. Пассаж 10 указывает на традицию, также сохранившуюся в в. Хагига 5а, согласно которой Рабби Йоханан обычно плакал, когда доходил до Иов 2:3 [Wertheimer, Wertheimer 1950, 2: 163]. В пассаже 24, параллель которому мы находим в Танхума Бубер *вайишла* 8 и в Агадат Берешит 56, Иов внушает надежду хромым и слепым, давая им веру в будущее, в котором их здоровье и зрение будут восстановлены Богом [Wertheimer, Wertheimer 1950, 2: 168].

Хотя согласно большинству раввинистических интерпретаций жалобы Иова объясняют его страдания, два пассажа в Мидраш Ийоб поддерживают противоположное мнение. Пассаж 8 содержит утверждение, что ничего из сказанного Иовом не следует понимать в смысле вызова Богу. В сущности, то, что Иов «не бросал Богу упреков», означает, что он принял все произошедшее с ним, его собственностью и его детьми. В пассаже 18 Иов проклинает день, когда он родился, чтобы исключить всякое приписывание Богу несправедливости [Wertheimer, Wertheimer 1950, 2: 166]. Если день рождения человека диктует его судьбу, Бог не может быть ответствен за его страдания.

Пассаж 37, уникальный в рамках раввинистического корпуса, но похожий на «Завещание Иова», содержит утверждение, что вместо того, чтобы покрыть свои язвы мягкой перевязью, Иов предпочел жесткую мешковину, добровольно принимая свои страдания [Wertheimer, Wertheimer 1950, 2: 173]. В двух пассажах развивается мнение из в. Бава Батра 16а, приписываемое Раву, согласно которому Иов отбирал поля у сирот, чтобы вернуть их им в лучшем состоянии, и давал свое имя вдовам, чтобы побудить других мужчин брать их в жены. В пассаже 44 Мидраш Ийоб

---

[14] См. приложение.

говорится, что Иов покупал у кого-либо поле за предложенную цену, а потом каждый год отдавал предыдущему владельцу средний урожай, но оставлял себе излишек [Wertheimer, Wertheimer 1950, 2: 182]. Таким образом, и он, и предыдущий владелец получали выгоду. Развитие комментария Рава о том, что Иов радовал сердца вдов, давая им свое имя, — это, наверное, самое впечатляющее из всего, что сказано об Иове в раввинистическом корпусе.

Согласно пассажу 40 Мидраш Ийоб, Иов развил обыкновение ходить по округе вместе с врачом в поисках больных людей, нуждавшихся в исцелении [Wertheimer, Wertheimer 1950, 2: 175–177]. Совершая такие обходы, он приносил бедным одежду, а если находил человека на грани смерти, то звал писца, составлявшего контракт, в котором обещал заботиться о жене и детях умирающего до тех пор, пока дети не достигнут зрелости или вдова не решит вновь выйти замуж (но только если это было ее собственное решение). Поэтому Иов был «отцом нуждающимся» и «заставлял сердца вдов петь от радости». В конечном счете эти тексты мало добавляют к нашей картине раввинистических взглядов на Иова, но могут указывать на некоторые разногласия в раввинистической среде по поводу общей тенденции к его осуждению.

Таргум

В ряде раввинистических источников мы встречаем утверждение, что раббан Гамлиэль спрятал копию Таргума Иова (например, в. Шаббат 115а; т. Шаббат 13:2–3; и. Шаббат 16:1, 15с)[15].

> Рабби Йосей сказал: «Случилось, что авва Халафта (его отец) посетил раббана Гамлиэля бе-Рабби в Тверии и увидел, что тот сидит за столом Йоханана бен Нисуфа. В руках у него был арамейский перевод Книги Иова, который он читал. [Авва Халафта] сказал ему: "Я помню, что раббан Гамлиэль, отец твоего отца, стоял на важном месте на Храмовой горе. Ему принесли арамейский перевод Книги Иова. Он сказал

---

[15] Краткое сравнение источников см. в [Caspi, Milstein 2004: 37].

строителю: "Спрячь это под слоем камней". Он [Раббан Гамлиэль бе-Рабби] также отдал приказание, и они его выполнили"» [в. Шаббат 115а].

Невозможно установить, что́ в спрятанном тексте вызвало беспокойство раббана Гамлиэля. Если дед явно пытался воспрепятствовать распространению этой книги, то внук обучал ей (книги обычно читались вслух) в тот момент, когда узнал о традиции своего предка. Раввинистический нарратив, однако, не оказал значительного влияния: со Средних веков сохранилось несколько арамейских переводов. Но реконструировать отношения между этим нарративом и позднейшими текстами (и даже более ранними версиями) невозможно.

Таргум Иова сохранился в двух первоначальных версиях; это текст из Кумрана и вариант, известный из раввинистической Библии. Два текста существенно различаются, и второй имеет намного большее значение для понимания раввинистической мысли об Иове[16]. Саадия — первый средневековый автор, цитирующий Таргум, и таким образом *terminus ad quem* установить несложно. С *terminus a quo*, однако, дело обстоит не так просто. По всей видимости, сохранившийся Таргум — это средневековый текст, в который включен некий более ранний материал[17].

Таргум основывается на разнообразных раввинистических интерпретациях и изображает Иова, который одновременно и грешник, и святой. Иов — самый благочестивый человек в стране неевреев (1:8). Приводя пример могущества Бога, Иов (3:12–13) описывает Бога как того, кто «расстраивает планы *египтян, замышлявших сделать зло Израилю*, и руки их не получили совета *их мудрости*, [и совет] *его хитрых колдунов* устремляется на них» [Mangan 1991: 32]. Экзегетическая вставка может отсылать к рав-

---

[16] Критическое издание Таргума — [Stec 1994]. Труды Стека показывают, что в Средние века существовало несколько таргумов на Иова. Перевод на английский см. в [Mangan 1991].

[17] Манган обсуждает гипотезы о каждом веке со времени раббана Гамлиэля до Саадии. Как она, так и Рафаэль Вейсс придерживаются теории, что это поздний составной текст. См. [Mangan 1991: 7–8; Weiss 1979].

винистической традиции, считавшей Иова советником египетского фараона во время египетского рабства, и указывать на то, когда, с точки зрения Таргума, происходила эта история. В пользу этого говорит также утверждение Таргума, что Иов был женат на Дине (2:9). Согласно Таргуму, встреча Бога и Врага случилась в начале еврейского года, в День Суда. Упоминание савеян в Иов 1:15 Таргум понимает как отсылку к демону Лилит (она отождествляется с царицей Савской), и это она убивает отроков Иова. Иов в Иов 2:10 не грешит устами, но его мысли неблагочестивы. Три друга узна́ют, что им нужно посетить Иова, и собираются из разных мест, потому что деревья в их садах завяли, их мясо испортилось и вино превратилось в кровь (2:11). В 7:9 Иов отрицает воскрешение мертвых, Таргум заменяет «шеол» на место погребения, тем самым более отчетливо отсылая к физическому воскрешению. Отрицание повторяется в 12:14, но в 14:10–12 Иов как будто проводит различия между праведниками, которые могут быть воскрешены, и нечестивыми, которые навечно останутся мертвыми. Иов просит укрыть его в его могиле до тех пор, пока гнев Бога не пройдет и Он его не восстановит. Елифаз, который в масоретском тексте говорит о невинности Иова, в Таргуме сравнивает Иова с Авраамом, Исааком и Иаковом. Софар обвиняет Иова в незнании Закона (11:8). Несколько пассажей понимаются как признание Иовом своего греха или вины (7:21, 14:4–5, 16:8). И все же Иов не отвращается от своих слов и не признает того, что он лишь пыль и пепел. Услышав Бога, он испытывает отвращение к своему богатству и смиряется с потерей своих детей, которые стали пылью и пеплом[18].

Заключение

Уже в период Второго храма автор «Завещания Иова» переработал библейский рассказ (вероятно, тот, что содержится в Септуагинте) так, чтобы оправдать Бога. В этой версии Иов

---

[18] Более подробный обзор изображения Иова в Таргуме см. в [Mangan 1994: 267–280].

добровольно участвует на стороне Бога в инициированной Им схватке с Сатаной. Хотя Бог в самом начале предупреждает Иова о последствиях его участия, Иов становится героем, который, зная, что его ждут бедствия, совершает правильный поступок. Септуагинта также представляет Иова праведником, подчеркивая, что он будет воскрешен наряду с другими благочестивыми. Самые ранние раввинистические мудрецы, спорившие о том, служил ли Иов Богу из страха или из любви, продолжали изображать его праведником. Будь его мотивом страх или любовь, эти ранние раввины никогда не ставили под сомнение верность Иова божеству. У амореев это положительное изображение Иова начало меняться. У мудрецов III и IV веков начинает вызывать серьезное беспокойство то, как развивается христианская экзегеза Книги Иова. Иероним, Юлиан Экланский и другие ранние отцы церкви говорили о благочестии Иова и подчеркивали терпение, с которым он переносил свои страдания. С их точки зрения, Иов был образцом, которому членам церкви следовало подражать. Этот обмен любезностями между раввинами и ранними отцами церкви наиболее явно проявляется в комментариях вавилонского аморы Рава и Афраата, персидского христианского мудреца. Эти двое были современниками, жившими в Вавилоне в период правления Шапура Второго. Оба интересовались Иовом и страстно спорили о нескольких связанных с ним вопросах. Для Афраата Иов представал образцовым христианином, чья вера подверглась испытанию и была подтверждена. Он подчеркивал, что Иов никогда не богохульствовал и определенно никогда не отрицал божественного провидения. Рассматривая воскрешение усопших, Афраат утверждал, что у Иова было место в грядущем мире и что однажды он будет воскрешен. В отличие от него, Рав заявлял, что Иов отрицал воскрешение мертвых, и тем самым одним движением руки опровергал все постулаты Афраата. Отрицая воскрешение, Иов отвергал веру, богохульствовал и лишил себя места в грядущем мире среди праведников, которые восстанут в конце времен; Иов Рава никак не мог служить образцом христианского благочестия.

Выставляя Иова богохульником, Рав и другие раввины, предлагавшие подобные интерпретации или обвинявшие Иова в других грехах, — например, в служении фараону во времена еврейского пленения, — разрешали затруднение, связанное с тем, что Бог, по видимости, поступал с Иовом несправедливо. Иов в изображении Рава заслуживал всех своих страданий. Представлять Иова грешником стало нормой у позднейших поколений раввинов. И хотя Бог тем самым оправдывался, происходило это за счет Иова.

Глава 3
Иов в средневековых комментариях *пшат*

В Средние века существовали четыре раввинистические «школы» интерпретации, производившие комментарии к Иову: буквально-контекстуальные (*пшат*) экзегеты, философские экзегеты, мистические экзегеты и создатели антологий[1]. Хотя обозначение «комментатор *пшат*» обычно отсылает к кругам учеников Раши во Франции, буквально-контекстуальный подход также процветал в Испании под влиянием арабской лингвистики и грамматики, применявшихся для изучения Корана.

В XI и XII веках раввины севера Франции участвовали в революционном преобразовании изучения Библии. Сообщество ученых, которые в основном уделяли внимание изучению Талмуда, отошло от традиционного изучения Писания с помощью мидраша. По сути, они дополнили, а после и заменили этот подход новой методологией, которая получила название экзегезы *пшат*. В целом *пшат* отсылает к контекстуальному чтению библейских текстов, но поскольку средневековые экзегеты, скорее всего, понимали и применяли его по-разному, точное определение дать невозможно.

Подъем экзегезы *пшат* тесно связан с буйным расцветом еврейского литературного творчества в северной Франции. Этот

---

[1] В наше обсуждение здесь не вошли: обширный комментарий на Масору об Иове, содержащийся в «Минхат Шай» Йедидии Норци (1560–1626, Мантуя); средневековые разборы поэтических акцентов в библейском тексте Аарона бен Ашера (X век, Тивериада); и приписываемые Иуде ибн Валааму (Толедо, 1000 — Севилья, 1070). См. [Wickes 1881; Baer 1852]. Краткий обзор подходов каждой школы и отношений между ними см. в [Walfish 2005; Kalman 2014; Saebo 2000].

подъем можно объяснить тремя факторами: испанско-еврейское культурное влияние; Ренессанс XII века в христианской Европе; еврейско-христианская полемика.

На евреев в исламском мире оказали сильное влияние новые течения в изучении арабского языка и Корана. Убежденность мусульман в совершенстве арабского как священного языка привела к тому, что эти ученые стали использовать в своей работе с текстом Корана утонченный лингвистический и филологический метод, на который со временем начал оказывать влияние рационализм исламской философии калам. Из-за утверждений о совершенстве арабского языка и текста Корана еврейские ученые вынуждены были занять защитную позицию по поводу иврита и текста Торы. Отвечая мусульманам, евреи заимствовали их исследовательские инструменты для того, чтобы схожим образом изучать Библию. Вследствие этого возникла практика продвинутого изучения ивритской грамматики и начали составляться словари библейского иврита. Новый набор предпосылок, в том числе — что в языке есть определенные правила, посредством которых он передает значение, и что слова обладают особыми значениями в контексте, — резко отличался от метода мидраша, который интерпретировал отдельные слова и фразы независимо от контекста.

Эти изменения вдохновили авторов на создание собственных комментариев к отдельным книгам Библии. Ниже мы рассмотрим комментарии, произведенные различными школами и их последователями. Примечательно, однако, то, что хотя, как кажется, литературно-контекстуальный подход мог питать интерпретацию, согласно которой осуждения заслуживает Бог, а не Иов, в целом талмудически-мидрашическая идея, что Иов был каким-то образом сам повинен в своих страданиях, осталась без изменений. Экзегетические маневры комментаторов *пшат* тем более интересны, что в предшествующей раввинистической литературе имелось небольшое число учений, на которые придерживавшиеся литературно-контекстуального подхода читатели могли опираться, обосновывая свои интерпретации; в них обращалось внимание на то, что между незаслуженным страданием Иова и теодицеей, как она представлена во Второзаконии, по видимости, есть конфликт. Согласно в. Бава Батра 16а, признание Бога в Иов 2:3, что Враг возбудил Бога против Иова, чтобы «погубить его безвинно», настолько привела в ужас раббана Иоханана, что он воскликнул: «Не будь это прямо написано в Писании, мы не осмелились бы это сказать. [Бог выглядит] как человек, позволяющий себя убедить, вопреки своим лучшим доводам»[2]. В похожем пассаже в. Хагига 5а читателю сообщается, что когда Раббан Иоханан читал стих 2:3, он плакал[3]. Талмуд, рассказывая о раббане Иоханане, с очевидностью признает, что «буквальный» смысл библейской книги хорошо понимался. Собственно говоря, именно это и вдохновляло мудрецов на конструирование альтернатив. Другие мудрецы просто не могли принять, что канонический текст мог значить то, что он значил с точки зрения раббана Иоханана. Инновация комментаторов *пшат* заключалась в попытке показать, что текст буквально согласуется с большей частью более ранних раввинистических интерпретаций.

Многие средневековые комментаторы *пшат* (буквально-контекстуальные) занимались Книгой Иова, и множество комментариев этой группы можно связать с распространенным в то время обычаем публичного чтения Книги Иова в день поста на Девятое ава. Как мы отмечали выше, различные источники указывают на то, что эта практика существовала по крайней мере с середины XII века и продолжалась в XVII веке [Fleischer 1985: 70]. До наших дней сохранились комментарии, приписываемые Раши, Рашбаму, рабейну Таму, Иосифу Кара, анонимному студенту Раши, Берехии бен Натронай ха-Накдану, рабейну Меюхасу бен Элияху и анонимный комментарий, опубликован-

---

[2] Формулировка «Не будь это прямо написано в Писании, мы не осмелились бы это сказать» появляется в раввинистических источниках около 20 раз. Как очевидно в данном случае, она обычно используется, когда раввины признаю́т, что текст Библии изображает Бога так, что это противоречит раввинистическим ожиданиям. Краткий, но тонкий разбор этой формулировки, а также обзор связанной библиографии см. в [Fishbane 2003: 140]

[3] См. также в. Берахот 7а, где говорится об изучении Иова Иохананом. На протяжении всего Вавилонского Талмуда раббан Иоханан занят вопросами, связанными со страданием праведников. См. [Kraemer 1995: 188–207].

ный на основе рукописи. Также сохранились фрагменты комментария Элиэзера из Божанси [Poznanski 1965: 219–225][4].

Согласно Мордехаю Коэну, в комментариях школы *пшат* нет никакой существенной теодицеи, во многом потому, что они заняты контекстуальным и филологическим анализом. Более того, «французские комментаторы, как правило, не отходят от текста и не задаются вопросами: в конечном счете, во что верил Иов? Какие концептуальные позиции отстаивали три его друга? Что в этом отношении добавляет Елиуй? Кто из собеседников ближе всего подходит к истине?» [Cohen 2010: 323]. Однако, как утверждает Глатцер, тщательный текстуальный анализ французских комментаторов дал им острое понимание трудностей, создаваемых речами Иова. Они не примиряют Иова пролога с Иовом диалогов. Это ведет по крайней мере некоторых из них к обращению, пусть и поверхностному, к проблемам теодицеи. Пытаясь согласовать рамочную историю и диалоги, некоторые приходят к мнению, что праведность Иова была несовершенной, однако из-за преданности контекстуальной стратегии чтения они не развивают эту мысль хоть сколь-нибудь значительным образом.

Шломо Ицхаки
(Раши, 1040–1105, Труа)

Важнейший талмудист своего времени, Шломо Ицхаки, написал комментарии почти ко всем книгам Библии (и, скорее всего, намеревался прокомментировать все книги)[5]. Приписы-

---

[4] Фрагменты собраны из цитирований Элиэзера из Божанси в комментарии Берехии ха-Накдана (см. ниже). Комментарии, приписываемые Элиэзеру, идентифицируются в 1:21; 3:2; 5:5 и 22; 6:15–19 и 21; 11:12; 12:20; 13:13–14; 17:2 и 16; 22:2 и 20–21; 23:2; 24:6 и 19; 26:14; 28:1; 34:31–33; 36:19; 38:31 и 36. См. также обсуждение *Le Glossaire de Leipzig* ниже. Также Элиэзер объясняет в комментарии на Ам. 3:3, что друзья должны были быть призваны или встретиться за день до того, как они отправились в путь, чтобы утешать Иова согласованно, «одним сердцем и одним советом». См. [Harris 2018: 26].

[5] Обзор его комментариев к пассажам из Вавилонского Талмуда, в которых обсуждается Иов, не прибавляет ничего существенного к написанному в его комментарии к Книге Иова и не противоречит ему. См. касающиеся Иова

ваемые ему комментарии к Ездре — Неемии и к Паралипоменон, однако, почти наверняка работа других авторов. Раши нигде не дает систематического описания своего подхода к Писанию, но иногда, как, например, в комментарии к Быт. 3:8, он пишет о своем намерении объяснить текст в согласии с его *пшат* и о том, что при необходимости он для прояснения леммы обратится к мидрашу. Можно ли считать, что Раши здесь говорит о своем методе вообще, — вопрос, который постоянно дискутируется. Хотя *пшат* для Раши явно важен, он часто цитирует мидраш, иногда предлагая и интерпретацию *пшат*, и мидрашическую одновременно в одной лемме. Метод, которым он определяет, в каких случаях и что должно цитироваться из мидраша, остается неясным[6]. В его комментарии на Иова, сохранившемся как в виде манускриптов, так и в печатных версиях, заметна приверженность и контекстуальному чтению, и авторитету раввинистической традиции[7]. В этих изданиях материал, начиная с Иов 40:20 и до конца комментария, принадлежит не Раши [Penkower 2003]. Есть несколько вариантов доведения комментария до конца — с использованием комментария внука Раши, Шломо бен Меира, или комментария Якова бен Саула ха-Назира из Люнеля (конец XII века). Полного комментария Назира не

пассажи, собранные в [Florsheim 1989: 145–189]. Сохранившийся комментарий Раши к Иову обрывается на Иов 40:20 (см. ниже), но его комментарий к в. Хулин 67b содержит краткие отсылки, затрагивающие Иов 41:7 («крепкие щиты» отсылают к чешуе Левиафана) и Иов 40:22 (здесь он говорит о том, что слово חריש предполагает, что чешуя сияла), см. [Florsheim 1989: 187–188]. Комментарии Тосафот к талмудическим пассажам также ничего не добавляют к соответствующим трактовкам Книги Иова в сохранившихся библейских комментариях (см., например, о Шмуэле бен Меире и Яакове бен Меир Таме ниже).

[6] О Раши как комментаторе Библии см. [Grossman 2000: 332–345].

[7] Лучшая из доступных редакций — составной текст, который можно найти в [Shoshana 1999]. Другой текст, на который можно опираться, доступен в [Cohen 2019]. Доступный перевод комментария на английский см. в [Rosenberg 1989]. О сложностях, которые возникают при составлении достоверного целостного текста комментария, см. [Maarsen 1939] и особенно исследования Моше Соколова: [Sokolow 1979; Sokolow 1981; Sokolow 1986].

сохранилось, и, скорее всего, он создавал этот материал с целью завершения работы Раши. Трактовка ха-Назира аллегорическая, и она резко отличается от более раннего материала Раши[8]. Помимо этого, в некоторых рукописях комментария Раши используется материал других ученых школы *пшат*, в том числе Иосифа Кара, Берехии ха-Накдана, или комментарии, которые написаны в стиле Раши для завершения текста [Penkower 2003]. Точная причина, по которой текст остался незавершенным, неизвестна, но заметка в одном из манускриптов указывает, что его смерть наступила прежде, чем он успел закончить его [Pfeffer 2005: 88].

У Раши Иов праведен, но не до конца. Согласно комментарию Раши, жалобы Иова — свидетельство того, что, хотя он совершенен в своих делах, вера его не совершенна. Как замечает Раши (по крайней мере, в некоторых вариантах рукописи), в Иов 1:1 Иов справедлив в обращении с людьми, но в его отношении с Богом есть изъян. Комментарий к 2:10 следует за раввинистической традицией, и в нем говорится, что Иов грешит в своем сердце, но не устами. Далее, комментируя Иов 7:7–8, Раши эксплицитно утверждает, что Иов богохульствует, отрицая воскрешение мертвых; согласно Раши, Иов здесь говорит, что когда он умрет, ни одно око никогда более не взглянет на него. Раши не комментирует стих Иов 7:9, со ссылкой на который Рава говорит о том, что Иов отрицает воскрешение, но Раши не испытывает необходимости обсуждать этот стих, поскольку он уже сделал такой вывод, комментируя предыдущий. И Раши, и Рава решают проблему страдания, объясняя страдания Иова как справедливое божественное наказание за греховные поступки. Слова Елиуя, говорящего Иову, что человек незначителен по сравнению с Бо-

---

[8] Аллегорические интерпретации включают проведение параллелей между фараоном и Левиафаном и увязывание разнообразных стихов Книги Иова с жизнями Авраама и Сарры. Также в материале присутствуют экскурс о конце дней и расчеты конца времен. Назир утверждает, что и Авраам, и Иов обладали знанием о грядущих пленениях и тому подобных вещах. См. также [Penkower 2003] и [Pfeffer 2005: 92–96]. Комментарии Назира к главе 40 и далее напечатаны в [Duran 1589: 200v–202r].

гом, подчеркивают, что жалобы Иова указывают на порочность его благочестия. По замыслу Бога, страдания должны были помочь Иову усвоить этот урок, понять собственные ошибки и покаяться [Glatzer 1969: 19].

Особый интерес для Раши в его комментарии представляют свойства пророчества, полученного неевреями. Он считает Елиуя потомком Авраама (опираясь на мидрашическую трактовку Иов 32:2 «из племени Рамова»), но считает ли он его евреем, остается неясным. Не так обстоит дело с другими друзьями: Раши и раввинистические источники согласны в том, что они не евреи. В. Бава Батра 15b считает, что друзья входят в число семи пророков-неевреев (см. выше). Но при этом Раши, подробно обсуждая Елифаза, утверждает, что пророчество пришло к нему тайно, в ночной темноте, и было сообщено ему голосом ангела, поскольку пророки-неевреи никогда не сталкиваются с божественным присутствием открыто (Раши к Иов 41:12, 15). Пророки-израильтяне, напротив, получают свою весть прямо от Бога, при свете дня. Раши сравнивает нееврейского пророка с фавориткой короля, которую он посещает втайне, тогда как со своей женой, Израилем, Бог гордо предстает перед людьми[9].

Также Раши предложил своеобразную интерпретацию Иов 28:12, которая отличает его от его учеников[10]. Обычно считается, что стих «где премудрость обретается» отсылает к человеческой мудрости. Раши говорит, что речь здесь идет о Торе — возможно, пытаясь отвратить свою аудиторию от входившего в оборот во Франции рационализма, или полемизируя с христианами, использующими разум в своей аргументации, или, что наиболее вероятно, отсылая к раввинистическим источникам, в которых мудрость устойчиво связывается с Торой. Внук Раши,

---

[9] Обсуждение фигуры Елифаза в интерпретации Раши в более широком контексте его подхода к пророчеству см. в [Grossman 2011].

[10] Другой уникальный момент интерпретации Раши — то, что он интерпретирует אבני השדה из Иов 5:23 (обычно это понимают как «камни полей») французским словом *garou*, означающим «волк-оборотень»! Обсуждение см. в [Shyovitz 2017: 260].

Шмуэль бен Меир, отвергает это мнение и объясняет, что слово חכמה в Иов 28:12 буквально означает «мудрость»[11].

Раши, чьи комментарии перепечатываются во всех раввинистических Библиях (מקראות גדולות), был и остается одним из самых изучаемых средневековых библейских комментариев. То, что он включает в свой комментарий к Иову множество раввинистических мидрашей, отражает его несколько менее строгое определение *пшат* в сравнении с его учениками. Вероятно, этим гибридным подходом и объясняется его непреходящая популярность.

Шмуэль бен Меир (Рашбам, 1080 — ок. 1160, Труа)

Шмуэль бен Меир, как и его дед, Раши, был библейским экзегетом, выдающимся талмудистом и авторитетным знатоком закона. С учетом того, что экзегеза *пшат* несла с собой риск подрыва раввинистических традиций, важно отметить приверженность Рашбама идее, что текст функционирует одновременно на двух интерпретативных уровнях: первый — уровень раввинистической легальной традиции, второй — буквально-контекстуальный. Его собственная экзегеза имеет дело со вторым, и поскольку в некоторых случаях его интерпретации стихов противоречат раввинистическим интерпретациям, то, как он отстаивает взаимодополнительный характер этих интерпретативных уровней — важный момент. Рашбам был, вероятно, самым ревностным экзегетом *пшат*, различал между *пшат* и *дераш* с примечательной настойчивостью, иногда даже оспаривая расходящиеся с *пшат* трактовки Раши[12]. Рашбам написал полный комментарий к Иову, однако исследователи спорят о том, принадлежит ли сохранившийся текст целиком перу Рашбама или

---

[11] Обсуждение см. в [Berger 2009: 32–35]. В позднейших средневековых философских текстах эта мудрость проистекала из божественного преизбытка, переливания через край, опосредуемого Активным Интеллектом, тогда как в мистических источниках она проистекала из Бога через манифестации сфирот. См. [Scholem 1990: 258–259].

[12] О Рашбаме как библейском комментаторе см. [Grossman 2000: 358–363].

представляет собой компиляцию. И все же Рашбам определенно является автором значительной части содержания[13]. Как и его дед, Рашбам помещает Иова, историческую фигуру, в земле Арам, хотя он не указывает, когда тот жил. Вопрос о том, заслуживал ли Иов страданий, похоже, представляет для Рашбама серьезное затруднение. С точки зрения *пшат*, библейский текст оправдывает Иова, о чем говорит сам Рашбам. Об Иов 2:10, «Во всем этом не согрешил Иов устами своими», Рашбам замечает: «В согласии с "пешуто шель микра" (контекстуальным значением стиха Писания), он не согрешил ни сердцем, ни устами, но таков язык Писания, что так оно говорит». Комментарий Рашбама здесь направлен как против раввинистической традиции, так и против его деда, Раши, который с ней соглашался [Japhet 2000: 123–124].

Рашбам также отвергает мнение, что Иов отрицал воскрешение мертвых, комментируя Иов 7:9 «Согласно контекстуальному значению этого стиха, Иов не богохульствовал о воскрешении мертвых. Скорее, он сказал: "Долго он не поднимется обратно из Шеола"». По мнению Рашбама, таким образом Иов утверждал, а не отрицал, что мертвые однажды восстанут. Далее, Иов не только не богохульствовал; он активно отстаивал правильное исповедание. Рашбам, не принявший, в отличие от Раши, традиционное раввинистическое мнение о греховности Иова, вынужден иначе решать проблему теодицеи. Он мог бы прийти к мнению, что, возможно, Иов был справедлив, а Бог нет: это никоим образом не противоречит непосредственному прочтению текста; но теологически это было для него неприемлемо. Поэтому Рашбам принимает общую идею, что Иов был праведен и что его страдание было не наказанием за некий большой грех, но скорее следствием неизбежно греховного характера человеческого со-

---

[13] См. недавнее издание на основе манускрипта [Japhet 2000]. Также заслуживающий доверия текст доступен в [Cohen 2019]. Сара Яфет в ряде статей доказывает, что комментарий целиком написан Рашбамом. Майкл Розен утверждает, что рукопись, на которой базируется издание Яфет, представляет собой компиляцию, в основе которой — текст Рашбама, см. [Rosen 1994]. Схожую точку зрения отстаивает Мартин Локшин, см. [Lockshin 2001]. Обзор этой дискуссии и ее импликаций см. в [Kalman 2008b].

стояния. В свете того, что Елиуй — единственный из друзей Иова, которого не порицает Бог в конце библейской книги, Рашбам находит решение проблемы в Иов 36:11–12, где, как ему представляется, Елиуй говорит Иову, что все человеческие существа грешат. Переносящий страдания искупает грехи, совершённые невольно и ненамеренно [Japhet 2000: 125–127].

Иосиф Кара (1050–1125, Труа)

Иосиф Кара, о котором Рашбам упоминает как о коллеге, предположительно был учеником Раши. Кара, написавший, возможно, комментарии ко всей Библии (сохранились фрагменты его комментария к Торе, а также комментарии к Пророкам, Псалтири, Иову и Пяти свиткам), более систематически привержен в своей экзегезе методу *пшат*, чем Раши[14]. Тем не менее время от времени он прибегает к мидрашическим объяснениям, но чем в точности это мотивируется, остается неясным. Хотя он опирается на комментарий Раши и часто его цитирует, он оспаривает его интерпретации. Кара использует старофранцузский и немецкий языки для объяснения библейских слов, сравнивает библейские термины с похожими словами из раввинистического иврита и арамейского, производит экзегезу на основе интонаций кантилляции и исходит из посылки, что информация, кажущаяся несущественной в текущем контексте, может оказаться необходимой для понимания моментов последующего нарратива Библии[15].

---

[14] Обсуждать комментарий Кара затруднительно. Хотя существует несколько изданий, у исследователей нет общего мнения о том, принадлежит ли текст одному Кара или является составным. Существуют следующие издания: [Luzzato 1843; Geiger 1847; Qara 1856; Qara 1857; Qara 1858; Gad 1952; Ahrend 1988]. Достоверный текст теперь также доступен в [Cohen 2019]. Самое тщательное исследование текста, его источников и метода — это [Ahrend 1978]. Главный дискуссионный вопрос — можно ли, как утверждал Аренд, приписать весь комментарий авторству Кара или текст представляет собой компиляцию, как доказывала Сара Яфет.

[15] О Кара как экзегете см. [Grossman 2000: 346–355].

Кара считает, что Иов в целом хороший человек, который знает, что у него есть вина перед Богом. По поводу 1:1 Кара возражает интерпретации Раши и говорит, что «справедлив и богобоязнен» написано специально для того, чтобы читатель не подумал, будто Иов был справедлив в человеческих делах, но несовершенен в отношении к Богу. Обсуждая 2:10, Кара, в отличие от Раши, уверенно говорит, что Иов не грешил. Далее, по поводу 7:9, Кара поясняет, что, в согласии с контекстуальным значением стиха, Иов не отрицает воскрешение мертвых, его интенция — что он долго не восстанет из могилы. Горечь Иова вызвана не тем, что он подвергся наказанию, но скорее мерой наказания. Кара так понимает то, что говорит Иов: «Если я грешу, то что делаю я Тебе? Что я могу поделать с дурным началом, правящим мной? Ты сотворил человека...» Здесь признание Иова согласуется с мнением Рашбама, что все люди грешат по природе своей. В интерпретации Кара Елиуй объясняет Иову, что страдания были посланы Богом, чтобы прояснить заблуждения Иова и показать ему, что Он заботится о нем [Glatzer 1969: 19]. Согласно Кара, в Иов 33:24 Елиуй как бы говорит Иову: «Страдания были ниспосланы тебе, дабы спасти твою душу от тьмы... [Бог] бранит тебя, ибо Он тебя любит» [Glatzer 1966: 202].

Рабби Яаков бен Меир (Рабейну Там, 1100–1171, Труа)

Внук Раши и младший брат Рашбама был, возможно, самым значительным талмудистом своего времени[16]. Комментарий к Иову — это единственный труд подобного рода, который можно ему атрибутировать[17]. В целом комментарий довольно

---

[16] О значении Рабейну Тама как талмудиста, лидера общины и, возможно, комментатора Библии см. [Reiner 2017].

[17] В пользу идентификации MS Universitätsbibliothek (Rostock) Cod. Or. 33, fols 108–116 как труда Рабейну Тама впервые с осторожностью высказался Биньямин Рихлер в [Richler 1993]. Комментарий опубликован под именем Рабейну Тама в трех изданиях. См. [Ta-Shma 1996; Shoshana 1999; Cohen 2019]. Сомнения по поводу этой атрибуции были высказаны Авраамом Рейнером, который заметил, что хотя Рабейну Там обсуждает 12 пассажей из Иова

краток, он использует грамматику для объяснения трудных слов. Однако в отдельных местах даются более широкие комментарии, касающиеся контекста. Рабейну Там, противореча своему деду, изображает удивительно благочестивого Иова, который является одновременно предводителем и судьей обитателей земли Уц (Иов 1:1), а также великим пророком (9:23). Комментируя Иов 2:10, Рабейну Там подчеркивает, что Иов не грешил *даже* своими устами, то есть говорит, что он не грешил вообще — тем самым полностью отбрасывая прочтение своего деда. Рабейну Там следует Раши, трактуя Иов 7:7–9 как обсуждение воскрешения мертвых, но не высказывается напрямую о том, принимал ли Иов это учение или отвергал. Однако в комментарии к 14:12 он открыто оспаривает мнение Раши, что Иов отрицал воскрешение мертвых: «Избави небеса, [Иов] не богохульствовал о воскрешении мертвых». Далее он приводит набор стихов из пророков, которые также могут быть неверно поняты как отрицающие воскрешение. В представлении Раббейну Тама слова Иова следует понимать как «иносказательные и потому не подлежащие буквальному прочтению» [Levenson 2006: 67].

Для Рабейну Тама страдание Иова — это испытание, подобное тем, которым был подвергнут Авраам (1:12). Ошибка друзей в том, что они делают страдание Иова более тяжелым: они прибавляют к физической боли психологическую травму, настаивая на том, что его страдание — это следствие его греховности, тогда как он убежден, что это испытание праведности (42:7). Особенность комментария Рабейну Тама — то, как он говорит о жене Иова и ее поступках. Иов считал свою жену глупой, но на деле она говорила мудро: она хотела помочь ему превозмочь свои страдания.

в своей ספר הכרעות («Книге решений»), написанное в ней не согласуется с тем, что говорится об этих же стихах в комментарии. Также он обратил внимание на то, что в комментарии нет эксплицитных отсылок к Раши, его собственному деду. Поскольку Познанским тогда уже были обнаружены отсылки к комментарию Рабейну Тама к Иову в анонимном комментарии, подготовленном Зульцбахом и Берехией ха-Накданом (см. ниже), Рейнер полагает, что MS Rostock представляет собой компиляцию, основанную на комментарии Рабейну Тама, но это не сам комментарий [Reiner 2017: 60–62].

Проблема в том, что хоть она и была благочестива, Враг обманул ее сердце так, чтобы повлиять на исход испытаний (2:9–10). Образ жены Иова, соблазняемой Сатаной, присутствует в миниатюрах в средневековых еврейских книгах (см. ниже), но обычно полагают, что это работы христианских художников, выражающих христианскую идею. Представление о жене как побуждаемой Сатаной действительно более распространено в христианских комментариях, его происхождение связано с «Завещанием Иова» [Low 2013: 56–78]. Почему Рабейну Там использует этот образ, не вполне ясно, однако он, несомненно, представляет собой аргумент в пользу идеи, что у такого благочестивого мужа, как Иов, должна быть столь же благочестивая жена.

Некоторые ученики мастеров пшат

Анонимный ученик Раши

Обсуждение раввинистической идеи, что Иов отвергал воскрешение мертвых — общее место других северофранцузских комментариев *пшат*; соглашается ли комментатор с ней или отвергает ее — это удобная лакмусовая бумажка для понимания того, как он объясняет действия Бога. Комментарий, атрибутируемый ученику Раши (MS Guenzberg 520), в основном посвящен объяснению сложных слов и пассажей, а не идеям[18]. Комментатор подходит к *пшат* в духе школы Раши, но извлечь какой-либо определенный «смысл» Книги Иова из этого комментария затруднительно. Автор предлагает как позитивное, так и негативное прочтение Иов 2:10: стих может означать как то, что Иов не грешил даже и устами (то есть был полностью безгрешен), так и то, что он грешил в своем сердце, как полагают раввинистическая традиция и Раши. В 7:9 он подчеркивает, что, по мнению мудрецов, этот пассаж означает, что Иов отрицал воскрешение мертвых, и в 14:12 он как будто отвергает возможность воскрешения еще раз.

---

[18] Текст опубликован в [Shoshana 1999].

Анонимный комментарий

Анонимный комментарий к Книге Иова входит в состав Ивритской рукописи 37 (*Hebrew manuscript 37*) Гамбургской городской библиотеки[19] [Steinschneider 1969: 8–9]. В кодексе он следует за комментариями к Торе и другим библейским книгам, атрибутируемым Раши и его ученикам, что предполагает наличие некоей связи между автором и этой школой. Однако наряду с цитатами из Раши, Рашбама, Рабейну Тама и Иосифа Кара в комментарии также присутствуют цитаты из работ испанских ученых, в том числе Авраама ибн Эзры и Соломона Пархона [Sulzbach 1911: 1–2]. Зульцбах, занимавшийся подготовкой рукописи к изданию, предполагал, что источник раввинистических пассажей, приводимых в комментарии, — утраченный Мидраш Ийоб. Комментарий насыщен раввинистическим материалом, в том числе автор считает, что встреча Бога с Врагом произошла в день Рош ха-Шана и что Иов был женат на Дине. Зульцбах полагал, что автор был не просто составителем антологии, а некоторые трактовки представляют собой его собственные инновации. Комментарий начинается с утверждения, что Иов был справедлив, но его дети были порочны (их пьянство привело к греху), и потому они погибли. Комментатор заявляет, что Иов был праведен, однако объясняет, что он покрылся проказой потому, что, как говорят раввинистические источники, будучи служителем фараона, он промолчал, когда тот приказал бросить еврейских младенцев в Нил (комментарий к 2:3). Хотя в комментарии ничего не говорится о 2:10, обсуждая 7:7–9, экзегет замечает, что Иов отвращается от Бога и утверждает, что из смерти нет возврата [Sulzbach 1911: 8]. В 14:12 Иов настаивает, согласно этому комментарию, что умершие не могут возвратиться из своего вечного сна. Комментатор не высказывается эксплицитно по поводу отрицания воскрешения, но формулировка предполагает, что именно в этом состоит интенция Иова.

---

[19] Комментарий был опубликован как [Sulzbach 1911].

Меюхас бен Элияху (ок. XIII века, Византий?)

Меюхас бен Элияху помимо комментария к Иову составил комментарии к Бытию, Исходу и Второзаконию. Сведений о нем мало, и время и место его жизни — предмет споров. Автор сосредоточен на *пшат*, воздерживается от философии и не признает практически никаких средневековых комментаторов, кроме Раши[20]. В трактовке греха Иова комментарий следует за Раши и мидрашической традицией, утверждая, что Иов согрешил в своем сердце, не приняв страдание с любовью и оспаривая божественную справедливость (см. комментарий к Иов 2:10). Обсуждая 13:26, Меюхас объясняет, что Иов обвиняет Бога в том, что Он наказывает его за грехи, совершенные им в молодости, настаивая на том, что он не грешил с тех пор, как достиг зрелости. Говоря о 14:10–12, Меюхас уверяет, что. по утверждению Иова. умершие не могут вернуться из могилы и окончательно мертвы.

Берехия бен Натронай ха-Накдан
(конец XII века — XIII век, Нормандия)

У нас нет точных сведений о том, родился ли Берехия в Руане, но жил он практически наверняка там. Вполне вероятно, что он написал комментарии ко всем книгам Библии, но сохранился лишь комментарий к Иову, а также сборник «Басни о лисах» и этический трактат[21]. Сохранилась только одна рукопись комментария Берехии, и она обрывается на Иов 36:31[22]. Далее рукопись воспроизводит комментарий Раши в 36:32–40:25 и некий анонимный комментарий с 40:26 и до конца [Penkower 2003: 26–27]. Обсуждаемый ниже библейский словарь XIII века

---

[20] См. [Chavel 1969a: английское предисловие без нумерации страниц]. До того как текст был издан одной книгой, редактор выпустил его серией: [Chavel 1966; Chavel 1967].

[21] О жизни и трудах Берехии см. [Golb 1998: 324–347]. Обзор корпуса его произведений — см. эссе, собранные в [Visi et al. 2019].

[22] University Library, Cambridge, Dd. 8. 53. См. № 28 в [Schiller-Szinessy 1876: 41–42]. Текст комментария и английский перевод см. в [Wright 1979].

«Le Glossaire de Leipzig» содержит много материала из комментария Берехии к Иову, в том числе около 50 его отдельных комментариев к последним главам, отсутствующих в кембриджском манускрипте [Banitt 2005: 33]. В комментарии Берехии цитируются многие из предшествующих экзегетов, включая Раши и представителей его школы, а также ученые из Испании, экзегеты и грамматики. Чаще всего цитируются Элиэзер из Божанси и Авраам ибн Эзра [Golb 1998: 337–338].

Берехии известно, что существуют разные мнения о том, когда Иов жил. Ссылаясь на Иез. 14:14, он высказывается в пользу того, что Иов жил позже Даниила (Иов 2:11). В своем этическом трактате, говоря о природе страдания и теодицее, Берехия утверждает, что смысл представляющегося несправедливым страдания заключается в том, что Бог хотел показать сомневающимся непоколебимую любовь Иова.

> Может случиться, что праведник будет наказан, не совершив греха: так его праведность будет явлена миру, свидетельствуя, сколь многое он может вынести с радостным сердцем из любви к Создателю, тем самым доказывая, что Бог избрал его не без причины, как мы убеждаемся в случае Иова [Gollancz 1902: 292].

Предположительно Бахария заимствовал представление об Иове как о публичном испытании невиновного из «Книги верований и мнений» Саадии (в особенности трактат 5, глава 3), которую он хорошо знал [Golb 1998: 345]. Берехия придерживается такого же мнения в комментарии на Иова. Саадия упоминается в комментарии единожды, только в связи с грамматическими вопросами (в Иов 12:20, с опорой на интерпретацию Иов 18:2 у Саадии). Комментируя 2:10, Берехия утверждает, что из слов Иова ясно, что происходящее — испытания. Более того, принятие зла без проклятий свидетельствует о любви человека к Богу, так как показывает, что мотивы его послушания выходят за рамки желания божественного воздаяния. В комментарии к Иов 3:23 Берехия упоминает, что многие комментаторы рассматривали упрек Иова, будто Бог намеренно не замечает его благости, как доказательство его греховности. Берехия отвергает это мнение, утверждая, что пассаж не содержит упрека, но лишь говорит о том, как праведность Иова скрыта от Бога. Таким образом, Берехия отстаивает невиновность Иова. Его Иов не грешит в сердце и не отвергает воскрешение мертвых. И Бог является Иову из бури, чтобы утешить его после того, как друзья огорчили его (2:10).

Исайя бен Элия ди Трани
(младший, XIII–XIV век, Италия)

Комментарий на Иова, атрибутируемый итальянскому галахисту Исайе бен Мали ди Трани (старшему, 1200–1260), вероятнее всего является работой его внука, Исайи бен Элии ди Трани (младшего, род. ок. 1280), также талмудиста и библейского комментатора[23]. Старший Исайя сейчас обычно считается одним из талмудических комментаторов, продолжавших школу Раши и его учеников и франко-германскую традицию. Поскольку Италия занимает особое положение как перепутье между традициями запада и востока, его труды характеризуются открытостью философии и науке [Silverstein 2019]. Исайя-младший был автором талмудической новеллы, из которой очевидно, что он многим обязан интеллектуальному наследию своего деда. Однако в отличие от своего деда, Исайя бен Элия был более консервативен, придерживаясь *пшат* и *дераш* и отвергая философские объяснения [Ta-Shma 2007a: 77; Segal 1991].

Этот комментарий к Иову по большей части представляет собой простое исследование языка книги, но в нем есть также и отдельные попытки ее более общей интерпретации. С точки зрения Исайи ди Трани, Иов предстает осмотрительным и праведным человеком, который избегает греховных мыслей и поступков. Реагируя на свое страдание, Иов, согласно комментатору, ничего не говорил против Бога; его вопрошание мотивировано желанием понять свое положение и извлечь из него уроки. Комментируя 2:10, ди Трани не

---

[23] Комментарий издавался трижды: [Schwarz 1868: 64–89; Wertheimer 1978: 96–121; Cohen 2019].

соглашается с раввинистической традиций, отрицая, что Иов грешил в своем сердце. Он доказывает, что хотя некоторые люди и говорят от боли и злости неправильные вещи, не отражающие того, во что они действительно верят, Иов приложил усилия для того, чтобы его уста не произнесли никакого злословия. Иов Исайи ди Трани не похож на Иова мидраша; ни в его речи, ни в его мысли нет греха. Также его Иов отстаивает догмат о воскресении мертвых. В комментарии к 7:9 он пишет: «Как растворяется облако, так и вошедший в Шеол не восстанет, пока Бог не обновит мир и мертвые не будут возвращены к жизни». Исайя ди Трани подтверждает, что Иов праведен словом и делом, интерпретируя явление Бога Иову и его друзьям в главе 42. Здесь Иов кается за то, что ранее говорил о Божьих чудесах без понимания (теперь же он их понимает). Бог отвечает, что Иов говорил верно: он не грешил перед Богом, его страдание было не наказанием за преступление, а испытанием ради удвоения его воздаяния. Наконец, из уважения к Иову Бог прощает и не наказывает его друзей.

Пшат в Испании

В посвященных Иову работах комментаторов, о которых пойдет речь ниже, проявляются два особенно значимых влияния. Во-первых, поскольку их исследования сформировались в интеллектуальной среде Испании, они тяготели скорее к грамматическому объяснению текста, чем к буквалистскому подходу. Во-вторых, на них оказала влияние главным образом неоплатоническая философия, а не аристотелизм. В рамках этой позиции Книга Иова читалась по большей части как история испытания. Для неоплатонической мысли существенно то, что восхождение разумной души основано на обретении мудрости через «очистительные деяния и созерцания» [Robinson 2009: 530][24].

---

[24] В качестве дополнительного примера изображения страдания Иова как испытания можно привести философский трактат неоплатоника XII века Авраама бар Хийя «Размышление печальной души» [Bar Hiyya 1969: 122–124]. Объясняя, как по божественной воле в мире возникают добро и зло, бар Хийя говорит, что испытание Иова можно связать с одним из двух объясне-

Авраам ибн Эзра
(1089–1164, Испания, Италия, Франция, Англия)

Авраам ибн Эзра — ведущий представитель испанской школы XII века. Хотя он жил в Испании на протяжении более чем 50 лет, последние 25 лет жизни он провел, путешествуя по Италии, Франции и Англии. Ибн Эзра знаменит как неоплатонический мыслитель, литургический и секулярный поэт, грамматик и астролог. Он написал библейские комментарии к Торе, Исайе, малым пророкам, Псалтири, Пяти свиткам и Даниилу. Написанием комментариев он занялся, уже покинув Испанию.

Ибн Эзра хорошо знал работы испанских грамматиков, предшествующих испанских экзегетов, караимов и Раши. Его подход сформировался в первую очередь под влиянием изучения грамматики и лингвистики, однако, в отличие от северофранцузских комментаторов *пшат*, он не допускал того, чтобы грамматические прочтения противоречили раввинистическим легальным традициям. В основе экзегезы *пшат* ибн Эзры — филология и грамматика, в отличие от комментаторов с севера Франции, которые, не будучи знакомы с трудами испанских грамматиков, больше занимались буквально-контекстуальным чтением[25]. Хотя другие его работы свидетельствуют о его симпатии к неоплатонизму, в комментарии на Иова он воздерживается от более общих теологических и философских комментариев и сосредоточивается на буквальных и грамматических вопросах.

ний зла. Зло — это либо божественное наказание нечестивых, либо испытание праведных, направленное на их исправление и увеличение их воздаяния. Он особо отмечает, что Иов 1:1 подтверждает праведность Иова и что друзья Иова — по определению и по факту того, что Бог отвергает их слова, — не могут быть правы, обвиняя Иова в грехе. Цель испытания Иова — исправление его понимания провидения. Согласно бар Хийя, друзья тоже должны были подвергнуться наказанию, чтобы они также могли выучить этот урок, но они были прощены, потому что Иов помолился за них. По всей видимости, они поняли урок из встречи с Иовом, и потому для них самих испытания были не нужны [Bar Hiyya 1969: 123].

[25] Об ибн Эзре как экзегете см. [Simon 2000].

В комментарии ибн Эзры Иов предстает не столько не вполне благочестивым, сколько бунтарем[26]. Однако его страдания связаны не с его проступками, а с движением звезд (которым управляет Бог). Его упреки были неприемлемы, и в конце он был вынужден отказаться от позиции, которую до того занимал. Комментарий ибн Эзры построен практически исключительно на лингвистическом исследовании и избегает философских и теологических обсуждений, но в кратком введении и в более обширном эпилоге он позволяет себе очертить свое общее понимание книги. Отвергая раввинистические мнения о том, что автором книги является Моисей, он утверждает, что язык книги труден, поскольку она представляет собой перевод более раннего источника, написанного не на иврите (комментарий к 2:11)[27]. Согласно ибн Эзре, причиной страдания людей является то, что вселенная и все в ней сотворены из материи, которая — в отличие от совершенно благого Бога — ущербна по своей природе, разрушается со временем и подвержена болезни, недугу и другим формам вреда. Во введении к комментарию ибн Эзра пишет: «Так как все твари сотворены из того, что существовало прежде, а также из ничего, есть в них ущербность. <...> В этом причина трудностей и жизненных бед, выпадающих на долю духа или тела, или того и другого, или тех, которые затрагивают богатство, детей, жен и друзей» [Avery 1987: 13]. Хотя эта философская

---

[26] Доступны два аннотированных критических издания, в первом из них дан перевод на испанский: [Gómez Aranda 2004; Goodman 2009]. Также заслуживающий внимания текст есть в [Cohen 2019]. Английский перевод можно найти в [Avery 1987]. Гомес Аранда также посвятил комментарию ибн Эзры несколько статей: [Gómez Aranda 2001a; Gómez Aranda 2001b; Gómez Aranda 2002; Gómez Aranda, Ortega-Monasterio 2002; Gómez Aranda 2007]. Об источниках ибн Эзры см. [Galliner 1901]. О текстовых вариантах в версиях раввинистических Библий см. [Goodman 2000].

[27] О неприятии ибн Эзрой мнения о Моисеевом авторстве книги см. [Viezel 2018]. В целом точка зрения ибн Эзры на авторство книги не оказала значительного влияния на Визеля. Однако Барух Спиноза соглашается с ней в главах 7:16 и 10:8 своего «Теолого-политического трактата». О Спинозе и Книге Иова см. [Curley 2002].

позиция объясняет, почему иногда страдают праведники, она не отрицает роли Бога в наказании грешников или испытании праведников для увеличения их воздаяния. Что касается Иова, как пишет ибн Эзра опять же во введении, он был праведником, чье страдание не было наказанием ни за какой грех или проступок. Это страдание тем не менее помогло исправить бунтарскую природу Иова, которая проявилась в его реакции на свое положение. Трактуя Иов 2:10 «не согрешил Иов устами своими», ибн Эзра замечает, что из этой фразы следует отсутствие греха во всем сказанном Иовом до сих пор, но она предваряет вызванную страданием бунтарскую речь Иова, которая начнется далее. В тексте утверждается, что Иов «не согрешил устами своими», чтобы подчеркнуть, что он сделает это в будущем. Заключая комментарий, ибн Эзра пишет, что Елиуй упрекает и Иова, и друзей за их неправильные речи. Согласно ибн Эзре, он верно говорит, что знание и справедливость Бога — за пределами человеческого понимания, и порицает Иова за то, что он предается жалобам и стенаниям, тогда как ему следовало бы молча переносить свое страдание. Бог заговаривает и проблематизирует самость Иова, ставя его перед лицом величия творения, намного его превосходящего. Каясь и умолкая, Иов приходит к верному пониманию, что Бог действует справедливо и что сам он — живое доказательство того, что правильно переносимое страдание ведет к интеллектуальному движению вперед и росту[28].

Моисей Гикатилла
(Джикатилла, вторая половина XI века, Сарагоса)

В числе немногих источников, эксплицитно упоминаемых ибн Эзрой, — грамматик, поэт и библейский экзегет Моисей Гикатилла[29], о котором он говорит: «один из великих комментато-

---

[28] Кроме перевода Эйвери [Avery 1987], существует перевод заключения ибн Эзры в [Pfeffer 2005: 197–200].

[29] «Рабби Моисей» упоминается в комментариях к 4:10, 5:5, 5:12, 7:5, 11:17, 17:11, 18:9 и 36:31. Обсуждение см. в [Gómez Aranda 2004: LXXXIV–LXXXVI].

ров»³⁰. Библейские комментарии Гикатиллы дошли до нас только во фрагментарной форме (он писал о Пятикнижии, Исайе, малых пророках, Псалтири, Иове и Данииле). Очевидно влияние на его работу грамматика Ионы ибн Джанаха, а также Гикатилла переводил грамматические работы Иуды Хайюджа на иврит. Гикатилла был рационалистом и пытался доказать, что библейские чудеса не являлись отклонениями от естественного порядка и что многие пророчества отсылают к событиям, которые уже имели место, а не к чему-то, чему предстоит произойти в мессианскую эру.

Атрибутируемые ему иудео-арабский перевод и комментарий к Иову сохранились в неполном виде [Bacher 1908]³¹. Вопрос о том, принадлежит ли весь материал рукописи его перу или она представляет собой компиляцию — дискуссионный³². Гикатилла использует для объяснения библейских терминов интертекстуальные ссылки, и главная тема комментария — объяснение, почему он выбирает те или иные иудео-арабские термины для перевода иврита, как, например, в 1:6, где он переводит «и был день» как «одним утром», потому что в этот момент появляются ангелы. В некоторых местах комментария есть важные теологические или философские рассуждения. Комментируя главу 3, Гикатилла обсуждает роль ангелов в направлении человеческих жизней. Здесь он сперва отсылает к роли ангелов в видении Даниила о конфликте между Персией и Грецией, а далее цитирует раввинистическую традицию, а именно в. Шаббат 32a и 119b. Первый текст говорит, что Бог сохранит человека, если в его защиту выступит хотя бы один ангел, даже если 999 будут обвинять его в прегрешении. Второй описывает добрых и злых ангелов, которые сопровождают человека на пути домой в канун Шаббата³³.

---

[30] О жизни и трудах Гикатиллы см. [Maman 2000: 275–277].

[31] Об иудео-арабских переводах см. ниже (см. обсуждение Саадии в главе 4).

[32] Обзор разных взглядов и полезную библиографию можно найти в [Maman 2000: 275n69].

[33] Я благодарю профессора Филипа Либермана из Университета Вандербильта за то, что он любезно согласился изучить иудео-арабский текст.

Испанская ученость приходит во Францию

*Иосиф Кимхи
(1105–1170, Испания, Нарбонна)*

Около 1150 года Иосиф Кимхи и его старший сын Моисей (1127–1190) перебрались из Испании в Прованс, в Нарбонну, где родился другой его сын, Давид (1160–1235). В то время, когда он прибыл туда, провансальское еврейство придерживалось мидрашического подхода к Библии и в отсутствие арабской учености продолжало опираться на устаревшие грамматические учения. Мидрашическая экзегеза была в чести, а подход *пшат* отошел на задний план. Иосиф написал комментарии к Пятикнижию, Пророкам, Притчам и Иову (до нас дошли только последние два). Также он написал посвященный грамматике труд на иврите, где оспаривал теории Менахема ибн Сарука и других, на которые опирались более ранние экзегеты *пшат*. Иосиф Кимхи в своем комментарии руководствовался разумом и открыто придерживался убеждения, что комментарий, не основывающийся на адекватном грамматическом понимании, не может быть *пшат*. Для объяснения библейского текста он прибегал к сравнениям с раввинистическим ивритом, арамейским и арабским, а также пользовался своим знанием поэзии и поэтических формул и эксплицитно выступал против мидрашических традиций. Тем самым он заложил основу для трансформации провансальской экзегезы, и его дело было продолжено его сыновьями[34].

Иосиф и его сын Моисей сыграли ключевую роль в том, что испанский контекстуально-грамматический подход начал распространяться в Провансе. Хотя он прекрасно знал раввинистические источники и цитировал их в своих работах, в своем подходе к Писанию он не ограничивался этими источниками и в гораздо большей мере опирался на лингвистическое и философское знание. Это проявляется в его введении к Иову, в котором

---

[34] Об Иосифе Кимхи и его влиянии см. [Cohen 2000b: 388–395].

он соглашается с раввинистическим мнением о Моисеевом авторстве, но по большей части отвергает тенденцию винить Иова в том, что с ним случилось [Basser, Walfish 1992: XXIV][35]. Осно-

---

[35] Сохранились два варианта комментария Кимхи. Более краткий впервые появился в [Schwarz 1868: 151–166]. Фрагменты из более пространного варианта были впервые опубликованы в [Eppenstein 1898]. Обе версии сейчас доступны в [Cohen 2019]. Также комментарий MS Bibliotèque Nationale (Paris) Heb. 207 атрибутируется Давиду Кимхи, брату Моисея. Эта атрибуция неверна, см. [Basser, Walfish 1992: XXIV n. 7]. Антологию комментариев Давида к Иову, составленную из его различных работ, можно найти в [Schwarz 1868: 151–166]. Некоторые из его трактовок также обнаруживаются в рукописи антологизированных заметок, см. [Mathews 1878]. Мэтьюс приписывает антологию Беньямину бен Иуде (Бодзекки) из Рима (ок. 1290–1335), и бо́льшая часть комментариев к Иову приписываются Кимхи. Однако вступительный комментарий к Иову, по видимости, принадлежит антологу, чья точка зрения схожа с Кимхи:

> Эта книга составлена в согласии с [раввинистическим] принципом, что когда два библейских стиха противоречат друг другу, закон находится обращением к третьему. Ибо Иов негодовал, так как был по-настоящему праведен: как случилось все, что выпало ему? Друзья его единодушно не соглашались с ним в одном: в согласии с религией невозможно, чтобы одна судьба выпадала и праведным, и нечестивцам. Таково мнение [и] большинства. В этом [вопросе] друзья ошибались. А Иов говорил истину. Он не был наказан за какое-либо совершенное его руками злодеяние. Он только не был достаточно мудр, чтобы знать, как все обстоит. И это и есть то, что сказал Елиуй про товарищей Иова. Они не нашли ответа, а только обвиняли Иова. Что касается Иова, он был зол не за то, что он [Иов] говорил неистину, ибо он говорил истину. Скорее [Елиуй был зол на Иова] за то, что он оправдывал себя против Бога. Елиуй пришел и выявил корни жалоб Иова и рассказал Иову о них один за другим. Как он [Елиуй] сказал, «Бог говорит однажды [и, если того не заметят, в другой раз» (Иов 33:14)]. «Чтобы отвести человека [от какого-либо предприятия и удалить от него гордость» (Иов 33:17)]. Раз так, то неистинны слова Иова «а Он нашел обвинение против меня [и считает меня Своим противником» (Иов 33:10)]. Ибо если Бог хотел поразить его, как и их всех, а не сделать ему благо, почему же Он тогда покарал только его? Он [Елиуй] сказал, что мудрость была скрыта от него [Иова], и если некто не может постичь и исследовать вещи, которые появляются как поток, тем более не может он понять пути Бога и Его правосудие. Потому не тебе [Иову] гневаться [Mathews 1878: 31–32].

вываясь на Быт. 22:21, он приходит к выводу, что Иов жил позже времен Авраама, так как Уц был старшим сыном брата Авраама, Нахора. Поскольку книга написана Моисеем, Кимхи полагает, что Иов не мог жить позже него и, вероятно, жил в его время. В более длинном варианте комментария он отвергает раввинистический тезис, что Иов — вымышленный персонаж притчи, но говорит, что эта история может служить притчей, несмотря на то что Иов был реальным человеком. Иов был щепетилен в исполнении заповедей, и Кимхи утверждает, что правильное понимание заключается в том, что Бог испытывает праведных, чтобы увеличить их воздаяние в грядущем мире[36]. Иосиф Кимхи в своем кратком комментарии однозначен в отношении того, что на протяжении всего своего страдания Иов не помыслил и не сказал ничего греховного (Иов 2:10). Во введении к более длинному комментарию Кимхи упрекает философов, которые ничего не знают о Божьих יסורין של אהבה (муках любви), а также критикует друзей, которые, подобно философам, думали, что страдание — наказание за грех, и потому считали Иова нечестивцем. Он добавляет, что мудрые понимают, что Бог приносит страдание тем, кто Его боится (праведным), чтобы показать их терпение и праведность миру и дать им воздаяние в грядущем мире.

Моисей Кимхи (1127–1190, Испания, Нарбонна)

Моисей Кимхи написал комментарии к Притчам, Иову и Ездре — Неемии. Его работа сосредоточена практически исключительно на вопросах грамматики и филологии, что, вероятно, представляет собой реакцию на господство в Провансе мидраша. Хотя его комментарии и затрагивают некоторые философские и исторические аспекты, основные его интересы не вызывают

Антология завершается пересказом объяснения Самуила ибн Тиббона и Маймонида, что мудрость, приобретенная Иовом в результате теофании, не избавила его от страдания, но позволила ему понять его обстоятельства и не направлять гнев на Бога [см. ниже].

[36] Краткое обсуждение см. в [Cohen 2000b: 392].

сомнений, и в особенности это касается устройства синтаксиса иврита[37]. Комментарий Кимхи в основном состоит из грамматических объяснений и сосредоточен на лингвистических вопросах, и тем не менее он содержит трактовки более широкого плана, ставящие под вопрос праведность Иова [Basser, Walfish 1992: XIX][38]. Лингвистические и филологические интерпретации в комментарии Моисея Кимхи в значительной мере основаны на работе ибн Эзры. То же касается и кратких обсуждений теодицеи. В своем введении Кимхи утверждает, что Моисей написал книгу, чтобы убедить читателей, что Бог испытывает тех, кого Он любит, посредством страдания. Причина бед Иова — не какой-либо определенный совершенный им грех; но его реакция на ситуацию обнаруживает по меньшей мере нехватку благочестия, что заставляет его усомниться в справедливости Бога. Как замечает Кимхи, комментируя 2:10, текст говорит, что Иов не согрешил устами, потому что в сердце своем он пытался оправдать себя. Из-за боли его сердце не смогло повести себя, как его губы, и избежать греха. И все же Кимхи удается оправдать поступок сердца Иова ссылкой на раввинистический источник, говорящий, что человеку не вменяется ответственность за вещи, которые он произносит под принуждением. В комментарии к Иов 42:5 Кимхи находит итог книги в том, что Иов признает, что его вызов Богу и оправдание себя были ошибкой. Здесь — в том, как Кимхи описывает речь Иова к Богу, — также очевидно влияние ибн Эзры:

> «Поэтому» теперь, понимая, что Ты можешь все и что никакой из Твоих помыслов для Тебя не невозможен (см. 42:2), «я отрекаюсь» от того, что пытался себя оправдать, «и раскаиваюсь» за то, что сказал, что я правее Бога (Иов 35:2);

---

[37] О Моисее Кимхи см. [Cohen 2000b: 395].

[38] Комментарий можно найти в трех современных изданиях. Самое раннее содержит достаточно плохо транскрибированный текст [Schwarz 1868: 71–126]. Аннотированное издание см. в [Basser, Walfish 1992]. Новая редакция доступна в [Cohen 2019]. Бассер обсуждает некоторые проблемы, связанные с критическим подходом к тексту, в [Basser 1990].

я «в прахе и пепле», как тот, кто отверг то, что сказал, и сожалеет, что сказал это. *И слова Иова в этой речи честны и истинны* [Basser, Walfish 1992: XIX] (курсив мой. — Дж. К.).

Здесь признается, что Иов поступает благочестиво. Он не совершил никакого греха, за который подлежал бы наказанию. Также посланное Богом испытание оправдывается тем, что благодаря нему Иов приходит к верному пониманию Бога и по-новому утверждает свою связь с Творцом.

Заключение

К несчастью для Иова, средневековые интерпретаторы строили на фундаменте, заложенном более ранними раввинами, и в их построениях проявляются контуры, чья форма определена этими более ранними учениями. Комментаторы *пшат* — Раши, Рашбам, Моисей Кимхи и другие — представляют Иова не вполне праведным. Это примечательно — ведь именно от этой группы ученых можно было бы ожидать защиты Иова, с учетом их приверженности буквально-контекстуальному чтению библейского текста. Но по большей части они согласны в том, что страдания Иова послужили исправлению его не-вполне-совершенного поведения и в особенности его бунтарской речи. Каков бы ни был конкретный метод экзегезы, теологическая необходимость в сохранении теодицеи оказывает решающее влияние на комментаторов, обращавшихся к истории праведного — по видимости — страдальца.

Глава 4
Иов в средневековой еврейской философии

Около 1191 года Моше бен Маймон (Маймонид; Рамбам; 1138–1204), родившийся в Кордове глава каирской еврейской общины, завершил свой философский труд "Путеводитель растерянных". Труд был написан по-арабски, но вскоре переведен на иврит (сперва Самуилом ибн Тиббоном, несколько позднее — Иудой Аль-Харизи) и сразу стал предметом значительного внимания (не только в положительном ключе). Маймонид не написал ни одного систематического комментария к Библии (ему был ошибочно атрибутирован один комментарий к Книге Есфирь), но он, несомненно, де-факто был экзегетом, и "Путеводитель" представляет собой библейский комментарий, хоть и организованный тематически, а не по принципу комментирования книги или стихов. Маймонид написал свой труд для конкретного ученика и для тех, кто, как и он, был сведущ в религии и привержен религиозной практике, но при этом изучал науки и философию и приходил в растерянность от видимых противоречий между двумя областями знания. Пытаясь разрешить эти противоречия, Маймонид интерпретировал Тору через призму философии, полагая, что Тора транслирует сообщение на нескольких уровнях, в соответствии с интеллектуальной способностью читателя. Интеллектуально неискушенный читатель воспринимает нарративы и законы буквально, тогда как читатель, наделенный философским умом, видит, что они представляют собой притчи, призванные раскрывать философские (в частности, аристотелианские) истины. Видимые противоречия между откровением и разумом могут быть разрешены за счет принятия того, что библейский язык умышленно неоднозначен и был открыт Богом Моисею, величайшему из философов, который был способен различать множественные уровни значения[1].

До Маймонида экзегезу такого рода практиковал Саадия Гаон (Саадия бен Иосеф аль-Файюми, 882–942, Египет и Ирак). В VIII и IX веках греческие и эллинистические научные и философские труды были переведены на арабский, что способствовало развитию мусульманской систематической философии и теологии (калам). Подъем арабской грамматической мысли и увлечение рационализмом, охватившие мусульманские земли, не прошли мимо еврейской раввинистической элиты. Перу Саадии, гаона талмудической академии в Суре, принадлежат литургическая поэзия, комментарий к эзотерическому произведению «Сефер Йецира», ряд грамматических и лингвистических исследований (в том числе «Агрон»), труды, посвященные Талмуду и раввинистической герменевтике, респонсы, полемические произведения против караимов, значительный труд по еврейской философии («Книга верований и мнений»), арабский перевод Библии («Тафсир»), а также комментарии к Торе, Исаии, Даниилу, Псалтири, Притчам, Иову и Пяти свиткам (не все они, однако, завершены). Экзегеза Саадии была сформирована изучением раввинистической традиции, усвоением арабской теории языка, знакомством с философией калам и решительным противостоянием учениям караимов. В отличие от Маймонида, его влияние на развитие еврейской экзегезы довольно ограниченно[2].

Предложенный Маймонидом метод библейской экзегезы лег в основу средневосточной школы интерпретации, но она просу-

---

[1] О Маймониде см. [Davidson 2004; Kraemer 2008; Halbertal 2015]. Более полную библиографию можно найти в [Kalman 2008a].

[2] О жизни и трудах Саадии см. [Brody 2013].

ществовала недолго. Однако влияние «Путеводителя» просматривается в множестве комментариев к Иову, созданных в самых разных частях Европы³.

Саадия бен Иосеф аль-Файюми Гаон
(ок. 882–942, Египет, Вавилон)

Саадия Гаон находит необычный способ обойти раввинистический топос о страдании Иова как заслуженном наказании⁴. В своем философском трактате «Книга верований и мнений» (особенно в трактате 5, глава 3) Саадия разбирает вопрос о страдании праведников⁵. Он использует историю Иова, чтобы объяснить, что в некоторых случаях Бог испытывает праведников, зная, что они должным образом стерпят страдание, чтобы показать их благость людям, которые тогда поймут, что божественные дары не даются даром (то есть тем самым он показывает, что для

---

³ Помимо комментариев, обсуждаемых ниже, известно о существовании комментария философа Исаака ибн Латифа (1210–1280), но он считается утраченным. Однако в трактате «Врата небес» 4:7 Латиф говорит о том, что истинная любовь к Богу и страх перед Ним — это одно и то же. В качестве примера он рассматривает Иова, которого Писание представляет как богобоязненного, но на деле он боялся лишь Божьей кары. Но после того, как Бог является Иову из бури, он начинает бояться Бога из-за того, что знает из собственного опыта, а не из-за того, что боится потенциальных негативных последствий. См. [Diéguez 2014: 233–234]. Сохранилась рукопись комментария, наследующего подходу Маймонида и приписываемого ученому XIV века Исааку бен Соломону из Толедо (Bodleian Library, Oxford, MS Poc. 202). См. [Sirat 1990: 256]. В этом комментарии обильно цитируются Саадия, Раши, Авраам ибн Эзра, Нахманид и Исайя ди Трани [Neubauer 1886: 84 item 383; Beit-Arié, May 1994: 59 item 383].

⁴ Комментарий состоит из арабского перевода библейского текста и комментария к нему. Главы 1–5 были опубликованы в сопровождении перевода на немецкий в [Cohn 1882]. Впоследствии Кон опубликовал полный иудео-арабский текст в [Cohn 1889]. Полный иудео-арабский текст с переводом на французский доступен в [Derenbourg, Derenbourg 1889] и с переводом на современный иврит — в [Kapach 1972]. Прекрасно аннотированный перевод на английский см. в [Goodman 1988]. Исследования манускриптов и критику см. в [Ecker 1962; Vajda 1976].

⁵ Обзор объяснительных ходов Саадии см. в [Weiss 2000].

получения воздаяния нужно благочестие)⁶. В своем переводе Книги Иова на арабский и в комментарии к Иову, «Книге теодицеи», Саадия утверждает, что Иов был исключительно праведен. Страдание было послано Богом, чтобы публично испытать Иова и доказать его завистникам, что он в самом деле заслуживал того, чем обладал. Саадия дает уникальную интерпретацию фигуры Врага и его роли в книге. С точки зрения Саадии, он был не ангелом и не божеством:

> Враг на деле был обычным человеком, как тот, о котором сказано в Писании: «И воздвиг Господь противника (*сатан*) на Соломона, Адера Идумеянина» (3 Цар. 11:14). <...> Так общепринято обозначать этим словом (*сатан*) людей, которые противостоят друг другу, что оно появляется во многих местах Писания, которые я не стану перечислять. <...> Предельная натяжка — полагать, что это был ангел. Ибо все верующие в Единого Бога согласны, что Творец создал Своих ангелов, которые служат Ему, подобно тому как Он избрал пророков, которые несут его вести, зная, что они будут послушны ему. Но восставать на праведного возлюбленного Бога — это один из самых вопиющих актов бунта. Так что кто говорит, что этот враг Иова был ангелом, сделал ангелов бунтовщиками и пошел против принципа, с которыми мы согласны [Goodman 1988: 154].

Замена мифологических существ человеческими — общая тенденция библейских переводов Саадии. Его перевод (*тафсир*) Иова — не буквальный перевод: он заботится о сохранении арабского синтаксиса и стиля. Его перевод также основан на трех предпосылках: 1) когерентность всей Библии; 2) каждое выражение в тексте имеет большое значение; 3) текст истинен. Кроме того, в своих переводах вообще и в переводе Книги Иова в частности Саадия придерживается рационалистической позиции, избегая мифологических и мистических трактовок и требуя ясной

---

⁶ Анализ подхода Саадии к Иову в исламском контексте см. в [Leaman 1995: 48–63], а также во введении в [Goodman 1988].

идентификации всей флоры, фауны и географических локаций[7]. В случае Иова это выражается в том, что Уц располагается неподалеку от Дамаска, небесные фигуры из глав 1 и 2 — это на самом деле люди, а Бегемот и Левиафан — природные существа[8].

Иов не понимает своего страдания, потому что не знает о таких божественных испытаниях; смысл его положения ускользает от него из-за того, что он привержен классической теодицее, которой придерживаются и его друзья. Лишь Елиуй в Иов 32–35 проясняет Иову его ситуацию. С точки зрения Саадии, протесты Иова в центральных главах книги — это не радикальный акт богохульственного бунта, но мольба об объяснении (хотя они и выдают недостаток у Иова терпения). Здесь Саадия не вполне последователен: ранее в комментарии он говорит, что Иов стойко переносил

---

[7] Обзор его перевода см. в [Sasson 2017: 202–204]. Переводческая техника Саадии была исследована в [Rosenthal 1943] и в [Goodman 1990]. О влиянии комментария см. [Gómez Aranda 2007]. Перевод Саадии — одна из немногих дошедших до нас работ такого рода; фрагменты иудео-арабских переводов сохранились в Каирской генизе. Некоторые фрагменты иудео-арабских переводов атрибутируются Моисею Гикатилле (см. выше). Сохранились полный перевод с комментарием караима Йефета бен Али (см. ниже) и рукопись родившегося в Фесе палестинского рабби Иссахара бен-Сусана «'Al-sharh al-Sūsānī likhamsat jzā' al-Torāh». Бен-Сусана волновало отсутствие интереса арабоязычных евреев к Библии, поскольку Саадия в своем переводе уделил слишком много внимания соблюдению классического арабского стиля. Он, напротив, пытался сделать свой перевод адекватным общине XVI века. См. [Sasson 2017: 205]. О ранней истории арабских переводов Книги Иова, выполненных средневековыми евреями, христианами и мусульманами, см. [Blackburn 1998].

[8] Описываемые в Иов 41 Бегемот (земное существо) и Левиафан (морское существо), по всей видимости, понимались как управляемые Богом примордиальные звери. Их точное определение и вопрос о том, были ли они существами сверхъестественными или реальными животными, были темами продолжительной дискуссии. Литература времен Второго храма и раввинистические источники определенно считали, что они существовали физически, так как их остовы и плоть должны были быть использованы и съедены праведниками в последние времена. Обсуждение этой темы см. в [Whitney 2006; Mulder 2017: 117–130]. О пиюте Калира, посвященном битве между зверями, и об использовании этих образов в еврейско-христианской полемике см. ниже.

свое испытание [Eisen 2004: 31]. Отстраняясь от более суровых изображений Иовова богохульства в раввинистической литературе, Саадия, как кажется, наиболее озабочен обвинением Иова в отрицании воскрешения мертвых, которое он решительно отвергает. В частности, Иов 2:10, по поводу которого другие экзегеты говорят, что Иов богохульствовал в своем сердце, Саадия интерпретирует как более общую отсылку к греху и богохульству, которых Иов избегал, даже когда говорил. Комментируя Иов 7:9, Саадия эксплицитно возражает талмудическому мнению об Иове:

> Когда он говорит «редеет облако и уходит», смысл его слов не в том, что Бог не может поднять мертвого из могилы, или что Он может, но не обещал сделать это. Напротив, Он может, или более того, Он обещал воскрешение, как свидетельствуют Его пророки и как верит вся община Его. Иов здесь думает о немощи человеческой, о том, что человек не может повлиять на то, что грядет после смерти, и не может воскресить себя [Goodman 1988: 209].

Друзья считают, что страдание Иова — наказание за грех. В трактовке Саадии Бог порицает их не за то, что они неправильно говорят о Нем, но за то, что они неправильно говорят об Иове [Eisen 2004: 32]. Их мнение, что Иов наказан за грехи, в общем не неверно, но оно просто неприменимо в случае Иова. То, что Бог, по видимости, не отвечает на вопросы Иова, существенно для Саадии: он доказывает, что если бы Бог прямо отвечал на вопросы Иова, это нарушило бы все испытание — люди бы подумали, что Иов служит Богу и переносит страдания исключительно ради воздаяния [Eisen 2004: 37]. Одна из своеобразных черт саадиевского прочтения Иова — отстаиваемое им положение, что Иов — символ Израиля, в частности, в связи с опытом изгнания; эта тема часто возникает также у комментаторов-караимов (см. ниже) [Eisen 1998]. Идея об Иове как символе Израиля присутствует не только у Саадии, однако она не получила большого развития в ранней раввинистической традиции. Песикта де-Рав Кахана 16:6 и поздние раввинистические тексты Эха Раббати и Мидраш Леках Тов объясняют в комментариях к Плч. 3:1 (где слово גבר ассоциируется с Иовом), что Иов символизирует Израиль, и это указывает на то, что в конечном счете народ Бога будет восстановлен. Мистик XVI века Соломон Молхо также обращал внимание на этот символизм (подробнее см. ниже), как и его ученик Элиезер Ашкенази. В том, как представляет Иова в качестве символа Ашкенази, есть уникальный поворот: он отождествляет Иова со страдающим рабом из Ис. 53, что эксплицитно служит полемике с христианами, и утверждает, что восстановление Иова в заключении книги — это указание Израилю на грядущее благо!⁹

Цзюнь-Лян Сяо обратил внимание на то, что Саадия иногда пытается оспорить то, что об Иове говорит Коран, а иногда соглашается с ним¹⁰. Например, «Иов 9:24, где ивритский текст го-

---

⁹ Ашкенази был уважаемым талмудистом и учеником каббалиста Йосефа Тайтацака. Его самое известное произведение — 'מעשי ה' («Дела Господни»), комментарий к нарративным частям Торы, который он завершил в 1580 году. Ашкенази считает, что все описанные в Библии события имели место в действительности, но рассказы о них имеют форму многозначительных притч. Комментируя Втор. 32, «Песнь Моисея», он упоминает раввинистический тезис «Моисей написал свою книгу, а также рассказ о Валааме и Книгу Иова». По мнению Ашкенази, Втор. 32 дает ответы на все вопросы Иова и отражает ту же заботу о судьбе Израиля, что выражена в пророчестве Валаама. Далее у него следует обсуждение страдающего раба Исаии, где он говорит об Иове как символе Израиля. Иов процветал, потерял все и был вдвойне вознагражден — и так же вознагражден будет Израиль в мессианскую эру. Опираясь на Иез. 14:14, Ашкенази утверждает, что Иов жил во время между разрушением Первого и Второго храмов, и это именно то время, о котором пророчествовал Исаия. Далее, после медленного параллельного чтения ряда фрагментов, в том числе Ис. 52:13 и Иов 1:8, 2:3, 42:7–8, сосредоточенного на термине «раб мой», он заключает, что Иов — страдающий раб, о котором говорил Исаия. Обстоятельное обсуждение см. в [Cooper 2006, особенно 194–196; Cooper 2001: 7]. Также см. обсуждение Исаака Адарби в главе 8 ниже.

¹⁰ Краткое рассмотрение фигуры Иова в Коране и у мусульманских интерпретаторов см. в [Wheeler 2002: 157–160]. Несколько схематических сравнений библейского Иова и Айюба в Коране на материале трудов персидского ученого IX века аль-Кисаи, персидского ученого XI века аль-Талаби и сирийского ученого XIV века ибн Касира см. в [Caspi, Milstein 2004: 81–198] — в этой книге также можно найти английские переводы больших фрагментов из названных и других средневековых исламских ученых.

ворит "земля отдана в руки нечестивых", Саадия переводит, используя арабский глагол *salima*, благодаря чему возникает игра слов: "земля сдана (*slm*) рукам захватчика (*zlm*)"» [Seow 2012: 129]. Обсуждая конец комментария Саадии, Сяо также отмечает, что Саадия заключает тем, что Бог дал Иову и его друзьям «благословения в этом мире прежде великого вознаграждения, которое будет дано им в следующем, и сделал так, что их история записана как урок всему творению, чтобы мы могли стойко переносить страдания, когда они выпадают нам, и не спешить отвергать суд Божий, но покоряться (*slm*) Богу». Саадия включает в это заключение замечание о назначении Книги Иова, как он его понимает, а также апологию, говорящую о том, что значит быть истинным «мусульманином» перед лицом страдания. Терпеливый и верный еврей как бы уже «мусульманин», так что нет нужды его обращать [Seow 2012: 129].

Моше бен Маймон (Маймонид, Рамбам, 1138–1204, мусульманская Испания, Египет)

В отличие от труда Саадии, маймонидовское толкование Книги Иова стало одним из самых влиятельных в тот период. Маймонид не написал к Иову полноценного комментария, но он подробно говорит об Иове, когда обсуждает провидение в «Путеводителе растерянных», 3:22–23, и часто упоминает его во многих других своих трудах[11].

В представлении Маймонида Иов — не историческая фигура, а персонаж развернутой притчи о провидении. Иов, будучи праведным, но невежественным, был вынужден претерпеть по-

---

[11] Маймонидовскому подходу к Книге Иова посвящено множество исследований. Дискуссия вращается вокруг утверждения Маймонида, что Иов и каждый из его друзей представляют особое понимание провидения. Вопрос также в том, какую позицию занимает сам Маймонид. Представление об этой проблематике можно составить по следующим текстам (наряду со многими другими): [Yaffe 1979–1980; Levinger 1988; Schreiner 1994; Dobbs-Weinstein 1995; Kigel 1996; Cohen 2004; Cohen 2010]. Дополнительное обсуждение см. в [Kalman 2008a]. Самая важная работа, контекстуализирующая маймонидовское толкование Книги Иова, — [Eisen 2004].

терю семьи, владений и здоровья. Причиной этих страданий был Сатана, который, как доказывает Маймонид, есть не существо, но нечто причиняющее зло, и тем самым он синонимичен лишенности вообще и лишенности мудрости в частности. В качестве причины зла можно рассматривать сочетание материи и лишенности, сочетание лишенности и воображения или сочетание вредоносных случайностей и лишенности[12]. Маймонид считает, что Иов был благочестив, однако отмечает, что о нем ни разу не говорится, что он разумен, и полагает, что отчасти он страдает из-за несовершенства разума. Его жалобы свидетельствуют о его неразумности, и этой неразумностью объясняется его страдание — для такой интерпретации есть веские основания в библейском тексте, особенно в главе 38. Бог ставит под сомнение мудрость Иова, и средневековые комментаторы с Ним соглашаются.

Маймонид доказывает, что ключевой момент страдания Иова — это то, что он видит теодицею через призму традиции, сообразно представлению о ней масс, и думает, что его страдание несправедливо, потому что он безгрешен. В своем толковании Маймонид полагает, что Иов и каждый из друзей репрезентируют особое понимание провидения. Иову он приписывает позицию Аристотеля, в рамках которой провидение относится к роду, но не к индивидам. Елифаз представляет точку зрения раввинов: Бог вознаграждает праведных и наказывает нечестивых. Все, что случилось с Иовом, — заслуженное наказание за совершенные Иовом грехи, которые он отказывается признать или не сознает. Вилдад выступает с позиций мутазилитского калама, согласно которому все вещи управляются божественной мудростью. Бог сотворил мир и дал людям свободную волю. Они обладают способностью поступать так, как считают нужным, и, к несчастью, это позволяет им причинять вред друг другу или самим себе. Страдание — это составляющая цены свободной воли, которая тем не менее сущностно блага. Софар отстаивает позицию ашаритского Калама, утверждая, что все вещи происходят из-за воли Бога. Поскольку Бог волит все, в том числе то, что кажется

---

[12] Об определении Сатаны см. [Eisen 2004: 51–55].

злом, Софар говорит, что лучше не задаваться вопросом о том, почему Бог хочет, чтобы нечто случилось. Чтобы преодолеть страдание, Иову нужно избавиться от неразумия и стать философом. Четвертый друг Иова, Елиуй, как считает Маймонид, начинает процесс его учения. Елиуй объясняет Иову, что Бог говорит иносказаниями, и прокладывает Иову путь к пониманию теофании из последней части книги. Согласно Маймониду, Елиуй дает верное толкование. Доказательством этого утверждения служит тот факт, что он, в отличие от других, не подвергается порицанию в конце библейской книги.

Елиуй наставляет Иова о сущностных моментах провидения. Иов (и читатель «Путеводителя») должен понять, что страдание зависит не от непорочности, а от разума. Человек, обладающий совершенным разумом, не может страдать. Поскольку только разум вечен, и цель обретения совершенного интеллекта достижима, не следует переживать об утрате материальных благ, которые реально почти ни на что не влияют. Иов постигает эту истину посредством усовершенствования своего разума, которое происходит благодаря пророческой встрече с Богом в буре.

После явления Бога Иов разрешается от своего страдания. Как верно замечает Эйзен,

> большинство интерпретаторов согласны в отношении того, в чем заключается главный урок Иова. Иов узнает, что можно оградить себя от страдания; эта защита, однако, не физическая, а только психологическая. Иов добивается этого психологического иммунитета от страдания, когда он усовершенствует свой интеллект, созерцает Бога, отстраняется от материальных забот этого мира и оказывается полностью поглощен удовольствием полной концентрации мыслей на Божестве [Eisen 2004: 57].

Эйзен подчеркивает ключевой момент: для Маймонида страдание Иова — психологическое. Он страдает не оттого, что болит его тело, и не оттого, что его семья была убита, а оттого, что неправильно понимает и неправильно воспринимает свою ситуацию. Перемена психологии не исцеляет болезнь и не воскрешает семью, но облегчает страдание. Маймонид рекомендует страдающему рационализировать свою ситуацию посредством изменения приоритетов[13]. Когда Иов в 42:7 кается, он, по мнению Маймонида, осознает, что неверно понимал свои обстоятельства и потеря материальных вещей стала для него чрезмерным горем. Теперь он пришел к верному пониманию, что истинная награда — бессмертие разума, и это осознание позволяет ему абстрагироваться от своих мирских утрат.

Самуил ибн Тиббон (ок. 1165–1232, Франция)

Самуил ибн Тиббон был переводчиком, философом и библейским экзегетом. Хотя он родился в Люнеле, образование, которое давал ему отец, было пронизано интеллектуальными влияниями исламской Испании, и он изучал не только Библию, раввинистическую литературу и иврит, но и философию, арабский и медицину. Ибн Тиббон написал комментарий в духе Маймонида к Екклесиасту и философски-экзегетический трактат «מאמר יקוו המים» («Да соберется вода» [Быт. 1:9]), в котором он, кроме прочего, подробно обсуждает Бытие, Исаию, Иезекииля, Иова и Псалтирь[14]. Подобно Маймониду, чей «Путеводитель растерянных» ибн Тиббон перевел с арабского на иврит, сам ибн Тиббон в своей философской работе, «Мааммар Йиккаву ха-Майим» (главы 15–18), толкует Иова в рамках более широкой проблематики [Tibbon 1837][15]. Вслед за Маймонидом и Саадией он полагает, что ключ к пониманию Книги Иова — правильно понять позицию Елиуя. Он сводит свои комментарии к разбору обращения Елиуя к своему страдающему другу. К маймонидовской идее даваемой разумом психологической защиты ибн Тиббон добав-

---

[13] О том, как эта формула относится к обстоятельствам жизни Иова, см. [Kalman 2008a].

[14] О жизни и трудах ибн Тиббона см. [Robinson 2007: 3–23].

[15] Иов обсуждается в главах 15–18, с. 100–117. О книге в целом см. [Vajda 1959]. О том, как ибн Тиббон трактует Иова, см. [Eisen 1999]. Эйзен включил результаты этого исследования в [Eisen 2004: 79–100].

ляет, что с помощью пророчества (дедукции потенциальных последствий посредством разума) человек может принимать решения о своих поступках и избегать физического вреда. У ибн Тиббона Иов предстает примерно таким, как его описывает Маймонид: он праведник, но его разум несовершенен, так что его страдание для него непостижимо, потому что Бог не должен карать праведных. Друзьям Иова отводятся те же роли, что и в «Путеводителе растерянных». Елиуй порицает Иова за то, что тот ошибочно усомнился в справедливости Бога: в том, что материя по своей природе подвержена порче, нет несправедливости. Далее, кажущееся незаслуженным страдание само по себе справедливо, так как оно становится причиной того, что страдающий пересматривает свое понимание теодицеи, и ведет к осознанию того, что между добродетелью и личным благополучием нет прямой связи. Эта переоценка в какой-то момент приводит человека к пониманию того, что бессмертие души (то есть разума) есть высшая награда — эту истину ибн Тиббон выводит из высказываний Елиуя в 33:14–31. Эта прогрессия — момент, который отличает ибн Тиббона от Маймонида. Для Маймонида встреча с Богом в буре — это пророческое столкновение, в результате которого интеллект Иова приходит к совершенству. Ибн Тиббон же не соглашается с тем, что Иов пережил полноценный пророческий опыт, и настаивает, что теофания — это лишь метафора провиденциального страдания, которое Иов уже испытал. Ибн Тиббон считает, что болезнь Иова исходит от Врага, то есть является естественным нарушением материи; она по сути является случайностью. В рамках такого рода провидения, которое не есть пророчество, страдающий индивид приходит к пониманию того, что благополучие не связано с моральной добродетелью и правильные поступки сами по себе недостаточны для обретения высшей награды (то есть бессмертия души); для этого необходимо совершенствование разума. Это провидение имеет общий характер, это не прямое воздействие Бога на индивида. В дальнейшем, в письме к Маймониду, написанном в начале 1199 года, ибн Тиббон предлагает более радикальную трактовку как библейской книги, так и «Путеводителя» 3:22–23. Маймонид полагает, что после теофании Иов избавляется от своего мирского страдания (хотя формулировка несколько двусмысленна). По мнению Ибн Тиббона, в конечном счете, с развитием разума, Иов преодолел свое страдание психологически, так как он увидел свои утраты в некоей перспективе, но его страдания не прекратились полностью. Ибн Тиббону способность индивида — даже такого, чей разум достиг совершенства — избегать всех причин боли и страдания в этом мире представлялась чем-то совершенно неправдоподобным[16].

Зерахия бен Шеалтиэль Хен
(примерно XIII век, Барселона, Рим)

Зерахия бен Шеалтиэль Хен был комментатором Библии, философом и переводчиком. О его жизни известно мало, но почти все его дошедшие до нас труды были написаны между 1276 и 1291 годами, после того как он перебрался в Рим из Барселоны. Если в Барселоне в это время начинал набирать силу еврейский мистицизм, то в Риме бо́льшую роль продолжала играть еврейская философия. В этом контексте Зерахия приобрел значительное влияние как философ и библейский экзегет. Его подход к Писанию был в большой мере сформирован еврейской философией, которую он изучал в исламской Испании, в особенности еврейским аристотелизмом, и он был хорошо знаком с трудами как Маймонида, так и Самуила ибн Тиббона. Его перу принадлежат комментарии к отдельным частям Торы, к Притчам, к Иову, а также к «Путеводителю» Маймонида. Сверх того он переводил с арабского труды Аристотеля, Аверроэса и аль-Фараби — в числе прочих — наряду с медицинскими трудами Галена, Маймонида и Авиценны[17].

В письме к своему двоюродному брату Иуде бен Соломону Зерахия сообщает, что он написал комментарий к «Путеводителю»

---

[16] Письмо приведено в [Diesendruck 1936]. Обсуждение его импликаций см. в [Silver 1965: 137–139] и в [Eisen 2004: 99–101].

[17] Краткий обзор его жизни и трудов см. в [Ravitzky 2007].

Маймонида. По поводу обсуждения Иова у Маймонида он говорит: «он пишет, что смысл Книги Иова темен (*нистар*), тем более для начинающих. <...> Если, — пишет он, — он понимает смысл Иова, то лишь потому, что он учил "Путеводителю" много раз, сравнивая его с Аристотелем и переводя с арабского на иврит» [De Souza 2018: 173][18]. Зерахия, вероятно, был первым еврейским философом, написавшим полноценный комментарий на Книгу Иова в маймонидианском ключе[19]. Он написал два варианта, из

---

[18] Тексты средневековых авторов, комментировавших «Путеводитель», открывают еще одну перспективу на средневековую интерпретацию Иова. Однако, как отмечает Эйзен, зачастую манера письма комментаторов отличалась эзотеризмом, они не были склонны ясно излагать свои идеи [Eisen 2004: 254–255]. Морис Хайун предположил, что в глоссах к Маймониду Моисея бен Иошуа из Нарбонны проявляется симпатия к Самуилу ибн Тиббону (вероятно, он даже написал собственный комментарий к Иову). См. [Hayoun 1989; Ivry 2007]. Шем-Тоб ибн-Фалакера по большей части соглашается с Маймонидом, что предназначение человеческого существа выходит за рамки материальных забот и что когда индивид совершенствует свой разум так, что он прилегает к Богу, ничто в этом мире не может отвлечь от этой связи, что позволяет избегать опасностей. См. [Jospe 1988: 107].

[19] Известно, что его современник Танхум бен-Иосиф ха-Иерушалми (ум. 1291, Египет) написал комментарий к Иову, но текст до нас не дошел. С учетом тенденций, присутствующих в других его комментариях, весьма вероятно, что этот комментарий носил философский характер и был написан под влиянием Маймонида. См. [Dascalu 2019: 3, 27, 29]. В преамбуле к комментарию к Еккл. 9:7–10 ха-Иерушалми пишет:

> Среди прочего, они говорят, что Бог обеспечивает того, к кому испытывает благосклонность, пищей и питьем в этом мире и что Он дает [этому индивиду] и другие приятные вещи, подобно тому как Иов, как мы объясняли в Книге Иова, поначалу думал, что удача, и дети, и пропитание, и богатство, и процветание, и удовольствие, и честь суть воздаяния за праведность. Когда у кого-то этого нет, думают, что ему недостает непорочности. <...> Итак, здесь они говорят: Иди, ешь с весельем хлеб твой, и пей в радости сердца вино твое, ибо Бог благоволит к делам твоим. <...> Так говорил Иов об удобствах и роскоши: когда пути мои обливались молоком (*хемах*) — что значит *хем'ах* — и скала источала для меня ручьи елея (Иов 29:6), что мы обсуждали в соответствующем месте.

Цит. по: [Dascalu 2016: 266].

которых второй более насыщен философскими интуициями[20]. Зерахия исходит из того, что его читатели знакомы с «Путеводителем растерянных». Также он спорит с работами других экзегетов прошлого, в том числе ибн Эзры и Нахманида. К Нахманиду он относится особенно критически: по мнению Зерахии, он несведущ в философии и науке и не понимает непосредственного смысла Книги Иова [Eisen 2004: 114]. Зерахия начинает с утверждения, что Книга Иова представляет собой аллегорию, и приводит ряд текстуальных доказательств в подтверждение этого тезиса. В том числе он указывает на малое количество исторических подробностей, выдуманные имена людей и названия мест, а также описания невероятных событий, таких как падение божественного огня с неба, которое уничтожает многочисленный скот Иова. В своем описании нарратива Зерахия практически не отступает от трактовки Маймонида, но он более настойчив в похвалах добродетели Иова и его моральным и религиозным качествам и утверждает, что терпение, которое Иов выказывает в ответ на свои страдания, образцово. Он связывает вспышки гнева Иова с его невинностью и неразумием, а не с бунтарским духом. Зерахия согласен с Маймонидом, что Враг — это репрезентация материи, которая является причиной страдания, и приписывает те же философские позиции Иову (Аристотель), Елифазу (Тора), Вилдаду (мутазилиты) и Софару (ашариты). Кроме того, он полагает, что ключ к пониманию книги — речь Елиуя. Согласно Зерахии, Елиуй объясняет, что в общем случае провидение действует в отношении рода, а не индивида. Однако некоторые люди имеют опыт прови-

---

[20] См. [Eisen 2002]. Единственный вариант, который есть в нашем распоряжении, был искажен редактором при транскрипции. См. [Schwarz 1868: 169–293]. Существует критическое издание введения, см. [Segal 2005]. Предмет основного интереса большей части исследований — доказательства Зерахии, что Книга Иова — это притча. Моше Гринберг дал схематическое представление аргументов Зерахии Хена и перевел соответствующую часть комментария на английский в [Greenberg 1992]. Попытку поместить трактовку Зерахией Книги Иова как притчи в более широкий контекст средневековой экзегезы такого рода см. в [Rosenberg 1996, особенно 155–156]. В своем изложении мы опираемся на исследование рукописи комментария Эйзеном, [Eisen 2004: 111–142].

дения, то есть способны к пророчеству, если они довели до совершенства свой разум. Далее, Елиуй говорит, что тот, кто несовершенен интеллектуально и этически, может прийти к настоящему пониманию и посредством правильного мышления обрести бессмертие (правда, это случается крайне редко). Для Зерахии существует два вида провидения: «пророчество дает провиденциальную защиту в этой жизни, а бессмертие обеспечивает пребывание в следующей» [Eisen 2004: 124]. Представляется, что Зерахия противоречит себе, когда интерпретирует речь Елиуя в главах 34–37 как сообщение Иову, что его протесты тщетны, поскольку люди неспособны понять божественное провидение и отношение между праведностью и вознаграждением и между нечестивостью и карой. Вопрос, как Зерахия может говорить, что Елиуй объясняет действие провидения и одновременно отрицает, что его возможно объяснить, остается открытым. Мы вольны ожидать, что речи Бога прояснят эту проблему, но Зерахия утверждает, что их смысл — подтвердить сказанное Елиуем. Далее, противореча Маймониду, Зерахия отрицает, что Иов взошел к интеллектуальному совершенству и пророчеству, видя в раскаянии Иова признание им своей неспособности постичь пути Бога. Можно рассматривать первую половину речи Елиуя как обращенную к (некоторым, но не всем) философам, которые способны понимать провидение, а вторую как обращенную к массам, которым следует принимать на веру, что Бог справедлив, даже когда Его действия непостижимы. То, что Иов принимает непостижимость путей Бога, делает его подходящим образцом для масс, но не для философов.

Абба-Мари бен Элигдор (XIV век, Прованс)

Абба-Мари был французским талмудистом, философом, астрономом и библейским экзегетом[21]. Он родился в Нове, но, по свидетельству его ученика Самуила бен Иуды из Марселя, между 1322 и 1336 годами, будучи уже довольно пожилым, он жил

---

[21] Дополнительные сведения см. в [Kalman 2009a].

в Салон-де-Провансе. Согласно записям Исаака бен Иакова Латтеса (XIV век), Абба-Мари был автором трудов, посвященных физике, логике, метафизике, различным талмудическим трактатам, Пятикнижию (возможно, однако, только истории творения) и Иову. Сохранился только комментарий к Иову, завершенный до 1310 года [Tzeitkin 2015: 114]. В этом труде, представляющем собой сложный парафраз библейской книги, присутствуют очевидные сходства с философскими интерпретациями Маймонида и Самуила ибн Тиббона[22].

Подобно Маймониду, Абба-Мари толкует историю как притчу о провидении, в которой друзья Иова представляют различные школы мысли. Следуя талмудической традиции, он приписывает книгу Моисею и утверждает, что пророк сочинил ее с целью найти ответ на вопрос, почему праведные страдают, а злодеи благоденствуют. Абба-Мари говорит, что у всех болезней, которыми Враг поразил Иова, были естественные причины; болезни были следствиями неразумного поведения самого Иова [Tzeitkin 2015: 116, 166]. Как и Маймонид, он полагает, что зло случается по трем причинам. Первая причина в том, что материя по своей природе портится и изнашивается, и это ведет к болезни, боли и смерти. Во-вторых, люди причиняют вред другим, не задумываясь о том, праведна ли жертва или греховна. В-третьих, неразумные действия и привычки самих людей, например, потакание своим склонностям и влечениям, приносят отрицательные последствия [Tzeitkin 2015: 115][23]. Иов думал, что его судьбу определило положение звезд на небе либо в ночь, когда он был зачат, либо в день, когда он родился, но проклял и то и другое, потому что не был уверен, который из вариантов верен [Tzeitkin 2015: 117]. Позиция Елифаза сравнивается с Торой, в частности, с Втор. 32:4: «Он твердыня; совершенны дела Его, и все пути Его

---

[22] Текст комментария никогда не публиковался, но сохранился в нескольких манускриптах: British Library Or. 6364, Patmos Monastery of St. John 324, Bodleian Ms. Opp. 221, Vatican Ebr. 244, Parma 2065, Cambridge Add. 532,3, Paris Heb. 272,4.

[23] В статье Цейткина есть переводы нескольких фрагментов рукописи комментария.

праведны». Зло в мире лишь представляется таковым людям — из-за ограниченности их способностей, ибо один Бог ведает все и потому может воздавать и карать. Точка зрения Вилдада сродни раввинистическим источникам и мутазилитам: претерпевание страдания в этом мире увеличивает вознаграждение, которое праведник обретет в будущем. Софар, утверждающий, что страдание в мире реально, но истинная воля Бога неведома людям, ассоциируется с ашаритами. Елиуй соглашается с Елифазом, но подтверждает правильность его мнения с помощью философского исследования и тем самым опровергает ложные утверждения Иова [Renan 1893: 204–205].

Леви бен Гершом
(Герсонид, Ралбаг, 1288–1344, Прованс)

Леви бен Гершом был полиматом и автором важных сочинений, посвященных Талмуду и еврейскому праву, философии и логике, астрономии и математике. Он написал комментарии к Торе, Пророкам, Пяти свиткам, Притчам и Иову. Для Герсонида, на которого сильно повлиял Маймонид, Тора — это одновременно и книга откровения, и философская книга. Ее функция в том, чтобы вести образованного читателя к философскому и моральному совершенству. В отличие от Маймонида, считавшего, что философские уроки скрыты в библейском тексте, Герсонид был убежден, что философский смысл пассажа — это его *пшат*, и занимался раскрытием философских значений, которые Маймонид в «Путеводителе» сохранил тайными[24].

Герсониду принадлежат три исследования Книги Иова. Самое обширное из них содержится в полном комментарии к библейской книге, завершенном в 1325 году. Этот комментарий стал одной из самых популярных написанных на иврите книг своего времени (сохранилось более 60 манускриптов), а также одной из первых книг на иврите, напечатанных на станке (Феррара, 1477)[25].

---

[24] О жизни и трудах Герсонида см. [Feldman 2010; Glasner 2015].
[25] О печатном издании книги см. [Gries 2020: 403–406].

Он написал краткое изложение своего комментария (дата по-прежнему неизвестна), которое одновременно служит его развитием[26]. Также он обсуждает Иова в философском трактате «מלחמות השם» («Войны Господни»), книга 4 «О провидении». Этот труд был начат в 1317 году и закончен в 1329-м, причем часть о провидении была добавлена в 1328-м, после завершения комментария к Иову (о чем автор упоминает в первом параграфе седьмой главы четвертой книги [Tzeitkin 2015: 103–104]).

Во введении к комментарию Герсонид признает, что обсуждение Иова в «Путеводителе растерянных» Маймонида вдохновило его работу, однако, как было недавно показано, он также многим обязан комментарию Аббы-Мари бен Элигдора [Tzeitkin 2015: 114]. Хотя Маймонид и ибн Тиббон существенно повлияли на Герсонида, отличие его подхода в том, что, с его точки зрения, Иов уже сведущ в основах философии, и проблему для него составляет лишь вопрос об индивидуальном провидении. Предшествующие ученые, напротив, считают Иова в общем-то невеждой. Вероятно, эта разница в подходах связана с тем, что во времена Герсонида знание философии уже не было редкостью. Знание, которого недоставало образованным людям, — это знание деталей и частностей, но можно было иметь уверенность, что знанием основ они уже обладают. Иов Герсонида отражает эту ситуацию. Для Маймонида и ибн Тиббона философия была чем-то новым, и их работа была направлена на то, чтобы ввести фило-

---

[26] Комментарий печатается практически во всех раввинистических Библиях (лучшее из доступных изданий — [Cohen 2019]); недавно появилось академическое аннотированное издание: [Zuriel 2015]. Введение к комментарию к Иову было переведено на английский и французский, см. [Stitskin 1963; Darmon 2003]. Полный перевод на английский см. в [Lassen 1946]. Транскрипт краткого изложения комментария с английским переводом содержится в [Tzeitkin 2015]. Статья Цейткина, как и комментарий, была переведена Майклом Карасиком (Michael Carasik). Цейткин доказывает, что синопсис был написан Герсонидом после завершения комментария, но до написания четвертой книги «Войн Господних» [Tzeitkin 2015: 133]. «Войны» издавались в двух редакциях: в 1560 году в Риве ди Тренто и в 1866 году в Лейпциге в издательстве Lorck. Существует два английских перевода четвертой книги; см. [Bleich 1973; Gershom 1999].

софские понятия в еврейское религиозное образование. Их Иов, подобно общине, нуждался в изучении философии[27].

Обратимся теперь к комментарию. Как и другие работы Герсонида, он разбит на разделы, состоящие из нескольких глав. Каждый раздел начинается с толкования ключевых слов в соответствии с правилами грамматики и доступным лексическим знанием; далее следует парафраз текста, включающий более обстоятельные пояснительные глоссы; завершается раздел набором этико-моральных и философских наставлений. Герсонид считает, что первые главы Книги Иова представляют собой притчу, которую он прочитывает как аллегорию. Хотя об этом нигде не говорится прямо, Иов, похоже, рассматривается как исторический персонаж, живший до дарования Торы. Он непорочен и справедлив, и его разум в ограниченной мере усовершенствован: он способен говорить о природе, что предполагает познания в науках. Однако он не понимает суть провидения и его действия. Герсонид уточняет, что речь для Иова идет о посюстороннем провидении. Он принимает идею бессмертия, его растерянность связана не с этим. Из-за того что его знание недостаточно, столкнувшись со страданием, он полностью отвергает идею индивидуального провидения и приходит к мнению, что события в этом мире управляются созвездиями. С точки зрения Герсонида, материальные утраты Иова — следствие природы материи и случая. Причина болезни Иова — его собственная материальная, телесная конституция. Иов и его друзья вступают в философский диалог, занимая позиции, похожие на те, что описывал Маймонид. Однако в представлении Герсонида библейская книга была написана для интеллектуалов, и он полагал, что занимаемые Иовом и его друзьями позиции исчерпывают все возможные точки зрения, которые разумные люди могут иметь о проблеме провидения («Комментарий к Иову», 11, общие принципы) [Tzeitkin 2015: 110]. В комментарии Герсонид приписывает друзьям такие же позиции, как в «Войнах Господних» (подробнее см. ниже), но он не говорит об этих позициях как об аристотелианской или аша-

---

[27] См. подробное обсуждение в [Eisen 2004: 156–157].

ритской, в отличие от философского трактата. Согласно Герсониду, Иов думает, что провидение Бога распространяется на род, но не на индивидов, и судьба последних управляется созвездиями[28]. Елифаз понимает, что Бог реализует индивидуальное провидение, но допускает, что некоторые причиняющие страдание вещи суть продукты безрассудного поведения самого человека, а не происходят по воле Бога. Вилдад придерживается классической позиции по проблеме теодицеи, которая заключается в том, что Бог вознаграждает и наказывает индивидов в зависимости от их действий, но сравнительная ценность того или иного праведного поступка или проступка им неизвестна. Позиция Софара схожа, но дело не в том, что индивидам неведома ценность действий — они неспособны верно определить, кто праведен и заслуживает награды, а кто зол и заслуживает кары. Елиуй, по всей видимости, разделяет точку зрения Иова: провидение Бога направляет род, но судьбы индивидов определяются звездами. Однако, в отличие от Иова, он также — справедливо — считает, что индивид может развить свой разум, что позволяет Активному Интеллекту провиденциально воздействовать на этого отдельного индивида[29].

Верное толкование вновь приписывается Елиую, и речи Бога у Герсонида развивают ответ Елиуя, а не просто подтверждают его. Тогда как Елиуй правильно объясняет, почему страдают праведные, речи Бога сверх того объясняют, почему процветают злые. Поскольку общее провидение воздействует на всех, оно приносит благо также и злым. Устройство вселенной и ее естественное разворачивание предназначено для блага всех Божьих творений [Eisen 2004: 151]. Герсонид заключает тем, что Иов еще не довел свой разум до совершенства, но, покаявшись, он понял,

---

[28] Подобный взгляд встречается и у более ранних экзегетов, например Нахманида, и он имел резонанс и позднее. Так, например, Менассе бен Израиль (1604–1657, Амстердам) в своем труде «El Conciliador» утверждает, что автор Книги Иова — Моисей, что протагонист, вопреки библейскому тексту, не был праведен, и что Иов ошибочно полагался на астрологию. Обсуждение см. в [Curley 2002: 168–169].

[29] Изложение позиций см. в [Tzeitkin 2015: 111–112].

что если он усовершенствует свой разум, то индивидуальное провидение защитит его от будущих страданий.

Синопсис герсонидовского комментария к Иову недавно был опубликован на основе манускрипта XV века MS Paris 251 86b–96a. Редактор текста атрибутирует его Герсониду и полагает, что он представляет собой продолжение комментария, так эксплицирует ряд имплицитных положений комментария. В комментарии и в «Войнах Господних» говорится, что одно только усовершенствование разума обеспечивает провиденциальную защиту, а правильное моральное и религиозное поведение не влияет на провидение. В то же время в синопсисе он пишет, что

> …хорошие качества человека сами по себе не могут спасти его от влияния Врага, и поэтому Враг устроил так, что весь [Иов] был вверен его власти (кроме его жизни). Ибо если бы его душа крепко держалась Бога, то даже когда в остальном он был под контролем [Врага], его душа была бы вне его власти, и некоторая мера провидения изливалась бы на него и защищала его и уберегала его от зла [Tzeitkin 2015: 136].

В четвертой книге «Войн Господних» Герсонид разбирает вопрос о том, воздействует ли на человеческих существ индивидуальное провидение. Он выделяет три позиции. Первая — взгляд Аристотеля, отрицающий индивидуальное провидение, он приписывает Иову. Взгляд большинства последователей Торы заключается в том, что индивидуальное провидение воздействует на каждого человека и что Бог вознаграждает праведных и карает злых. Герсонид вводит дополнительные различения и приписывает каждую из этих позиций одному из первых трех друзей Иова. Согласно Елифазу, индивидуальное провидение управляет большей частью вознаграждения и наказания, но отдельные страдания и события имеют другие причины, в том числе индивидуальное безрассудство. По мнению Вилдада, все события суть действия индивидуального провидения. Иллюзия несправедливого наказания праведника или несправедливого вознаграждения злодея возникает из-за того, что окончательный итог еще не явлен и все будет приведено в порядок. Софар считает, что индивидуальное провидение есть причина всех вещей, но ситуация может казаться несправедливой, потому что полная природа индивида неведома. Праведник может подвергнуться каре, чтобы способствовать его дальнейшему моральному росту, а злодей может быть вознагражден за достижение того блага, которое возможно для него по его природе. Третий взгляд, который Герсонид определяет как маймонидовский и который приписывает Елиую, состоит в том, что некоторые лица — достигающие продвинутых уровней усовершенствования разума — обретают индивидуальное провидение, которое действует двумя различными способами. Те, чей уровень интеллектуального совершенства не так высок, обретают «страдания любви», которые Герсонид описывает как болезненное событие, служащее причиной того, что индивиду удается избежать некой более тяжелой утраты. Те же, чей уровень интеллектуального совершенства выше, достигают чего-то вроде пророчества, что позволяет им предсказывать будущие последствия и тем самым принимать решения, позволяющие избегать несчастий или получать дополнительную выгоду.

Три работы Герсонида расходятся в деталях отдельных аргументов, но в отношении общего понимания Книги Иова и его импликаций они невероятно схожи.

Иосиф ибн Каспи (1280–1345, Прованс)

Иосиф ибн Каспи был грамматиком, философом и библейским экзегетом. Он был настолько захвачен изучением философии Маймонида, что совершил путешествие в Египет, чтобы учиться у внуков Маймонида, а вслед за этим — в Фес, где «Путеводитель» изучался в мусульманских философских школах. Ибн Каспи написал комментарии к трудам Авраама ибн Эзры и Маймонида, помимо комментариев к Торе (по образцу Раши и ибн Эзры), Пророкам, Притчам, Иову, Песни Песней, Руфи, Плачу Иеремии, Екклесиасту и Ездре — Неемии. В основном комментарии посвящены экзегезе *пшат* (в отношении грамматики наибольшее влияние на него оказал ибн Джанах), но они также содержат и философские исследования. В целом ибн Каспи соглашается с Маймонидом, что стих обладает как значением *пшат*, так и эзотерическим философским смыслом. Но в отличие от Маймонида, который считает, что сверхъестественные события в Библии иногда происходят в пророческих видениях персонажей, он утверждает, что эти события действительно происходили, как их описывает *пшат* нарратива[30].

Перу Иосифа ибн Каспи принадлежат два комментария к Книге Иова[31]. Отношение между ними — предмет дискуссии. Более ранний комментарий длиннее, в нем автор критически относится к Маймониду и близок к аристотелизму. Более поздний текст проявляет бо́льшую симпатию к маймонидовскому прочтению Иова [Kasher 1988]. Однако недавние исследования показали, что хотя выявление позиции ибн Каспи составляет большую трудность из-за его эзотерического стиля, если читать комментарии вместе, они обнаруживают близость к интерпретации Маймонида [Eisen 2004: 8; Eisen 2006][32]. Возможно, это больше чем близость: как утверждает ибн Каспи, в отношении действия провидения позиции Торы, Маймонида, Аристотеля и его собственная представляет собой одно и то же [Sackson 2017: 149].

Как и Маймонид, ибн Каспи начинает с вопроса о том, является ли история Иова притчей. В отличие от Маймонида, он настаивает, что Иов был реальным человеком — даже если и не все описанное в библейском тексте произошло в действительности. Во введении к длинному комментарию он говорит, что не понимает мудрецов прошлого, полагавших, что Иов не мог существовать, просто на том основании, что в тексте нет точных хронологических деталей. Если бы, продолжает он, таков был критерий для установления историчности, то многие другие большие пласты библейского нарратива тоже нельзя было бы считать историческими[33].

---

[30] Недавно вышедшие исследования, посвященные ибн Каспи, — [Sackson 2017; Green 2019].

[31] Оба комментария воспроизведены в [Kaspi 1905] и [Cohen 2019].

[32] Дополнительно см. [Mesch 1975: 102–105].

[33] Перевод этого пассажа и обсуждение см. в [Sperling 1998: 34–35]. Дополнительное обсуждение см. в [Greenberg 1992: *9].

В труде Каспи «Гевиа Кесеф», представляющем собой комментарий к отдельным фрагментам из Торы, он объясняет, почему раввины настаивали на том, что Моисей написал библейскую Книгу Иова в качестве притчи, и на том, что заглавный персонаж не существовал в действительности.

> Они хотели сказать, что Моисей в своей премудрости написал Книгу Иова, чтобы сообщить нам великие истины, подобно тому, что говорят о самых ранних философах. <...> Когда история рассказывается так, как будто все происходило на самом деле, из диалога можно научиться некоторым вещам, относящимся к практической философии, а также почерпнуть ценные сведения из естественной науки, и цель — достижение совершенства и бессмертия души. Это во всех отношениях истинно о Книге Иова [Herring 1982: 169–170].

В начале длинного комментария, как и в продолжении пассажа в «Гевиа Кесеф», ибн Каспи приводит свои аргументы. Если Иов — вымышленный персонаж, то это же может быть сказано и обо всех других сочинениях, приписываемых Моисею (то есть о Торе), а также и об остальной Библии, приписываемой менее значимым фигурам. Если Иов не реален, то что насчет, например, Авраама? В конечном счете ибн Каспи настаивает, что всех людей и все события нужно считать историческими, за исключением тех, о которых нарратив эксплицитно говорит как о сне или видении [Green 2019: 64–65].

В обоих комментариях ибн Каспи рассматривает Иова и «явные» причины его страдания. Он следует Маймониду, утверждая, что причина страдания заключается в философском невежестве Иова, а не в недостатке праведности и неправильном поведении. В более раннем комментарии ибн Каспи говорит, что из-за нехватки философской мудрости Иов не следовал «заповедям сердца» (то есть заповедям, касающимся правильных убеждений). Даже если некто получает знание о них посредством традиции, а не спекуляции, им невозможно по-настоящему следовать без изучения философии. Далее, согласно первому комментарию, индивидуальное провидение действует только на тех, кто достиг высокого уровня интеллектуального совершенства; даже явление Бога Иову не было настоящим пророчеством, а только служило подкреплением утверждению Елиуя, что Иов страдает из-за собственного невежества. С другой стороны, второй, более короткий комментарий допускает, что Иов следовал некоторым «заповедям сердца» благодаря традиции (но не понимая их). Вместе с соблюдением других заповедей это показывает, что он был истинным слугой Бога, но был лишен способности к пророчеству. Таким образом, ибн Каспи говорит, что некая минимальная форма провидения действует даже на тех, кто не достиг интеллектуального совершенства. Согласно второму комментарию, люди, соблюдающие только поведенческие заповеди, могут обрести некоторое божественное воздаяние [Eisen 2006: 76–78]. Ближе к концу этого короткого комментария ибн Каспи различает три уровня человеческого совершенства. Самый низший уровень — это нечто вроде Иова до бури: человек, исполняющий заповеди, но в вопросах разума («заповедей сердца») вынужденный полагаться на авторитетную традицию. Второй уровень — индивид, соблюдающий все заповеди, в том числе заповеди сердца, но без полного философского понимания. На высшем уровне человек соблюдает все заповеди, обладает полным философским пониманием и достиг пророческой способности — это значит, что он может пользоваться разумом для предсказания вероятных последствий и избегать вреда, и, что важнее всего, избегать психологического вреда, когда физическое происшествие неизбежно [Kaspi 1905, 1: 173–175][34]. Наконец, в отличие от первого комментария, здесь ибн Каспи полагает, что Иов получил пророчество от Бога в буре; предназначение этого божественного откровения было в том, чтобы дать Иову доступ к философским тайнам.

Иммануэль Римский (ок. 1260 — ок. 1330)

Иммануэль получил традиционное еврейское образование, включая библейскую экзегезу и раввинистическую и галахическую литературу. Сверх того он изучал астрономию, математику

---

[34] Обсуждение см. в [Sackson 2017: 72–73, 151].

и философию, и все эти предметы отражены в его трудах. Иммануэль — автор комментариев ко всей Библии, а также значительного числа поэтических произведений и прозы. Сохранились его комментарии к Торе, Аввакуму, Псалтири, Притчам, Иову, Песни Песней, Руфи, Плачу Иеремии и Есфири. По словам самого Иммануила, он отбирал «жемчужины мудрости» в трудах других мудрецов, и комментарии он подразделял на грамматические, интерпретации *пшат*, свои оригинальные интерпретации и указания на скрытые и аллегорические значения. К последней категории относится много материала из Маймонидова «Путеводителя» и из его галахического труда «Мишне Тора» [Cassuto, Sáenz-Badillos 2007].

В эпической поэме «Тофет ва-Эден», еврейской вариации «Божественной комедии» Данте, Иммануэль воображает свое путешествие через рай. Там он встречает разнообразных библейских пророков, и они превозносят его за его превосходную библейскую экзегезу. О своей встрече с Моисеем он пишет:

> Моисей, Божий человек, сказал мне: «Радуйся, праведный! [Пс. 32:1] Слышал ли кто или видел человека подобного тебе, душу нечистую и оскверненную [Соф 3:1], который может читать книги пророчества ясно как день? Не праведностью твоей и не прямотой твоих путей был ты приведен к жизни вечной, но лишь праведностью твоих [библейских] интерпретаций, которые разъясняют каждую тайну. Ты войдешь во гроб во зрелости [Иов 5:26]. Ты освободил душу свою от могилы и жизнь от перехода через реку [Иов 33:28; 33:18]. Твоя глосса на мою книгу, Книгу Иова, пересекла пределы и поставила твое имя среди великих в стране»[35].

Иммануэль здесь говорит, что Моисей — автор Книги Иова и что сам он создал комментарий к ней, достаточно выдающийся, чтобы это гарантировало ему место на небесах. Иммануэль действительно написал построчный комментарий к Иову, осно-

---

[35] Цит. по: [Fishkin 2011: 351–352].

ванный, по его словам, на трудах Маймонида[36]. Подобно ибн Тиббону, он полагает, что книга представляет собой притчу, назначение которой в том, чтобы показать, что бессмертие души/разума есть высшая награда. Иов Иммануэля праведен в поступках, но невежествен. В притче Сатана представляет материю, а друзья занимают философские позиции, как в «Путеводителе растерянных». Иммануэль также обращается к фигуре Елиуя, чтобы изложить свое понимание книги. Комментируя Иов 33 (речь Елиуя), «Иммануэль доказывает, что пророческие предостережения и страдания вдохновляют на покаяние, что в свою очередь ведет к божественному провидению, которое оберегает того, кто его воспринимает, от надвигающейся опасности» [Eisen 2004: 106]. Иммануэль иначе, чем Маймонид, толкует позицию Вилдада. По Маймониду, Вилдад говорит, что страдание праведника увеличивает его вознаграждение в грядущем мире. Иммануэль утверждает, что вознаграждение, о котором говорит Вилдад, относится к этому миру. За счет этого Иммануэль более четко различает позиции Вилдада и Елиуя и оставляет весь разговор о жизни после смерти Елиую [Eisen 2004: 107]. Иммануэль пишет, что речи Бога либо свидетельствуют о пророческой способности Иова, либо являются «метафорой страданий Иова» [Eisen 2004: 107].

Элия бен Элиезер ха-Иерушалми (1325–1401, Крит)

Элия бен Элиезер написал комментарии к «Сефер ха-бахир», «Путеводителю растерянных» и Книге Иова, а также теологический трактат и собрание молитв. На первый взгляд, комментарий к мистическому тексту, такому как «Сефер ха-бахир», — это странное сочинение для философа, но по большей части он представляет собой полемику против мистиков, которые, по его

---

[36] Комментарий никогда не публиковался и сохранился в трех рукописях. См. [Eisen 2004: 232]. Комментарий впервые был представлен академии в [Perreau 1872]. Собрание заметок Перро представляет собой важное исследование комментария; см. [Perreau 1884].

мнению, неправильно поняли книгу. И в его библейском комментарии, и в его теологическом трактате очевидно влияние Маймонида. Философский комментарий к Иову также обнаруживает его знакомство с трудами предыдущих поколений философских экзегетов об этой книге [Gershowitz 2008][37]. Примечательно, что Элия отвергает тезис Маймонида о том, что Сатана репрезентирует материю. С его точки зрения, Сатана репрезентирует случай [Eisen 2004: 267n86]. Комментарий обнаруживает значительное сходство с комментариями Иммануэля Римского и Исаака Арунди [Eisen 2004: 108–109]. Подобно ибн Тиббону и его последователям, Элия считает, что основная идея книги касается бессмертия ума. Элия соглашается с мнением ибн Тиббона и утверждает, что провидение дает человеку защиту в физическом мире и бессмертие ума [Eisen 2004: 108–109].

Самый оригинальный аспект комментария Элии связан не с собственно интерпретацией, а с тем, как он понимает структуру библейской книги [Gershowitz 2008: VII]. Элия утверждает, что книга функционирует как

> …воспитательный текст, являющий собой образец пути мысли, которая, вращаясь вокруг феномена «праведника, претерпевающего зло, и злого человека, наслаждающегося благами», продвигается от преторической религиозной точки зрения к развитой теологически-философской позиции — и далее, посредством процесса просветления, наставления и исследования, к интеллектуальному совершенству и постижению истины Божественного Провидения [Gershowitz 2008: VII].

В этой конструкции репрезентируемые Иовом и его друзьями различные позиции, по большей части совпадающие с описанными Маймонидом, понимаются как стадии интеллектуального развития индивида. Иов и его друзья начинают с простых идей

---

[37] В приложение к диссертации Гершовича включена полная аннотированная редакция комментария. Также в ней есть краткая биография и обзор других работ Элии.

о воздаянии и каре и об их связи с праведностью и греховностью соответственно. Возражая на протесты Иова, что эти идеи не объясняют его положение, Елифаз артикулирует позицию в духе Торы, которая заключается в том, что не бывает страдания без греха и что Бог в силу Своего величия может видеть то, чего не могут видеть люди. Далее Вилдад высказывает мутазилитскую позицию, согласно которой Бог причиняет «страдания любви», чтобы увеличить воздаяние праведного страдальца в этом мире. Иов отвечает Вилдаду с ашаритской позиции, утверждая, что мир управляется волей Бога, но замечает, что детерминизм приводит к другим теологическим проблемам (например, почему Бог создает злых людей?). Софар говорит, что Бог управляет миром мудростью, превосходящей человеческое разумение, но при этом знание Бога не уничтожает свободную волю человеческих существ. Иов следом высказывает эпикурейскую точку зрения, что причиной всего является случай. Вилдад возражает, что случай не управляет Небесами, и тогда Иов занимает позицию, близкую Аристотелю: общее провидение управляет земными вещами. Далее дискуссия подходит к отрицанию индивидуального или частного провидения. В целом эта полемика подготавливает Иова к пониманию учения Елиуя, что индивидуальное проведение зависит от человеческого совершенствования, которое может быть только совершенствованием разума[38].

Исаак Арунди
(XIV век, Италия и, возможно, Прованс)

Исаак Арунди, родившийся, по всей видимости, в Ронде, Испания, — предположительно является автором трех трудов: книги по медицине «מאמר בסגולה» («Опыт о целительных средствах»), существующей в одном манускрипте (Escorial III-G-9/6), комментария на Книгу Иова, сохранившегося в трех полных манускриптах (Milano-Ambrosiana C.300 inf., Oxford, Bodleian,

---

[38] См. краткое изложение этих взглядов в [Gershowitz 2008: VIII–IX], а также в [Eisen 2004: 107–108].

Hunt. 613, Paris, Bibliothèque Nationale Héb. 262) и в одном неполном (Cambridge Add. 532,1), а также еще одного несохранившегося труда, о котором он упоминает, «מלחמות ה'» («Войны Господни»), написанного в ответ на одноименную книгу Герсонида. Герсонид и Арунди, по всей вероятности, были современниками. Арунди написал комментарий к Иову после того, как Герсонид завершил свой, в 1325 году [Kalman 2009b].

В своем комментарии Арунди цитирует раввинов, Платона, Аристотеля, Фемистия и Аверроэса и продолжает маймонидовскую традицию прочтения Иова как притчи о божественном проведении. Иов праведен, но не обладает знанием; он страдает потому, что придерживается ложного — что провидение функционирует сообразно традиционному взгляду, что страдание есть наказание за грех. В отличие от Маймонида и Герсонида, у которых каждый из друзей Иова предлагает в диалоге новую трактовку провидения, Арунди полагает, что Елифаз, Вилдад и Софар разделяют тот же традиционный взгляд, что и Иов. Роль Елиуя уникальна, ибо он утверждает, что единственная форма провидения — бессмертие разума, и тем самым направляет Иова к разрешению его страдания[39]. Арунди отрицает, что Бог действительно явился Иову, и интерпретирует эту часть как метафору интеллектуального развития Иова. В конце истории Иов избавляется от страдания, поскольку обретает необходимое философское знание для того, чтобы правильно понять провидение[40].

---

[39] Обсуждая Елиуя, Арунди среди прочего говорит о природе снов, и этот его ход оказал влияние на позднейших еврейских интеллектуалов, интересовавшихся тем, что сейчас мы знаем как онейрологию. Так, Соломон бен Яков Алмоли (конец XV — начало XVI века, Испания и Константинополь) отвергает утверждение, сделанное Арунди в обсуждении речи Елиуя в Иов 32–33, что «сны могут содержать материю, не предвещающую ни добра, ни зла» [Almoli 1998: 33]. Сопряжение Иова и толкования сновидений в еврейских источниках впервые встречается по крайней мере в в. Брахот 57b, где содержится предупреждение, что всякому, кто видит Иова во сне, следует ждать беды.

[40] Это изложение основано на [Eisen 2004: 108–109].

Иегуда бен-Иосиф Алкорсоно (XIV век, Фес)

Иегуда бен-Иосиф Алкорсоно (Ал-Карасани), о котором известно крайне мало, был марокканским евреем, жившим в XIV веке; рукописи говорят о нем как об астрологе и философе или философе-раввине [Bar-Asher 2015: 34–35]. Он известен астрологическим трудом «סימני רעמים» («Знаки грома»), который, вероятно, атрибутируется ему ошибочно, а также большим трудом «ארון העדות» («Ковчег Завета»), сохранившимся в множестве средневековых и ранненововременных манускриптов, но никогда не выходившим в печати[41]. В предисловии к последнему он рассказывает, что перебрался в Фес из-за финансовых трудностей. Он рассчитывал найти покой в новом городе, но по неизвестным причинам в марте 1365 года оказался в тюрьме, и он говорит, что написал труд, чтобы облегчить страдания заточения[42]. Недавние исследования показывают, что хотя замысел «Арон ха-Эдут», вероятно, сложился, когда Алкорсоно был в тюрьме, он отредактировал и переработал его позднее, продолжив свои занятия Маймонидом и Авраамом ибн-Эзрой [Bar-Asher 2015: 41–43][43]. В текущей версии книга состоит из 22 глав.

---

[41] Ряд этих манускриптов были оцифрованы, в том числе Codex Parma 2464, скопированный в 1538 году, и Bavarian State Library Munich Cod. Hebr. 39, скопированный в XVI веке.

[42] Перевод и транскрипт этих предварительных замечаний, основанные на MS Firenze-Biblioteca Medicea Laurenziana Plut.I.41, можно найти в [Bar-Asher 2015: 36–37].

[43] В еврейском литературном корпусе есть множество трудов, написанных авторами, пережившими тюремное заключение, или утверждавшими, что они его пережили. См. [Yaari 1939]. Что касается Книги Иова, то упоминания заслуживает сирийский ученый XVI века Барух ибн-Яиш, утверждающий, что сумел завершить свой комментарий на Иова, только будучи в тюрьме; когда он был в заточении, ему приснился сон, в котором голос сказал ему, что он освободится, только завершив комментарий. Ученый пишет, что в тот день, когда он завершил комментарий, он был освобожден. Титульный лист его труда «מקור ברוך» («Благословенный источник») утверждает, что в труде содержатся его комментарии к Песни Песней, Екклесиасту, Притчам и Иову, а в предисловии есть ссылки на комментарий к Иову. Однако только комментарий к Песни Песней был напечатан [Ya'ish 1576]. Обсуждение см. в [Heller 2004: 645].

Главы 18–21 содержат развернутое обсуждение Книги Иова, которое довольно близко следует «Путеводителю» Маймонида 3:22–23 и где анализируются философские точки зрения на теодицею и божественное провидение [Bar-Asher 2015: 42; Eisen 2004: 200–201][44]. В предисловии Алкорсоно рекомендует читателю уделить этому обсуждению Иова больше внимания, чем любой другой главе своего труда[45]. Он начинает главу 18 с утверждения, что Книга Иова представляет собой притчу о тайне провидения — о том, почему праведные страдают, а злые благоденствуют — и прямо цитирует «Путеводитель» Маймонида. Алкорсоно разбирает пять взглядов на действие провидения: он приписывает аристотелевский взгляд Иову, взгляд мутазилитов — Вилдаду, ашаритов — Софару, классический взгляд Библии и раввинистической литературы — Елифазу, и новаторский и, по его мнению, верный взгляд Елиую. Алкорсоно оспаривает эти ложные представления о провидении, обращаясь к богатой антологии библеистических и раввинистических источников, более насыщенной по сравнению с той, что в обсуждении Иова использует Маймонид. Например, он критикует ашаритский взгляд Софара, что все зависит от прихоти Бога, отсылая к раввинистическому представлению, что ценность, которую Бог придает индивидуальным заповедям, не была открыта людям, а далее говорит об Аврааме, который протестовал против уничтожения невинных в Содоме и убедил Бога изменить Свое намерение в отношение города и всех его жителей.

Алкорсоно несколько раз повторяет, что Иов описывается как благочестивый и непорочный, но никогда — как мудрый. В целом Алкорсоно соглашается с Маймонидом, что Иов страдал из-за того, что не преуспел в совершенствовании своего разума. Если бы он был мудр, он бы постиг тайны своего страдания, вместо того чтобы злиться и раздражаться[46]. В конечном счете знание

---

[44] Я признателен профессору Бар-Ашеру и профессору Эйзену за помощь с доступом к манускриптам и дополнительное обсуждение этого труда.
[45] Bavarian State Library Munich Cod. Hebr. 39 folio 205r.
[46] Bavarian State Library Munich Cod. Hebr. 39 folio 345v.

Бога — это единственная истинная награда⁴⁷. Также он заключает, что его собственное страдание из-за заточения связано с той же самой ошибкой [Eisen 2004: 200–201].

Ниссим бен-Моисей из Марселя (XIII–XIV век)

О жизни философа Ниссима бен-Моисея известно мало. Главным занятием Ниссима, автора комментария к Торе «מעשה ניסים» («Деяния Ниссима»), был поиск естественных объяснений для сверхъестественных феноменов, таких как творение, теодицея и откровение. В своем тексте он предполагает, что некоторые чудеса случились не в реальности, а только в видениях и снах; другие были произведены способностями и интеллектом того или иного конкретного пророка. Комментатор ссылается на Авраама ибн Эзру, Маймонида, Самуила и Моисея ибн Тиббонов и других провансальских ученых, а также обнаруживает глубокое знание раввинистических источников. Особой значимостью обладает его аргумент, что воздаяния и наказания в Торе всегда представляют собой естественный результат действий народа Израиля или отдельного индивида⁴⁸.

В своем комментарии к Торе, «Маасех Ниссим», Ниссим бен Моисей посвящает несколько страниц истории Иова и ее импликациям для понимания провидения [Kreisel 2000: 192–194]⁴⁹. Ниссим во многом опирается на Маймонида, однако он принадлежит к школе мысли Самуила ибн Тиббона, которая радикально трактует Маймонида как отвергающего всякую возможность того, что Бог напрямую вмешивается в жизнь человеческих существ или воздействует на естественные феномены [Kreisel 2015: 162]. У его комментария к Иову также есть некоторые черты, которые отсылают к ибн-тиббоновскому прочтению Маймонида [Eisen 2004: 255, 265].

---

⁴⁷ Bavarian State Library Munich Cod. Hebr. 39 folio 371v–372r.
⁴⁸ Биографию см. в [Kreisel 2015].
⁴⁹ Точная дата написания труда — предмет споров, но недавние исследования показывают, что он был завершен в 1324 году. См. [Kreisel 2015: 163–164].

Согласно Ниссиму, бо́льшая часть несчастий, выпадающих на долю людей, связаны с природой материи, с ее подверженностью порче. Он перенимает у Маймонида тезис, что высшая награда обретается на пути развития разума, который ведет к совершенству и в конечном счете — к вечному единению с Активным Интеллектом [Kreisel 2015: 186]. Ниссим эксплицитно следует за ним, приписывая аристотелевское представление о провидении Иову, классическое представление Торы — Елифазу, мутазилитов — Вилдаду и ашаритов — Софару [Kreisel 2000: 193]. Он подчеркивает, что в Книге Иова говорится, что Иов — страдающий праведник, и причина его мучений — Враг, а не нарушение заповедей [Kreisel 2000: 194]. Первоначальное возмущение Иова связано с непониманием того, что провидение работает не так, как ему представлялось. Как и ибн Тиббон, он рассматривает Елиуя как того, кто объясняет Иову, что «бессмертие интеллекта — это высшая форма провидения» [Eisen 2004: 265]. При этом развитие интеллекта дает индивиду пророческую способность определять вероятные последствия грядущих событий и извлекать из них пользу, если они благи, и избегать их, если они вредны [Kreisel 2015: 184]. С точки зрения Ниссима, в позиции Елиуя взгляды Елифаза переплетены с философской позицией Маймонида: он полагает, что некоторые страдания связаны просто с бытием человеком, тогда как другие суть продукты божественного действия [Halkin 1980: 224–225].

Сарек Барфат (Перфет?) (XIV век, Испания)

Барфат оставил необычный комментарий к Иову, «פרוש איוב בקצור מפלג» («Очень краткий комментарий к Иову»). Этот труд представляет собой сжатое поэтическое переложение Книги Иова, основанное на комментарии Герсонида. Он впервые был опубликован ренессансным гуманистом, поэтом и грамматиком Элией Левитой, и продолжительное время исследователи атрибутировали его ему[50]. О Барфате не известно практически ничего, поми-

---

[50] Сначала он был издан вместе с «רוח חן» (Venice: Sons of Antonio Brucioli, 1544), а затем и отдельно [Barfat 1574]. Об атрибуции см. [Weil 1963: 152; Ginsburg 2009: 79].

мо рассказанного в предисловии ко второму печатному изданию труда, где редактор сетует, что публикация книги заняла много времени из-за бесчисленных ошибок переписчика и «не вполне сладкозвучной» поэзии самого поэта, полной дефектов ритма[51].

Это короткое произведение состоит из стансов, за каждым из которых следует краткое обсуждение. Первое печатное издание открывается описательным стихом:

Очень краткий комментарий к Иову

Соединив остроумие и поэзию,
В согласии с комментарием Ралбага
И с лучшими из его замечаний будет следовать наше изложение.
И в нем нет погрешностей, совершенных по ошибке.
Всякий кто к нему обратится, будет доволен,
И честь будет оказана другим комментаторам там, где подобает.
Ибо их комментарии как виноградные косточки, а его — кожица винограда[52].

Как и в комментарии Герсонида, у Барфата страдание Иова увеличивается тем, что он не верит в индивидуальное провидение и связывает свои мучения с созвездиями. Елифаз утверждает, что индивидуальное провидение существует, но признает, что причиной некоторых из бед, выпадающих людям, является не Бог, а человеческие промахи. Вилдад говорит, что всем благом и злом справедливо распоряжается Бог, но люди не всегда знают ценность благого поступка и характер вознаграждения за него, равно как и ценность злого поступка и наказания за него. Софар соглашается с Вилдадом, но добавляет, что люди не способны определить, кто заслуживает награды, а кто — наказания. Елиуй дает верный

---

[51] Поэтика переложения характеризовалась как «высокопарная и вычурная». См. [Zinberg 1974: 10].

[52] Краткое обсуждение и французский перевод вводных стихов см. в [Touati 1992: 551].

ответ: в конечном счете провидение зависит от совершенствования интеллекта. По мнению Барфата, в конце книги Иов обретает способность к пророчеству и постигает пути Бога.

Шимон бен Цемах Дуран
(Рашбац, 1361–1444, Майорка, Алжир)

Философские экзегеты, чьи трактовки Книги Иова мы обсуждаем ниже (в частности, Шимон бен Цемах Дуран и Йосеф Альбо), представляют течение традиционалистской полемики с еврейскими аристотеликами, в особенности Маймонидом и Герсонидом [Eisen 2004: 176][53].

Дуран был философом, раввинистическим авторитетом и врачом. Следуя испанской интеллектуальной традиции, в дополнение к раввинистическому образованию он изучал математику, естественные науки и логику. После Резни 1391 года, еврейского погрома в Испании, он бежал в Северную Африку. Из-за бегства он потерял свое состояние и, по всей видимости, не мог работать врачом в Алжире. Он стал зарабатывать как раввин, что привело к напряженности с лидерами общины. После смерти в 1408 году Исаака бен Шешета Дуран был назначен главой раввинистического суда в Алжире. Дуран был плодовитым автором: его перу принадлежат комментарии к частям Мишны и Талмуда, галахические трактаты и респонсы, полемические сочинения против христианства и ислама, комментарии к литургической поэзии, оригинальные поэтические произведения, философский труд, несохранившийся метакомментарий к герсонидовскому комментарию к Торе и комментарий к Иову. В его галахических трудах проявляется знание не только раввинистического права, но также грамматики и филологии, литературы, философии, еврейской мистики, математики, естественных наук и астрономии.

На философию, как и на правовые представления Дурана, большое влияние оказал Маймонид. Однако его философия

---

[53] Из недавних работ, посвященных этой теме, мы рекомендуем [Ehrlich 2008; Weiss 2017].

имеет более консервативный характер: он оставляет место для божественной благодати и подчеркивает значимость соблюдения заповедей, а не только интеллектуального совершенствования, для обретения награды как в этом мире, так и в вечности[54].

Философский комментарий Шимона бен Цемаха Дурана к Иову, «ספר אוהב משפט» («Книга любви к справедливости»), был сочинен в 1405 году, но впервые опубликован лишь в 1589-м. Помимо Маймонида он регулярно цитирует Таргум, Саадию Гаона, Авраама ибн Эзру, Раши, Нахманида и Леви бен Гершома. Во вводных главах комментария Дуран излагает свои представления о действии провидения[55]. Дуран не соглашается с Маймонидовым прочтением Иова и — в более общем плане — с его пониманием провидения; он утверждает, что провидение зависит от совершенствования души и что совершенство достигается тем, что душа живет в теле, которое правильно исполняет божественные заповеди. Комментарий Дурана значительно отличается от комментариев его предшественников в том отношении, что он возвращается к саадиевскому пониманию страданий как испытания. Тем самым он вводит гибридное решение. Ни один человек не является полностью праведным. Все невольно или случайно нарушают галаху, но поскольку эти грехи непреднамеренны, совершающий их остается в неведении, что он совершил что-то дурное. Врагу дана способность изучать людей и выявлять эти невольные грехи, представляя их на суд Бога. Бог насылает беды, чтобы испытать этих в общем праведных людей. Если они переносят страдания терпеливо и стойко, они показывают тем самым, что грехи действительно были случайностью, а не актом бунта, и Бог прощает их. Именно так произошло с Иовом. Начиная с 27-й главы комментария, Дуран говорит о позициях, занимаемых Иовом и его друзьями в споре. Иов Дурана — историческая

---

[54] О жизни и трудах Дурана см. [Zimmels 2007; Epstein 1968].

[55] См. [Bleich 1979]. Применение Дураном грамматики в экзегезе исследуется в [Petrover 2006; Petrover 2010]. Подробный обзор содержания комментария см. в [Pfeffer 2005: 154–179]. Самое основательное исследование комментария — [Eisen 2004: 175–202].

фигура, благочестивый нееврей, который, как в раввинистической традиции, происходит от Авраама по линии Исава. В противоположность Маймониду, Дуран настаивает, что Иов добродетелен в поступках и интеллектуально полноценен. Иов не отрицает провидение, не богохульствует и понимает, что возможной причиной его страдания является грех, который он совершил, будучи бренным человеческим существом. Его недоумение вызывает суровость наказания. Ему представляется, что дело как будто обстоит таким образом, что Бог собрал наказания за разнообразные небольшие грехи и жестоко исполнил их все суммарно, воспринимая Иова как Своего врага. Что касается друзей, Дуран придает особое значение Елифазу, единственному из компании, к кому напрямую обращается Бог. Елифаз объясняет Иову, что ни один человек не свободен от греха и что кажущаяся жестокость наказания связана с тем, что оно может искупить все малые грехи сразу, так что не будет необходимости в дальнейшем покаянии. Речи Елиуя у Дурана развивают и проясняют позицию Елифаза, которую сам Елифаз артикулирует не вполне удачно, постепенно меняя ее в ответ на отказ Иова ее принять. Елифаз в какой-то момент приходит к заключению, что страдание Иова — воздаяние за его абсолютную порочность. Вилдад, услышав злой ответ Иова Елифазу, воображает, что причина страдания Иова — его сущностная порочность, и исходит из этого предположения. Софар тоже с самого начала склоняется к идее о присущей Иову порочности и к тому, что он заслуживает божественной кары. Елиуй, видя растущее напряжение, возвращается к первому объяснению Елифаза, что «страдания любви» — следствие малых грехов и что Бог наказывает праведника из отеческой любви. В этом месте Дуран вводит гибридную фигуру «испытания», которую мы уже отмечали выше. Как объясняет Елиуй, когда праведник переносит испытания, все малые грехи прощаются Богом. В Иов 33 Елиуй отвечает на вопрос Иова о суммарном наказании за грехи, говоря, что Бог не наказывает за каждый непреднамеренный грех, когда он совершается, чтобы дать грешнику возможность покаяться и исправиться. Только если он не исправляет свои пути, Бог позволяет Врагу испытать его. Тогда ему следует покаяться, чтобы избежать кары *гехиннома*. С точки зрения Дурана, речи Бога также являются обвинением Иова. Однако Бог принимает, что протест Иова был поиском истины.

Дурановское своеобразное изображение Иова как невольного грешника, приведенного в смятение тяжестью наказания, может быть не столько попыткой философски исследовать провидение и теодицею, сколько выражением реакции Дурана на превратности его собственной жизни.

Помимо комментария, существует также респонс Дурана № 188 на заданный ему вопрос об интерпретации Книги Иова. Его ответ представляет собой резюме комментария без нюансированного выражения позиции. Иов не святой и не грешник; он и не так добр, как он думает, и не так грешен, как в обвинениях друзей. В книге сказано, что Иов удалялся от зла, а не что он искал блага, и это для Дурана существенно. Иов начал жаловаться, только когда страданиям подверглось его тело, потому что он принял потерю богатства в связи со своей несовершенной праведностью, но считал, что не заслуживает более сурового наказания. Елиуй в конечном счете объясняет, что неспособность Иова совершать благие дела сделала его уязвимым для бед, потому что у него не было заслуг, которые побудили бы Бога защищать его[56].

Йосеф Альбо (1380–1444, Арагон)

Йосеф Альбо был учеником еврейского философа Хасдая Крескаса и представлял еврейское сообщество на диспутах в Тортозе и Сан-Матео в 1413–1414 годах. Он родился в городе Монреале в Арагоне и поселился в Дароке. Вероятно, из-за разрушения Дароки в 1415 году бежал в Сорию, Кастилия. Там он стал ведущим раввином и завершил свой единственный дошедший до нас (не считая единственного респонса) труд — философский трактат «ספר העקרים» («Книга принципов»)[57]. Как и Маймонид в «Путево-

---

[56] Обсуждение см. в [Jacobs 1975: 97].
[57] Краткую биографию см. в [Weiss 2017: 4]. Текст см. в двуязычном иритско-английском издании [Albo 1946].

дителе», Йосеф Альбо включает в свою книгу обсуждение Книги Иова, особенно в разделе 4:5. В этом разделе «Сефер ха-Икарим» Альбо представляет свой третий фундаментальный принцип — принцип награды и наказания, который с необходимостью вытекает из принципов Божьего знания и божественного провидения.

Альбо хорошо знаком с комментариями предыдущих поколений философских экзегетов, и его труд очень близок к труду Дурана «ספר אוהב משפט» («Книга любви к справедливости»). В отличие от Маймонида, который занимается почти исключительно вопросами проведения, Альбо в основном использует Иова, чтобы исследовать проблематику человеческой свободной воли. Иов в представлении Альбо ошибается в отношении свободной воли, так как он связывает свою ситуацию с влиянием небесных тел. В контексте более общего обсуждения свободной воли Альбо касается вопроса об оправдании страдания Иова; при этом многие другие вопросы, в частности, когда Иов жил и является ли его история притчей, он полностью обходит стороной. В противоположность многим из своих предшественников, связывавших индивидуальное провидение исключительно с совершенствованием человеческого интеллекта, Альбо описывает Бога, который награждает и наказывает праведных за их поступки, но также дарует провидение тем, кто достиг совершенства в своих интеллектуальных способностях. Также, в отличие от многих более ранних комментаторов, приписывавших друзьям Иова различные теологически-философские позиции исламского происхождения, Альбо считает, что все трое придерживаются общей теодицеи (его позиция здесь схожа с таковой Саадии), в рамках которой Бог определяет награду и кару на основе человеческих поступков. Вероятная причина этого изменения в том, что в христианской Испании исламская мысль более не имела интеллектуального резонанса [Weiss 2013: 110]. С другой стороны, Альбо согласен со своими философскими предшественниками, что Елиуй представляет верное понимание провидения и дает самое ясное объяснение ситуации Иова. Иов не совершил греха, его страдание оправдано не этим; его беды — испытание, которое дает ему возможность доказать, что он служит Богу из любви к Нему. Как и Саадия,

Альбо в разделе 4:7 утверждает, что Бог может испытывать праведных, чтобы увеличить их награду. Иов, однако, терпит неудачу, так как из-за своего страдания он совершает грех, обвиняя Бога в несправедливости. Когда Иов узнает об этом от Елиуя, он раскаивается в пыли и пепле (Иов 42:4–6). В отличие от Маймонида, для которого страдание Иова оправдано несовершенством его интеллекта, у Альбо страдание Иова оправдывается тем, что оно является божественным испытанием. Более того, благодаря этому страданию Иов понимает, что прежде он служил Богу не из любви, и позволяет Ему исправить свои пути[58].

Авраам бен Мордехай Фариссоль (1452–1528, Италия)

Авраам бен Мордехай Фариссоль был географом, полемистом и комментатором Библии. Уроженец Авиньона, Фариссоль в возрасте примерно 17 лет перебрался вместе с отцом и братьями в Феррару, где и провел бо́льшую часть своей жизни. Он покинул Феррару в середине 1480 года (вероятно, в связи с антиеврейскими возмущениями) и совершил путешествие в Мантую и другие места в Италии. К концу весны 1487 года, однако, он вернулся в Феррару, чтобы поселиться там. Он не имел титула раввина, но служил учителем (в основном он преподавал грамматику и письмо), кантором, моэлем и общинным писарем. Сохранилось более 40 манускриптов, написанных рукой Фариссоля. Его географическое исследование «אגרת ארחות עולם» («Послание о путях мира»), напечатанное в Ферраре в 1524 году, представляет собой первое подобное произведение на иврите; оно имеет особое значение еще и потому, что это первое произведение на иврите, в котором обсуждается открытие Нового Света[59]. Его полемический труд

---

[58] Более обстоятельный анализ интерпретации Книги Иова у Альбо, а также ее связей с предыдущими источниками см. в [Weiss 2013: 107–146].

[59] В названии обыгрывается Иов 22:15, где выражение ארחות עולם [в синодальном переводе — «путь древних». — *Прим. пер.*] отсылает к путям порочных людей. Напротив, Фариссоль говорит своим читателям как о путях, которые открываются благодаря географическим исследованиям, так и о верных путях еврейской религиозной традиции.

«מגן אברהם» в защиту иудаизма, также содержащий критику христианства и ислама, по всей видимости, вырос из его участия в диспуте с францисканскими и доминиканскими монахами, устроенном при дворе герцога Эрколе Первого в Ферраре вскоре после его возвращения туда (не позднее 1490 года). В 1517 году Фариссоль также завершил комментарий к раннему раввинистическому тексту «Пиркей авот». Краткий комментарий к Торе, озаглавленный «פרחי שושנים» («Цветы розы»), дошедший до нас в манускрипте, также атрибутировался ему. Де-факто это сочинение представляет собой по большей части антологию цитат, отобранных Фариссолем из комментария к Торе итальянского каббалиста Менахема Реканати. Также сохранился комментарий Фариссоля к Екклесиасту, написанный в 1525 году. В нем отстаиваются традиционные раввинистические подходы к проблеме бессмертия души; вероятно, он был сочинен в ответ на аристотелианские рационализации этого понятия, которые тогда в ренессансном дискурсе стали общепринятыми[60]. Его комментарий к Иову, законченный не позднее 1516 года, был напечатан в Раввинистической Библии Бомберга (Венеция, 1517–1518), и это единственное произведение Фариссоля, которое было опубликовано при его жизни[61].

Как можно ожидать от географа, в его комментарии обстоятельно обсуждается вопрос о местонахождении земли Уц [Shulvass 1973: 307]. Он идентифицирует Уц с Арменией и располагает ее в Анатолии, недалеко от Константинополя [Poliak 2007]. Сообразно ренессансным научным интересам, он уделяет много внимания уточнению маршрутов перемещений библейских фигур и подробно говорит о флоре и фауне, основываясь на видах, известных ему по Италии [Ruderman 1981: 123]. В своем комментарии он отвергает как взгляды Маймонида, так и взгляды Герсонида, но одновременно в значительной мере опирается на

---

[60] О жизни и трудах Фариссоля см. [Ruderman 1981; Engel 1992].

[61] Комментарий присутствует в двух изданиях: «ארבעה ועשרים» (Venice: Daniel Bomberg, 1516) и «קהילות משה» (Amsterdam: Moses Frankfurter, 1724–1728). Обсуждение его содержания см. в [Ruderman 1981: 114–116].

труды обоих авторов. Фариссоль представляет традиционное понимание теодицеи и провидения, но наряжает его в философские одежды. Фариссоль был скорее полемистом, чем философом, и жанр библейского комментария, построенного как обсуждение отдельных стихов, позволил ему избежать более систематической разработки философии или мировоззрения. С точки зрения Фариссоля, отрицание Иовом индивидуального провидения совпадает с аристотелевским утверждением провидения, действующего на род, но не на индивидов. Иов, как полагает Фариссоль, убежден, что Бог, который вечен, сотворил вселенную и оставил пространство для действия случая. В царстве случая Бог допускает, чтобы и злые, и праведные страдали в равной мере и без причины. Согласно Елифазу, чей взгляд Фариссоль эксплицитно отвергает, все происходит сообразно божественной справедливости. Иов должен был согрешить. Вилдад описывает Бога, который карает праведных в этом мире, чтобы дать им вознаграждение в грядущем, и, соответственно, дает блага злым в этом мире, чтобы обеспечить им вечную кару. С другой стороны, страдание злых, возможно, имеет место потому, что есть надежда, что зло может обратиться в добро — в этом мире или в следующем. Фариссоль считает, что у взгляда Вилдада есть сходство с мыслью мутазилитов. Для Софара, разделяющего взгляды, приписываемые Фариссолем ашаритам, индивидуальное провидение — продукт божественной воли, которая непостижима для людей в силу ограниченности их способностей. Елиуй, как и у более ранних комментаторов, предлагает верное объяснение. Согласно Елиую, Бог дает тем, кто этого заслуживает, сны и видения, из которых они узнают, что им следует обратить сердца к словам Бога, покаяться и избавить свои души от Шеола. Бог может также наслать на индивида страдание, чтобы он обратился к Нему и молил Его об исцелении. Речи Бога подтверждают правоту Елиуя[62].

---

[62] Фариссоль в основных чертах описывает эти позиции в своем введении, которое включено в издание [Ottensoser 1828].

Как показал Дэвид Рудерман, Фариссоль намеренно изменял цитаты из комментария Герсонида так, чтобы они подтверждали его собственную позицию. Примером попытки Фариссоля сгладить эксплицитную интенцию Герсонида можно обнаружить в кратком изложении главы 37 Книги Иова. Герсонид отчетливо утверждает, что божественное провидение дается только разумным людям; те, кто обретает интеллект, способны к единению с Активным Интеллектом. В версии Фариссоля смысл не так ясен. Если Герсонид говорит об интеллектуальной подготовке как необходимом условии соединения с Активным Интеллектом, Фариссоль наивно говорит о достаточности для такого соединения человеческого усилия, правильных взглядов и этичных поступков. Резкая позиция Герсонида, согласно которой божественное провидение направляется только на интеллектуалов, Фариссолем осторожно снимается [Ruderman 1981: 115–116]. Для Фариссоля основной смысл Книги Иова в том, что божественное провидение распространяется на все частности [Ruderman 1981: 116].

Отрицание Фариссолем идей Герсонида вписывается в неоднозначную рецепцию работ провансальского философа в ренессансной Италии в целом. Комментарий Герсонида получил достаточно широкое хождение, после того как был напечатан. Он цитируется в сохранившейся рукописи *дерашот*, написанной флорентийским проповедником конца XV века Моше бен Иоавом. Также его влияние просматривается в сочинениях флорентийского интеллектуала XV века Йоханана Алеманно, в интерпретации которого, как и у Герсонида, Елиуй объясняет, что «понятие божественного провидения распространяется на индивидов, и Бог есть Первая Причина, управляющая судьбой людей».

Комментарий Герсонида также, по видимости, оказал влияние на ренессансных христиан и гуманистов, таких как Джованни Пико делла Мирандола, на что указывают его примечания на краях латинского перевода Книги Иова, выполненного обращенным евреем Флавием Митридатом[63].

Однако систематическая критика взглядов Герсонида на творение и божественное провидение была инициирована Иеудой

---

[63] Обзор итальянской рецепции см. в [Lelli 2008; Wirszubski 1969].

Мессером Леоном, итальянским рабби, врачом и философом (которому Фариссоль симпатизировал)[64]. О неприятии взглядов Герсонида свидетельствует рецепция его комментария к Иову. Авраам бен Ханания Ягель (подробнее см. ниже) раскритиковал комментарий в целом. Итальянский врач и каббалист начала XVI века Илия Хаим Генаццано и вовсе открыто порекомендовал евреям избегать изучения комментария Герсонида, в частности потому, что Герсонид занимается экзегезой Писания через призму философии. Подобно Фариссолю, Генаццано намеренно искажает герсонидовскую интерпретацию Иова — так, чтобы создать впечатление, будто философ открыто отрицает «существование божественного провидения, распространяющегося только на индивидов, и что еще хуже, он тем самым показывает, что эти ложные утверждения основаны на ошибочной аристотелианской экзегезе Книги Иова» [Lelli 2008: 221].

Овадия Сфорно (ок. 1475–1550, Италия)

Сфорно был итальянским библейским экзегетом и врачом. Он родился в Чезене, но переехал в Рим, где изучал философию, математику, филологию и медицину. В какой-то момент он поселился в Болонье, где принимал участие в возобновлении печати на иврите и основании дома учения.

Сфорно написал комментарий к «Пиркей авот», труд по грамматике иврита и перевел на иврит Евклида. В своем философском сочинении «אור עמים» («Свет народов», Болонья, 1537) он отвергает аристотелевские базовые положения, которые, как он считает, противоречат еврейским принципам. Он написал комментарии к Торе, Песни Песней, Екклесиасту, Псалтири, Ионе, Аввакуму, Захарии и Иову[65].

Недавние исследования выделили три темы, которыми Сфорно занимается в своем комментарии к Торе: 1) пророчество

---

[64] См. [Tirosh-Rothschild 1991: 27, 249–250; Ruderman 1981: 112–116; Ruderman 1990: 259].

[65] Биографию Сфорно см. в [Goldberg, Toaff 2007].

наяву как парадигма заложенного в Торе идеала духовности в этом мире; 2) самоактуализация; 3) покаяние [Angel 2014]. Те же три вопроса занимают важное место и в его комментарии к Иову.

В комментарии Сфорно к Иову, «ספר משפט צדק» («Справедливый суд»), Иов страдает от несовершенства интеллекта[66]. Он восстает против Бога, столкнувшись со страданием, не потому, что Бог не благ, но потому, что в Своем величии Бог не способен защитить маленьких людей от источника зла. Во введении к комментарию Сфорно говорит, что Иов был праведен и был привержен «традициям своих предков и мудрецам своего поколения». Именно из-за того, что он верил в благость Бога, Иов неспособен был принять, что Он был источником его утрат и страдания. Сфорно обвиняет Иова в том, что он дуалист, для которого благо проистекает из одного божественного существа, а зло — из другого [Glatzer 1966: 209][67]. Тем самым он выступает против убеждения, популярного у еврейских мистиков его времени[68]. Согласно Сфорно (Иов 2:10), «Иов не согрешил устами и не приписал несправедливость Благословенному Богу, но в своем сердце он согрешил и разозлился, потому что Он [Благословенный Бог] не выступил против Злого Бога и не спас его [Иова] даже от малой толики Его [Злого Бога] зла». Елифаз говорит, что единый Бог есть источник и ран, и исцеления (Иов 5:18) и что Иов, должно быть, страдает за чужие грехи: либо своего поколения, либо своих детей (введение, раздел 5). Вилдад объясняет, что ни один праведник не праведен в совершенстве, равно как и ни один

---

[66] См. издание [Duran 1589], в котором комментарий Сфорно, «ספר משפט צדק», опубликован вместе с трудом Дурана «ספר אוהב משפט». См. также аннотированное издание [Sforno 1987: 259–330].

[67] Сфорно разбирает проблему возможности наличия многих богов в своем философском трактате «אור עמים» («Свет народов»), вопрос 8. Он начинает с идеи, что может показаться, будто существует множество богов, но приходит к заключению, что существует только один Творец. См. [Harvey 2019: 92–94].

[68] О представлениях об источниках добра и зла в итальянской еврейской мистике см. [Idel 2011: 108–109].

злодей не зол полностью, и потому порой праведные подвергаются каре, а злые вознаграждаются за свои частицы греховности и благости соответственно (введение, раздел 6). Софар предполагает, что страдание — наказание за надменность Иова, осмелившегося вызвать Бога на спор (введение, раздел 7). Елиуй объясняет, что Бог — источник страдания Иова, и что у Бога есть два способа порицать человека: во-первых, посредством снов (как в случае Авимелеха) или вмешательства пророка (как в случае Давида и Гада и Натана) и, во-вторых, посредством умеренного страдания (введение, раздел 8). Здесь Елиуй возражает на оба предположения Иова. Для Елиуя есть только один Бог, и Он беспокоится об индивидах. Речь Бога к Иову — описание творения (Иов 38) — как утверждает Сфорно, призвана свидетельствовать «не о невообразимом величии Бога, но о том, что Он беспокоится об отдельном человеке» [Glatzer 1966: 209]. Примечательно, что для Сфорно в Иов 42:7, когда Бог упрекает друзей в том, что они говорили не так верно, как Иов, вина друзей в том, что они не отстаивали праведность Бога истинными утверждениями; вместо этого они основывали свою апологетику на неистине и рисковали ввести других людей в заблуждение. Иов, однако, поступал правильно, приписывая несправедливость (пусть это и ошибочно) альтернативному Злому Богу. Здесь есть сходство между интерпретацией Сфорно и интерпретацией Герсонида: в его трактовке «Бог в последней главе хвалит Иова потому, что позиция Иова была ближе к истине, чем взгляды трех его друзей. Друзья Иова были недобросовестны в своих аргументах: они использовали заведомо ложные позиции, чтобы оправдать Бога. Иов же, хотя он высказывал сомнения в справедливости Бога, был по крайней мере искренен в отношении занятой позиции» [Eisen 2004: 171]. Иов признает, что ошибался, и исправляет ошибку в 42:2, где принимает, что Благословенный Бог может справедливо причинять как добро, так и зло. Иов вознаграждается в конце книги не потому, что он исправился, а потому, что молился за своих друзей (42:10 и комментарий к Быт 21:1).

Традиция инспирированного философией комментария к Книге Иова продолжилась в Италии и в следующем веке. Рабби

Иегуда бен Шемуэль Лерма, о котором мы имеем мало сведений, был итальянским евреем испанского происхождения. Он написал комментарий на «Пиркей авот», «לחם יהודה» («Хлеб Иегуды»), первый тираж которого был сожжен почти целиком вместе с Талмудом в Венеции в 1553 году. Несколько измененный вариант был напечатан в следующем году. Обе версии содержат многочисленные ссылки на написанный им ранее комментарий к Иову. Содержание «לחם יהודה» по существу философское, труд опирается на сочинения Йосефа Альбо, Ицхака Абарбанеля и Ицхака Арамы. С учетом того, что мы знаем, комментарий к Иову, вероятно, был написан со сходных позиций [Hacker 2007a; Heller 2014].

Отступление о дельфийской максиме и Иов 19:26

Между философскими экзегетами, писавшими о Книге Иова и писавшими комментарии к ней, и теми, кто цитировал отдельные стихи в других философских контекстах, есть небольшое расхождение. В философских и теологических трактатах ученые-караимы и последователи раввинистической традиции, философы, мистики и поэты цитировали Иов 19:26 «и я во плоти моей узрю Бога», чтобы обосновать идею, что Бога можно познать, делая выводы из изучения Его творения [Altmann 1969: 3–4]. Дельфийская максима «узнай себя» вошла в мусульманскую мысль уже в IX веке и приобрела две ранние формы: «Тот, кто знает себя, знает своего Господа» и «Тот из вас, кто лучше всего знает себя, знает своего Господа» [Altmann 1969: 1]. Максиму вскоре переняли еврейские авторы и поэты, жившие в исламских землях [Lobel 2007: 129][69]. Самое раннее известное нам употребление этой максимы в еврейском источнике также относится к IX веку. В написанном на иврите письме, атрибутируемом иерусалимскому караиму Даниэлю аль-Кумиси (если автор не он, то, скорее всего, иной караим того же периода), мы читаем:

---

[69] Стих также появляется в этом контексте в средневековой еврейской поэзии; см. [Tanenbaum 2002: 160–173].

Он, который был, есть Он, который будет, ибо нет другого, кто мог бы отменить сделанное Им. Он сотворил человека в форме, отличающейся от всех других существ, (наделенного) разумом, свободой ума и речью языка, чтобы мог человек вести себя (к пониманию), что над ним есть Тот, Кто спросит, призовет к отчету и будет судить его. Потому сказано в Писании: «Вразумляющий народы неужели не обличит, — Тот, Кто учит человека разумению?» (Пс. 93:10), (чтобы указать), что разум человека ведет его (к пониманию), что есть над ним Тот, Кто спрашивает и творит, как написано, «и я без плоти моей узрю Бога» (Иов 19:26) [Nemoy 1976: 56–57][70].

Восприятие этой идеи микрокосма в среде раввинистических евреев начинается позднее[71]. Живший в мусульманской Испании в X–XI веках философ Бахья ибн Пакуда, о котором мы знаем мало, пишет:

> О каком из этих столпов нам проще рассуждать и обязательнее, чем о других? Мыслить о каждом из них, даже когда это очень трудно, нам обязательно. Но проще и яснее всего для нас след мудрости, проявленный в роде человека, который есть микрокосм и главное основание для существования макрокосма. Потому мы должны изучить начало человека, его рост, как составлены его части, как устроены его члены, какую пользу он извлекает из каждого из них, и причину, по которой каждый из них был устроен и сформирован. Далее мы должны обратиться к преимуществам каждого из его качеств, духовных сил и интеллектуальных способностей, и к его субстанциальным и акцидентальным элементам, к его желаниям и к его концу. Когда мы прояним все эти вещи про человека,

---

[70] О дальнейшем использовании максимы у караимов см. [Lasker 2008: 16, 44, 218]. Она появляется, например, в «אשכול הכופר» («Гроздь цветков хны») Иуды Хадасси (XII век, Константинополь). См. [Lasker et al. 2019: 244].

[71] Список более поздних раввинистических авторов, опиравшихся на Иов 19:26, см. в [Altmann 1969: 3–4]. Этот список следует дополнить именем Иехуды Леона Абрабанеля (см. [Ebreo 2007: 312]).

многие тайны мира откроются нам, ибо человек есть образ мира. Один из философов [Сократ] уже сказал, что философия есть познание человеком самого себя, подразумевая под этим исследование этих вышеупомянутых вещей о человеке ради приобретения знания о Творце по следам Его мудрости, проявленной в нем, ибо сказано (Иов 19:26): «И когда распадется кожа моя, тогда из плоти моей узрю я Бога» [Pakuda 1973: 160–161].

На Бахью сильно повлияла суфийская мысль, но он иначе подходит к идее, что постижение Бога начинается с рассуждения о природе Его творения. Если в более ранних исламских источниках структура макрокосма начинается с небес и земли, то Бахья начинает разыскание с человеческих существ и приводит Иов 19:26 в качестве основания [Lobel 2007: 128–129][72].

Испанский раввин и философ Йосеф ибн Цаддик, *даян* еврейской общины Кордовы, говорит, возможно, несколько более прямолинейно:

> Мы уже указали, что путь, ведущий человека к знанию всего — это познать себя, ибо, познавая свое собственное тело, он познает физический мир, а познавая свою собственную душу, он познает духовный мир, и так он может приобрести некоторое знание о Творце, как написано в Книге Иова: «и я во плоти моей узрю Бога» [Haberman 2003: 77][73].

Еврейский последователь Аверроэса конца XIII века Исаак Албалаг предостерегает от этой мысли и отрицает, что Бога возможно познать, приобретая знания о собственной душе:

---

[72] Если говорить о том, как Пакуда толкует Книгу Иова, то для него она — одна из историй о людях, которые подвергаются испытанию и демонстрируют свою любовь к Богу [Pakuda 1973: 10:6]. Иов, как Авраам, доказывает свою любовь своим богатством и здоровьем, а в Иов 13:15 он говорит, что продолжит верить в Бога, даже если божество убьет его. О том, как Бахья использует исламскую мысль, задавая рамку этого прочтения, см. [Lobel 2007: 236–239].

[73] В этом стихе также поддерживаются каббалистические учения о человеческом существе как микрокосме. См. [Hallamish 1999: 136].

Эта аналогия [между человеческим и божественным знанием, используемая аль-Газали] основана на словах хахама «узнай себя и узнаешь своего Бога» и словах Иова «из плоти моей я вижу Бога». <...> Эти слова... учат, что... свойства наших душ и тел и их естественный порядок указывают на мудрость их Создателя; [то есть] в том смысле, что следствие ведет к познанию причины... не позволяйте тому, что он [аль-Газали] сказал, ввести вас в заблуждение [Abdalla 2019: 107–108].

Максимум, что может дать изучение физического мира и понимание его порядка, — это осознание, что существует *Первопричина* вселенной.

Заслуживает рассмотрения вопрос, касающийся экзегезы: почему случается, что экзегет ссылается на 19:26 в философском контексте и при этом не связывает одно с другим в своем комментарии к Иову[74]. Адена Таненбаум заметила, что Авраам ибн Эзра, который неоднократно обсуждает самосозерцание в комментарии к Торе, ни разу не цитирует в этом контексте Иов 19:26, но явно отсылает к данному стиху в своей поэзии, например, в «ישני לב מה לכם» («О вы, чьи сердца спят, что с вами?») [Tanenbaum 2002: 162–70].

> О вы, чьи сердца спят, что с вами,
> что вы не исследуете самих себя?
> Узнайте, каково было ваше происхождение; увидьте тогда,
> каков будет ваш конец.
> Рассмотрите сперва свою душу, и тогда —
> Узнаете, Кто создал вас; узрите Его в своей плоти.

Однако в своем комментарии к Иову (подробнее см. ниже) ибн Эзра пишет только, что «узрю Бога» отсылает к новым мучениям, которые Бог заставит Иова претерпеть, не упоминая ни о какой

---

[74] «Маян Ганним» Шмуэля бен Ниссима Маснута уникален в том отношении, что в нем приведены подобные рассуждения по поводу Иов 19:26. Однако антологический характер комментария может служить объяснением того, почему так произошло в этом случае, но не в других, внутренне более целостных трудах.

философской позиции⁷⁵. Причина, по которой в комментариях с пассажем обращаются одним образом (даже те авторы, которые отстаивают философский идеал), а в философских трактатах — иначе, может быть связана с течением нарратива библейской книги. Так как у философских экзегетов за трансформацию мышления Иова отвечают Елиуй и теофания из бури, им было бы трудно объяснить, каким образом он понимает дельфийскую максиму за дюжину глав до того, как эти встречи происходят в книге.

К интерпретации 19:26 также обращаются в контексте антихристианской полемики. Философ XIV века Шем Тоб ибн Шапрут из Туделы цитирует 19:26 в полемическом сочинении «אבן בוחן» («Пробный камень»), написанном против евреев-вероотступников. Из-за сходства с дельфийской максимой стих 19:26 подходил ибн Шапруту с философской точки зрения: идея, что творение служит доказательством существования Бога, — основной посыл его труда [Garshowitz 2012: 105]. У идеи стремления к интеллектуальному совершенству ради познания Бога, который также является Активным Интеллектом, находится королларий: бестелесность Бога. Совершенная бестелесность Бога, по крайней мере как полагает ибн Шапрут, означает, что христианские читатели, принимающие Иисуса (то есть воплощенного Бога) за «искупителя», которого Иов ожидает в 19:25, неизбежно заблуждаются. До (и после) ибн Шапрута еврейские экзегеты имели разные мнения о том, кто тот искупитель, о котором думает Иов — Бог ли это или некий грядущий человек. И Нахманид (подробнее см. ниже), и Герсонид полагали, что это Бог; Саадия и ибн Эзра — что человек. Для Шапрута второй вариант неприемлем, потому что он оставляет дверь открытой для христианских

---

⁷⁵ Поэт и философ Иегуда Галеви в своей поэзии использует Иов 19:26 в философском ключе. См. [Scheindlin 2007: 75]. Так же делает и Исаак ибн Латиф в стихотворении, которым открывается его трактат «שער השמים» («Врата небес»): «Одари своей любящей добротой раба Твоего, пришедшего опереться на Создателя своего и помолиться Там [в Нем]. Ты построил святилище из его образа, с застежками, чтобы сомкнуть занавес, и он узрит Бога в плоти своей» (Цит. по: [Diéguez 2014: 67–68]).

экзегетов. Как в силу своей философии, так и в силу того, что он воспринимал как религиозный долг, ибн Шапрут вынужден был занять позицию, что Бог является *искупителем* и что философское созерцание может вести к искуплению [Garshowitz 2012][76].

Заключение

У средневековых философов нашла выражение измененная версия раввинистического тезиса, что страдания Иова оправдываются его грехами. Саадия Гаон принадлежал к меньшинству, полагавшему, что Иов страдал, потому что был праведен. Бог испытывает праведных (таких как Иов), чтобы вознаградить их, когда они пройдут испытание. Однако большинство средневековых философов следовали за Маймонидом, который в «Путеводителе растерянных» доказывал, что Иов страдал не потому, что был грешен, а потому, что был невежественен. Если бы Иов понимал, как все истинные философы, что только совершенство интеллекта ведет к высшей награде бессмертия, он бы не страдал от потери временных материальных вещей. Грех Иова в этом случае заключается не в поступках, а в интеллекте. Представление, что Иов страдал из-за собственного несовершенства, сохранилось в трудах Самуила ибн Тиббона, Иммануэля Римского, Зерахии бен Шеалтиэля Хена и других, и отзвуки этой традиции слышны в комментариях средневековых караимов, равно как и в сочинениях экзегетов, сформировавшихся под влиянием каббалы и еврейских мистических традиций.

---

[76] Иов 19:26 также стал подспорьем для некоторых мистиков, доказывавших, что необходимое знание происходит из изучения каббалы, а не философии, но что знание Бога может быть выведено дедуктивно из свидетельств божественного в мире [Sandman 2006, 2: 207]. «Зогар» (1:94a), однако, отталкиваясь от Берешит Раба 48:1, говорит, что упоминаемая в стихе плоть отсылает к знаку завета и что когда мужчина смотрит на свой обрезанный пенис, его ум должен обращаться к видению Бога.

Глава 5
Иов в средневековых караимских сочинениях

Уже в VIII веке евреи начали переводить библейский текст на арабский вернакуляр, подобно тому как их предшественники писали арамейские таргумы. Но в отличие от таргумической литературы, нередко представлявшей собой парафразы и часто включавшей раввинистическую экзегезу в перевод, в данном случае переводчики искали подходящие и точные арабские эквиваленты для каждого ивритского слова. Эти переводы послужили предшественниками для нового жанра еврейских комментариев к Библии, появившегося тогда, когда определенные политические перемены в еврейском сообществе катализировали тягу к индивидуальному комментированию. Течение караимов («чтецов») возникло в Ираке как оппозиция раввинистическому авторитету и бросило вызов традиционной форме изучения Библии. Авторитет раввинистического «устного закона», который порой основывался на натянутых интерпретациях и мог противоречить письменной Торе, начал вызывать недовольство некоторых рационалистически настроенных евреев, что побудило их к критике раввинистической экзегезы, в особенности в вопросах каббалы. Дэниэл Франк утверждает: «Несомненно, именно караимы вывели библейскую экзегезу на передний план. Отказавшись от раввинистического мидраша и будучи поборниками филологии, они выработали и довели до совершенства новую форму. Исламский Восток стал родиной библейского комментария» [Frank 2004: 257].

Самый ранний из дошедших до нас средневековых комментариев — это комментарий Даниэля аль-Кумиси Караима (IX век, Иран, позже Палестина) к малым пророкам, но сохранились также фрагменты более ранних комментариев. Караимская экзегеза расцвела в X и XI веках, и множество библейских комментариев сохранилось благодаря их общине в Иерусалиме (например, Йефет бен Эли (вторая половина X века) написал комментарии ко всей Библии, правда, комментарий к Плачу Иеремии не был найден). Караимские комментарии, преимущественно написанные на арабском, следуют порядку стихов в библейском тексте и уделяют исключительное внимание литературным свойствам Библии, в особенности контекстуальному отношению между стихом, перикопой и библейской книгой. Они включают лексические глоссы из арабского и других языков (например, персидского) и чувствительны к грамматике и синтаксису. Несмотря на приверженность чтению Писания, иногда караимы обращаются к мидрашическим и гомилетическим толкованиям (в особенности когда лемма имеет поэтический или профетический характер), но только когда базовый контекстуальный смысл уже прояснен. Если раввины полагали, что библейский текст мультивалентен и отдельные слова могут быть полисемичны, то караимы возражали, что у библейского текста может быть только один легитимный смысл. В более поздних трудах интересы караимов расширились и стали включать историко-литературные и редакционные вопросы (например, историческая контекстуализация того или иного нарратива и как она способствует пониманию; устойчивые паттерны выражения в библейском иврите; процесс редактирования)[1].

Йефет бен Эли Караим (X век, Басра, Иерусалим)

Между 960 и 1000 годами единственным занятием Йефета был перевод на арабский и комментирование каждой из 24 книг Библии. Практически все они сохранились в виде полных или

---

[1] Более подробный обзор см. в [Polliack 2003].

фрагментарных рукописей. Предназначение комментариев Йефета во многом заключалось в том, чтобы собрать и подытожить предшествовавшую караимскую экзегезу. Бо́льшая часть экзегезы Йефета имеет лингвистически-контекстуальный характер, но ему также интересны литературный и нарративный аспекты текста; он обсуждает предполагаемый исторический контекст пассажей, занимается поиском языковых и выразительных паттернов — в духе анализа жанровых ожиданий, — и пытается реконструировать процесс редактирования в отношении отдельных книг и сборок, таких как малые пророки. Хотя, по его мнению, материал имеет божественное происхождение, он в то же время считает, что материал этот был выражен в языке, поддающемся нормальному лингвистическому и филологическому исследованию. Иногда также проявляется его более широкая литературно-историческая заинтересованность — когда пассаж можно интерпретировать как говорящий о текущих исторических обстоятельствах. Этот тип прочтения наиболее заметен, когда пассаж имеет эсхатологический характер; он чаще всего возникает в комментариях к Даниилу и Песни Песней[2].

До самого недавнего времени иудео-арабский комментарий Йефета бен Эли к Книге Иова существовал только в рукописи, и транскрибированы и исследованы были только первые десять глав [Ben-Shammai 1969; Hussain 1986][3]. Сейчас доступно полное критическое издание [Sadan 2020][4]. Йефет предваряет комментарий долгим введением, в котором излагает свое пони-

---

[2] Биографию и обзор его экзегетических трудов см. в [Polliack 2003: 389–410].

[3] Бен-Шаммаи в своей работе дает перевод на иврит первых пяти глав. В работу Хуссаина включены переводы на английский отдельных пассажей. Арик Садан готовит английский перевод на основе 25 сохранившихся манускриптов. Предварительные замечания см. в [Sadan 2017: 436–447].

[4] Кроме Йефета, караим начала X века Юсуф аль-Киркисани также написал комментарий на Иова, о котором он упоминает в своей «Книге светил» и который сейчас утрачен. См. [Ben-Shammai 2003: 370–371]. Другой утраченный комментарий был написан крымским караимом XIII века Аароном бен Иосефом га-Рофе. См. [Frank 2003: 536].

мание книги в целом⁵. Бог может испытывать злых страданием, когда они этого заслуживают, но то, что случилось с Иовом, — это не наказание. Бог испытывает праведных, как он испытал Иова, ради того чтобы увеличить их награду сообразно тому, как они будут поступать, перенося испытание [Ben-Shammai 1969: 6]⁶. Люди вознаграждаются в этом мире за две вещи: за то, что они соблюдают заповеди, и за то, что они должным образом переносят божественные испытания [Ben-Shammai 1969: 8]. Бог знал, что, несмотря на страдание, Иов не оставит своей праведности. Подобно Саадии, Йефет утверждает, что Бог испытывает Иова страданием с целью показать людям его и будущих поколений, что он поклонялся Богу не ради своих богатств и положения, как говорят его друзья. Йефет представляет Врага членом божественного суда, но не ангелом; возможно, он пророк. Он предполагает, что «Враг» — это титул фигуры, которую предыдущие поколения знали по имени. Совершенную праведность Иова Йефет подчеркивает, комментируя 2:3, где «безвинно» рассматривается как доказательство того, что Иов не согрешил и не заслуживал наказания [Ben-Shammai 1969: 52]. Далее, комментируя 2:10, Йефет настаивает (идя против раввинистической традиции), что «устами своими» не предполагает греха в сердце, но в действительности отсылает к отказу Иова хулить Бога, как предложила его жена [Ben-Shammai 1969: 40]. Йефет считает, что Бог устраивает подобные испытания редко и только избранным индивидам [Hussain 1986: XII]. В конечном счете праведность Иова подтверждается тем, что Бог готов явиться ему и ответить на его вопросы. Йефет утверждает, что история Иова была включена в канон, чтобы воздать ему за то, что он перенес свои испытания и сохранил веру [Hussain 1986: VIII]. В своих речах Бог сперва описывает Свои чудеса

---

⁵ См. английский перевод большой его части в [Sadan 2019]. Английский перевод Садана здесь согласуется с переводом на иврит Бен-Шаммаи.

⁶ В комментарии к Книге Есфирь, однако, Йефет замечает, что праведность Иова не послужила защитой его детям, которые умерли за свои грехи. См. [Wechsler 2008: 159].

и величие в ответ на ложные высказывания друзей, философов (предположительно более ранних интерпретаторов, решавших представить Иова грешником, чтобы оправдать действия Бога) и еретиков, и благодаря этому становится ясно, что Иов достоин того, чтобы Бог обратился к нему напрямую [Hussain 1986: XIII]. Бог вознаграждает Иова вдвое бо́льшими богатствами, а друзья обвиняются в серьезном преступлении за то, что они считали Иова грешником. Подобным образом в комментарии к Быт. 22:1–2 Йефет настаивает, что Иов знал, что он подвергался испытанию.

> Разница между Авраамом и Иовом в том, что Иов знал, что эти удары [были подобны] испытанию, как сказано: «он посмеется над испытанием невинного» (Иов 9:23), тогда как Авраам не знал, что это было просто испытание. Соответственно, Иов был подвергнут мучениям, не совершив [никакого свободного] выбора. Скорее испытание [которое описывается] в его истории… [заключалось в] изучении превосходности его терпения [в переживании] ударов, упавших на него, равно как и [его способности выдерживать] споры с людьми, их клевету и оскорбления. И он [=Иов] остался тверд в своей религии и преуспел в своей вере [Zawanowska 2019: 47].

Во введении к комментарию к Иову Йефет обозначает уроки, которые следует вынести из библейской книги. Он пишет, что Иов был неизраильтянином, но поклонялся Богу, что доказывает, что среди народов всегда были праведники. Пример друзей, пришедших из разных семей и мест утешить Иова, показывает, что людям веры следует собираться и что это должно происходить в назначенные дни, такие как Шаббат и праздники[7]. Враг — это

---

[7] Утверждение о важности собраний для празднований повторяется в труде Иегуды Гиббора, константинопольского караима конца XV века. В третьем разделе его «ספר המועדים» («Книга назначенных времен»), посвященной празднованию Пурима, Гиббор (стремившийся примирить раввинистических евреев и караимов) поднимает вопрос о том, как правильно устроить праздничную трапезу. Он обращается к библейским образцам, чтобы установить

нечеловеческий слуга Бога, который ходит по миру, наблюдая и ведя учет человеческим поступкам. Йефет считает, что Враг — модель для библейских пророков, которые тоже наблюдали за Израилем, предупреждали и воодушевляли его, а также для его собратьев-караимов, которым следует поступать так же. Иов нееврей, но его праведность и то, что он выдерживает испытание, сохранив веру в целости, тоже должно служить образцом. Это тем более верно с учетом того, что его страдание, в отличие от большинства людей, не является наказанием. Восстановление Иова должно дать надежду тем, кто страдает. Йефет предостерегает, что друзья Иова, в отличие от Бога, который знал Иова, основывали свои суждения на ограниченном знании и на том, что было доступно их восприятию. Людям следует быть осторожными, когда они судят других, и оценивать, как другие судят их, и этот урок особенно важен для еврейского меньшинства, живущего в исламских землях. Наконец, он говорит, что, так как друзья Иова были введены в заблуждение традиционными идеями, переданными через века, современным читателям также следует опасаться традиционных учений. Это предостережение — караимская критика раввинистического подхода с его опорой на Устный Закон (он упоминает в этом контексте Саадию) [Ben-Shammai 1969: 10–14; Hussain 1986: XIII–XIV]. Цзюнь-Лян Сяо отмечает, что в йефетовской трактовке Иова прослеживается мусульманское влияние:

> Его описание восстановления Иова звучит весьма похоже на мусульманскую характеристику чудесного исцеления Иова: Бог «исцелил Иова чудесно и потом совершил другие чудеса» (см. Коран 38:41–42 и Кисас аль-анбийа («Рассказы

практики прошлого. В числе приводимых им примеров — Книга Иова, где Иов принимает участие в трапезах своих детей и поддерживает их. Согласно Гиббору, Иов поступал так по трем причинам: 1) будучи *подобен* царю, Иов вел себя как царь; 2) это было для него способом поделиться своим богатством; 3) он поддерживал веселость, любовь и общее благополучие, поощряя совместное употребление пищи и питья. См. [Miller 1984: 134].

о пророках»)). В целом понимание Иова у Йефета согласуется с мусульманским представлением, что Иов был «терпеливым и благодарным» человеком, никогда не колебавшимся в своей вере [Seow 2012: 130].

Йефет перевел текст Иова достаточно буквально. Выполнение такого перевода требовало глубокого знания грамматики и лингвистики, и именно в этих дисциплинах караимские интеллектуалы добились успехов.

Абу Якуб Юсуф ибн Нух
(X век, Басра, Иерусалим)

Караимский грамматик и библейский экзегет Абу Якуб Юсуф ибн Нух был современником Йефета и также жил в Басре. Авторству ибн Нуха, создавшего академию исследователей-караимов, принадлежат комментарии трех типов: экзегетический комментарий к Агиографам, сохранившийся в рукописи (II Firk. Evr. Arab. I 1755); перевод Плача Иеремии с нотацией, обосновывающей переводческие решения, сохранившийся в одном фолианте; и грамматический комментарий к Агиографам, известный как «Дикдук»[8]. Последний был издан — вместе с английским переводом[9]. Ибн Нух посвящает полноценное исследование грамматике Иова, но в целом комментарий не предлагает никакой содержательной интерпретации книги, ее персонажей и общего смысла. Однако комментируя Иов 21:6–7, ибн Нух пишет, что, по мнению Иова, позиция Софара заключается в том, что Бог испытывает праведников недугами. И тем не менее Иов остается в смятении, потому что он постоянно видит, как злые процветают незаслуженно [Khan 2000: 382]. Он предлагает два прочтения Иов 34:33. Первое состоит в том, что Елиуй обвиняет Иова в недостатке раскаяния или благодарности и уверяет его, что если он исправит свое отношение, то Бог обязательно даст ему

---

[8] Биографическую справку см. в [Khan 2000: 5–8].
[9] Критическое издание, перевод и анализ см. в [Khan 2000].

облегчение. Согласно второму Елиуй обвиняет Иова в том, что он знает, что нужно делать, но отказывается делать это, а значит, его страдание заслуженно [Khan 2000: 404].

Элияу бен Авраам (XI век)

В историческом антираббанитском трактате, озаглавленном «חלוק הקראים והרבנים» («Расхождение между караимами и раббанитами») Элияу бен Авраам, о котором известно мало, выступает в защиту немногих караимов, решивших остаться в Иерусалиме ради сохранения собственной религиозной идентичности. Их выбор остаться в священном городе в качестве бедствующего меньшинства напрашивается на сравнение с Иовом. Вопрос, который представляет здесь камень преткновения, — есть ли ценность в том, чтобы быть меньшинством, живущим среди противостоящего большинства:

> Когда раббаниты хвастаются тем, что их мудрецов было великое множество, тогда как мудрец-караим был один, или их было двое, или трое (но не больше), и спрашивают, как возможно, чтобы немногие постигли истину лучше, чем многие, я отвечаю: как случилось, что Иов обрел (истинное) знание Бога лучше, чем четверо его компаньонов, и лучше, в самом деле, чем любой неврей? <...> Большинство часто заблуждается и уходит с верного пути, тогда как меньшинство следует по нему тщательно... [Nemoy 1980: 76]

Элияу утверждает, что Иов, неврей, сумел постичь Бога лучше, чем его друзья. Подобно Иову, иерусалимские караимы, оставшись в меньшинстве, удержали истину, и им не нужно было сниматься с места и присоединяться к более крупному караимскому сообществу где-либо в другом месте [Astren 2004: 145].

Яков бен Реубен
(конец XI — начало XII века, Константинополь)

О жизни Якова бен Реубена известно мало; даже примерные даты его жизни — дискуссионный вопрос. Его значение связано с написанным им комментарием к Библии, «ספר העושר» («Книга богатств»), в которой на иврите антологизированы интерпретации его предшественников-караимов¹⁰. В этом произведении он собрал «общую сумму караимского экзегетического знания XI века, переданного в Византию с востока...» [Ankori 1959: 198]. Трудность в изучении этого комментария проистекает из того, что комментаторы-караимы редко цитировали предшествующие традиции ради авторитетности [Frank 2004: 32]. Если то, что Яков опирается на комментарии Йефета бен Эли, очевидно, то другие источники установить не так просто. Также непросто выявить некую определенную целостную трактовку Иова, потому что в антологии часто приводятся противоположные интерпретации¹¹. Яков указывает, что Книга Иова была сохранена, потому что Бог приказал Моисею записать ее в качестве наследия для Израиля. Он говорит, что Иов был праведником и что он знал, что его страдание — божественное испытание¹². Иов, вероятно, потомок Исмаила, а Враг мог быть ангелом или человеком (как предполагает Саадия). Елифаз — потомок Исава, Вилдад — Хеттуры, Софар — Вениамина, а Елиуй — Нахора. Иов, столкнувшись со своим испытанием, не хулил Бога, но сохранял стойкость (фолио 4а). Яков бен Реубен приводит несколько комментариев к «безвинно» (Иов 2:3), которые объясняют, что стих снимает

---

¹⁰ «ספר העושר» доступна в [Firkovich 1834]. Из рецензий на это издание ясно, что транскрипции Фирковича содержат множество искажений. Другая антология караимских комментариев сохранилась в рукописи (SP RNL EVR ARAB I 3812) и атрибутируется Аарону бен Давиду га-Когену, о котором не известно больше ничего. Согласно надписи на форзаце, она представляет собой изложение комментариев Салмона бен Йерухама, аль-Сиджилмаси (неизвестен), Леви бен Йефета и Абу Якуба Юсуфа ибн Нуха. См. [Sasson 2017: 205].

¹¹ Анкори менее сдержан в своей характеристике: «Различия в стиле и противоречия в содержании, которые прекрасно видит всякий, кто знаком с рукописью в целом, свидетельствуют о том, что Яков не сам переводил старые арабские комментарии» [Ankori 1959: 197].

¹² В «אשכול הכופר» («Гроздь цветков хны») караим XII века Иуда Хадасси описывает Иова как праведного патриарха, который вместе со своими друзьями славил Бога и который, подобно Аврааму, подвергся испытанию. См. [Lasker et al. 2019: 88–89, 96, 446].

с Иова всякий возможный грех, который оправдывал бы его страдание (фолио 4b). Иов допускает возможность того, что он согрешил (может быть, в юности) и что тем спровоцировал божественную кару, как говорят его друзья, но вопрошает Бога: «разве я не принял удары Твои с любовью, сказав, что Бог дает и Бог забирает?» (фолио 5b). Наконец, когда Бог говорит из бури (посредством ангела), он не порицает Бога и не упоминает ни о каком грехе (фолио 10b).

*Аарон бен Элиа
(1328, Никомедия — 1369, Константинополь)*

Аарон бен Элиа, ключевая фигура в византийском караимизме, был первым, кто систематически представил караимские убеждения, библейскую интерпретацию и право на иврите. Он написал три взаимосвязанных произведения: комментарий к Торе (1362), близкий по стилю Аврааму ибн Эзре; экспозицию оснований для заповедей (1354) и теологический трактат по образцу Маймонидова «Путеводителя растерянных», «עץ חיים» («Древо жизни», 1364), в котором философия Маймонида переплетена с мутазилитской мыслью[13].

«עץ חיים» Аарона бен Элии — это одновременно философский трактат и экзегетический труд. Значительное внимание в нем уделяется толкованию антропоморфизмов и божественных имен, испытаниям Авраама и Иова, действию пророчества и классификации заповедей. В труде проявляется знакомство Аарона как с раввинистической традицией, так и с трактовками библейской книги предшествующими караимскими экзегетами и философами, и часто он обобщает и критикует их взгляды[14]. Развивая Маймонида, Аарон утверждает, что Иов был реальным

---

[13] Биографию и обзор его трудов см. в [Frank 2003: 541–549].
[14] Наше изложение основано на [Frank 2004: 543–545] и [Frank 1991: CXI–CXX]. Во вторую из этих работ включен критический аннотированный перевод «Эц хаим», главы 79–90.

человеком, жившим во времена Моисея, и по замыслу Бога он должен был послужить примером Израилю. Далее Аарон описывает две интерпретативные традиции. Сперва он говорит о раввинистическом подходе, который во многом основан на изображении страдания как наказания за некий совершенный Иовом грех или за богохульство, например за отрицание воскрешения мертвых. Маймонид, как он доказывает, подобным же образом объясняет страдание Иова его недостатками. Караимы, объясняет он, напротив, предпочитают понимать страдание как мучения любви (как, например, в комментарии Йефета бен Эли). Согласно этому взгляду, Иов понимал, что Бог испытывает его, чтобы увеличить его воздаяние в грядущем мире. В отличие от раввинистической философской экзегезы, Аарон, подобно другим караимам, полагает, что по мнению каждого из друзей Иова его страдание — наказание за грех. Несмотря на их упреки, Иов сохраняет стойкость и настаивает, что он обретет свою награду, потому что Бог справедлив. Как пишет Аарон, предыдущие караимы утверждали, что позиция Елиуя подобна позиции остальных друзей. Аарон добавляет, что если у того, кто претерпевает мучения, есть некие заслуги, то эти заслуги будут говорить в его пользу и он будет избавлен от мучений. Аарон отвергает раввинистическую позицию, потому что она противоречит содержащимся в тексте эксплицитным высказываниям, касающимся праведности Иова. Он отвергает интерпретацию Маймонида, потому что Иова невозможно определить как аристотелика и потому что его друзья, разделяющие один общий взгляд, не могут представлять разные школы философии. Аарон дистанцируется от более ранней караимской традиции, утверждая, что из текста ясно, что ни Иов, ни его друзья не могли объяснить его положение. Согласно Аарону, Иов правильно настаивает на том, что мир управляется справедливым и милостивым Богом, но он приходит к пониманию пределов своего знания, когда сам Бог описывает ему устройство вселенной. Аарон предлагает два прочтения Книги Иова; одно из них направлено на объяснение нарратива, другое имеет аллегорический характер и призвано объяснить страдание Израиля. Согласно первому прочтению, Иов (в отличие от Авраама) не знал, почему он страдает, и потому он переносил свое страдание из необходимости, думая, что его терпение будет вознаграждено. Только в результате теофании он понял, что у его страдания был высший смысл, оно научило его, что и тело, и душа нуждаются в развитии, в воспитании. Раскаявшись и примирившись с Богом, Иов был вознагражден благами и детьми и обрел духовное бессмертие. Аарон представляет бессмертие души как наиболее полное выражение заботы Бога об индивиде. Утверждая, что Иов обрел это бессмертие, Аарон одновременно бескомпромиссно отвергает раввинистическое обвинение Иова в богохульстве. Во втором прочтении Иов предстает символом Израиля. Согласно этой аллегорической интерпретации, подобно тому как то, что Иов недостаточно воспитывал свою душу, привело к физическому страданию, так и Израиль может быть наказан за пренебрежение своей духовной жизнью[15].

Заключение

Несмотря на полемику между караимскими и раввинистическими общинами и на формальное отрицание раввинистического авторитета караимами, между комментариями и сочинениями

---

[15] Иов как символ Израиля — общее место караимской экзегезы. См., например, введение Салмона бен Йерухама, иерусалимского караимского ученого X века, к его комментарию к Плачу Иеремии и его комментарий к Песн. 1:5 [Frank 2004: 149n19]. По всей вероятности, он перевел Иова на иудео-арабский и прокомментировал его, так как он упоминает об этом в комментариях к Плачу и Екклесиасту. См. [Sasson 2017: 205]. Отталкиваясь от Плч. 1:12, «есть ли болезнь, как моя болезнь», Салмон уподобляет страдания Израиля Иову, читая параллельно библейские стихи; например, страдание Иова в Иов 1:17 сравнивается с нападением халдеев на Израиль в 2 Пар. 36:17. Он приводит почти три дюжины таких сравнений и заключает, что хотя кажется, будто страдания были равными, страдание Израиля было больше страдания Иова. Весь фрагмент целиком в английском переводе см. в [Andruss 2015: 172–178].

представителей обеих групп, посвященными Иову, существует значительное сходство. Здесь также сохраняет силу восходящая к Второзаконию традиция, обещающая награду праведным и кару злым. Хотя община караимов настаивала на «буквалистском» подходе к библейскому тексту, ее экзегеты продолжали пытаться оправдать Бога за счет Иова: даже высказываясь в пользу того, что Иов был праведен, некоторые интерпретаторы-караимы находили забытые промахи юности, которые оправдывали его наказание.

Глава 6
Иов в средневековых еврейских мистических сочинениях

Параллельно с подъемом средневековой еврейской философии шло развитие традиции еврейской мистической экзегезы, которая на протяжении XII века постепенно обретала форму в еврейской среде севера Испании и юга Франции. Считалось, что каббала — набор эзотерических учений — передавалась от учителя к ученику по цепи, восходящей к Моисею. Ключевым моментом системы была приверженность идее, что Библия содержит более глубокие мистические смыслы и что верная интерпретация текста является частью традиции, передаваемой от мистика к мистику через поколения. Эти учения включают тайны, связанные с силой божественных имен, и символическую систему десяти *сфирот* (эманаций или атрибутов Бога). Тора и отдельные части Библии прочитываются как аллегорические сказания об отношениях между этими *сфирот*.

С учетом значения, которое каббалистическая система придавала усилиям мистика, направленным на приближение к Богу, неудивительно, что история встречи страдающего Иова с божеством привлекала внимание многих мистически настроенных экзегетов[1]. Подобно экзегетам-философам, которые видели

---

[1] До написания «Зогара» в XIII книге важнейшим еврейским мистическим сочинением была «Сефер га-багир». Иов не играет в ней значительной роли, но название книги связано с ее первыми строками: «Раби Нехунья бен

причину страданий Иова в том, что он не знал философии, мистические экзегеты считали, что он страдал из-за незнания мистических тайн. В мистическом сочинении XII века «Сефер хасидим» («Книга благочестивых»), атрибутируемой Иегуде Хасиду (1150–1217, Регенсбург), ключевой фигуре *хасидей Ашкеназ*, Иов упоминается мимоходом:

> Основа страха Божьего есть испытание. Ибо сущность страха проявляется во время испытания. <...> И Святой, благословен Он, не испытывает человека, кроме как когда Он хочет сделать ему благо; Сатана, который воплощает атрибут строгого суда, предстает перед Богом и говорит: «Господин Вселенной, было бы неправильно делать благо ему, пока он не покажет себя в испытании». Потому справедливые дают клятву одержать верх над своими страстями. Итак, когда Он принес благо Саулу и детям его, Он испытал его, и так же с Авраамом и Иовом [Singer 1971: 10–11][2].

Акана сказал: Один стих (Иов 37:21) говорит: "Теперь не видно яркого (*багир*) света в облаках... [окрест Бога страшное великолепие]"». Перевод взят из [Kaplan 1979: 1]. Для «Сефер йецира», вероятно, самого раннего из сохранившихся произведений средневековой еврейской мистики, очень важны архитектурные метафоры из Иов 38:4–6 и космологическая модель, связанная со временем и созвездиями, из Иов 38:31–32. См. [Segol 2012: 174].

[2] Рукопись XV века из Германии в Кембриджской университетской библиотеке (ADD 852.2) содержит собрание комментариев учеников Иегуды Хасида по поводу Книги Иова [Stal 2009: 111–135]. Многие из этих комментариев основаны на *гематрии* (раввинистической нумерологии). Например, комментарий к Иов 1:7 утверждает, что Враг бродил по миру 500 лет, так как числовое значение слова משוט (ходил) — 355 — то же, что у слова שנה (год), а числовое значение מהתהלך (обошел) — 500. В комментарии к Иов 31:5 говорится, что Иов хвалит себя в Книге Иова 19 раз; 19 — числовое значение его имени, איוב. За этим предположением следуют цитаты из 19 стихов из библейской книги. В других пассажах повторяются старые мидрашические традиции, такие как представление, появляющееся в комментарии к 6:2, что Иов, Валаам и Иофор служили при дворе фараона в Египте. Самый обширный комментарий касается Иов 28:12, «Где премудрость обретается...». Комментатор утверждает, что желающему обрести мудрость следует искать ее в пяти книгах Торы. Применяя *гематрию* к слову בינה (разум), последнему слову стиха, неназванный толкователь заключает, что мудрость и разум можно найти в Торе повсеместно. В тексте, однако, нет согласованного или

Сквозная нить мистической традиции — стремление продемонстрировать благочестие Иова и его веру и выдержку на протяжении испытания.

Моше бен Нахман (Нахманид, 1194–1270, Жирона)

Нахманид родился в Жироне, в христианской Испании. Он был раввином и ученым и внес вклад в философию, мистику, библейский комментарий и поэзию. Хотя он зарабатывал на жизнь врачебным делом, он был одним из ведущих средневековых комментаторов Талмуда. Его семья принадлежала к еврейской интеллектуальной и экономической элите, а в числе его предков были важные ученые. Некоторые члены его семьи занимали высокие официальные посты в общине Жироны. В ранний период своей жизни он изучал Талмуд, следуя методу тосафистов северной Франции и тосафистов его времени, живших в Провансе. В маймонидеанской полемике, начавшейся во Франции в 1232 году, Нахманид пытался выступать посредником между двумя противостоящими лагерями, несмотря на то что сам он не соглашался с радикально-философским подходом, развитие которого спровоцировали труды Маймонида. Его репутация была настолько велика, что в 1263 году король Хайме I привлек его к участию в публичном диспуте с выкрестом Пабло Кристиани. Нахманид одержал верх в диспуте, но после его публикации в конечном счете был вынужден покинуть Испанию. Он бежал в Израиль и в 1267 году прибыл в Акко.

Нахманид написал комментарии к Торе и Книге Иова (считая, что «авторство» всех текстов принадлежит Моисею)[3]. По види-

---

внятного обсуждения смысла Книги Иова как целого, за исключением утверждения, в комментарии к 1:1, что Иов — это история человека, который начал богатым, провалился в бедность и был восстановлен в богатстве.

[3] Комментарий был впервые опубликован и атрибутирован Нахманиду в раввинистической Библии 1517 года. В XIX веке атрибуция была оспорена; см. [Frankel 1868]. Среди прочих оснований для сомнения Франкель приводит то, что в комментарии средневековые авторы идентифицируются с помощью акронимов, которые не используются ни в каких других работах

мости, они были написаны в поздний период его жизни; он начал сочинять их в Испании и завершил уже после бегства в Израиль. Происходя из христианской Испании, он был наследником экзегетических традиций аль-Андалуса и традиций Ашкеназа (Франции и Германии). В его комментариях часто цитируется раввинистический материал и уделяется значительное внимание анализу мидраша и его отношения к библейскому тексту. С точки зрения Нахманида, у Библии есть несколько уровней. В ней записаны события прошлого, и в то же время она содержит указания на грядущее. Нахманид часто цитирует более ранних экзегетов, включая Раши (которого он особенно почитает), ибн Эзру, Саадию и Маймонида, и часто спорит с их трактовками. Нахманид хорошо знал грамматику и интересовался литературной структурой библейских нарративов. Также он использует типологическое чтение — метод, которого евреи в основном избегали из-за того, что им пользовались христиане — и видит в действиях патриархов предвестия дальнейшей истории израильтян. Наиболее существенно, вероятно, то, что Нахманид был одним из первых комментаторов, который применил для интерпретации текста каббалистические методы. Это особенно заметно в его введении

Нахманида, а также замечает, что комментарий отличается от других трудов Нахманида в отношении мистических тайн, о которых учит Елиуй (и о которых Нахманид обычно говорит неохотно). Также он упоминает утверждение Герсонида, что ни один другой ученый, кроме Маймонида, не пытался прояснить позиции по вопросу провидения в Книге Иова. Исходя из этого, Франкель предполагает, что комментарий был написан мистиком, жившим позднее Герсонида и работавшим в нахманидовском ключе (см. также [Glatzer 1966]). К тому же некоторые высказывания Нахманида об Иове в других работах расходятся с комментарием в том виде, как он до нас дошел. Возражения Франкелю можно найти во введении к изданию комментария к Иову Нахманида под редакцией Чарльза Чавела, см. [Chavel 1963, 1: 13]. Большинство ученых согласились с атрибуцией, но Норман Рот в недавней работе предложил вернуться к аргументам Франкеля. См. [Roth 2021: 217–219, 223]. Утверждение Рота: «Любопытным образом, предполагаемый комментарий к Иову был в значительной мере проигнорирован исследователями — вероятно, потому, что они соглашаются с вышеприведенными возражениями Франкеля» [Roth 2021: 223] — не учитывает значительную часть библиографии. Обсуждение Моисеева авторства см. в [Basser 2006: 97–98].

к комментарию к Торе, где он говорит, что весь текст Торы представляет собой имена Бога, и подразделяет текст на эти имена, вместо того чтобы следовать словам нарратива. Нахманид был привержен идее того, что впоследствии стало называться «всезначимостью» (то есть даже мельчайшие детали библейского текста имеют смысл и должны подлежать правильной интерпретации). Нахманид считает, что тексты Торы содержат тайны (*сод*), которые передавались от учителя к ученику с древних времен; другими словами, у Торы есть экзотерический и эзотерический смысл. Тайные интерпретации не обесценивают контекстуальные прочтения, но комплементарны им, текст способен выдерживать несколько интерпретаций одновременно[4].

Нахманид разбирает Иова наиболее развернуто в своем комментарии к книге[5] и в более раннем произведении, «שער הגמול» («Врата воздаяния»)[6]. Он утверждает, что библейская книга

---

[4] О жизни и трудах Нахманида см. [Elman 1989: 32–35].

[5] Наиболее часто цитируемое издание — [Chavel 1963, 1: 1–128]. Вышедшие недавно — [Cohen 2019] и издание, основанное на British Library MS Add. 26,894// II и некоторых других текстуальных свидетельствах [Friedman 2018]. Существуют английские переводы: [Kanter 2001; Lieb 1969]. Также было опубликовано популярное переложение, основанное на комментарии: [Friedman 1996].

[6] «שער הגמול» включены в издание [Chavel 1963, 2: 264–311]. Английский перевод доступен в [Chavel 1978, 2: 419–552]. В период между написанием «שער הגמול» и комментария к Иову Нахманид, по всей видимости, представил в Жироне около 1267 года рассуждение о Екклесиасте. Обсуждение Книги Иова отталкивается от Еккл. 7:20: «Нет человека праведного на земле, который делал бы добро и не грешил бы». Далее Нахманид коротко излагает свое видение книги, как оно представлено в более раннем сочинении. Моисей написал библейскую книгу, чтобы объяснить страдание совершенно праведного индивида, поскольку раввинистическое утверждение, что праведники подвергаются каре за их немногие грехи в этом мире ради того, чтобы быть удостоенными вечной жизни в грядущем мире, годится не для всех ситуаций. Он сетует, что предшествующие библейские комментаторы и Маймонид не смогли раскрыть смысл книги, и говорит, что Елиуй дает верное понимание. Однако сам он не дает объяснения и лишь говорит, что это (мистическая) традиция, передаваемая от мудреца к мудрецу, о которой, возможно, говорит Соломон в Еккл. 9:1: «На все это я обратил сердце мое для исследования, что праведные и мудрые и деяния их — в руке Божией, и что человек ни любви, ни ненависти не знает во всем том, что перед ним». В этом пассаже, полага-

должна была решить две проблемы. Первая — почему страдают праведные; вторая — почему процветают злые. Согласно Нахманиду, Иов и его соотечественники были реальными людьми, которые жили во времена патриархов. Иов, потомок Исава, был праведным и соблюдал заповеди, которые можно было познать разумом (так как Тора еще не была дарована). Хотя Враг и является в истории действующим лицом, вся власть у Бога, и назначение страдания было не в том, чтобы причинить Иову или его семье непоправимый ущерб. Нахманид весьма трогательно настаивает, комментируя 42:10, что в итоге Иову были возвращены дети, которые были у него в начале (они были спрятаны, а не убиты), как и изначальный скот и собственность [Silver 1969]. Согласно Нахманиду, Иов, полагая, что он не заслужил своего страдания, пришел к убеждению, что судьбой человека управляют созвездия и что Богу безразлично его ничтожное творение (комментарии к 9:2 и 9:22) [Glatzer 1966: 205]. Провидение, таким образом, действует только в отношении рода — а не индивидов — и Иов взбунтовался против Бога, который, будучи равнодушен, допустил его незаслуженное страдание. Елифаз воспринимает плач Иова как ересь и говорит, что Бог причиняет людям страдания либо потому, что никто не свободен от греха, либо потому, что Он пытается преподать урок. И далее, если грех был наказан в этой жизни, то индивид освобождается от воздаяния в мире грядущем. Вилдад (8:3–4) отвергает претензии Иова на праведность и настаивает на том, что и Иов, и его дети согрешили и заслужили свою судьбу[7]. Софар говорит, что пути Бога зага-

---

ет Нахманид, отзывается вопрос Иова, «Где премудрость обретается?» («Discourse on the Words of Creation» — «Рассуждение о Словах Творения» — в [Chavel 1978, 1: 188–199]).

[7] Этот тезис о детях Иова отсылает к единственному источнику в раввинистической литературе, где говорится об оправдании их смерти (Сифре Деварим писка 31). Похожие оправдания мы находим и у многих средневековых комментаторов (например, у ибн Эзры в его заключительных комментариях, у Радака к Иов 14:1). Нахманид же начинает в комментарии к Иов 42:10 высказывать подобное мнение, но далее объясняет, что единственное назначение этих действий было в том, чтобы испытать Иова, а не умертвить его

дочны, но что Он справедлив. Праведникам причиняются страдания, чтобы увеличить их воздаяние в грядущем мире (11:13–17). В общем и целом Нахманид находит тезис друзей, что злые могут процветать в этом мире, но получат по заслугам в следующем, неудовлетворительным. Это предположение не дает убедительного ответа на вопрос о том, почему страдают праведные, и длительный спор только усугубил психологическое страдание Иова[8]. Нахманид считает, что правильный ответ на страдания праведника дают слова Елиуя. И во «Вратах воздаяния», и в 33-й главе своего комментария Нахманид пишет, что Иов действительно праведен, но из-за того, что он не знает мистическую тайну *сод га-иббур* (вселения душ), он не осознает, за что он подвергается каре, ибо его душа не чиста. В комментарии Нахманид подробно интерпретирует главу 38, но лишь намекает на тайну, которую знает Елиуй[9]. Во «Вратах воздаяния» он говорит более открыто. Иов страдает потому, что он унаследовал душу, запятнанную в предыдущей жизни дурным поведением тела, которое она населяла[10]. Перенося страдание, Иов давал избавление душе, пребывавшей в его теле. Иов был прав, отстаивая свою праведность, он страдал за грехи, совершенные его душой в ее предыдущем воплощении. Здесь также не бывает страдания без греха[11]. У На-

---

детей и слуг. Они были временно спрятаны и возвращены ему в конце книги. Об обсуждении грехов детей Иова и их наказания в еврейской литературе см. [Mack 2000].

[8] Об эффекте, который, согласно Нахманиду, произвело на Иова его взаимодействие с собеседниками, см. [Cohen 2007].

[9] См. [Silver 1969: 23–25; Basser 2006: 99–101].

[10] Согласно Гершому Шолему, жиронская школа каббалы объясняла реинкарнацией некоторые библейские предписания касательно бездетности и института левиратного брака [Шолем 2021: 365–366]. Хотя они и не освещаются явным образом в обсуждении Нахманидом Книги Иова, данные вопросы более детально разработаны в «Зогаре» и других каббалистических текстах. Подробнее см. ниже.

[11] О реинкарнации в трудах Нахманида и о его доказательствах реинкарнации на материале Библии см. [Basser 2006]. Бассер включил в свой труд перевод прибавления к нахманидовскому комментарию к Иов 28, которое он рассматривает как отчетливо мистическую интерпретацию, касающуюся *сфирот*

хманида Бог является из бури, чтобы подтвердить объяснение Елиуя. Поскольку это тайна каббалы, она не подлежит объяснению разумом, но может быть подтверждена только посредством пророчества. Речи Бога Нахманид трактует как предназначенные показать Иову порядок природы, чтобы он смог понять, что Бог заботится даже о мельчайших деталях[12]. Иов удостоился пророчества, коим было явление Бога, только потому, что он принял аргумент Елиуя и исправил свои взгляды, которые прежде были еретическими [Silver 1969: 26].

Бахья бен Ашер бен Галава (1255–1340, Сарагоса)

Бахья был выдающимся исследователем мистических учений Нахманида, а его учителем, видимо, был Шломо бен Адрет, ведущий юридический авторитет того периода[13]. О жизни Бахьи

и *маасе мерката*. Этот перевод, идентифицируемый как имеющий источником учения каббалистов, по видимости, является цитатой из введения Эзры бен Соломона из Жироны (умер около 1245 года) к его комментарию к Песни Песней. Об экзегезе Эзры и его источниках см. [Dauber 2012: 55–58].

[12] О действии провидения в мысли Нахманида, в том числе в контексте комментария к Иову, см. [Berger 1983]. Экзегеза речи Елиуя в 32:3 у Нахманида, где он находит отсылку к переселению душ, — это одно из нескольких мест, где у него полностью переплетены каббалистическое и буквально-контекстуальное значения стиха, так что «только эзотерическая интерпретация, указывающая на метемпсихоз, действительно "подходит к стихам"...» [Berger 1983: 112].

[13] Другой ученик бен Адерета, Иошуа ибн Шуаиб (первая половина XIV века, Тудела), обстоятельно обсуждает Иова в своей проповеди на *парашат деварим* (см. [Shu'aib 1575: 77a/b]). Проповеди ибн Шуаиба, подобно комментариям Нахманида, были способом популяризировать каббалистические учения в противовес маймонидеанскому рационализму, и значительная часть этой проповеди посвящена проблеме страдающих праведников и процветающих злых. Ибн Шуаиб различает позиции о провидении, следуя Маймониду: Эпикур, Аристотель и ашариты. Место мутазилитов у ибн Шуаиба занимает астрология, утверждающая, что судьбой управляют звезды (обсуждение см. в [Horowitz 1989: 71]). Этот взгляд он приписывает страдающему Иову. Критика Маймонида продолжается и далее, когда ибн Шуаиб (разобрав вопрос о том, является ли Книга Иова реальной историей или только притчей, сказав, что источник книги — Моисеево пророчество, и обрисовав

практически нет сведений помимо того, что он сообщает в собственных сочинениях. Он был проповедником и раввинистическим судьей в Сарагосе и, несмотря на бедность, написал много трудов. Наиболее известен его комментарий к Пятикнижию, завершенный в 1291 году [Millen 1974].

Атрибутируемый ему комментарий к Иову, «שובע שמחות» («Насыщенный радостями»), на деле представляет собой переработанный текст о провидении из его энциклопедического труда о еврейской мысли «כד הקמח» («Кувшин муки») с вкраплениями из некоторых других его сочинений, в том числе четвертой главы «שלחן של ארבע» («Стол для четырех»), где описывается пир праведников в грядущем мире[14]. В четвертой главе «כד הקמח» Бахья разбирает, обильно цитируя, комментарий к Иову своего учителя[15]. Для нас в этой связи интереснее обратить внимание на его расхождения с Нахманидом, чем изучать, в чем он полностью следует его интерпретациям. Если Нахманид говорит о переселении душ только намеками, то Бахья обсуждает его открыто. Бахья полагает, что речи Бога в главах 38 и 39 раскрывают божественный атрибут милости, а в главах 40 и 41 — атрибут суда. Детали творения и тайна переселения душ демонстрируют провиденциальную заботу Бога как о роде, так и об индивиде, хотя человеческие существа, занимая более высокое положение по сравнению с другими созданиями, удостаиваются специального внимания. Согласно Бахье, Елиуй (глава 33) объясняет, что покаяние и страдание спасают грешника от Шеола, но недостаточны для того, чтобы позво-

---

в общих чертах различные талмудические учения о том, когда и где Иов жил) говорит, что ответ на вопрос, почему совершенные праведники подвергаются каре, можно найти в толковании Нахманида: что намек Елиуя на мистическую тайну заставил Иова раскаяться в своих ошибочных взглядах. Как и Нахманид, ибн Шуаиб не раскрывает тайну Елиуя.

[14] Комментарий впервые был напечатан как [Asher 1768], впоследствии как [Asher 1947]. Обсуждение Иова в Кад га-Кемах можно найти как на иврите, так и в английском переводе: [Chavel 1969b: 135–157; Chavel 1980: 181–204]. Материал из «Шулхан шел арбаа» доступен в [Chavel 1969b: 501–514].

[15] Разъясняя роль Врага, он подробно обсуждает представление Саадии, что Враг был реальным лицом, а не ангелом, и что «сыны Божии» — это также люди [Chavel 1980: 191].

лить душе быть восстановленной в ее божественном источнике. Бог принимает покаяние, и душа перерождается в новом теле, которое является «праведным», поскольку это новое существо не совершило никакого греха. Далее Бог причиняет страдание этому новому существу, чтобы оно искупило всякие остатки греха в своей душе. Очистившись, душа теперь может получить полную награду, будучи воссоединенной с Богом. Бахья доказывает, опираясь на Иов 33:29, что если перерождения не хватает для очищения души, то этот процесс может быть повторен трижды[16]. В заключение своего сочинения Бахья повторяет аргумент своего учителя, что дети и скот Иова были не умерщвлены, а спрятаны в пустыне. Что они были убиты, только показалось слугам, которые рассказали об этом Иову. Таким образом, Иов в конце книги был вознагражден восстановлением того, что он утратил, а не возмещением.

Интерпретация Нахманида, согласно которой Иов искупает унаследованную порочную душу, определенно присутствует в сочинении Бахьи. Вероятно, что Нахманид был не первым, кто сформулировал эту идею, но насколько мы знаем, в его труде она впервые записана, и она приобрела широкое распространение среди его учеников и коллег. Представитель того же круга жиронских каббалистов, Яков бен Шешет Геронди, коротко говорит, что реинкарнация объясняет всю ситуацию Иова [Gabay 1993: 115; см. также 21–22, 61]. Учение о реинкарнации, развитое каббалистами Жироны, также повлияло на нескольких других ранних каббалистов. Согласно Гершому Шолему, эта доктрина присутствует в рукописи школы Шломо бен Адрета (1235–1310), ведущего легального авторитета Барселоны и ученика Нахманида [Scholem 1991: 304n39]. Авраам Абулафия (1240 — после 1291,

---

[16] Дальнейшее обсуждение идеи о тройном повторении реинкарнации и того, как она связана с Иов 33:29, см. в [Ogren 2009: 252]. Моше Идель в своих работах приложил большие усилия, чтобы прояснить различия между *гилгуль* и *сод га-иббур*. Занимаясь этим вопросом, он попутно задокументировал каббалистические сочинения, согласно которым Иов 33:29 отсылает не к последовательным реинкарнациям, а к телу, наделенному тремя или четырьмя душами одновременно: одна из них новая и незапятнанная, а другие — унаследованные [Idel 2006: 361].

Арагон) одобрительно пересказывает толкование Нахманида в письме к бывшему ученику:

> Святой Рав [Нахманид] упоминает вопрос о тайне вселения (*сод га-иббур*) в своем комментарии к Иову, в связи с аргументами Елиуя. Рассмотрим мнение мудреца [Нахманида]: В отношении праведного человека, для которого это есть благо, он есть тот, кто совершенно [благ], и характеристика праведности ясна всем, с самого начала мысли. И так же и со злым человеком, для него оно зло; здесь нет трудности для мысли. Но если порядок оборачивается [возникает проблема], тогда необходимо обновить реальность с обратной стороны два или три раза, как Рав [Нахманид] намекнул также и в своей книге «Учение о человеке», в «Шар га-Гемуль»[17].

Для Абулафии Иов — одна из самых глубоких книг. В своей «שומר מצוה» («Хранитель заповеди») он утверждает, что раз ранние раввинистические мудрецы приписывали авторство Книги Иова Моисею, то в ней также содержатся Тора, мудрость и пророчество [Abulafia 2001: 24–25]. Элиот Волфсон пишет, что для Абулафии «узел, в котором переплетены тайны Торы, мистическое объяснение заповедей и пророчество, связан именно с Книгой Иова» [Wolfson 2000: 196].

«Зогар»

«Зогар» (начатый в середине XIII века в христианской Испании) — важнейший текст средневековой каббалы. В текущей форме он представляет собой мистический мидраш на книги

---

[17] Перевод из [Ogren 2009: 149]. Огрен рассматривает пересказ Нахманидова толкования Иова в контексте более сложного понимания действия переселения душ у Абулафии. Любимый ученик Абулафии Иосиф Гикатилла лишь коротко говорит о Книге Иова в самом влиятельном своем сочинении «Шаарей ора» («Врата света»): «Иов, хоть он и был абсолютно праведным человеком, заслуживал своей кары» [Gikatilla 1998: 214]. Гикатилла не объясняет, почему Иов его заслуживал, но модель левиратного брака и переселения душ как раз допускает ситуацию, в которой «абсолютно праведный человек» может «заслуживать своей кары».

Торы. Исторически он атрибутировался палестинскому рабби II века Шимону бар Йохаю. Современные исследования считают, что его написание началось в Кастилии в конце XIII века, вероятно, в 1280-х годах. Первые фрагменты «Зогара» распространялись Моше де Леоном, к тому времени уже признанным каббалистом, утверждавшим, что он скопировал их из древнего манускрипта, но язык и проблематика «Зогара» выдают, что он был написан позднее. Материал «Зогара» расширялся по мере того, как несколько поколений мистиков дополняли его[18].

Хотя «Зогар» не является комментарием к Иову, книга и ее содержание обсуждаются в нем сотни раз [Glatzer 1966: 217–220; Kalman 2005b: 167–228]. И хотя часто кажется, что он просто перефразирует раввинистические и средневековые традиции, на деле «Зогар» дает весьма изобретательные интерпретации. Например, в «Зогар» II:33a утверждается, что Иову недоставало знания: в его прочтении стиха Иов 2:3 Бог говорит не «возбудил Меня против него», а «возбудил Меня в нем». То есть то, что он не заслуживает происходящего с ним, — это только мнение Иова; его страдание переплетено с его явно ложным «мнением». Чтобы обосновать этот тезис, «Зогар» заимствует положения из интерпретаций как Маймонида, так и Нахманида, смешивает их и преобразует, благодаря чему они становятся специфически зогарическими. Неправильное мышление Иова также подчеркивается в «Зогар» II:33b, где Врагу дается разрешение подвергнуть Иова испытанию, чтобы он доказал, что служит Богу из любви, а не из страха потерять то, чем владеет (это толкование отсылает к м. Сота 5:5). В «Зогаре» здесь отмечается, что благоговение перед Богом, проистекающее из страха потерять богатство или детей, — это неправильное почитание.

«Зогар» II:32b–34a по большей части представляет собой развитие раввинистического мидраша, в наиболее развернутой форме представленного в Шмот Рабба 21:7; страдание Иова объясняется в нем тем, что Бог отдал его Врагу, чтобы временно

---

[18] Хороший обзор развития «Зогара» и исследовательских дискуссий о нем см. в [Green 2004: 162–177].

отвлечь того от призвания обвинять Израиль в Судный день (см., например, «Зогар» III:101b). Изображение Иова как жертвы, призванной ублажить Врага и занимающей место Израиля, вполне согласуется с мировоззрением «Зогара» в целом; в «Зогаре» неоднократно высказывается идея, что Бог причиняет страдания праведникам, чтобы искупить грехи других[19]. «Зогар» приводит несколько оснований, по которым Иов был избран козлом отпущения, но совершенная праведность Иова — не одно из них. Описывая Иова как козла отпущения, «Зогар» отсылает к раввинистическому преданию, сохранившемуся в Берешит Рабба 57:4, согласно которому что Бог использует Иова, чтобы отвлечь Врага во время исхода из Египта, пока евреи переходят через море, чтобы спастись.

Далее в тексте обсуждаются четыре причины, по которым Иов был избран для страдания. Во-первых, Иов был одним из советников фараона, наряду с Иофором и Валаамом. В. Сота 11а утверждает, что когда у Иова потребовали совета насчет фараонова желания истребить евреев, он промолчал. «Зогар» рассказывает эту историю иначе: Иов говорит, что фараону следует пощадить их души и подвергнуть их тела тяжелому труду. Хотя Иов поступает праведно и устраивает так, что жизни израильтян оказываются спасены, в соответствии с раввинистическим принципом «мера за меру» душе Иова дается пощада, а его тело, соответственно, подвергается мучениям Врагом («Зогар» II:33a).

Вторая причина, по которой Иов был избран, заключается в том, что он отдалился от общины. «Зогар» I:69a говорит, что, оставаясь в общине, индивид не привлекает внимания и избегает критики. Изолировав себя от общины, Иов не мог способствовать тому, чтобы ее члены каялись и искупали себя сами, поэтому он вынужден был страдать вместо них во их искупление. Бог выбирает Иова также потому, что он достиг определенного уровня праведности. Если бы он не был в некоторой мере праведен, Враг не принял бы его в качестве заместителя общины.

---

[19] См., например, «Зогар» I:65a, II:10b, II:38b, II:53a и II:269a.

Другой аргумент «Зогара» гласит, что Иов имел задолженность перед Врагом, потому что ранее не отдал ему причитающегося. Здесь «Зогар» исходит из посылки, что при совершении жертвоприношения некоторая доля должна быть уделена «злой стороне». В «Зогар» II:34а Иов сравнивается с Каином, поскольку оба принесли жертву Богу. Жертва Каина не была принята, потому что он принес ее только злой стороне. Из того, что частью жертвы Авеля также был жир, заключается, что это была его жертва Врагу, и он тем самым ублажил как добро, так и зло. Иов, однако, не знал о том, что жертву нужно принести и Богу, и Врагу. Иов 1:5 говорит, что Иов приносил *олот*, чтобы его дети не понесли наказания за любые грехи, которые они, быть может, совершили. Так как Иов приносит *олах*, единичную жертву, которая предназначается Богу в Его целостности, Враг не получает того, что ему положено.

Несколько более сдержанно по сравнению с предшествующей раввинистической литературой «Зогар» и связанные с ним тексты порицают Иова за то, что он спорит с Богом. «Зогар» I:145а воспроизводит талмудическое представление (в. Бава Батра 16а), будто Иов обвиняет Бога в том, что Он переставил буквы его имени (איוב) и сделал его Своим врагом (אויב). Другими словами, Иов полагает, что страдание по праву — не его, и обвиняет Бога в том, что Он перепутал его с кем-то другим.

«Мидраш га-Неэлам к Книге Руфи» 75d повторяет обвинение Равы, что Иов отрицает воскрешение мертвых (в. Бава Батра 16а). В нем изображается дискуссия между Богом и Врагом, идущая во время страданий Иова, и воспроизводятся протесты Иова. Согласно «Мидраш га-Неэлам», Рабби Нехорай учил, что Обвинитель (Сатана) говорил Богу, что вопреки Его утверждению, что Иов праведен, Иов на самом деле отрицал воскрешение мертвых [Basser, Englander 1993: 7][20].

---

[20] Нужно заметить, что эта тема возникает в данном разделе дважды: один раз это описание факта, то есть Иов отрицает воскрешение мертвых, а во второй раз она появляется в диалоге на небесах, когда Обвинитель приводит это как обвинение.

Ответ на это обвинение несколько обескураживает, с учетом того, что «Зогар» в целом осуждает Иова. Бог считает, что Иов был не в себе, говоря это. Смысл здесь не в том, что Иов невинен, а в том, что его преступления рассматриваются как менее серьезные, поскольку они спровоцированы несчастьем. Таким образом, представляется, что Бог снисходителен и наказание Иова направлено на исправление, что согласуется с идеями «Зогара» о том, почему праведники страдают (см. «Зогар» I:180a–180b).

«Мидраш га-Неэлам к Книге Руфи» 75d приводит новый протест Иова:

> Когда Иов спорил со Святым Благословенным, что сказал он? «Хорошо ли для Тебя, что Ты угнетаешь, что презираешь дело рук Твоих» (Иов 10:3). Он имел в виду: «Хорошо ли это, угнетение, которое ты устраиваешь мне? Мои отец и мать дали мне тело, а Ты работал вместе с ними и дал мне душу. Но Ты сказал Обвинителю: "только душу его сбереги" (Иов 2:6). То, что Твое, ты пощадил; о том, что от моих отца и матери, Ты сказал: "вот, он в руке твоей" (там же). Хорошо ли это, угнетение, которое Ты устраиваешь мне, что Ты "презираешь дело рук Твоих"? Ибо портится душа из-за страданий тела...» [Basser, Englander 1993: 7][21].

Весь этот диалог — изобретение автора «Мидраш га-Неэлам»[22]. Общий его принцип — что Бог соучаствует в создании человеческого существа и что для Него неразумно оберегать только ту составляющую человеческого существа, за которую Он отвечает. Глупость состоит в непонимании того, что когда портится одна часть человека, то портится человек целиком. Иов говорит, что

---

[21] Ср. [Hecker 2016: 35].

[22] Согласно Вертхаймеру, источник этого текста — не сохранившийся «Мидраш Ийоб» [Wertheimer, Wertheimer 1950: 2:172]. В своей реконструкции он ссылается на комментарий Шимона бен Цемаха Дурана в [Duran 1589] к Иов 10:3. Дуран в этом месте приводит мидраш под эгидой РаЗаЛ. Учитывая убежденность Дурана, что автор «Зогара» — Шимон бар Йохай (см. [Zimmels 2007: 59]), атрибуция им анонимного мидраша раввинам не может отсылать ни к какому иному источнику, кроме «Зогара». Подробнее см. в четвертой главе настоящей книги.

хотя Бог попытался защитить то, что принадлежит Ему (то есть душу Иова), Он потерпел неудачу, потому что из-за угнетения тела Иова его душа также оказалась угнетена. В этом тексте в уста Иова вкладываются слова, которые он не мог бы сказать. Предпосылка Книги Иова — что Иов не знал о соглашении между Богом и Врагом, а значит, не мог знать о защите, которую Бог обеспечил его душе. Из своего здравого смысла Иов извлекает общую истину: в обычных условиях страдания тела портят душу. Однако здесь ситуация уникальна: страдание тела, когда душа защищена, искупает душу.

Наконец, отталкиваясь от представления Нахманида и его круга, что история Иова связана с мистической тайной переселения душ, «Зогар» III:216b («Раиа Мегемна») утверждает, что Иов — дитя левиратного брака. В другом месте «Зогар» говорит, что мужчина умирает, не оставив потомства, из-за греха. Согласно библейскому закону, когда мужчина умирает, его вдова должна выйти замуж за его брата. Душа мертвого мужчины, запятнанная его греховными поступками, возвращается к жизни в ребенке новой пары. Если этот ребенок праведен и переносит страдание как наказание за грех, который душа несет на себе из предыдущей инкарнации, он искупает душу своего «отца» и она может вернуться к своему источнику после смерти «ребенка». В рамках этой интерпретации Иов страдает за грехи, совершенные его душой в предыдущей инкарнации, а не за что-либо совершенное им самим.

«Зогар», как и многие другие комментарии, находит правильное понимание в словах Елиуя. В «Зогар» I:180a, отсылающем к Иов 34:10, Елиуй объясняет Иову, что Бог истязает человеческое тело, чтобы сделать сильнее душу, и за счет этого Он может приблизить ее к Себе.

Представление об Иове как о ребенке от левиратного брака возникает, как было указано выше, в «Раиа Мегемна» («Верный пастух»), разделе «Зогара», который часто рассматривается как написанный несколько позднее, чем изначальный «мидраш» к Торе, составляющий основной массив текста. Однако предполагаемый автор «Зогара», Моше де Леон, пишет об Иове как о ребенке от левиратного брака в своем раннем сочинении на иврите, «שושן ערות» («Лилии завета»). По Моше де Леону Иов — праведник, который познает эзотерические тайны только после встречи с Елиуем. В какой-то момент Иов постигает, что его страдание — часть справедливого плана божества, который направлен на искупление души его умершего отца посредством левиратного брака [Leon 2001: 15–16]. Изображение Иова ребенком от левиратного брака повторяется в трудах позднейших каббалистов. Например, итальянский рабби и каббалист Менахем Реканати (ок. 1250–1290) высказывает сомнения в том, что учение о переселении душ применимо к неевреям, так как заповедь о левиратном браке касается только евреев. Реканати доказывает, что оно неприменимо, но несколько праотцев-неевреев — Адам, Авель и Иов, «праведные среди народов» — предвидели пользу левиратного брака. Ссылаясь на Яакова Бейрава (1474–1546, Цфат) каббалист Шломо Алкабец (1505–1580, Цфат), чей комментарий к Иову, «פצעי אוהב» («Раны любви») был утерян, пишет, что Елиуй учил Иова, что он страдает из-за переселения души, которое произошло в результате левиратного брака [Werblowsky 1962: 242][23]. В дальнейшем эта идея стала частью исторического описания Иова и его страдания, как в хронике Гедальи ибн Яхьи (1526–1587, Италия). Опираясь на мидраш и «Зогар», ибн Яхья пишет, что Иов родился в начале пребывания Израиля в Египте и умер во время Исхода: «Иов был ребенком от левиратного брака, и Иов, Иофор и Валаам были советниками фараона» [Yahya 1961: 26]. Как отмечалось выше, это представление стало ключевой составляющей дискуссии о левиратном браке в XV веке.

---

[23] Иосиф Каро связывал Иов 33 с идеей, что индивид может реинкарнироваться трижды. См. завершающие строки его «מגיד מישרים» («Проповедник праведности»). Также библейский комментатор и мистик Исайя Горовиц (ок. 1555, Прага — 1630, Цфат) в своих комментариях к *ки тейцей* предполагает: «Поскольку мы не ведаем, какой душой праведник обладал в предыдущем опыте, его страдания в настоящем кажутся нам странными. Единственный, который знает все, что скрыто от нас, да будет имя Всезнающего благословенно, по истине наказывает тех, кто заслуживают. И в этом сущностный смысл страданий Иова — ибо он нес грехи предыдущего существования» [Basser 2006: 102].

Моше Алшех (1508–1593, Адрианополь, Цфат)

Алшех, галахический авторитет и библейский комментатор, учился в Салониках у Иосифа Каро, а далее поселился в Цфате в Израиле. Там он заработал репутацию легального авторитета и проповедника и посвятил себя изучению каббалы. Его труды отражают вопросы, которыми он задавался в своих регулярных проповедях.

Сохранившиеся библейские комментарии Алшеха по большей части представляют собой переработку его проповедей. Сочинения о Данииле, Песни Песней, Притчах и Бытии были напечатаны при его жизни. Начиная с 1600 года его сын Хаим начал заниматься переизданием более ранних комментариев, а также печатью тех сочинений, которые остались в рукописном виде, в том числе комментариев ко всей Торе, к Плачу Иеремии, Екклесиасту, Есфири, Иезекиилю, Псалтири и Иову (1603)[24].

Композиционно комментарии Алшеха разбиты на разделы, каждый из которых представляет собой обширный ответ на тот или иной вопрос. Они обильно приправлены замечаниями о синтаксисе, цитатами из раввинистических источников и каббалистическими учениями. Алшех рассматривал эти тексты как исторические свидетельства о действиях реальных людей.

Комментарий Моше Алшеха, «חלקת מחקק» («Удел законодателя» [Втор. 33:21]), основан на многих идеях из более ранних мистических источников, но его трактовка Книги Иова оригинальна [Alshekh 1603][25]. Алшех начинает комментарий со смелого утверждения, что судьба и случай не играют роли в жизнях человеческих существ, и посвящает свое толкование Книги Иова подтверждению того, что божественное провидение правит всем.

---

[24] Более подробную биографию см. в [Preschel, Derovan 2007]. Комментарий Алшеха, по видимости, прервал долгую паузу, когда мистические комментарии к Иову не создавались. Однако вероятно, что утерянный ныне комментарий был написан Авраамом бен Яаковом Сабой (умер в 1508 году). В другом своем сочинении Саба описывает свою болезнь, используя Иов 33:21, «Плоть на нем пропадает...». См. [Gross 1995: 32–33].

[25] Английский перевод — [Alshekh 1996].

Его Иов — нееврей и потомок Авраама, который служил египетскому фараону до Исхода (комментарии к 5:19–22). Иов был чрезвычайно благочестив, обладал глубоким знанием и соблюдал заповеди, которые возможно было дедуцировать до дарования Торы. Поначалу Алшех объясняет страдания Иова, используя раввинистическую идею, что он послужил козлом отпущения для защиты израильтян от Врага (см., например, Берешит Рабба 57:4). Алшех оправдывает выбор для этого Иова тем, что, будучи советником фараона, он поддержал убийство еврейских младенцев, и добавляет, что он дал египтянам лошадей для погони за убегающими рабами (5:19–22). Алшех объясняет смерть детей Иова как воздаяние за их поведение на частых пиршествах; смерть слуг была наказанием за то, что они тоже в них участвовали (1:17). Бог ужесточил наказание Иова, потому что он продолжал возносить за них всесожжения, вместо того чтобы положить конец их скверному поведению. Принося жертвы раз за разом, он стал соучастником их прегрешений (1:4–5)[26]. Алшех замечает в 1:1–3, что Бог испытывает людей как богатством, так и бедностью. Хотя бедность приводит некоторых к воровству и к использованию имени Бога в сквернословии, богатство — испытание более трудное, потому что оно ведет к высокомерию и богохульству. Содержание жалоб Иова на Бога во многом сводится к тому, что все зависит от судьбы и что Бог не обращает внимания на то, что происходит с людьми (3:1, 19:5–6). Елифаз, который упоминает о поступках Иова в Египте, приводит аргумент, что невозможно, чтобы индивид был праведен и спорил с Богом; если даже ангелам нужно каяться, то людям тем более (4:17–19). Он добавляет, что людям следует быть благодарными за страдания, так как гнев Бога — проявление Его любви и заботы. Вилдад критикует Иова за слова, что содержание его инвектив — это следствие его боли и страдания, а не отражение его настоящих убеждений. Вилдад полагает, что продолжающиеся жалобы — свидетельство того, что Иов действительно думает то, что говорит. Софар обвиняет

---

[26] См. контекстуализацию комментариев Алшеха о детях Иова в более широком поле еврейской мысли об этом вопросе в [Mack 2000].

Иова в том, что он пренебрегает изучением Торы — это отсылает к талмудическому учению (в. Берахот 5а), что если человек, подумав о себе, не находит греха, который объяснял бы его положение, то ему следует предполагать, что причина в его пренебрежении изучением Торы.

Елиуй (главы 32–33) спорит с Иовом по поводу его убеждения, что и его тело, и его душа праведны. Теоретически Елиуй может принять, что Иов не совершил никакого греха, но не что его душа беспорочна. Елиуй объясняет, что Бог сперва посылает людям сны, чтобы побудить их к покаянию. Если это не действует, то применяются страдания. Страдания позволяют Богу очистить душу от греха и приблизить человека к Себе, чтобы душа могла быть реинкарнирована и продолжила свой путь к праведности. В конечном счете совершенствование души позволит ей быть восстановленной в теле во время воскрешения. Включение переселения душ в речь Елиуя основано на своеобразной интерпретации Иов 33:29: «Вот, все это делает Бог два-три раза с человеком». Эта интерпретация стала важным топосом в каббалистическом обсуждении переселения душ (см. ниже) [Scholem 1945: 143].

В отличие от более ранних комментаторов, у Алшеха Елиуй не знакомит Иова с идеей переселения душ. Комментарии Алшеха к Иов 16:22–17:1 указывают, что Иов уже знал о нем и верил в него! Согласно Алшеху, Иов скорбит о том, как он отреагировал на свое страдание, понимая, что его вечному пребыванию в грядущем мире будут предшествовать будущие инкарнации. Он понимает, что до своего страдания он был праведен душой и телом и в конце жизни был бы достоин грядущего мира. Но то, что он отреагировал на страдание жалобой на Бога, повредило его душу и сделало реинкарнацию необходимой. Иов сетует, что для него было бы лучше прожить остаток дней в страдании и очиститься от грехов, чем проживать несколько реинкарнаций.

Елиуй пытается объяснить пользу реинкарнации и говорит, что в ней проявляется справедливость Бога; настоящее прояснение наступает, только когда Бог является из бури. Согласно Алшеху, Бог пришел утешить Иова, несмотря на его жалобы на

Него. Бог объясняет, что переселение предназначено для того, чтобы позволить душе приближаться к совершенству с каждым новым телом, до тех пор, пока она не достигнет уровня праотца Авраама. Бог сообщает Иову, что он реинкарнация Фарры, отца Авраама, которого раввинистические источники считают идолопоклонником. Алшех утверждает, что покаяние Фарры было недостаточным для того, чтобы искупить его душу, и она была реинкарнирована в потомке, Иове, чтобы она могла достичь совершенства. Если бы Иов смог стойко перенести оставшееся страдание, возможно, ему бы не потребовалось реинкарнироваться снова. Раскаяние Иова в 42:2 — это признание, что Бог осуществляет провидение и заботится об индивидах и их планах.

Ицхак Лурия (1534–1572, Цфат) и Хаим Виталь (1542–1620, Цфат)

Лурия, ведущий каббалист Цфата, родился в Иерусалиме, но вырос в Египте. Там он стал галахическим авторитетом, но далее обратился к мистическому созерцанию и изучению «Зогара». В 1569 или 1570 году он поселился в Цфате, где недолгое время учился у каббалиста Моше Кордоверо. После смерти Кордоверо его ученик Хаим Виталь стал учиться у Лурии. Учения Лурии по большей части были сохранены и распространялись его учениками, в первую очередь Виталем[27].

Учение об Иове самого Виталя, содержащееся во второй книге его посмертно опубликованного труда «עץ הדעת הטוב» («Древо знания»), представляет собой лишь сжатое обсуждение, которое повторяет написанное в «Зогаре». Согласно Виталю, Иов, будучи вполне праведен, был подвергнут испытанию, чтобы определить меру его преданности Богу — происходило ли его служение из глубокой внутренней любви или было только внешней видимостью. Иов возносил всесожжения (*олот*) за своих детей вместо более обычных жертв во искупление вины (*ашам*), потому что он знал, как подтверждает речь Вилдада, что они грешили. Иов,

---

[27] О Лурии и его учениках см. [Fine 2003].

как утверждает Талмуд, согрешил в сердце, после того как потерял имущество и детей. Но когда он столкнулся с физическим страданием болезни, он согрешил и устами, предположив, что его судьбой управляют созвездия, а не Бог. Елифаз, раздраженный жалобой Иова, напоминает ему, что наказания демонстрируют любовь Бога, и также предполагает, что дети Иова грешили. Друзья Иова придерживаются классической версии теодицеи, не зная о роли, которую в системе вознаграждения и наказания играет переселение душ. Согласно Виталю, этот концепт вводится Елиуем для объяснения страдания Иова. Спрашивая Иова, почему он отстаивает праведность своего тела и не исследует свою душу, Елиуй намекает на тайну переселения. Виталь пишет, что в Своих речах Бог говорит, что божество знает всех людей и их поступки[28].

Гораздо более разработанное представление реинкарнации Иова содержится в труде Лурии (собранном Виталем). Раздел 36 «ספר שער הגלגולים» («Книга врат перевоплощений») утверждает, что Иов был реинкарнацией Фарры [Vital 1961: 124]. Также в этом разделе сообщается, что рабби Айбу, ранний аморай, был реинкарнацией Иова [Vital 1961: 114]. В тексте это не объясняется подробнее, но в лурианской каббале праведные прозелиты (в этом случае Иов был неевреем) проходят через дополнительное перерождение в процессе искупления своих душ. Иов здесь удостаивается реинкарнации в качестве важного рабби и отца важного сына, Рава, который, по преданию, основал раввинистическую академию в Суре. О реинкарнации свидетельствует то, что перестановка букв в имени Иова (איוב) дает имя рабби (איבו)[29]. В разделе 38 Авраам описывается как праведный ребенок грешного отца. Помимо идолопоклонства (Берешит Рабба 38:13) Фарра обвиняется в том, что он вступил в половую связь со своей женой во время менструации. Этим он обидел Бога, нарушив законы

---

[28] Тексты — вместе с его небольшим собранием материалов об Иове — были впервые опубликованы только в 1906 году [Vital 1906]. Об Иове см. фолио 101a–104b.

[29] О реинкарнации в лурианской каббале см. [Fine 2003: 300–358].

ритуальной чистоты. Душа Авраама, ребенка, родившегося от такого акта, была очищена, когда он был брошен в огонь Нимродом. Грех Фарры был искуплен, когда его понес Иов. Прямое наказание за сексуальную связь во время периода нечистоты, согласно этому тексту, — *цараат*, болезнь кожи, часто идентифицируемая с проказой. Соответственно, Иов покрылся нарывами за преступление Фарры [Vital 1961: 261].

Процесс реинкарнации Фарры также обсуждается в комментариях к *парашат вайера*, собранных в «ספר הליקוטים» («Книге собраний»)[30]. Лурия замечает, что первые буквы четырех слов, с которых начинается Быт. 18:1 («И явился ему Господь у дубравы») — ו, י, א, ב — если их переставить, составляют имя Иова на иврите, איוב. А первые буквы слов «Господь у дубравы Мамре» — י, ב, מ — составляют ивритское слово, означающее левиратный брак, что отсылает к зогарическому преданию о родителях Иова. Как учит Лурия, Бог сказал Аврааму, что его отец Фарра однажды покается и удостоится реинкарнации, и его душа в самом деле перерождается в Иове. Лурия говорит, что Иов нашел утешение только в словах Елиуя, которого следует идентифицировать с Исааком. Когда Иов кается в прахе и пепле, это аллюзия на Авраама, который в Быт. 18:27 описывает себя как прах и пепел. Перестановка букв в имени Иова дает слово אביו, «его отец», что отсылает к отцу Авраама, то есть Фарре. Далее Лурия пересказывает талмудическое предание, что Иов был сделан козлом отпущения ради защиты Израиля от Врага. Он объясняет, что Авраам был предупрежден в Быт. 15:13, что его потомки будут рабами в чужой земле, и понял, что это рабство — наказание за идолопоклонство, подобное идолопоклонству Фарры. Фарра (очистившись в Иове), мог, приняв страдание от рук Врага, спасти Израиль.

Идея, что Иов — это Фарра, регулярно возникает в трудах каббалистов, как мы уже видели выше на примере Алшеха. Менахем Азария из Фано (1548–1620, Италия) пишет в своем сочинении «גלגולי נשמות» («Переселение душ»): «Ибо Фарра был ис-

---

[30] Обсуждение Иова и Фарры в «ספר הליקוטים» находится в [Vital 1912: 11a]. Также речь об Иове в этой книге идет на фолио 92b–94a.

куплен Иовом путем страдания» [Sivoni 2011: 66]. В «ספר אור עינים» («Книга света глаз») Соломон бен Авраам Пениэль, о котором более ничего не известно, утверждает, что Иов — перевоплотившийся Фарра, и повествует о левиратном браке, от которого он родился. Согласно Пениэлю, Уц из Быт. 22:21 умер бездетным. Его брат Вуз женился на его вдове, и Иов — их сын, что делает его потомком Авраама. Пениэль полагает, что слово ארץ также означает «женщина»; соответственно, Иов 1:1 следует читать «был человек в жене Уца, имя его Иов»[31]. Нафтали бен Яаков Бахарах (первая половина XVII века, Франкфурт) в своей «עמק המלך» («Долина Царя») пишет, что Фарра был реинкарнирован, и это — тайна Нахманидова комментария к Иову [Bacharach 1648: 7a]. В замечательном панегирике 1674 года, посвященном родившемуся в Марокко талмудисту Якову Хагизу, рабби и проповедник Элиягу га-Коген из Измира (умер в 1729 году) пишет о связи Иов — Фарра и, подобно Алшеху, настаивает, что Иов знал о переселении еще до разговора с Елиуем и Богом. Толкуя Иов 9:21–22, Элиягу сообщает, что знаком с источником, где говорится, что в этом пассаже Иов спрашивает, не объясняется ли его страдание тем, что он унаследовал порочную душу. По словам Иова, он настаивал бы, что Бог уничтожает как невинных, так и порочных, лишь в том случае, если реинкарнации не существует [Saperstein 1989: 310][32].

Исраэль бен Моше Наджара (1555–1625, Цфат, Газа)

Наджара, родившийся в Дамаске, известен в первую очередь как литургический поэт. Он также был проповедником, комментатором Библии и каббалистом. До нас дошло около 350 его стихотворений, нравоучительные сочинения, труды, посвящен-

---

[31] Книга представляет собой тезаурус, организованный в алфавитном порядке; см. статью איוב. О книге см. [Heller 2011: 453].

[32] О роли раввина в установлении подлинности и передаче «еврейского» знания в раннее Новое время на примере рабби Элиягу га-Когена из Измира и об учении о перерождении в этой проповеди см. [Saperstein 2018: 425].

ные благословениям после приемов пищи и ритуальному забою, а также фрагменты комментария к Книге Иова. Комментарий к Торе и собрание его проповедей не сохранились [David 2007b]. Ведутся споры о степени его вовлеченности в каббалистическое движение в Цфате, но присутствие его сочинений и идей в этой культуре несомненно. Приверженцы мистической традиции использовали его труды, в особенности его поэзию, в своей литургической практике[33].

Наджара оставил комментарий под названием «פצעי אוהב» («Раны любви»)[34]. По некоторым свидетельствам, он был напечатан в Куру-Чешме в 1597 году, но до нас дошли только шесть печатных страниц и фрагменты манускрипта. Комментарий состоит из двух частей. В первой части Наджара использует грамматику и синтаксис для объяснения сложных слов и даже переводит на испанский. Во второй части он касается более широких проблем и более общих аспектов нарратива. Здесь он цитирует раввинистические источники и более ранних экзегетов. В первой части Наджара часто обращается к «משפט אוהב» Дурана, но вторая часть скорее напоминает комментарий Меира Арамы. Также он

---

[33] Согласно Питеру Коулу и Аминадаву Дикману, некоторые аспекты мистической практики цфатских каббалистов имеют свои истоки в Книге Иова:

> Особое воздействие в этом культурном климате имели тонко влияющие на сознание практики, когда поклоняющиеся, вдохновляясь Иов 38:7 — «при общем ликовании утренних звезд, когда все сыны Божии восклицали от радости», — поднимались посреди ночи или очень рано утром и пели славословные и иногда насыщенные эротизмом гимны. Традиция этих практик, известных как *баккашот*, то есть «прошения», <...> видимо, связана с суфийскими церемониями *самаа* или *зхикр*, провоцирующими экстаз «духовными концертами», в ходе которых поэзия декламировалась под музыкальный аккомпанемент [Cole, Dykman 2014: 144].

Подробнее о поэтическом наследии Наджары см. [Beeri 2019].

[34] Транскрипт текста вместе с обзором содержания и источников доступен в [Regev 1990]. Наше изложение здесь опирается исключительно на работу Регева. В напечатанную версию вошли комментарии к Иов 1:17–21, 2:10–13, 3:1–2, 4:11–12, 5:15–27, 6:1–14. В рукописи также содержатся комментарии к Иов 22 и 23 целиком, 24:1–25.

ссылается на сочинения Ицхака Арамы, Маймонида, Раши и других. Единственный опознаваемый нееврейский источник — Аристотель.

Установить, как Наджара трактует книгу в целом, практически невозможно из-за фрагментарного характера сохранившегося текста. Однако в отдельных комментариях можно выделить отчетливые положения. В комментариях к Иов 1:17–20 он утверждает, что посланники, которые принесли Иову вести о разрушениях, должны были быть ангелами, принявшими образ людей, поскольку человеческие существа не могли сделать это так быстро. Идея об ангелах, принимающих образ людей, имеет долгую историю в мистической экзегезе, как в случае трех мужей, посещающих Авраама в Быт. 18 и оказывающихся ангелами в Быт. 19. Нахманид, комментируя Быт. 18:1, убежденно говорит, что это особый случай мистического видения. Однако Иов и прежде того понимает, что весть о смерти его детей — это особая весть: ведь она означает, что жертвы, которые он приносил за них, были неприемлемы для Бога. Из рассказов посланников становится ясно, что эти катастрофические события не случайность — что они не вытекают из естественного порядка причинности, — чтобы Иов понял, что он проходит испытание или суд. Когда Иов, узнав о своих утратах, разрывает свои одежды и падает ниц перед Богом, он признает, что он подвергается испытанию по божественному указу.

Заключение

Подобно средневековым экзегетам-философам, средневековые мистики, такие как Нахманид, Бахья и авторы «Зогара», представляют Иова страдающим из-за незнания неких глубоких тайн. Однако если философы предлагают философские учения, то мистики утверждают, что Иов мог бы избежать страданий, поняв, что их причина — унаследованная им порочная душа, а не его собственный грех. Если бы он осознал это, он не был бы травмирован тем, что Бог наказывает его несправедливо. Если философы, как Маймонид, утверждают, что провидение зависит от степени интеллектуального совершенства индивида, то мистики возвращаются к идее, что оно напрямую связано с его поведением. «Зогар» в своем толковании Иова комбинирует обе позиции. Иов страдал, потому что не понимал мистическое устройство вселенной или его импликации для правильного соблюдения *мицвот*. Эта интеллектуальная неполноценность Иова не позволяла ему правильно исполнять религиозные обязанности и в конечном счете вызвала на него божественную кару.

Глава 7
Иов в антологических комментариях

Само собой разумеется, что мидрашическая традиция не исчезла под грузом новых экзегетических предприятий. Если *пшат* и философские экзегеты, равно как и караимы, отошли от мидрашических форм, то мистические тексты, такие как «Зогар», подражали ранней раввинистической литературе. Несмотря на отступление многих средневековых экзегетов от мидраша, другие авторы упорно держались традиции. Собирались новые коллекции раввинистического материала, хотя они составлялись скорее отдельными авторами, а не группами. В этих антологиях компилировались не только ранние раввинистические источники; в них включались фрагменты из других средневековых авторов, трудившихся в русле *пшат*, философии, мистики и прочих интеллектуальных течений. По мере того как эти индивидуальные комментарии становились доступны, многочисленные редакторы начинали сплетать различные пассажи вместе, создавая компилятивные, лоскутные комментарии. Эти комментарии имеют производный, деривативный характер, но включение или невключение тех или иных текстов и подход к их совмещению — все это позволяло редактором предложить собственное понимание библейских книг[1].

---

[1] О месте антологизации в еврейской интеллектуальной жизни см. эссе, собранные в [Stern 2004].

Шмуэль бен Нисим Маснут
(XIII век, Алеппо)

О жизни Маснута известно очень мало. Его семья, по видимости, происходила либо с Сицилии, либо из Толедо. Некоторые свидетельства указывают на то, что в 1218 году в Алеппо он был уже взрослым человеком, но в своем комментарии на Книгу Даниила он пишет, что он был сочинен около 1276 года — едва ли он прожил достаточно, чтобы и то и другое было правдой. Предположительно он был талмудистом и ведущей фигурой в еврейской общине Алеппо, но репутацией он обязан своему комментарию, «מעין גנים» («Фонтан садов»), вероятно, охватывавшему всю Библию. Фрагменты комментария к Числам сохранились в рукописи, а комментарии к Бытию, Даниилу, Ездре — Неемии, Иову и Паралипоменон были опубликованы[2].

Комментарий Шмуэля бен Нисима Маснута к Иову представляет собой средневековую компиляцию мидрашей, организованную по стихам [Buber 1889][3]. Однако этот труд не просто антология: Маснут перекраивает и организует мидраши и сопровождает их редакторскими комментариями, в которых проявляется его собственный взгляд на Книгу Иова. Его труды характеризовались как «вербальная амальгама различных и независимых друг от друга мидрашических источников, сплетенных в уникальную экзегетическую ткань» [Ta-Shma 2007b]. По всей видимости, он знаком с Таргумом Иова (в редакции, отличной от сохранившейся) и с комментариями Раши и ибн Эзры, а также он пользуется своим знанием арабского, чтобы объяснять тер-

---

[2] О Маснуте см. [Ta-Shma 2007b].

[3] Книга [Buber 1889] недавно вызвала определенный интерес исследователей как источник не известных из других мест раввинистических преданий об Иове. Как труд Шмуэля бен Нисима Маснута она удостоилась значительно меньшего внимания. Недавно появилось заново сверстанное, исправленное и дополненное издание буберовской «Маайан-ганним», см. [Masnut 2017]. Краткое обсуждение см. в [Glatzer 1966: 202–204] и [Mack 2004]. Более подробный обзор, а также перевод глав 1, 2 и 42 см. в [Donsky 1989].

мины в тексте[4]. Его подход проявляется в обсуждении Иов 1:1. После беглого обзора различных талмудических мнений о том, когда Иов жил и является ли его история притчей, Маснут отмечает, что Иов называется наряду с Ноем и Даниилом в Иез. 14:20, и добавляет: «Как Ной и Даниил жили в этом мире, так и Иов жил в этом мире. И это [воззрение] верно» [Buber 1889: 2]. Иов у Маснута не вполне благочестив. В комментарии есть некоторое колебание по поводу того, было ли страдание наказанием или испытанием. К Иов 2:10 Маснут приводит талмудическое предание, что Иов согрешил в сердце, но не устами. Комментируя 7:9 и 14:11–12, Маснут повторяет раввинистическое положение, что Иов отрицал воскрешение мертвых. Однако он дает уникальное и неожиданное толкование Иов 38:14, утверждая, что здесь Бог говорит Иову о воскрешении мертвых (и, возможно, переселении душ):

> Это намек на возвращение человека в прах и перемены, которые с ним там случаются; потом в конце он восстает с воскрешением мертвых и возвращается точно таким, каким он был вначале, как происходит с воском или глиной, на которую ставят печать. После, если Ему кажется, что получилось негодно, Он уничтожает это и делает во второй раз [и снова], пока не получается так, как Он желает, и они перед Ним как перед тем, кто снимает деталь одежды и убирает в ящик, а в конце достает и надевает ее, так легко Ему и воскресить человека и вернуть его в мир и восстановить его, как он был прежде [Buber 1889: 123–124].

Этот Иов, выступающий скорее как бунтарь и отрицающий воскрешение, отличается от других изображений Иова в комментарии. В комментариях к Иов 9:16 и 22 Маснут представляет Иова, смиренно признающего, что вопрошать Бога не в его праве. Этот Иов знает, что мир устроен справедливо, что было доказано карой

---

[4] Вильгельм Бахер доказывает, что Маснут был знаком с саадиевским переводом Иова и его комментарием. Однако в 1:6, где Маснут, подобно Саадии, утверждает, что בני האלהים («сыны Божии») — это на деле люди, он начинает пассаж с обезличенного «некоторые говорят» (יש אומרים). См. [Bacher 1908].

Содома и казнями египетскими (комментарии к 9:4–5). Он не понимает, как мера его страдания связана с каким-либо грехом, который он мог совершить [Glatzer 1966: 203].

Изображение Иова богохульником предполагает, что страдание понимается как наказание за грех. Однако Маснут также не исключает возможности, что оно было справедливым испытанием. Маснут добавляет комментарий к словам Бога в 2:3, что Он был возбужден на Иова без причины: «Это трудный вопрос, поскольку нельзя приписать Святому, благословен Он, никакой ошибки, почему тогда написано "ты возбуждал Меня против него", ибо Иов не заслуживал выпавших ему несчастий». Если мы заключаем, что Иов не должен был быть наказан, то возможность, что он был подвергнут испытанию, заслуживает рассмотрения. Маснут завершает комментарий, характеризуя историю Иова как испытание:

> «И Иов умер в старости, насыщенный днями». Он [Бог] больше не возвращал и не испытывал его [Иова]. Он проживал свои дни в спокойствии, у него были богатство и владения и достоинство, как написано: «И если вначале у тебя было мало, то впоследствии будет весьма много» (Иов 8:7).

Причина этих мира и покоя — покаяние Иова, признание им, что он говорил с позиции сомнений и незнания. Как только он был приведен к пониманию, его вера и преданность Богу стали сильнее (комментарии к 38:1, 42:2,6) [Glatzer 1966: 203].

Меир бен Исаак Арама (ок. 1460–1545, Сарагоса, Салоники)

Родившийся в Сарагосе, Испания, Арама стал изгнанником вместе со своим отцом Исааком, автором комментария «עקידת יצחק» («Связывание Исаака»)[5], после исхода из Испании 1492 года, и поселился сперва в Неаполе, а затем в Салониках, где стал служить раввином арагонской конгрегации. Меир Арама был

---

5 Связывание Исаака (*binding of Isaac*) — принятое в английском (и следующее ивриту) обозначение жертвоприношения Исаака. — *Прим. пер.*

философом и библейским экзегетом, и ему принадлежат комментарии к Исаии, Иеремии, Иову, Псалтири, Песни Песней и Есфири (ранее последний комментарий приписывался его отцу)[6].

Комментарий Меира Арамы на Иова, «מאיר איוב» («Прояснитель Иова»), — первый из его трудов, посвященных Библии; он был завершен в 1506 году [Arama 1517; Arama 1562–1567][7]. Он часто цитирует раввинистические и средневековые философские источники, комментарий содержит лингвистические наблюдения наряду с многочисленными обсуждениями теологических, философских и этических тем [Heller 2004: 539]. Арама сперва объясняет термины, а затем дает более развернутый комментарий к фрагменту текста. С точки зрения Арамы, история Иова — это история «бунта против Бога, скрывающего Свое провидение от индивидуального человека» [Glatzer 1966: 207–208]. Арама начинает свой комментарий с обзора талмудических дебатов о том,

---

[6] Бо́льшая часть имеющихся у нас сведений о жизни Арамы (равно как и о жизни его отца) после его изгнания в конце весны или летом 1492 года происходят из его введения к комментарию к Псалтири. Подробнее см. [Berenbaum, Skolnik 2007a; Hacker 2007b: 501–503]. Об Араме как философе и экзегете см. [Marciano 2016: 429–432]. Время от времени в своих сочинениях Исаак Арама поднимает тему Иова, чтобы полемизировать с Маймонидом. В частности, он использует историю связывания Исаака, чтобы продемонстрировать, что моральная «непорочность» Авраама превосходит рационализм и интеллектуальную просвещенность, идеализируемые Маймонидом, когда он критикует Иова как «непорочного», но не мудрого. См. [Diamond 2016]. Также в 21-й главе своего «עקידת יצחק» («Связывание Исаака») он обращается к теме друзей Иова, чтобы поставить вопросы, касающиеся знания Бога о частном. См. [Frydman-Kohl 2004: 72].

[7] Более позднее издание «מאיר איוב» было последней книгой, запущенной в печатный станок Яакова Маркарии в Рива-ди-Тренто. Из-за смены покровителей работа не была завершена, и наборщик первых 64 листов, которые были напечатаны, обратился к Джорджо ди Кавалли в Венеции, чтобы напечатать оставшуюся часть книги. См. [Heller 2004: 539]. Все приводимые здесь цитаты из «מאיר איוב» — из второго издания. Старший современник Арамы, Йоэль ибн Шуаиб, тоже написал комментарий, ныне утраченный. Он несколько раз отсылает к нему в сборнике проповедей «עולת שבת» («Субботнее подношение»). См. [David 2007a]. С учетом явного интереса ибн Шуаиба к философии, комментарий к Иову, скорее всего, имел соответствующий характер. См. [Regev 2002: 142].

существовал ли Иов в реальности, и если да, то когда он жил, и был ли он израильтянином; далее кратко излагает комментарии об Иове как притче в «Путеводителе» 3:22–23 и в комментарии Нахманида. Арама заключает, что Иов был реальным человеком, праведником среди евреев, чью историю посредством божественного вдохновения записал Моисей как притчу для утешения общины. Арама описывает Иова как бунтующего в ответ на свои страдания. Комментируя 2:10, он пишет, что Иов принял, что зло произошло от Бога, и все же был убежден, что это несправедливо. Явного греха не было, но он таил богохульные мысли. На протяжении всего комментария Арама повторяет, что Иов не грешил устами, но грешил в сердце, и упоминает отрицание воскрешения мертвых (которое называет «богохульством Иова») почти 20 раз. Обсуждая Иов 19:24–27, он сообщает, что Иов обратился к «отвратительному верованию» в Бога, которому безразличен человек (58a). Согласно Араме, это верование может развиться из боли и страдания. Арама ссылается на раввинистическое мнение, приписываемое Раве, что человеку не вменяются в вину вещи, сделанные и сказанные под принуждением (57b). Друзья Иова объясняют, что страдание праведных — это либо испытание благочестия, либо наказание за грех, ибо даже праведные несовершенны и заслуживают некоторой кары. Согласно Араме, Елиуй выступает в защиту провидения, а речи Бога из бури, хотя и не отвечают напрямую на вопросы Иова, демонстрируют божественную заботу об индивиде. В комментарии к концу главы 42 Арама характеризует покаяние Иова как признание заботы Бога об индивиде, о которой свидетельствует само творение. Бунтующий Иов возвращается к правильной вере и отвергает все свои предыдущие проступки и ошибочные помыслы (121b).

Комментарий Арамы — один из нескольких подобных комментариев этого периода, которые по большей части представляли собой собрания интерпретаций из раввинистических источников и более ранних комментариев, но при этом предметом особого интереса в них был вопрос о действии провидения. Также для этих комментариев характерны определенная традиционалистская тенденция и возврат к мидрашическим традициям.

Йосеф бен Давид ибн Яхья (1494–1539, Италия)

Родившийся во Флоренции Йосеф бен Давид ибн Яхья был сыном людей, ставших жертвами испанского изгнания. Когда его мать была беременна, они бежали из Лиссабона в Пизу, откуда были вынуждены вновь бежать из-за преследования французских солдат, в итоге оказавшись во Флоренции. Ибн Яхья в какой-то момент поселился в Имоле, где и умер. Согласно его сыну, его тело было отправлено для похорон в Цфат. Существуют свидетельства, что он написал 25 книг, но до нас дошли лишь две: «תורה אור» («Тора — свет»), теологический трактат, а также комментарий к Пяти свиткам и Агиографам [The Jewish Encyclopedia 1906; Heller 2004: 235][8]. Поступая почти как Меир Арама, Йосеф бен Давид ибн Яхья начинает комментарий с обильного цитирования в. Бава Батра, приводя подробный список времен и мест, в которых мог жить Иов, мнения о том, был ли он евреем, и обсуждение Моисеева авторства Книги Иова (фолио 89a-b) [Yahya 1538][9]. Ибн Яхья вплетает свои интерпретации в пересказ истории Иова, а не комментирует стихи по отдельности. Он полагает, что страна Уц находится в Армении (как и некоторые читатели Таргума Иова, Таргума Плача (4:21), а также Нахманид), что здесь означает восточную часть Византийской империи и отражает представление интерпретатора о враждебной евреям стране [Poliak 2007; Seow 2012: 123]. Он связывает избрание Богом Иова с тем, что днем встречи небесных сущностей была Рош ха-Шана (ср., например Таргум 1:6) и сохранение мира зависело от того, найдется ли еще один достойный человек, чтобы покачнуть весы

---

[8] Другой итальянский антологический комментарий на Книгу Иова (в основном опирающийся на мидраш) приписывается врачу XVI века Элиягу бен Йосефу из Нолы, он дошел до нас в рукописи (Oxford. MS Reggio 16). См. [Neubauer 1886: 71 item 348; Beit-Arié, May 1994: 53 item 348]. Этого врача не следует путать с Элией бен Менахемом ди Нола, который был обращен в христианство в середине XVI века и стал известен как Джованни Паоло Эустакио. Сравнение рукописи комментария к Иову с сочинениями, которые копировал последний, установило, что это труды двух различных лиц, которых объединяет лишь имя. Обсуждение см. в [Leber 2000: 31–35].

[9] Комментарий был также перепечатан в [קהילות משה 1724–1728].

божественного суда (фолио 90а). В этот первый год Иов праведно проходит испытание. Вторая встреча сущностей происходит в начале следующего года. В трактовке ибн Яхьи слова Бога, что Он был возбужден против Иова без причины (2:3), означают признание Богом того, что Иов в сущности прошел испытание и доказал, что его любовь к Богу чиста и не связана с мыслями о вознаграждении (фолио 90а). Комментируя 2:10, он говорит, что Иов не согрешил даже устами. В конце книги Иов осознает, что Бог управляет небесами и этим миром. Он понимает профетическое явление ему Бога как свидетельство Его заботы об индивидах, и ему становится ясно, что ошибка его друзей заключается в том, что они приняли испытание за наказание (фолио 105а). Причина боли Иова — муки любви, она не была наказанием за грех. Бог испытывал Иова, чтобы увеличить его вознаграждение.

Шломо ибн Мелех (XVI век, Фес)

«ספר מכלל יופי» («Книга совершенства красоты»), впервые напечатанная в Константинополе Моше бен Элиэзером Парнасом в 1548–1549 годах, — единственное известное сочинение Шломо ибн Мелеха, вероятно, происходившего из семьи беженцев из Испании. Этот антологический комментарий ко всей Библии в основном сосредоточен на грамматике и посвящен прояснению непосредственного смысла текста. Книга явно была задумана как сопроводительное пособие, и библейский текст в нее не включен. В большей части материала прослеживается значительное влияние Давида Кимхи. Ибн Мелех сообщает, что ничто в книге не является его оригинальным вкладом и что он лишь пересказывает труды мудрецов прошлого [Heller 2004: 349].

Комментарий к Иову начинается с Иов 1:6, с появления божественных сущностей — он описывает их как ангела защищающего и ангела обвиняющего. Здесь он указывает, что опирается на комментарии Саадии Гаона, Авраама ибн Эзры и Иосифа Кимхи. В обсуждении главы 20 он ссылается на Иону ибн Джанаха, Иуду Хайуджа и Иуду ибн Валаама. Далее он цитирует раввинистические пассажи из Талмуда и мидраша. В самом конце главы 42 он обращается к Таргуму Онкелоса, чтобы объяснить термины. Ибн Мелех почти совсем не касается теологической проблематики книги. Собственно, он настолько сосредоточен на вопросах грамматики, что на протяжении всего комментария Иов и другие персонажи практически не называются по именам.

Исаак бен Соломон га-Коген (XVI век, Константинополь)

Исаак бен Соломон — автор комментария к «Пиркей авот», сохранившегося в рукописи, и комментария к Книге Иова [HaKohen 1545]. Комментарий изображает Иова признающим, что он, возможно, согрешил, но неспособным точно определить основание для своего наказания и не понимающим, почему его тяжесть настолько несоизмерима со всем, что он мог совершить. Толкуя 2:10, Исаак замечает, что Иов не позволил греху вырваться из своего верхнего нёба, но что греховные мысли имели место. К 7:9 он, как кажется, повторяет раввинистическое положение, что Иов отрицал воскрешение мертвых, но комментарий неоднозначен. Исаак бен Соломон пишет, что Иов отрицал воскрешение индивидов. Это можно прочитать как полное отрицание, а можно понять в том смысле, что Иов согласен с догмой, но отрицает, что почивший индивид способен подняться из могилы и вернуться к своей семье. Прояснить, какова в интерпретации книги позиция самого Исаака, затруднительно, поскольку он параллельно пересказывает в замечаниях к Иов 2:1–6 толкование Маймонида, согласно которому Иов страдает не по воле Бога и источником его страдания является Враг. В завершающих словах, напоминающих Маймонида, Исаак представляет Иова осознающим, что его новый уровень понимания позволяет ему увидеть, что блага мира — ничто в сравнении с радостью души в причащении к божественному присутствию (конец комментария к 42:7–9). Многие пассажи в комментарии очень похожи на Меира Араму и указывают на то, что Исаак был знаком с его сочинением, опубликованным в 1517 году[10].

---

[10] Примеры см. выше, в обсуждении Мидраш Ийоб в главе 2.

Мордехай бен Яков (умер ок. 1575, Прага)

Рабби Мордехай бен Яков из Праги наиболее известен как автор сочинения «פעמון ורמון» («Колокол и гранат»), комментария к каббале Моше Кордоверо. Также он написал труды, посвященные Притчам (Cracow: Isaac ben Aaron Prostitz, 1582) и Иову (Prague: Yekutiel ben David, 1597). Оба издания содержат ивритский текст, его перевод на идиш и антологию ивритских комментариев. Во введении к Иову он пишет, что комментарий — сжатое изложение раввинистических интерпретаций книги, предназначенное для того, чтобы мужчины могли учить своих детей, и что перевод на идиш подходит для изучения женщинами[11]. Тем не менее он не удерживается от добавления собственных толкований. Он начинает с того, что правильно считать, что Книга Иова была написана Моисеем и что Иов был одним из трех советников фараона. Дети Иова грешили, когда ели и пили вместе, и они умерли в доме старшего из братьев, потому что он мог остановить их, но не сделал этого (3a). Иов согрешил в своем сердце, но не устами (4r). В заключительном комментарии к книге бен Яков коротко подытоживает свое понимание книги. Он полагает, что Иов родился под дурным знаком. Он поступал праведно, пока не столкнулся со страданиями. Он понимал, что его дети могли грешить, но знал, что масштаб его страдания несоизмерим со всем, что он мог совершить. Друзья, видя неестественное страдание, предположили, что это божественная кара. Елиуй разозлился на них и на Иова за то, что они неправильно говорили о Боге. После бури Иов понял, что ответ на его страдания содержится в Иов 8:7: «И если вначале у тебя было мало, то впоследствии будет весьма много». Вывод, который делается из этого, состоит приблизительно в том, что страдание обладает искупительным эффектом; Мордехай бен Яков заключает параграф следующей просьбой: «Итак, пусть же Бог искупит нас из наших страданий и пошлет нашего мессию скоро в наш день».

---

[11] Я благодарен Моррису Файерстейну за то, что он щедро поделился со мной своим еще не опубликованным текстом, посвященным этим сочинениям.

Нафтали Хирш бен Ашер Альтшулер
(XVI–XVII века, Россия и Польша)

Альтшулер, известный в первую очередь как талмудист, совершал далекие путешествия, вплоть до Константинополя. Его перу принадлежат два труда: алфавитный справочник для проповедников и раввинов, задуманный как пособие для обсуждения тех или иных тем в проповедях, «אמרי שפר» («Прекрасные слова»), и комментарий к Пророкам и Агиографам, «אילה שלוחה» («Лань, выпущенная на волю»), в который включен идишский словарь трудных библейских терминов[12]. Комментарий был опубликован поэтапно между 1593 и 1595 годами [Altschuler 1593][13]. В целом Альтшулер толкует библейский текст в соответствии с его смыслом *пшат*, в значительной мере опираясь на Раши и Давида Кимхи. В комментарии к Иову Альтшулер главным образом опирается на талмудически-мидрашические предания, окружающие текст.

Вслед за Раши он полагает, что Иов жил в Ассирии, стране, народ которой сговорился против Бога и построил Вавилонскую башню.

Авраам бен Иуда Хаззан (XVI век, Кременец)

Единственный известный труд Авраама бен Иуды Хаззана, «חבורי לקט» («Компилятивные сочинения»), — комментарий к Пророкам и Агиографам [Hazzan 1611]. Труд включает в себя идишский словарь трудных слов. Он был опубликован посмертно; Хаззан пишет во введении, что он приступил к работе над сочинением в дар общине, когда восстановился от болезни, из-за

---

[12] Название последнего играет на его имени, Нафтали (*Неффалим*). Отец его библейского тезки, патриарх Иаков, говорит о своем сыне: «Лань, выпущенная на волю». См. Быт. 49:21 (Синодальный перевод здесь существенно отличается от английского, используемого автором. — *Прим. пер.*).

[13] Краткую биографию и обсуждение издания см. в [Heller 2004: 837]. Сочинение было перепечатано с дополнениями и пояснениями к комментарию: [Altschuler 1877].

которой оказался на грани смерти. Он хотел, чтобы комментарий был выражением памяти о том, что Бог сделал для него, подобно тому как Он поступил с Иовом, взвесив его деяния, восстановив его жизнь и дав ему долгие дни. Приступив к работе, он узнал о похожем сочинении Нафтали Альтшулера и остановился. Однако вскоре он понял, что его труд отличается от альтшулеровского, продолжил работу и завершил ее в начале 1597 года[14].

Хаззан опирается на раввинистические доктрины и, кроме своих собственных учителей, цитирует Раши, Авраама ибн Эзру, Давида Кимхи, Герсонида и Йосефа ибн Яхью. В начале комментария Хаззан пересказывает обозначенные в Талмуде гипотезы о том, где и когда жил Иов. Он соглашается с мнением, что Иов жил во время Моисея и что Моисей под влиянием божественного духа написал книгу как притчу о том, почему праведники страдают, а злодеи процветают. Иов был евреем и жил в Моаве, где он взывал к имени Господа, подобно Аврааму, и служил образцом для других. Семья Иова избегала смешения с другими и не вступала в смешанные браки — поэтому его дети гостили друг у друга каждый вечер. Иов не согрешил устами, но согрешил в сердце; однако, отмечает Хаззан, Талмуд полагает, что людей не судят за вещи, сделанные по принуждению. В конечном счете Иов претерпевает божественное испытание. Он не отрицает воскрешение мертвых: как утверждает Хаззан по поводу Иов 7:9, Иов настаивает на том, что процветающие злодеи не будут допущены до грядущего мира и будут низвергнуты в Шеол, где и будут пребывать вечно.

Ицхак бен Шломо Ябез
(Явец, вторая половина XVI века, Турция)

Ябез был библейским экзегетом и проповедником, он оставил комментарий к «Пиркей авот», а также гомилии на *гафтарот* и на Агиографы. В своем комментарии к Иову, «יראת שדי» («Страх Вседостаточного»), он опирается на предшествующие коммен-

---

[14] О Хаззане и этом произведении см. [Heller 2011: 271].

тарии, отмечая, например, что цитирует рукописи Давида и Моисея Кимхи, которые «еще не были напечатаны». Ябез изображает праведного Иова, несущего благо окружающим и совершенно преданного Богу [Jabez 1593][15]. Согласно Ябезу, он удалялся от зла исключительно из трепета перед небесами. Ябез продолжает, что Иову, о родителях которого ничего не сказано, не было подобного в Уц; его отец не достиг его уровня праведности, и потому он не упомянут, а также, поскольку о деяниях его знал весь мир, он не нуждался в дальнейшем представлении. Уже когда ему было 13 лет, он знал своего Создателя (комментарии к Иов 1:1–5).

В отличие от других интерпретаторов, прочитывающих слова Иова в 7:9 как отрицание воскрешения мертвых, Иов Ябеза просто сравнивает: подобно исчезающему облаку и нисходящему в Шеол, Иов никогда не будет восстановлен в силе и благополучии, которые были у него прежде. В 7:10 он говорит, что не вернется в свой дом, который некогда был полон благополучия. Все это выглядит как настроение «нет возврата домой», а не откровенное богохульство. Ябез признает, что Иов говорил бунтарские слова в своих жалобах; но комментируя 1:10, он отмечает, что Иов не грешил против Бога и не укорял Его, а комментируя 2:10, утверждает, что Иов не согрешил устами. Ябез заключает, что Иов не грешил, «потому что когда некто страдает, ему не вменяется вина». Этот взгляд присутствует в в. Бава Батра 16b, и сходные суждения высказывает Меир Арама. Импликация здесь в том, что статус высказываний меняется в за-

---

[15] Комментарий был перепечатан в [קהילות משה 1724–1728]. Цитаты приводятся по этому изданию. Во введении Ябез указывает, что опирается на (Менахема) Меири, но, как заметил Грегг Стерн, действительным его источником может быть Меир Арама, так как комментарий Меири не сохранился (если он вообще существовал) [Stern 2013: 131n4]. По всей видимости, та же путаница происходит с упоминанием Меири во введении к комментарию Исаака бен Соломона га-Когена (см. выше). В последнем параграфе единственной рукописи комментария Меири к Притчам есть отсылка к комментарию к Иову. Эта отметка неоднозначна и может указывать на то, что Меири собирался написать комментарий, но не факт, что он это сделал. См. [Meshi-Zahav 1969: 3n6].

висимости от контекста. Если бы те же вещи были сказаны здоровым человеком, в комфортном положении, это был бы грех, но поскольку они — протест из боли и гнева, они не греховны. Ябез далее понимает смысл ответа Иова жене как состоящий в том, что если посланные Богом страдания Иова — наказание, то Бог не убьет его, если он Его похулит, так как это даст Иову облегчение. Смерть в таком случае не увеличит суровость наказания; она будет его прекращением.

«Еврейский» комментарий для христианской аудитории — Моше Аррахель (XV век, Гвадалахара)

Созданная между 1422 и 1433 годами Библия Альба — иллюстрированный перевод ивритской Библии на кастильский, сопровождаемый комментарием к каждой библейской книге[16]. Переводчиком и комментатором выступил рабби Моше Аррахель из Гвадалахары. Все, что известно о нем, связано с его участием в этом проекте. Библия была заказана Луисом де Гусманом, магистром Ордена Калатравы, ордена монахов-рыцарей. Аррахель, отдававший себе отчет в трудности задачи создания еврейской Библии для христианского заказчика и в опасностях, которые представляли цензоры и инквизиция, и согласился неохотно. Завершение Библии и исчезновение Аррахеля из исторических записей произошли примерно одновременно.

Аррахель в своем комментарии к Библии придерживается рационалистического подхода и на всем его протяжении цитирует Талмуд и мидраш, Авраама ибн Эзру, Давида Кимхи, Нахманида, Яакова бен Ашера, Бахью бен Ашера, Маймонида и Герсонида. Также он цитирует классические и христианские источники; замечания к этим последним были написаны монахами, назначенными Гусманом. Замысел заказчика заключался в том, чтобы представить еврейскую и христианскую экзегезы параллельно. Комментарий к Иову начинается с замечаний об Иеро-

---

[16] Я благодарен доктору Мод Козодой за ее неоценимую помощь с этим источником. Об Аррахеле и Библии см. [Sáenz-Badillos 2014; Sáenz-Badillos 2015].

ниме[17]. Библия Альба занимает гуманистическую позицию в своем подходе к знанию, сводя воедино все, что в ней рассматривается как наилучшее в религиозной мысли, вместе с некоторыми аспектами философии и науки[18].

В комментарии, написанном на кастильском языке, Книга Иова разбирается раздел за разделом. В прологе Аррахель приводит список из 11 уроков, которые следует вынести из Книги Иова (фолио 430v-431r) [Paz y Meliá, Paz 1920, 2: 721–723]. Эти уроки состоят из идей, приемлемых для монашества — в том, что касается женщин и представлений о братстве. Согласно Аррахелю, читатель должен осознать благость людей, боящихся Бога, важность братства и что отцам следует столь же усердно, как Иов, искупать грехи своих детей. Далее он обращается к вопросу зла и отмечает, что у него много причин; как и Маймонид, он объясняет, что ангелы стоят перед Богом и что Враг, имеющий власть над временными благами, но не над разумной душой, ходит среди них, но отличен от них. Об исключительном терпении Иова свидетельствует то, что он выдерживает ряд неожиданных страданий, а не одну предсказуемую катастрофу. Действия жены Иова подтверждают тезис Аррахеля, что жены влекут мужчин к греху и к ним не следует прислушиваться — отрицательное отношение к женщинам подкрепляется в самом конце комментария, когда Аррахель указывает, что число сыновей Иова — но не дочерей — было удвоено, потому что Бог, «видя, что много дочерей — это не хорошо», увеличивает благо, но не зло (фолио 446v) [Paz y Meliá, Paz 1920, 2: 741].

Далее Аррахель наставляет, что друзья должны утешать друг друга во времена скорби, как учит история Иова и как пишет Аристотель в девятой главе «Этики». По мнению Аррахеля, братьям следует жить совместно; он признает, что причины, по которым друзья Иова живут раздельно, связаны с жильем и собственностью. Тем не менее они твердо придерживаются аристо-

---

[17] См. также [Nordström 1967].
[18] Об историческом и интеллектуальном контексте, в котором создавалась эта Библия, см. [Fellous 2012].

телевских принципов дружбы. Аррахель обосновывает это ссылкой на Таргум Иова 2:11[19]. Согласно этому преданию в изложении Аррахеля, три друга узнали, что им нужно собраться из разных мест, где они живут, и навестить Иова, потому что в садах каждого из них завяли деревья, их хлеб превратился в мясо, а их вино превратилось в кровь. Увидев эти знаки, они отправились в Уц. Согласно Аррахелю, увядшее дерево по преимуществу было знаком страдания Иова (возможно, это игра слов с ивритским словом «дерево» — «эц» — и землей Уц, где обитал Иов). Аррахель объясняет, что превращение хлеба и вина не следует понимать как отсылку к Страстям, как учили некоторые отцы церкви. Он отмечает, что евреи понимают историю фигуративно, а не буквально (переворачивая стандартный христианский аргумент, что евреи читают Библию по букве, а не по духу). Наконец, воспроизводя раввинистическое положение о заботе о скорбящем, Аррахель отмечает, что друзья не говорили до тех пор, пока Иов не заговорил с ними. Тому, кто хочет утешить друга, следует воздерживаться от речей, пока он не выслушает жалобу.

Аррахель начинает обсуждение нарратива с обобщающего обзора дебатов между талмудическими раввинами и «современными» комментаторами о том, существовал ли Иов реально; был ли Враг демоном или символом, например, «злых помыслов людей»; когда Иов жил; к какому народу принадлежали он и его семья; о природе его страданий и испытаний; где Иов жил (фолио 429r) [Paz y Meliá, Paz 1920, 2: 721]. Следуя Маймониду, Аррахель комментирует, что в Библии об Иове сказано, что он прост и непорочен и удаляется от зла, но нигде не сказано, что он мудр. Аррахель говорит, что «согласно считающим, что он жил во время Авраама», Иов был совершенен в своей политической жизни и соблюдал заповеди закона «в потенции». Нехватка у него мудрости объясняет его страдание, так как причина зла, по Аррахелю, — либо порча материи, либо случай. Зло, которого невозможно избежать, иногда возникает в человеке в связи

---

[19] Этот пассаж также играет роль в иллюстрациях, которыми украшена Библия Альба, см. обсуждение ниже.

с дурным темпераментом; человек позволяет телесным влечениям управлять им, вместо того чтобы преодолеть их духовными добродетелями. Если бы Иов знал об этом, он бы не жаловался на выпавшее ему зло (то есть на свои утраты) (фолио 430r) [Paz y Meliá, Paz 1920, 2: 721].

Следуя философским экзегетам, Аррахель приписывает каждому из друзей определенную позицию в споре о провидении. Елифаз занимает классическую позицию и доказывает, что страдание — наказание за грех (фолио 431v) [Paz y Meliá, Paz 1920, 2: 724]. Вилдад утверждает, что пути Господни за пределами человеческого понимания, но всегда справедливы; все исходит от Бога, но то, что кажется злом, может на деле быть благом, а то, что кажется благом, может на деле быть злом (фолио 432v) [Paz y Meliá, Paz 1920: 2: 726–27]. Софар тоже говорит, что Бог направляет все Своей волей, и отвергает утверждение Иова, что планеты и созвездия управляют человеческой судьбой (фолио 434r) [Paz y Meliá, Paz 1920, 2: 728]. Елиуй провозглашает совершенство Бога и подчеркивает важность науки и других форм знания для развития интеллектуального совершенства, которое необходимо для достижения индивидуального провидения (fol. 443r) [Paz y Meliá, Paz 1920, 2: 737].

В конце концов, подводит итог Аррахель, Иов кается, осознавая свое прежнее невежество и признавая, что раскаяние и созерцание могут привести к концу страдания. Бог затем возвращает утраченные материальные блага и его детей — все это Аррахель характеризует как «временное», тем самым напоминая читателю, что настоящее вознаграждение — духовное (fol. 446v) [Paz y Meliá, Paz 1920, 2: 741].

Заключение

Детали этих комментариев и нюансы их трактовок Книги Иова могут различаться, но в рассмотренных выше текстах обнаруживаются устоявшиеся тенденции, которым часто следовали лишь с незначительными отклонениями. Прежде всего, раввинистические идеи вплетались в комментарии нового жанра, хотя интеллектуальная среда и ее значение изменились. То, что Иов заслуживал божественного испытания или выпавшей ему кары, — общее место комментариев и *даршаним*, и экзегетов *пшат*, и философов, и мистиков. Популярность философских идей Маймонида об Иове среди позднейших еврейских философов и воздействие «Зогара» на мистические круги обеспечили воспроизводство устоявшихся трактовок Книги Иова в еврейской мысли вплоть до XX века. В связи с огромным влиянием этих ранних мыслителей на протяжении большей части истории еврейской интерпретации Иов нес на себе стигмату заслуженной кары: жертва обвинялась в том, что с ней случилось. Несмотря на то что Бог порицает компаньонов Иова, большинство комментаторов, похоже, солидаризируются с ними, показывая на Иова пальцами и говоря: «Ты сделал дурное».

Глава 8
Иов в средневековой еврейской литературе и искусстве

Как пишет Майкл Сатлоу,

> называть иудаизм «религией Библии» совершенно бессмысленно. Чтобы это понять, достаточно просто почитать Библию, а потом посмотреть на любое живое еврейское сообщество. Тора ясно и подробно предписывает жертвоприношение животных; ни одна еврейская община в наши дни не приносит жертвы. В Шаббат многие евреи идут в синагоги, чтобы помолиться и послушать чтение Торы, но в Библии не упоминается синагога и ничего не сказано о регулярной молитве или чтении Торы. Евреи, которые сегодня соблюдают кашрут, воздерживаются от употребления молочных и мясных продуктов вместе; Библия содержит только загадочное указание (повторенное трижды), что нельзя есть младенца в молоке его матери. Библия, разумеется, важна в иудаизме, но только как прочитываемая сквозь призму текстуальной традиции [Satlow 2006: 11].

Тезис Сатлоу, относящийся к иудаизму наших дней, не менее верен применительно к поздней Античности и Средним векам. Труды, которые обсуждались в предыдущих главах, по большей части представляют собой формальные исследования библейской Книги Иова, пытающиеся взаимодействовать с Писанием напрямую. Их авторы видят свою первейшую задачу в том, чтобы объяснить Книгу Иова своим еврейским современникам (и другим читателям). Но еврейский литературный корпус и, говоря откровенно, взаимодействие евреев с Библией значительно шире, чем формальное чтение Писания. Евреи, начиная с поздней Античности и до раннего Нового времени (и до сих пор), читали Библию для того, чтобы найти модели для религиозной жизни и практики, и использовали ее книги как источники для этой практики. В легальных источниках тексты Писания бесчисленное множество раз использовались для обоснования галахических решений, равно как и для ответов на вопросы о догматике, вере и обычаях. Тора читалась в синагоге в рамках годичного и трехгодичного цикла, дополнительно читались Пророки и Агиографы, другие библейские книги читались по определенным праздникам. Псалмы и другие пассажи декламировались в рамках литургии, а также служили образцами для других молитв и для религиозной поэзии, которая использовала язык и речевые обороты Писания. Книги и стены синагог украшались художественными изображениями библейских сцен. Произведения самых разнообразных жанров и видов, включая глоссарии, словари, переводы, проповеди и сказки, на самых разных еврейских языках, обращались к Писанию, чтобы объяснять, наставлять и развлекать. Исторические хроники и автобиографии строились по образцу историй библейских фигур, чтобы сохранить память о коллективных и индивидуальных несчастьях и страданиях и прояснить их смысл. Ниже предпринимается попытка выявить место Иова в этих многообразных творческих предприятиях.

Поэзия

С Античности и до Нового времени еврейская поэзия цитирует Книгу Иова, отсылает к ней и перефразирует ее. Однако исчерпывающий обзор места Иова в еврейской поэзии — нечто значительно превосходящее рамки этой главы. Здесь наша цель состоит строго в том, чтобы указать на различные тропы и интерпретации, появляющиеся в древних и средневековых источниках. Иов оказался полезным подспорьем для поэтов, которые искали подходящие метафоры. Произведения, которые мы выбрали для обсуждения, выходят далеко за пределы простого усвоения языка текста — они являются примерами взаимодействия с темами и проблемами Книги Иова.

Ранний пиют

В современном молитвеннике немецкого обряда для Йом-кипур сохранился анонимный пиют, написанный — датировки источников расходятся — между IV и X веками [Petuchowski 1977][1]. Стихотворение практически целиком состоит из стихов и словаря Книги Иова и начинается с вопроса: «Что такое бренный человек, если он должен быть безгрешен, когда даже Небесное воинство не безгрешно пред взглядом Твоим?», что отсылает к Иов 15:14–15[2]. Далее автор описывает Бога, для которого тьма так же ясна, как свет (Иов 12:22,25), чьи глаза обозревают землю (Иов 28:24) и который обитает в тайне. Бог — единственный судья, чей путь не может быть извращен (Иов 9:12) и который измеряет отдельных людей и народы (Иов 38:5). Поэт порицает людей за то, что они грешат перед Богом, и говорит, что они воздержались бы от этого, если бы знали — это вариация на Иов 7, — и что хотя Бог хранил их в утробе, грех ведет к смерти после жизни, день и ночь наполненных ужасом. Пиют примечателен тем, что он исходит из предпосылки об Иове как образце праведности. Он избегал греха, потому что осознавал последствия. В Йом-кипур человек должен отдать себе отчет в совершенных грехах, покаяться и так избежать кары. Это стихотворение имеет сходства с пиютом, приписываемым Элеазару Калиру

---

[1] Дополнительно краткое обсуждение использования Иова в пиютим см. в [Mack 2004: 31–32; Gruber 2003].

[2] Пиют на иврите и в английском переводе можно найти в [Carmi 1981: 206–207].

(конец VI века, Галилея), а возможно, является его переработанным вариантом³.

Несколько стихотворений, атрибутируемых Элеазару Калиру, по-прежнему используется в еврейской литургической практике на Йом-кипур и Девятое ава, день траура по разрушению иерусалимских храмов. Эти тексты неоднократно отсылают к Иову⁴. Стихотворение «Как оправдается человек перед Создателем?» начинается с аллюзии на Иов 9:2 и 25:4. Смысл стихотворения — напомнить Богу о человеческой бренности. Если для Бога и ангелы не вполне праведны (Иов 15:15), то какой шанс у людей? Поэт просит Бога о милости, спрашивая, как Он может наказывать людей за их неспособность преодолеть собственную природу⁵.

---

³ Майер Грубер обсуждает четыре литургических стихотворения со схожей тематикой, отношения между ними и их источники. См. [Gruber 2003]. В примерах Грубера есть много пассажей, которые явно перефразируют стихи из Иова, но не цитируют их эксплицитно. Помимо стихов, обсуждаемых здесь, авторству Калира принадлежит большое стихотворение, посвященное битве между Левиафаном и Бегемотом и поеданию первого праведниками в мессианскую эру. Стихотворение в оригинале и в английском переводе есть в [Carmi 1981: 227–232]. Похожие образы встречаются в «Акдамут», арамейском литургическом гимне, который ашкеназы читают на праздник Шавуот. См. [Hoffman 2009].

⁴ В своей увлекательной статье Майкл Ранд доказывает, что представление об осадках и их месте в естественном порядке в поэзии Калира, а также в палестинских раввинистических источниках, основано почти исключительно на описании осадков в Книге Иова. По меньшей мере это говорит о внимательном чтении автором библейской книги, что делает отсылки в текстах Калира более основательными и подтверждает, что Иов был важен для раввинистической «науки». См. [Rand 2009]. Аналогичным образом пассажи из Книги Иова используются в пиюте и средневековой поэзии для сообщения медицинского знания, в особенности о развитии зародыша. Пиют авторства Янная цитирует Иов 10:10 и 10:12, отсылая к раввинистическому учению о биологическом вкладе матери и отца зародыша. В стихотворении Моше ибн Эзры Иов 10:8, 10:11 и 20:2 цитируются для описания анатомии зародыша и роли Бога в его создании. См. [Kozodoy 2011].

⁵ Обсуждение аналогичной линии в анонимном стихотворении «Унетане такеф» («Давайте говорить о святости»), произносимом на Рош ха-Шана и Йом-кипур, и «Господь, когда Ты судишь человека» Элии бер Шемая (ок. 1160) см. в [Gruber 2003].

В стихотворении «О, да вознесусь я к небесной тверди» поэт проклинает день, который принес разрушение Храма и, как Иов, просит Бога разделить его скорбь (Иов 23:3). Как и Иов, поэт просит, чтобы его слова были записаны, и взывает, чтобы его услышали наверху (Иов 31:35). Поэт знает, что разрушение принес Бог (Иов 12:9) но, в отличие от Иова, понимает, что страдание — наказание за забвение Бога [Rosenfeld 1979: 94–95]. В «О, как унизили они славу мою» Калир возвращается к идее, что разрушение Храма было справедливой карой (Иов 16:9). Бог восстал на Свой народ (Иов 30:15) [Rosenfeld 1979: 96–97]. В «На разрушение Святого Храма» Калир описывает, как каждый год он будет петь новую панихиду по разрушению. Стихотворение начинается с изображения Бога, молчавшего, пока происходило разрушение и Храм подвергался разграблению. Калир использует образ из Иов 9:13 и описывает, как Бог покидает Свой трон, позволяя морскому чудовищу Раав[6] и ее приспешникам захватить воды, которыми Он раньше управлял.

В стихотворении «Когда женщины поглощают свое потомство» Калир размышляет над разрушением Иерусалима, развивая темы Плача Иеремии и его мидрашических интерпретаций. Каждая строфа завершается рефреном «אללי לי» («Горе мне») — эта фраза появляется в Иов 10:15 и Мих. 7:1 [Rosenfeld 1979: 120–121]. Стихотворение, вращающееся вокруг образа женщин, теряющих детей, вторит утрате, пережитой Иовом (и его женой) и согласуется со стихом «Если я виновен, горе мне! если и прав, то не осмелюсь поднять головы моей...» (Иов 10:15).

В большом стихотворении, отсылающем к Быт. 15, предполагаемый учитель Калира Яннай (V–VI века, Палестина) пишет о беспокойстве праотца Авраама, что он умрет, не оставив потомства. Часть разговора Авраама с Богом передается цитатами из Иова.

> Как написано: «Авраам сказал: Владыка Господи! что Ты дашь мне? я остаюсь бездетным; распорядитель в доме моем этот Елиезер из Дамаска» (Быт. 15:2).

---

[6] В синодальном переводе — «гордыня». — *Прим пер.*

И сказано: «Для дерева есть надежда, что оно, если и будет срублено, снова оживет, и отрасли от него выходить не перестанут» (Иов 14:7).
И сказано: «Да даст тебе [Господь] по сердцу твоему и все намерения твои да исполнит» (Пс. 19:5).
И сказано: «Если ты праведен, что даешь Ему? или что получает Он от руки твоей?» (Иов 35:7).
И сказано: «Господи! Ты слышишь желания смиренных; укрепи сердце их; открой ухо Твое» (Пс. 9:38) [Lieber 2010: 428–430].

С учетом того, что Иов тоже столкнулся с возможностью умереть, не оставив детей, сопоставление двух мужчин здесь, как и в раввинистическом мидраше, вполне уместно.

Стихи о мученичестве и утратах

Калонимос бен Иуда из Майнца (конец XI века)

Пять стихотворений Калонимоса бен Иуды из Майнца посвящены памяти погрома 1096 года[7]. Одно из них остается частью литургии на Девятое ава. В «Говорю: оставьте меня» Калонимос сравнивает принесение Богом в жертву Израиля с еврейскими отцами, чьи дети были замучены. Стихотворение начинается с заявления, что поэт облегчит свою горечь, рыдая вместе со «способными разбудить Левиафана» (Иов 3:8). У Калонимоса мученики видят справедливость в действиях Бога и говорят, что, хотя Бог убивает их (Иов 13:15), они будут верны Ему. Кровь мучеников проливалась намеренно и не должна быть скрыта (Иов 16:18). Калонимос провозглашает, что мученики были «совершенны во всех своих деяниях» и тем не менее были преданы смерти. Он верит, что Бог справедлив, и, в отличие от Иова, находит утешение в словах Софара, что Бог «и святым Своим не доверяет» (Иов 15:15), потому что это значит, что Бог может быть милостив [Rosenfeld 1979]. Сравнения с принесением в жертву

---

[7] О Калонимосе и литургической поэзии, посвященной 1096 году, см. [Gross 2014: 158–162].

обладает особым значением в свете правила, что жертвенные животные должны быть чисты, так как это предполагает праведность замученных детей. Параллели, которые автор проводит с историей Иова, работают на нескольких уровнях. Иов приносил жертвы за своих детей; евреи Майнца пожертвовали своими детьми. Большинство средневековых экзегетов видели Иова несовершенным и заслуживающим кары; то же относилось к Израилю в изгнании. Отсылка к Софару означает, что Калонимос, как и более ранние мудрецы, не был убежден, что речи друзей были так уж неверны, вопреки тому, что сказал о них Бог.

Беньямин Книжник (XIII век)

Плач Беньямина Книжника о его замученном друге Самсоне, который был сожжен заживо в Метце в 1276 году, также свидетельствует о важной роли, которую Иов 16:18 играет в мышлении образованных евреев, переживающих коллективное страдание. Само стихотворение повествует о том, как Самсон был колесован, а затем сожжен. За каждыми четырьмя строфами следует рефрен: «О Земля! Не скрой его крови, / Пусть его жир, и органы, и плоть / Вознесутся как достойное подношение». Смысл окончания стиха в том, что то, что он сожжен целиком, делает его *ола*; жертва Самсона не разделяется ни со священниками, ни с мирянами, она целиком предназначается Богу. Об этом ясно говорит последний стих, предшествующий последнему рефрену: «Пусть Бог помнит ради нас, / Как он [Самсон] сделал свое подношение, чтобы очистить [наш] грех»[8]. Сьюзан Эйнбендер дала прекрасное описание мощи слов Иов 16:18 в контексте этого стихотворения, как и других стихотворений, о которых здесь идет речь:

> Средневековые слушатели связали бы эту фразу [Земля! не закрой моей крови] из Иов 16:18 с предыдущим библейским стихом: «нет хищения в руках моих, и молитва моя чиста» (Иов 16:17). Экзегет XII века р. Шломо бен Ицхак из Труа (Раши) говорил, что этот стих значит: «Я не хулил товарища

---

[8] Цит. по: [Einbender 2002: 105–107].

моего и не винил его во зле». Для образованных евреев, таким образом, сжатое начало рефрена отсылало к ложно обвиненному невинному человеку, который тем не менее оставался невинным и не впутывал других [Einbender 2002: 108].

Здесь есть еще одно измерение. Подобно Иов, который просил о том, чтобы его кровь не была скрыта, или об обещании, что этого не произойдет, поэт гарантирует, что кровь мученика останется на виду, посвятив памяти о его смерти песню.

Меир бен Элиэзер (начало XIII века)

Меир бен Элиэзер оставил плач о разрушении Иерусалима, который используется в литургии на Девятое ава. Поэт обращается к Сиону, олицетворяемому в образе женщины, и просит эту женщину выступить в защиту своих детей. Бог, отец и муж, обратился против Сиона — матери и детей. Стихотворение важно в нашем контексте, потому что часть мольбы в нем основана на ссылке на Иов 39:1 и интерпретации этого стиха в в. Бава Батра 16а. Мидраш описывает, как Бог отвечает Иову и отвергает сказанное им о безразличии божества, показывая, что Он знает, когда рождается каждый дикий козленок, и устраивает так, что каждый детеныш мягко приземляется на крылья орла, вместо того чтобы скатиться по скале. Стихотворение говорит:

> Взови (к Богу), который следит (чтобы помочь) за рожающими ланями и облегчит твою боль от (разрушения твоего Храма).
> Хотя Он (даже) высчитывает время, когда дикие козы рожают (своих детенышей), он высчитал твое время (искупления), чтобы избавить тебя от всей тревоги [Rosenfeld 1979: 164].

Поэт убежден, что голос Сиона будет услышан; она будет избавлена, и ее дети возвратятся. Стихотворение использует игру слов, отсылающую к Иов 2:8 и 41:22, для изображения восстановления Сиона. Дети Сиона возрадуются, когда ее «острые керамические черепки» воссияют. В 2:8 черепица — знак страдания Иова.

В 41:22 иврит не вполне ясен, но обозначает острые или отполированные предметы, управляемые Богом. Здесь Бог вернул их Сиону, сделав черепок символом избавления, а не страдания [Rosenfeld 1979: 165].

Сакральная поэзия

*Авраам ибн Эзра
(1089–1164, Испания, Италия, Франция и Англия)*[9]

В 16 строках своего стихотворения «О отец мой, пройди мимо моей греховности» ибн Эзра цитирует или перефразирует Иова не менее семи раз [Edelmann, Dukes 1851: 36–37][10]. Стихотворение, иногда используемое в литургии на Йом-кипур, представляет собой покаянную речь согрешившего человека, молящего о сострадании справедливого и милостивого Бога, чьи отношения с человеческими существами интимны. Стихотворение отсылает к следующим стихам (по порядку): 10:6, 7:21, 20:2, 15:14, 7:20, 31:14 и 6:11. За исключением 20:2 (слова Софара) и 15:14 (слова Елиуя), все остальные стихи — слова Иова. Вне контекста библейской книги слова Иова превращаются в признание вины, а не воззвание к Богу об объяснении обвинений. То, как ибн Эзра использует утверждение Софара в 15:14 — что люди по природе несовершенны, — в сочетании с признаниями Иова вторит интерпретации книги, которую он дает в своем комментарии. По природе люди обречены на совершение ошибок; поэтому Бог должен проявлять сострадание.

В стихотворении «О вы, чьи сердца спят» ибн Эзра отходит от темы греха и покаяния и обращается к проблематике отношений между телом и душой, а также философского созерцания и познания Бога[11]. Предыдущее стихотворение завершается увеще-

---

[9] Биографию см. в обсуждении его комментария выше, с.
[10] Текст на иврите см. в [Levin 1975, 1: 425–427].
[11] О средневековой поэзии как жанре философского рассуждения см. [Hughes 2019].

ванием, что Бог хочет от людей, чтобы они стремились к бессмертию. В этом стихотворении ибн Эзра показывает, что вечная жизнь зависит от господства над телом, которое позволяет душе заниматься созерцанием. В центре поэмы — цитата из Иов 19:26, рассматриваемая как доказательство, что тело есть микрокосм (см. главу четвертую). В своем комментарии к Иов 19:26 ибн Эзра говорит, что Иов познаёт Бога через дополнительное страдание, которое Бог причинит ему, но в этом стихотворении он толкует стих в философском ключе: «О вы, чьи сердца спят, как случилось так, что не исследуете вы себя? Узнайте, откуда вы произошли; и узрите тогда, каков будет ваш конец. Рассмотрите сперва свою душу, и тогда вы узнаете, Кто создал вас; вы узрите Его в своей плоти»[12]. В силу того что тело склонно следовать своим влечениям, оно мешает душе. В «О отец мой, пройди мимо моей греховности» ибн Эзра также касается этого напряжения между телом и душой, но полный голос ему дается в стихотворении «Я размыкаю свои уста в песне». Здесь ибн Эзра противопоставляет Иов 19:26 и Иов 7:20. Поэтический субъект стихотворения понимает, что самосозерцание — путь к познанию Бога, отмечая глупость людей, которых постоянно влечет к греху:

> Посмотри на обычного человека: как подобен мухе, обращающей благоухание мирры зловонием.
> Забывает свое предназначение, хотя в его плоти после устроят пир черви.
> Многие слезы я пролил, ибо я устал и не мужественен.
> О постыдный человек!
> Если я согрешил, то что я сделал Тебе, страж человеков?
> [Tanenbaum 2002: 168]

Здесь ибн Эзра вновь создает динамику, в которой поэтический субъект должен опираться на сострадание Бога, потому что из-за тела интеллект сбивается с пути [Tanenbaum 2002: 168].

---

[12] Стихотворение на иврите и английском, а также детальный анализ, контекстуализирующий его в средневековой философии, см. в [Tanenbaum 2002: 163–173].

В «Благословлен тот, кто боится» ибн Эзра возвращается к отношениям между телом и душой. Образный строй стихотворения отсылает к Иову; оно посвящено тому, что человек может достойно переносить жизненные испытания, и все же некая катастрофа может оставить его ни с чем. Подобно Иову, страдающий обращается к друзьям, но получает от них лишь пустые слова. Когда человек умирает, поэт молит Бога сберечь душу, чтобы она не обратилась, подобно телу, в прах, что напоминает об Иов 2:6 [Cole 2007: 186–188].

Моше ибн Эзра (ок. 1055 — умер не ранее 1138, Гранада)

Испанский философ, библейский экзегет и поэт Моше ибн Эзра получил образование в ключе андалусской традиции [Cohen 2000a]. Для него Иов был одной из всего трех библейских книг, вместе с Псалтирью и Притчами, которые он действительно считал поэтическими текстами. Он отмечал, что даже арабские поэты заимствовали метафорику из Писания для своих собственных сочинений [Berlin 1991: 38, 74]. Его интерес к Книге Иова выражается в частоте цитат из нее во всем корпусе его произведений. В трактате, посвященном риторике и поэзии, «Китаб ал-мухадара ва-л-музакара», Моше ибн Эзра использует Иов 31:24 в качестве первостепенного примера *ташбих* (сравнения). В этом контексте он дает оригинальное толкование стиха: «Полагал ли я в золоте опору мою и говорил ли сокровищу: "ты — надежда моя"?» Основываясь на Иов 31:26, где говорится о солнце и луне, он утверждает, во-первых, что золото и серебро репрезентируют эти небесные тела. Далее, ссылаясь на метафоры в своей собственной и в арабской поэзии, он интерпретирует солнце и луну как отсылки к деньгам, преобразуя тем самым исходный смысл Иов 31:24 и 31:26 [Schippers 1994: 37–39].

Как и в поэзии Авраама ибн Эзры, у Моше Иов 19:26 возникает в философском контексте поощрения самосозерцания. Адена Таненбаум прояснила различие между трактовками Иов 19:26 у одного и другого ибн Эзры. Если Авраам видит в стихе призыв исследовать тело и душу как составное единство для познания Бога, то

Моше отдает приоритет душе, хотя созерцание природы тела у него также не лишено ценности. В стихотворении «Бог, удерживающий землю над пустотой» Моше ибн Эзра признает, что из своей плоти он узрит Бога, но представляет крайне суровый взгляд на тело, предполагающий, что он должен трансцендировать его, ибо «его ум слаб, его злое влечение вооружено» [Tanenbaum 2002: 163–166]. В «Я пробудил свои мысли ото сна» он исследует самосозерцание и познание Бога. Как и в предыдущем стихотворении, он полагает, что трансцендирование этого мира необходимо для прямого соприкосновения с Богом, и выступает за некий аскетизм: «Посему я отвратился от жизни в мире, / который своим обманом увеличивает злобу, / и оставил его позади, пока он не предал меня...» [Cole 2007: 131]. Ибн Эзра неоднократно ссылается на Иов 11:6, объясняя, что Бог раскрывает Свою мудрость через мысли поэта: созерцание ведет к божественной мудрости. Мотив необходимости трансцендировать этот мир также явна в стихотворении «Из-за моего преступления», в котором он обращает к Богу мольбу не карать его за грех, а спасти от него. Если Иов жалуется на то, что Бог не дает ему покоя Своим преследованием (Иов 13:27), то ибн Эзра видит благо в Боге, знающем его столь интимно, даже если все это бдительное наблюдение обнаруживает только его преступления. Далее, если Иов обвиняет Бога в том, что Он уничтожает как порочных, так и невинных, то ибн Эзра в другой строфе обращает это же обвинение против Смерти, ведущей человечество, как пастух ягнят. Персонифицированная Смерть забирает и младенцев, и пожилых — что отсылает к Иов 16:17 [Edelmann, Dukes 1851: 27].

Шломо ибн Габироль (ок. 1021 — середина или конец XI века, Кордова и Сарагоса)

Испанский поэт и философ-неоплатоник XI века Шломо ибн Габироль оставил наставительную поэму из 12 строф «כתר מלכות» («Царская корона»), которая изобилует отсылками к Иову (книга цитируется около семнадцати раз); чаще он ссылается только на Псалтирь. Поэма построена вокруг метафоры царя в своем дворце, описывающей отношения между Богом и миром. В поэме три части: она начинается с прославления и восхваления Бога, далее провозглашает чудеса творения и завершается покаянием. Отсылки равномерно распределены по частям. Ибн Габироль начинает поэму с обвинения в 34:9 Елиуя, будто Иов говорит, что нет пользы для человека быть в согласии с Богом. Ибн Габироль смело заявляет: «В молитве моей будет польза человеку, / ибо в ней наученье прямоте и заслуга. / Я возвещу в ней чудеса живого Бога»[13] [Ибн Габироль 2005: 70]. Вознося хвалу Богу, он заимствует из Иов 26:7 и 28:11 описание могущества Бога в творении и откровении. Переходя к чудесам творения, ибн Габироль обращается к работе созвездий (Иов 38:31), к нахождению места пребывания Бога по ту сторону сфер (Иов 23:3, 3:17), к божественному наделению тела душой и обучению ее путям к вечной жизни (33:6), а также к чуду, что с помощью своих ощущений тело может реализовывать замысел Бога (26:14). Ибн Габироль молит Бога, чтобы Он милостиво обошел стороной его грехи (Иов 6:6), поскольку он надеется, что его сочинения поспособствуют тому, что другие обратят свои мысли к Богу. Наконец, в покаянной части поэмы ибн Габироль описывает себя как одетого комьями земли и червями (Иов 7:5), как человека, который неспособен контролировать свою склонность ко злу (Иов 41:13) и который претерпевает человеческие проступки и превратности жизни (Иов 31:25 и 20:24). Поскольку смерть грешников не выгодна Богу, он молит Его проявлять сострадание (Иов 28:25). Ибн Габироль сохранит свою веру в Бога, несмотря на страдание, которое будет послано ему за грехи (Иов 13:15), и он постоянно надеется на милость Бога, преследующего его за его грехи (Иов 7:12 и 34:25). Во многих отношениях поэма ибн Габироля представляет собой инверсию Книги Иова. Величие Бога, Его могущество, Его творения — это свидетельства Его заботы об индивидуальных человеческих существах. Страдание справедливо, потому что страдающий признает свою вину и молит о милости, а не о справедливости. Вероятно, поэма отражает биографию самого ибн Габироля. До его

---

[13] Обсуждение того, как ибн Габироль переворачивает обвинение Елиуя, см. в [Schleicher 2008: 15–16].

рождения его семья бежала из Кордовы. Когда он был совсем маленьким, умер его отец, а его мать умерла в 1045 году. Он описывает себя как слабого, маленького и непривлекательного, пишет, что часто болеет и страдает от прогрессирующего заболевания кожи [Sáenz-Badillos, Pines 2007].

В «Прежде моего существования» ибн Габироль изображает интимное отношение между Творцом и творением, сравнивая Бога, создающего поэта, с гончаром, придающим форму глине, но при этом Он также мудро наделяет тело душой. Здесь он использует образы из Иов 10:10–11 [Cole 2007: 90].

Караимские поэтические тексты

Как и у раввинистических евреев, в поэтических произведениях караимов, литургических и не только, присутствует множество цитат из Писания и аллюзий на него. В короткой вводной молитве караимского поэта и врача Моисея бен Авраама Дари, написанной в Египте в XII веке, поэт обращается к Богу с мольбой о возвращении общины из изгнания[14]. Она начинается так: «Бог Мой, когда сделаешь Ты Своей сильной рукой мою руку господствующей и возвысишь ее над моим братом [то есть Исавом = христианами] и моей рабыней [Агарью = мусульманами]» [Yeshaya 2014: 226]. Следующие за этим просительные стихи говорят, что поэтический субъект «сшил на кожу свою вретище» (Иов 16:15), намекая на низвержение Иова и его восстановление в итоге. В своей мольбе об избавлении поэт повторяет, что Бог совершенен и абсолютно справедлив (рефрен гласит: «Скала! — дела Его совершенны / Да, все Его пути справедливы»). Иов 34:12 здесь цитируется в подтверждение того, что Бог не поступает зло и не извращает справедливость [Yeshaya 2014: 267]. Печаль поэта о Иерусалиме, захваченном христианами и мусульманами, — одно из оснований для датировки жизни Дари.

В своих более личных произведениях Дари также обращался к Иов 16:15. Сообщая о болезни, перенесенной им в Дамаске, он

---

[14] О Дари и его сочинениях см. краткий обзор [Schirmann 2007].

взывает к Богу, чтобы Он проклял этот город. Он рассказывает, что он страдал от кровотечений из носа, диареи, усталости и истощения, он уподобляет себя Иову: «Я забыл благоденствие в день, когда я жил в [Дамаске], / там сшил я на кожу свою вретище (Иов 16:15). / Горе боли моей было велико, и мое сердце / было этим расстроено» [Yeshaya 2010: 50]. В другом стихотворении Дари критикует страдающего человека, который жалуется на свое состояние другим людям, вместо того чтобы обратиться к Богу. Здесь он отсылает к тому, как Иов описывает человеческое положение в 14:1 — «Он прах и он тщета и также пустота, / пресыщен печалями, краток днями и годами» [Yeshaya 2010: 81]. В стихотворении «Что я также сказал (о том), что если человек исполняет слово Господа, то Он позволит ему обрести даже лучшее, чем он (сперва) думал» Дари задействует образ праведного Иова, который даже в своем несчастье признает праведность Бога (Иов 36:3) [Yeshaya 2010: 230]. Отметим еще одну параллель с Иовом: считается, что двое из детей Дари умерли при его жизни.

Художественная литература

В XV и XVI веках Книга Иова играла значительную роль в еврейской художественной литературе. Книга имела ключевое значение для нескольких жанров литературы на разных языках во всем еврейском мире. Драматурги, поэты, летописцы, прозаики и биографы использовали Иова в различных ключах. Будучи диалогом между персонажами, книга предоставляла идеи для драмы; летописцы, составлявшие хроники крестовых походов, чумы, болезней и утрат, находили в ней рамку для описания своего опыта и опыта своих общин. Ренессансные гуманисты находили в ее изображении величия вселенной вдохновение для исследований, примером чему могут служить труды еврейских энциклопедистов этого периода: Иосиф Израиль из Форли в своем трактате «ספר תולדות אדם» («Книга поколений человечества») обосновывал необходимость изучения физики длинными цитатами из последних глав Иова, начиная при этом с обсуждения пророка Елиуя, который раскрыл божественные тайны творения [Lelli 2008: 224–225].

Ранняя драма

Для Иехуды Леоне бен Ицхака Соммо (Иехуда Соммо Порталеоне, Леоне ди Сомми, 1527–1592), автора еврейских комедий и диалогов об искусстве драмы из Мантуи, Книга Иова служила подтверждением необходимости сочинения ивритской драмы, поскольку она, с его точки зрения, была первой трагедией[15]. Отчасти он, давая Иову такую характеристику, хотел обосновать идею, что иврит обладает свойствами и разнообразием формулировок, которые позволят ивритской драме соперничать с лучшими произведениями эпохи [Lesley 1992: 54–55]. В первом разделе своего труда «Dialoghi in materia di rappresentazioni Sceniche» («Диалоги о сценическом представлении») Соммо обсуждает Книгу Иова, доказывая, что она предшествовала греческой трагедии и что, таким образом, истоки драматических искусств следует искать у евреев[16]. Для усиления аргумента он говорит о Моисеевом авторстве и божественном вдохновении:

> Драма есть имитация или зеркало человеческой жизни, и в моем понимании она была создана божественным постановлением. Возвышенный гений святого законодателя Моисея, знаменитого предводителя евреев, после того как он написал свои пять книг божественного закона, сообщенных ему оракулом — нет, устами Самого Всемогущего Бога — в 5550 стихах, произвел, как показано в литературе евреев, величественную и философскую трагедию Иова, в которой вывел лишь пять человеческих персонажей. Нет сомнений, что она не была написана для представления на сцене (хотя с тех пор она была представлена таким образом множество раз), но ей была придана форма диалога или спора, в котором различные персонажи принимали участие — то есть в форме, которую принимает всякое произведение, пригодное для драматического представления [Nicoll 1966: 256].

---

[15] Краткую биографию см. в [Almagor 2007].

[16] Английский перевод этого сочинения, написанного в 1556 году, доступен в приложении к [Nicoll 1966: 252–278].

Соммо, таким образом, утверждает, что хотя «величественная и философская трагедия Иова» не предназначалась для представления как сценическая пьеса, она тем не менее обладала всеми необходимыми элементами трагедии[17]. Далее, то, что Иов в конце истории получает воздаяние, показывает, что жанр не определяется концовкой:

> Различие связано с качествами вводимых персонажей и ситуациями, в которых они оказываются. В самом деле, нам известны трагедии, которые завершаются на ноте утешения (как в поэме об Иове, которую я упоминал, хотя она и начинается с множества ужасов, бедствий и смертей) [Nicoll 1966: 257].

Лейзавиц отмечает, что, по мнению Соммо, Книга Иова также давала божественное основание для сочинения комедии, будучи первым изображением человеческой жизни [Leisawitz 2015: 325]. Соммо пишет:

> *Сочиняя свою значительную и философскую поэму об Иове, Моисей, к тому же, использовал всего лишь пять персонажей. С учетом этого, какое лучшее различение могло быть найдено или открыто древними греческими или римскими поэтами, когда они начали сочинять комедии — эту полезнейшую форму искусства, предназначенную исключительно для того, чтобы в приятной форме наставлять других о том, как следовать добродетели и избегать порока?* [Nicoll 1966: 263]

---

[17] Анализ подхода Соммо к Иову и обсуждение Иова как его Эдипа см. в [Botuck 1991: 138–140]. Взгляд Соммо весьма схож с тем, что пишет об Иове его друг Азария де Росси в своем сочинении «Маор Эйнаим», где он утверждает, что, изображая Иова в его взаимодействии с друзьями и Богом, библейская книга, сочиненная Моисеем, впервые использовала литературный диалог. Спор с друзьями в конечном счете ни к чему не приводит, и Бог показывает, что божественное знание и могущество недоступны для человека; действия Бога должны быть приняты как происходящие из божественной мудрости. См. [Rossi 2001: 277].

Список вопросов (XV век)

Купец и финансист XV века Ицхак Натан бен Калонимос из Арля составил список из тринадцати вопросов о Книге Иова, «קזות קשה» («Горестное видение»). Ицхак Натан, лидер еврейской общины Арля, был известен как антихристианский полемист. Также ему принадлежит первая ивритская конкорданция Библии, которую он завершил в 1447 году. В целом труды Ицхака Натана свидетельствуют не только о его еврейской образованности, но также о знании аристотелевской философии и этики и христианского Писания.

Список Ицхака Натана бен Калонимоса — это очень необычный пример средневекового сочинения: в нем задаются вопросы о Книге Иова — и не дается ответов. Однако вопросы, которые ставит Ицхак Натан, выдают его точку зрения. Первые два вопроса — о том, почему Иов называется только по имени, без упоминания отца или семьи, и почему он не идентифицируется как еврей и о его этнической принадлежности вообще ничего не говорится. Третий вопрос — почему Иов в Книге Иова не определяется как иудей, с учетом того, что его описание соответствует тем, кто соблюдает Закон и избегает греха. Ицхак Натан задается вопросом, когда Иов жил, замечая только, что отсылки в Иез. 14:14 и 14:20 позволяют ему предположить, что Иов жил во времена Даниила. В вопросах 5–7 он размышляет о том, где Иов жил. Он пишет, что, по словам некоторых, Уц — в Константинополе, но это вызывает у него сомнения, так как это к северу от Израиля, а в Библии сказано, что Иов жил на востоке. Остальные вопросы касаются различных аспектов нарратива, у которых есть теологические импликации: Если «сыновья Бога» всегда с Богом, то почему написано, что они пришли предстать перед Ним? Почему Враг получает позволение причинять страдания Иову, если нет явного греха, за который он должен был бы быть наказан? Ицхак Натан также не понимает, почему Иов потерял своих детей; даже если Иов согрешил, такая кара представляется избыточной: если собственность может быть замещена, то дети — нет. Двенадцатый вопрос сформулирован, пожалуй, наиболее резко; из него читатель может сделать вывод, что Иов должен быть оправдан, а Бог — осужден, потому что Бог позволил Врагу увлечь Себя. Праведность Иова утверждается в вопросе тринадцатом, указывающем, что мнение друзей о греховности Иова опровергается, когда Бог оправдывает его[18].

Ивритские эпические хроники

В Средние века евреи начали заимствовать нарративные и поэтические формы у тех сообществ, с которыми они соседствовали. В числе новых еврейских литературных проектов были попытки по-новому изложить библейские истории с использованием мидрашических и легендарных источников. Эти пересказы библейских историй, по крайней мере по видимости, отличаются от еврейских переложений легенд об Артуре и других сказаний о рыцарях, битвах и любви в гебраизированной форме, однако изображение библейских фигур как могучих воинов указывает на определенное влияние.

Элеазар бен Ашер га-Леви (XIV век, Германия)

Элеазар составил ивритскую хронику, озаглавленную «ספר הזכרונות» («Книга воспоминаний»), которая включала в себя более раннюю работу итальянского поэта и историка XII века Иерахмееля бен Шломо. Хроника охватывает период от сотворения мира до разрушения Второго храма в Иерусалиме. С точностью определить, какой материал принадлежит к более ранней хронике, а какой был добавлен позднее, пока невозможно. Сохранился манускрипт XIV века, в котором Иов появляется несколько раз[19]. Сперва он идентифицируется как потомок Уца, сына Арама (31:16),

---

[18] Текст — вместе с английским переводом, биографией Ицхака Натана и сведениями о литературном и историческом контексте — доступен в [Ben-Shalom 2016].

[19] Обсуждение текста и английский перевод см. в [Gaster 1972]. Мы используем здесь гастеровскую систему нумерации пассажей.

а далее говорится, что он советник египетского фараона вместе с Валаамом и Рагуилом (Иофором), как в предшествующей мидрашической традиции (46:1). Если Рагуил защищал израильтян и вынужден был бежать в Мадиан, чтобы спастись от гнева фараона, а Валаам был почтен фараоном за то, что убеждал его истребить еврейских первенцев, то Иов (в более мягкой форме?) советовал фараону поступить с израильтянами так, как он пожелает (46:4). Согласно хронике, статуя Иова была одной из тех, которые — наряду со статуями Адама, Ноя, Сима, Авраама, Исаака, Иакова — отцов всего мира — окружали трон Соломона (84:4), что идет вразрез с предшествующими раввинистическими преданиями, которые намеренно исключали Иова из числа патриархов.

«Сефер га-Яшар» («ספר הישר»)

Анонимная «Сефер га-Яшар» («Книга праведных») сохранилась в печатной версии 1625 года, но, вероятно, была впервые напечатана в Неаполе веком ранее. Дата ее сочинения — предмет обширной полемики; в недавних исследованиях обсуждаются версии написания в Испании XIV века или в Италии XVI века (в последнем случае ее авторы — евреи, бежавшие из Испании во время изгнания). Книга во многом основывается на «ספר הזכרונות» Элеазара бен Ашера га-Леви и охватывает период от Адама и вплоть до исхода из Египта. Она дает схожее, но более развернутое изображение Иова и роли, которую он играл в качестве советника фараона [Dan 1986: 281]. В отличие от других источников, которые изображают Иова молчаливо соглашающимся с планами фараона, в «Сефер га-Яшар» он активно призывает фараона принуждать израильтян к тяжелому труду и издать царский указ, обязывающий повитух убивать новорожденных еврейских мальчиков (глава 66). Фараон последовал совету Иова, но еврейские повитухи не подчинились указу. Вскоре после этого фараону приснился сон, в котором старик держал весы. На одной чаше были все старейшины и знать Египта. На другой, перевешивая их всех, был один-единственный козленок. Фараон призывает своих советников Валаама, Иофора и Иова, чтобы они истолковали этот сон.

Валаам предупреждает фараона, что зло поднимется на Египет, и говорит, что ему следует снова попытаться истребить еврейских мужчин. Иофор советует фараону отказаться от наказания израильтян, и в итоге он бежит в Мадиан от гнева фараона. Иов поощряет его поступить с израильтянами по своему усмотрению. Фараон следует совету Валаама и пытается устроить так, чтобы все дети израильтян мужского пола были брошены в Нил (глава 67). Рассказы «Сефер га-Яшар» заслуживают внимания, потому что это сочинение получило большое распространение; оно было напечатано больше десяти раз и до конца XVIII века было переведено на латынь, ладино, идиш и английский[20].

Авраам бен Ханания Ягел из семьи Галлико (1553–1623, Монселиче)

Авраам бен Ханания Ягел, родившийся в Монселиче, был врачом, каббалистом и писателем. В начале 1570-х он вместе с отцом и братом поселился в Луццаре. Там он оказался вовлечен в неудачное деловое предприятие с бедовым партнером и опасными конкурентами. Из-за долгов он оказался в тюрьме. После освобождения он получал доход, в основном ухаживая за своими родителями и обучая детей состоятельных еврейских банкиров. Судя по всему, он испытывал финансовые трудности до самого конца жизни [Ruderman 1990]. Около 1578 года Ягел написал автобиографическое сочинение «גיא חזיון» («Долина видения»), которое повествует о его двухдневном небесном путешествии в сопровождении души его умершего отца. Во время странствий они встречают Иова[21]. Авраам говорит, что он бы никогда не

---

[20] Помимо «Сефер га-Яшар», к началу XVI века уже существовало несколько распространенных переводов на ладино Книги Иова. См. [Cohen 2020: 63].

[21] Как отмечалось выше, Талмуд предостерегает, что сны об Иове должны насторожить того, кто их видит. Однако другие источники говорят о том, что некоторым его появление приносило утешение. Тайный еврей Луис де Карвахаль — младший, который был сожжен на костре мексиканскими инквизиторами в 1596 году, рассказывает о двух боговдохновенных снах, приснившихся ему, когда он был в заточении. После того как он однажды

узнал Иова, так как раввинистическая традиция и Маймонид считают его вымышленным персонажем притчи. Однако отец уверяет его, ссылаясь на другие раввинистические источники, что Иов был живым человеком. Смысл утверждения, что история была притчей, заключался в том, что Моисей использовал ее, чтобы выразить различные представления о теодицее и провидении. Согласно отцу Ягела, Иов жил в Арам-Нахараим, перед тем как поселился в Уц (Уц — другое название Константинополя). Когда начались его мучения, его друзья приехали из Арам-Нахараим, чтобы утешить его. Они узнали о его страданиях, потому что, как в раввинистической традиции, у каждого из них была корона, на которой были написаны имена других, и эти имена изменились, что означало страдание их друга. Убедившись, что встреченный им человек — Иов, Ягел спрашивает о его делах. Иов рассказывает фантастическую историю, основанную на сказанном им в Иов 29:12, что он спасал вопиющих страдальцев и сирот. Иов говорит, что он услышал вопль девушки, которую пираты везли из Египта в Эфиопию. Она была служанкой знатного человека, и он начал вожделеть ее. Отказав ему множество раз, в смятении она пошла к его жене, чтобы рассказать о ситуации. Жена согласилась помочь и велела ей принять его ухаживания. Они должны были встретиться в полночь. Человек, сведенный с ума желанием и забывший обо всем на свете, встретился с ней в темноте, как и было запланировано. Когда утром он собрался уходить, он обнаружил, что он был не с девушкой, а со своей женой, и жена сказала ему, что если он еще хоть раз заговорит со служанкой, то она расскажет людям о его недостойном поступке, опозорит его и вернется к своей семье. Как и было обещано, он больше не домогался девушки, но начал мучить ее

постился в своей камере, он услышал голос, который сказал ему, что Иов и Иеремия молятся за него. Второй сон был несколько месяцев спустя. После того как он увидел, как инквизиторы пытают его мать, он заснул. Во сне его посетил некто, кого он принял за Иова. Явившийся утешил его, что из-за пытки его матери о ее выдержке узнали наверху. См. [Cohen 2001: 167–172]. В духовной автобиографии Карвахаля протагонист Иосиф видит похожий сон про Иова и Иеремию. См. [Cohen 1966: 296].

тяжелым трудом и телесными наказаниями. Когда она возопила, как объясняет Иов, Бог услышал ее мольбу и послал Иова помочь ей, сделав так, чтобы о ней узнал эфиопский князь и пожелал жениться на ней. Иов рассказывает, что она происходила из знатной семьи, другом которой был Елиуй. Далее Иов говорит, что Бог вознаграждает только тех, кто добр или заслуживает, и что девушка была вознаграждена за свою скромность, пройдя испытание, с которым она столкнулась. Ягел начинает задавать трудные вопросы о том, почему явно злые люди, такие как Гаман из Книги Есфири, получают власть, если Бог вознаграждает только тех, кто заслуживает. Мораль истории в том, что нельзя судить о происходящем с другими людьми, так как невозможно определить, сколько в них добра и сколько зла. Далее Иов учит Ягела астрологии. Он сообщает, что знаки Израиля — Водолей и Козерог, а его планета — Сатурн. Он объясняет, что все это играет первостепенную роль в управлении страданием Израиля, и указывает на способы противостоять этому вредоносному воздействию [Ruderman 1990: 164–175][22].

Повествования о мученичестве и утратах

Ивритская Хроника крестового похода Соломона бар Симсона (ок. 1140, Майнц)

В своей хронике первого крестового похода Соломон бар Симсон повествует о разрушениях в Шпайере, Вормсе, Майнце, Кельне, Трире, Меце, Регенсбурге и Праге. Он рассказывает о мученичестве Исаака, сына рабби Давида, парнаса общины в Майнце[23]. Согласно хронике, Исаак перешел в христианство, чтобы спасти себя и свою семью, надеясь, что позже сможет по-

---

[22] Об изображении рабства и неволи в тексте и о его импликациях для понимания еврейских настроений периода раннего Нового времени см. [Schorsch 2004: 128–130].

[23] Хроника дошла до нас только в полной рукописи XV века. О ее истории и связи с другими хрониками см. [Chazan 2000: 19–27].

каяться, потому что Бог знал, что он обратился вынужденно, из-за того что крестоносцы убивали его собратьев[24]. В итоге, однако, он решил, что должен принести искупительную жертву. Исаак убил своих сына и дочь в качестве жертвоприношения в синагоге, сжег дом своего отца, причем его мать была внутри, и совершил самоубийство, пока синагога горела, чтобы избежать вынужденного обращения в христианство[25]. Соломон бар Симсон пишет:

> Враги кричали ему через окна: «Злодей! Выходи из огня! Тебя еще можно спасти!» Они держали перед ним шест, чтобы вытащить его из огня, но праведник не захотел. Этот человек, который был «непорочен, справедлив и богобоязнен» (Иов 1:1), сгорел там, но его душа таится среди праведных в раю.

Образная структура здесь напоминает «Завещание Иова»: праведник готов перенести страдание до конца. Также в нарративе отражается раввинистическая традиция, согласно которой праведники подвергаются испытаниям и страдают, чтоб очиститься от греха и получить большее вознаграждение в грядущем мире [Roos 2006: A69–70]. Похожую аллюзию на Иов 1:1 бар Симсон задействует, описывая гибель в Трире Авраама, сына рабби Йом Това. Он был «человеком веры, непорочным и справедливым, и Небеса любили его» [Roos 2006: A116]. В другой части текста персонаж, к настоящему моменту идентифицированный как папа Урбан II, вводится полемически с отсылкой к Иов 1:6 или 2:1: «между ними пришел и Враг»[26] [Eidelberg 1996:

---

[24] Напротив, средневековый текст из Англии предписывает человеку поститься и каяться и ни в коем случае не переходить в другую веру, потому что «лучше человеку каяться постом, страданием и получением плетей в этом мире, [чтобы он тогда мог] поклоняться Богу всем своим сердцем и душой, и плодоносить святым и чудесным семенем, исходящим из него, чтобы дни его обновились, как случилось с Иовом». Цитату и обсуждение см. в [Baumgarten 2014: 95].

[25] Обсуждение этой истории и проблемы суицида как акта искупления см. в [Lichtenshtein 2006: 68–70].

[26] Обсуждение см. в [Marcus 1982: 47].

26]. Соломон бар Симсон оригинальным образом использует Иов 16:18, превращая первое лицо библейского текста в третье лицо множественного числа, когда говорит о мучениках, умерщвленных в Майнце: «Земля! не закрой их крови, и да не будет места воплю их! И да даст Господь, наш Бог, нам возмездие» [Eidelberg 1996: 47]. Изменение числа и лица создает здесь контраст между Иовом и конкретными мучениками. У Иова, чьи друзья обратились против него, нет заступника. В отличие от него, у мучеников есть оставшиеся в живых, помнящие о них и борющиеся за их избавление (которое будет достигнуто посредством избавления Израиля). В определенном смысле хроника служит сохранению их памяти и тому, чтобы их кровь не была скрыта. Пассаж также уподобляет народ Израиля Иову, и в этом отношении воззвание к Богу здесь не об очищении от прегрешений, а о принятии искупительной жертвы и прощении. Образный строй, которому придано коллективное измерение, основан на интерпретации Книги Иова в духе Раши, где жертва не вполне лишена вины, ибо кара изгнанием — следствие общего греха [Cohen 2006: 102].

Мататиас Йизхари (конец XIV века, Тортоса?)

Связь между изгнанием и страданием Иова нашла ясное выражение в проповеди Мататиаса Йизхари. Семья Йизхари бежала из Нарбонны в Каталонию и Арагон, вероятно, в связи с изгнанием евреев из Франции в 1306 году. По всей видимости, он был учеником философа Хасдая Крескаса. Помимо серии гомилий он оставил комментарий к псалму 118, комментарий к «Пиркей авот» и сборник образцов проповедей на недельные чтения Торы [Berenbaum, Skolnik 2007b; Saperstein 1989: 156–158]. Проповедь на *парашат толедот* (Быт. 25:19–28:9) содержит много отсылок к мученичеству; в ней автор пытается найти смысл в еврейском страдании, отличный от того, что оно побуждает к покаянию за грехи. Йизхари начинает с идеи, что о патриархе Иакове и об Иове сказано, что они «простые люди» — איש תם — которые перенесли страдание в общении со своими друзьями, потому что они не вполне понимали детали действия теодицеи и провидения. Основываясь на словах Софара и Елиуя, Йизхари пытается показать, что явление Бога Иову в ответ на то, что он требовал Его объяснений, должно было заставить Иова признать справедливость, присущую Его решениям. Йизхари завершает обсуждение Иова, отмечая, что как только Иов достиг верного понимания, он осознал, что Бог в Своей милости наказывает людей только за часть их грехов. Призыв оставаться твердыми в вере был важен для испанско-еврейской аудитории, которая недавно пережила ужасные страдания в погромах 1391 года [Saperstein 1989: 156–166].

Иаков бен Шломо га-Царфати (XIV век, Авиньон)

Потеряв трех детей из-за чумы в конце 1382 и начале 1383 года, Иаков бен Шломо, врач, писец и автор религиозных сочинений, написал произведение «אבל רבתי» («Великая скорбь»). Главным образом оно посвящено смерти его дочери Эстер и характеризуется глубокой сентиментальностью, что необычно для средневековой ивритской литературы. Повествуя о последних часах, проведенных отцом и дочерью вместе, Иаков бен Шломо использует прозаическую рамку, похожую на начало и окончание Книги Иова, при этом он критикует еврейский подход к чтению Писания, в котором нарративы аллегоризируются: его возражение состоит в том, что тем самым исторические повествования превращаются в басни. «Иаков прямо говорит, что неоспоримая правда его собственного опыта, который могут подтвердить многие свидетели, "доказывает", что страдания Иова тоже были реальны» [Einbender 2009: 114]. Далее он утверждает, что, как и в случае Иова, его страдания — непосредственно от Бога [Einbender 2009: 123–124]. Ближе к концу повествования он играет с раввинистическим тезисом, что история Иова не имела места в реальности, а была лишь притчей, и тезисом Маймонида, что она предназначена для объяснения работы божественного провидения. Он беспокоится, что его собственная история тоже будет утрачена: «[Они] говорят, что истории, записанной в книге, *никогда не было, что она была просто басней для просвещенных*. Причина этого в том, что столько времени прошло с ранних дней, что все было забыто; о том, что было, нет памяти у тех, кто пришел после»[27].

Иегуда Москато (ок. 1530 — ок. 1593, Италия)

Иегуда Москато был рабби, поэтом и философом. Он родился в Озимо, но провел бо́льшую часть жизни в Мантуе. Москато, ренессансный мыслитель, прекрасно знал как еврейские тексты и источники, так и классические языки и литературу. Он наиболее известен как обновитель еврейской гомилетики[28]. Он опубликовал 52 своих проповеди в Венеции в 1588 году в книге, озаглавленной «נפוצות יהודה» («Рассеянные Иегуды»). Книга Иова цитируется в его проповедях сотни раз, но наиболее обстоятельно обсуждается в проповеди 32, «כתר שם טוב עולה» («Венец доброго имени превыше» [м. Авот 4:17]) и в панегирике рабби Самуилу Касесу, служившему в Мантуе и Болонье и умершему накануне Рош га-Шана в начале сентября 1572 года[29]. Панегирик был прочитан в Большой синагоге на Пост Гедалии. Москато доказывал, что доброе имя — наивысшее, чего можно достичь в этой жизни, и что это достижение может стать вечным, если заслуживший его человек вдохновляет других следовать его примеру; тем самым его имя сохраняется вечно после его смерти. Обретение бессмертия души связано с изучением и соблюдением Торы. Панегирик развивает учение из в. Берахот 17а (Москато опирается на известный вариант текста, приписывающий авторство рабби Меиру).

---

[27] Перевод взят из [Einbender 2009: 116], где он напечатан вместе с ивритским оригиналом. Курсив добавлен, чтобы подчеркнуть прямое заимствование на иврите раввинистического тезиса из в. Бава Батра 15а.

[28] О Москато см. [Miletto 2012].

[29] Обсуждение проповедей Москато и особенно этого и других панегириков см. в [Saperstein 2012]. Проповедь доступна на иврите и в английском переводе в [Miletto, Veltri 2013: 95–132 (английский раздел), 33–44 (ивритский раздел)].

> Р. Йоханан сказал: Закончив Книгу Иова, рабби Меир порой говорил: Конец человека — когда он умирает, и конец зверя — когда его забивают, и все обречены на смерть. Счастлив тот, кто был воспитан в Торе и чей труд был в Торе и кто доставил удовольствие своему Создателю и вырос с добрым именем и покинул мир с добрым именем; и о нем Соломон сказал: «Доброе имя лучше дорогой масти, и день смерти — дня рождения» (Еккл. 7:1).

В разделе 49 опубликованного панегирика Москато сравнивает почившего рабби Касеса с Иовом, говоря, что, подобно Иову (в Иов 1:1), он был «непорочен в размышлениях и справедлив в деяниях». Трактовка Москато здесь отлична от многих предшествовавших философских экзегетов, по большей части приписывавших Иову нехватку философского познания. Важнее, однако, то, что для Москато праведность Касеса (подобно Иововой) происходила из страха перед небесами, и он был образцом этого поведения на пользу другим. Москато говорит, что Иов приносил жертвы за своих детей отчасти для того, чтобы преподнести урок тем, кто это видел, о правильных делах. Елифаз в Иов 4:3–4 подтверждает, что Иов наставлял многих. Иов не держал никакой обиды на своих друзей, потому что споры привели к вознаграждению: постижению истинного действия божественного провидения[30]. Хотя представляется, что то, что Иов проклял день своего рождения — неподобающий поступок, Москато оправдывает это, указывая, что похожий язык использовал Иеремия (Иер. 20:14). Согласно Москато, Иов должен был понимать и принимать принципы служения Богу, иначе он не удостоился бы пророчества. Бог говорит, что Иов праведен, и это нужно принимать всерьез; он был вдвойне вознагражден Богом за свою стойкость. Иов — при-

---

[30] В проповеди 23, «Свободу пленникам», Москато говорит о выкупе пленников как преимущественной форме милосердия. Он обсуждает обвинения, которые Елифаз выдвигает против Иова в Иов 22. Он утверждает, что Елифаз преподает Иову важный урок, что если бы Иов действительно использовал свое богатство, чтобы искренне заботиться о бедных, то Бог использовал бы все Свои ресурсы, чтобы позаботиться об Иове, потому что благотворительность, осуществляемая с правильными намерениями, провоцирует Бога поступать милосердно и умерять Свое суждение. См. [Miletto, Veltri 2011: 305–307].

мер того, кто смог вынести божественные муки любви. Потому имя Иова остается благословением даже после его смерти. Москато утверждает, что изучение библейской книги и узнавание о доблести Иова может разжечь огонь праведности в читателе.

В разделе 69 Москато интерпретирует имя рабби Меира как обозначающее не некоего конкретного индивида, а любого читателя, обладающего ясным (מאיר) интеллектом и способного, как рабби Меир, извлечь из Книги Иова урок стойкости и научиться полагаться на Бога, сталкиваясь со страданиями жизни[31]. В этом отношении Самуил Касес был подобен рабби Меиру и Иову. Также он подобен Иову в том, что его учение и его поступки были образцом для других во время его жизни и остались таковым после его смерти. Москато свидетельствует о том, что в день смерти Касеса он искал и не мог найти в городе хоть одного ребенка, который не знал бы о праведном рабби. Таким образом, Касис оставил этот мир с добрым именем, о котором написано в талмудическом тексте рабби Меира в связи с завершением чтения Книги Иова.

Разнообразные ивритские источники

Мессианские спекуляции Шломо Молхо (1500–1532)

Шломо Молхо родился в семье марранов в Лиссабоне; при рождении получил имя Диогу Пиреш. Около 1520 года он был назначен секретарем при королевском совете; однако после 1525 года он обратился в иудаизм, был вынужден бежать из Португалии и в какой-то момент оказался в кругу каббалиста Йосефа Тайтацака в Салониках. Вокруг Молхо, также хорошо

---

[31] Моше Алмоснино (родился ок. 1515, Салоники — умер ок. 1580, Константинополь) дает похожее толкование. Комментарий Алмосино к Иову был утрачен, но он несколько раз обращается к библейской книге в своем иудео-испанском этическом трактате «ספר הנהגת היים» («Regimiento de la vida»). См. [Zemke 2004]. Алмосино объясняет, разбирая проблему процветания злых и страдания праведников, что страдание полезно для праведников, так как оно укрепляет их характер и решимость. Это также служит примером для менее добродетельных, которые научатся выдержке в своей вере. В итоге праведный страдалец постигнет причину своего страдания только в грядущем мире. См. [Abeles 1957: 56–57, 87].

знавшего каббалу, образовалась группа последователей, которые способствовали публикации его проповедей, насыщенных мессианскими спекуляциями. Впервые опубликованный в 1529 году, этот труд теперь известен как «ספר המפואר» («Книга великолепного»). Позднее Молхо перебрался в Рим, где изначально папа Климент VII гарантировал ему защиту. К тому времени у него уже начало развиваться мессианское самовосприятие и его фигура вызывала серьезные разногласия. Он был сожжен инквизицией в 1532 году по обвинению в склонении в иудаизм[32].

В собрании проповедей Молхо есть два интересных для нас текста: один посвящен вопросу о Валааме и Иове, а второй — о мессии и Иове [Molcho 1883: 31–35]. Молхо пересказывает учение мудрецов, что Моисей написал Книгу Иова наряду с Торой и перикопой о Валааме, чтобы подчеркнуть, что, хотя Книга Иова содержится в Писаниях, она должна, подобно истории Валаама, пониматься как часть Торы. Упоминая талмудическое положение, что Иов не существовал в реальности и был лишь героем притчи, Молхо утверждает, что Иов был реальным человеком, который служил фараону в Египте; тем не менее его история — притча о том, что произойдет с народом Израиля в грядущем изгнании. Собственно говоря, и пророчество Валаама, и Книга Иова описывают страдание, ожидающее Израиль. Иов здесь — символ Израиля, что Молхо также иллюстрирует гематрией (איוב = 19 и ישראל = 19 в своем מספר קטן, малом значении).

Молхо провозглашает, что, хотя Книга Иова не входит в Тору, она словно бы была написана между перевернутыми буквами *нун*, которыми завершаются Чис. 10:34 и 10:36. Оба стиха говорят о божественном искуплении и приходе мессии, и о том же говорит Иов. В конструкции Молхо Елиуй — это пророк Илия, Элифаз репрезентирует Едом, Вилдад символизирует Измаила, а Софар представляет Аммон и Моав[33].

В прочтении Молхо Израиль (Иов) в конечном счете унаследует земли Елифаза, Вилдада и Софара, когда Илия (Елиуй)

---

[32] О Молхо см. [Idel 1998: 144–152].

[33] Краткий обзор творчества Молхо и контекстуализацию его по отношению к современникам, в том числе к Элиэзеру Ашкенази, см. в [Cooper 2006: 194].

провозгласит пришествие мессии. Если гнев Бога разгорается на компаньонов Иова, потому что они ложно говорили о божестве, то слугу Бога Иова (Израиль) отличает то, что он привязал себя к Торе, и потому Бог удвоит его вознаграждение. В какой-то момент, в точности подобно Елиую, который появляется в Книге Иова словно бы из ниоткуда, Илия появится в Риме (Едоме), что возвестит начало мессианской эры.

Посредством ряда расчетов, основанных на перевернутых *нун* и числе появлений в тексте имени Елиуя, Молхо определяет 1540 год как год пришествия мессии. Имя Елиуя (которое состоит из тех же ивритских букв, что и имя пророка Илии) появляется семь раз, что означает, что мир просуществует 7000 лет. Пять раз оно появляется с *алефом* на конце (אליהוא вместо אליהו), что указывает на 5000 лет, которые должны были пройти до мессианского избавления. Расчет, основанный на появлении особых коротких букв *нун* в Иов 38:1 и 40:6 (в слове מן) дает Молхо 5300 год от сотворения мира, или 1540 год[34].

Исаак бен Самуил Адарби (родился между 1515 и 1520 годами, умер ок. 1584, Салоники)

Как и Элиэзер Ашкенази и Самуил де Медина, Адарби был учеником талмудиста и каббалиста Йосефа Тайтацака[35]. Адарби исполнял обязанности раввина и специалиста по праву для конгрегаций в Салониках на протяжении почти 50 лет, вплоть до своей смерти. Помимо собрания респонсов он оставил 30 проповедей, которые были опубликованы в Салониках в 1580 году под заглавием «דברי שלום» («Слова мира»)[36].

---

[34] О том, как Молхо использует Иова в своих расчетах и спекуляции см. [Silver 1927: 133–134; Goetschel 1981].

[35] Об Ашкенази и Иове см. выше. Комментарий к Иову, приписываемый Тайтацаку, сохранился в рукописи, датируемой последней четвертью XVI века (Bodleian Library, Oxford, MS Hunt 412, начиная с фолио 100r).

[36] Краткую биографию см. в [Bornstein-Makovetsky 2010]. Наше обсуждение здесь основано на обзоре и блестящем исследовании проповеди и ее места в истории интерпретации Плача Иеремии в [Cooper 2001: 6–9].

В проповеди 29 (в первом печатном издании) Адарби обращается к теме природы и предназначения страдания Израиля [Adarbi 1580: 112a–118]. Он начинает со сравнения человеческих достижений и достижений Израиля. Обычно человеческие победы — это не более чем позитивный результат человеческих действий. В победах Израиля же выражается полное воплощение божественной воли в народе, подобно тому как неудачи Израиля проистекают из коллективных грехов народа. Грех для Адарби — это болезнь души, как жар — болезнь тела. Для лечения и того и другого нужно установить причины. Потому человеческие существа должны всматриваться в свои беззакония, чтобы покаяться и избавиться от страданий.

Для подтверждения этого тезиса Адарби обращается к Плачу Иеремии, трактуя гиперболу библейского текста как указывающую на внеприродный источник страдания Израиля. Израильтяне страдали не только из-за того, что с ними произошло, но также и из-за понимания того, что их поступки отдалили их от Бога. Осознав свои проступки, они смогли по-настоящему покаяться. Тогда Бог смог вернуться к ним и восстановить их.

Далее Адарби сравнивает страдание Израиля в Плаче со страданием Иова. Он начинает с мидраша из Песикта де-Рав Кагана 16:6, где человек из Плч. 3:1 отождествляется с Иовом, пьющим глумление как воду. Мидраш продолжается сравнением стихов об Иове со стихами об Израиле в книгах Иеремии, Исаии и в Плаче Иеремии. Если многие комментаторы, в том числе Ашкенази, видели в этом сравнении указание на то, что Иов — символ Израиля (см. выше), то Адарби прочитывает мидраш как противопоставление Израиля Иову, при этом он подчеркивает превосходящий масштаб страдания Израиля, чтобы усилить различие. С точки зрения Адарби, забирая верблюдов Иова, халдеи действовали по собственной воле. Огонь, который сжег его овец, был божественным, но то, что овцы сгорели, было сопутствующим ущербом. Иерусалим же Бог отдал халдеям намеренно (Плч. 4:12), и огонь был послан специально, чтобы уничтожить город (Плч. 1:13).

Адарби проговаривает, что и Иов, и Израиль предвидели свои страдания: Иов в 3:26, а Израиль в многочисленных пророческих предостережениях Иеремии. Страдание и восстановление Иова, он полагает, произошло в рамках естественного хода вещей, которым управляет движение звезд и созвездий, но страдание Израиля было божественным наказанием за грех. Здесь Адарби противоречит тому, что он говорит об Иове в проповеди на *ваехи*:

> Вот что сказал Вилдад Савхеянин Иову: «И если вначале у тебя было мало...» И это учение находится в согласии с тем, что Ралбаг объяснил об этом ответе [Вилдада Иову], что страдания, которые Святой, Благословен Он, принес Иову, были для его собственного блага, подобно Аврааму, Исааку и Иакову... [Adarbi 1580: 149b]

В проповеди 29 Адарби искажает содержание Книги Иова в соответствии со своими гомилетическими задачами. Далее он говорит, что если муки Иова была лишь внешними и проявлялись на его коже, то страдания Израиля были внутренней карой — кости народа были разбиты (Плч. 3:4). В отличие от Иововых, страдания Израиля не могли разрешиться естественным путем; избавление могло прийти только через покаяние и терпение.

Леоне да Модена (1571–1648, Венеция)

Похожие основанные на Книге Иова тропы обнаруживаются в ранненововременной автобиографии (до нас дошло только одно средневековое сочинение в этом жанре [Yuval 1994]). В написанной в XVII веке автобиографии итальянского рабби Леоне да Модена автор часто цитирует стихи из Книги Иова, чтобы проиллюстрировать горести своей жизни[37]. Он был азартным игроком, потерял при своей жизни нескольких детей и не мог найти надежный заработок. Он пишет, что в конце 1617 или на-

---

[37] В другом сочинении, «ארי נוהם» («Ревущий лев», 1639), да Модена подвергает критике каббалу и отстаивает важность изучения науки. Он объясняет, что из бури Бог критиковал Иова за то, что он не исследовал творение — то есть физику — что необходимо для понимания мира: его составляющих, его созданий, его божественного устройства. См. [Ruderman 2001: 122].

чале 1618 года решил написать автобиографию для своих детей, внуков или учеников, чтобы сказать им: «С того момента, как я пришел в мир, не было мне ни мира, ни покоя, ни отрады, а после постигло меня несчастье (Иов 3:26) — горе о сыне моем Мордехае, благословенна его память. Я жду смерти, и нет ее (Иов 3:21)» [Cohen 1988: 76]. Рассказывая о своем рождении, он отмечает, что он проклял бы тот день, как Иов в 3:3 [Cohen 1988: 82]. Да Модена цитирует 3:26 еще раз, говоря о смерти своего любимого зятя [Cohen 1988: 132]. В другом месте он сообщает, что его друзья не приносили ему утешения [Cohen 1988: 147]. Масштаб страдания делает сравнение уместным, но, как отмечает Натали Замон Дэвис, Иов в конечном счете кается и переживает духовное обновление; да Модена же так и не сошел со своего пути, даже осознавая, что многие страдания он принес себе сам своими поступками [Davis 1988: 61].

В другой примечательной автобиографии германский рабби Яков Эмден (1697–1776) описывает свою болезнь как положенную на него тяжелую руку Бога (Иов 23:2) [Leperer, Wise 2011: 96][38]. В другом месте он упоминает сетования Иова в Иов 22:30 с надеждой, что Бог положит конец раздору, учиненному врагами в немецко-еврейской общине [Leperer, Wise 2011: 121][39].

Гинекологический текст XII века

В числе 24 медицинских трудов, переведенных анонимным еврейским врачом между 1197 и 1199 годами на юге Франции — сочинение «ספר התולדות» («Книга рождения») [Barkai 1991]. Ивритская версия, основанная на переводе на латынь VI века «Гинекологии» Сорана Эфесского, стилистически отличается от

---

[38] В синодальном переводе эта формула отсутствует. — *Прим пер.*

[39] Эмден также извлекает из Книги Иова аргументы в пользу занятия алхимией [Kahana 2013: 260, 269]. Рукописная копия 1690 года ивритской версии алхимического трактата «Семита ректа», атрибутируемого немецкому доминиканцу XIII века Альберту Великому, начинается с добавленной переводчиком строки «у серебра есть источная жила, и у золота место, где его плавят» (Иов 28:1) [Langermann 2005: 278].

холодного медицинского письма своего латинского предшественника. Автор иудаизировал текст посредством ряда изменений: он изъял материал, противоречащий еврейским нормам (например, похвалы девственности и обсуждение предотвращения беременности); добавил цитаты из Библии, Талмуда и других раввинистических источников; превратил текст в диалог между библейскими персонажами [Caballero Navas 2014]. Эта иудаизация примечательна, поскольку автор, обозначающий себя библейским именем Доик Идумеянин, по всей видимости, — раскаявшийся обращенный христианин [Freudenthal 2013]. Фон, на котором в книге разворачивается передача медицинского знания, — это Второй храм и мидрашическое предание о браке Дины и Иова. Книга начинается с того, что Дина плачет у ног своего отца Иакова. Она хочет, чтобы он рассказал ей о вещах, касающихся ее тела: анатомии, беременности, деторождения, и о различных болезнях и недугах, от которых страдают женщины. Он объясняет все эти вещи в долгом диалоге, после чего Дина уходит и возвращается к своему мужу, Иову. Согласно тексту, «познав» своего мужа, она рожает сыновей и дочерей, чье потомство далее населяет мир. Использование предания об Иове и Дине здесь означает, что оно было значительно более распространено, чем на то указывает небольшое число высказываний в ранних раввинистических источниках [Barkai 1991: 243][40].

Иудео-французские источники

«*Le Glossaire de Leipzig*»

«Le Glossaire de Leipzig», включающий более 22 000 глосс, — самый крупный из дошедших до нас иудео-французских библейских глоссариев [Banitt 1995–2005][41]. «Glossaire», составленный,

---

[40] Дополнительное обсуждение см. в [Levy 1990: 71–72].

[41] «Glossaire» — один из 15 сохранившихся текстов такого рода, но не все они были опубликованы и не во всех есть Книга Иова [Banitt 1995–2005, 1: 32]. Обширность материала, касающегося Иова, здесь намного превосходит

по всей вероятности, в Нормандии в XIII веке, следует порядку библейских стихов и как правило дает лемму, французский эквивалент, ивритские синонимы, ссылки на другие места Библии и далее более обстоятельный ивритский комментарий. Глоссы к Книге Иова уникальны своим обширным вспомогательным комментарием. Если бóльшая часть комментариев в тексте в целом даются без указания источников, то в глоссах к Иову источники эксплицитно называются более 200 раз. Бóльшая часть ссылок — на комментарии, приписываемые Берехии ха-Накдану. Также часто цитируется Авраам ибн Эзра. Другие комментарии содержат ссылки на французских экзегетов Раши, Рабейну Тама, Элиэзера из Божанси, Иосифа Кара и Давида Кимхи. Также цитируются Саадия Гаон, Соломон ибн Пархон, Моисей Гикатилла и грамматики Менахем ибн Сарук, Дунаш бен Лабрат, Иона ибн Джанах и Иуда Хайюдж[42].

Частое цитирование Берехии заставило исследователей предположить, что «Glossaire» был составлен его учениками, причем расхождения между его комментарием и глоссами можно объяснить тем, что в создание глоссария были вовлечены несколько учеников, чьи записи различались [Banitt 2005: 417]. К тому же, если в единственной рукописи Берехии его комментарии обрываются на 36:25, то «Glossaire» содержит еще 50 атрибутируемых ему комментариев, начиная с 36:26 и до конца. Глоссы дают лишь ограниченное представление о целостном понимании книги. Глосса к Иов 42:15 содержит утверждение, что стих предполагает, что Иов жил после дарования Торы, и это объясняет перечисление подряд Ноя, Даниила и Иова в Иез. 14:14 [Banitt 1995–2005, 3: 1479]. Как и у Берехии, глосса к Иов 3:23 утверждает, что Иов

другие. Ближайшее в этом отношении к «Glossaire» — собрание в Национальной библиотеке в Париже; см. [Lambert, Brandin 1905; Lambert 1908]. Оно содержит лишь около 80 % от числа глосс, входящих в лейпцигский текст и, в случае Иова, не включает значительную часть вспомогательных комментариев.

[42] Есть вероятность, что цитаты из Элиэзера из Божанси взяты из комментария Берехии, а не из труда самого Элиэзера. См. [Harris 1997: 10]. О Берехии ха-Накдане см. главу третью настоящей книги.

был невинен. Обсуждая этот стих, глоссарий указывает, что, по мнению многих, Иов грешил, заявляя, что его пути скрыты от Бога; однако, как отмечается в комментарии далее, стих может значить, что пути Иова сокрыты от людей, так что они могут принимать его за одного из злых и считать, что он заслуживает своих мучений [Banitt 1995–2005, 3: 1279].

Источники на идише

Руководство для женщин по благочестию и мудрости

Авторству Ривки (бат Меир) Тиктинер (умерла 1605, Прага) принадлежит первое известное сочинение на идише, написанное женщиной. «Менекет Ривка» («Помощница Ривки») — гомилетический и этический сборник, который был опубликован посмертно в 1609 году и был достаточно популярен, чтобы пережить переиздание в 1618-м [Tiktiner, Von Rohden 2008]. В этой работе Тиктинер дает наставления женщинам о том, как вести этичную и благочестивую жизнь. Ее уроки были, по видимости, также благосклонно восприняты мужчинами. Она дважды обсуждает пассажи из Книги Иова. В развернутом рассуждении о значении в еврейской жизни числа семь она обращается к Иов 5:19: «В шести бедах спасет тебя, и в седьмой не коснется тебя зло». Она прочитывает это как божественное обещание того, что провиденциальная защита Богом еврейского народа будет продолжаться в ее собственное время (6-е тысячелетие) и в мессианском седьмом тысячелетии (см. «Зогар» 1:119a). Она продолжает, утверждая, что женщинам, тщательно соблюдающим правила, связанные с семью днями *нидда* (ритуальной нечистоты), будут даны благочестивые дети, чья вера в Бога принесет избавление [Tiktiner, Von Rohden 2008: 98–99 = fol. 5b].

Далее в своем труде Тиктинер говорит об обязанности женщины заботиться о бедных и проявлять щедрое гостеприимство — эта тема возникает уже в раввинистических обсуждениях Книги Иова. В этом контексте она высказывает идею, что людям следует молиться за своих больных, и отсылает читателей к Вавилонскому Талмуду (в. Бава Кама 92а). Этот пассаж учит, что человек, который молится за своих друзей, даже если сам нуждается в помощи, будет первым, кому ответит Бог, и приводит Иов 42:10, где Иов молится за своих компаньонов, в подтверждение [Tiktiner, Von Rohden 2008: 196 = 34a]. Продолжая обсуждение, Тиктинер предостерегает женщин, что не следует прогонять бедняков. Она упоминает раввинистическое учение, что к бедняку, когда он просит помощи, присоединяются два ангела. Если он получает помощь, то добрый ангел благословляет, но если просящего стыдят и прогоняют, злой ангел (Враг) проклинает хозяина дома. К этому она прибавляет обещание Елифаза из Иов 5:24, что шатер поступающего благочестиво будет в безопасности [Tiktiner, Von Rohden 2008: 201 = 35b]. В заключение она повторяет, что если женщина привечает бедных в своем доме, то «узнаешь, что шатер твой в безопасности» [Tiktiner, Von Rohden 2008: 202 = 36a].

Авраам бен Шемуэль Пикартеи (XVI век, Германия)

Сохранился рукописный пересказ Книги Иова на идише, написанный в 1577 году в окрестностях Франкфурта Авраамом бен Шмуэлем Пикартеи [Brünnel et al. 1996][43]. Во введении Пикартеи перечисляет свои источники, в том числе раввинистические материалы и Таргум, наряду с комментариями к Иову Герсонида, Нахманида и Авраама Фариссоля [Brünnel et al. 1996: 12][44]. Также

---

[43] Я очень благодарен моему коллеге доктору Джордану Финкину из библиотеки Клау Колледжа еврейского союза — Еврейского института религии в Цинциннати за неоценимую помощь в работе с обсуждаемыми здесь идишскими материалами. Сохранился еще один идишский пересказ Книги Иова — без датировки (возможно, XVII век). Описание и транскрипция доступны в [Guirsch et al. 2013]. См. также обсуждение Мордехая бен Якова выше.

[44] Комментарий Фариссоля оставался значимым для говорящих на идише читателей и в последующие столетия. Рукопись сокращенного перевода комментария на идиш 1789 года хранится в Национальной библиотеке Дании (Cod. Sim. Heb. 29).

во введении он кратко описывает свой общий подход к книге. Он говорит о том, что язык книги сложен, но уверяет, что ее правильное понимание приведет к большему благочестию. Книга Иова учит о том, что, хотя люди слабы и суетны по природе, Бог внимателен и провидение действует на индивидов. Согласно Пикартеи, Иов был потомком Авраама через Исава, и он жил в Уц (Константинополе). Он выступает образцом благочестия, потому что, хоть Бог и наказывает его крайне сурово в этом мире за весьма немногочисленные грехи, он кается и возносит хвалу Богу и благодаря этому заслуживает еще большее вознаграждение. К тому же в Своих речах Бог рассказывает о Своей власти над природой, что учит людей быть богобоязненными и изучать Тору, потому что страх Божий — это корень мудрости, он ведет к вечной жизни [Brünnel et al. 1996: 2–14]. Эти уроки проявляются в том, как Пикартеи толкует Иов 2:10, где он спорит с раввинистической традицией и объясняет, что Иов не согрешил ни устами, ни в сердце; сказанные им слова отражали то, что он думал, и были от начала до конца благочестивы. Пикартеи приводит пример благочестия Иова в своем комментарии к 7:9, где он вновь выступает против раввинистической традиции. Согласно Пикартеи, Иов не оспаривал воскрешение мертвых. Говоря: «Редеет облако и уходит; так нисшедший в преисподнюю не выйдет», Иов отрицает, что человеческие существа в своей природной данности способны возвращаться из мертвых. Для воскрешения необходимо чудо, которое Бог может совершить, как Он уже сделал во время творения.

Идишские библейские глоссарии

Кроме пересказа Пикартеи сохранилось 11 глоссариев, созданных между XIV и XVI веками, в которых ивритская Книга Иова перелагается на идиш. Эти книги оказались чрезвычайно полезны для изучения развития идиша. Также они ценны для изучения библейской экзегезы, так как статьи в них выходят за рамки того, что обычно ожидается от словаря или глоссария. Для примера опишем несколько статей. Недавно опубликованная книга, содержащая транскрипты, организована по библейским стихам. К «עוץ / Уц» в стихе 1:1 пять рукописей дают глоссу, и все указывают «Константинополь» [Röllm 2002, 2: 1]. В двух рукописях глосса к «יום / день» в 1:6 и 2:1 гласит «Рош ха-Шана» [Röllm 2002, 2: 1, 17]. К «בני האלוהים / сыны Божии» даются теологические глоссы, отвергающие возможное предположение, что малые божества принимали участие в истории. Несколько глосс говорят «ангелы Божьи», одна необычная глосса гласит «дети фараона» — возможно, подразумеваются наследники фараона, что отсылает к распространенному в то время раввинистическому преданию, представляющему Иова советником фараона. В этот период имели хождение две средневековые мидрашические хроники, и обе рассказывают одинаковую историю Иова: он был придворным фараона и советовал ему истребить детей израильтян (см. обсуждение ивритских эпических хроник выше). В глоссах очевидно влияние раввинистического мидраша и более ранних комментариев, что может служить объяснением того, почему эти традиции сохранились в некоторых позднейших комментариях.

Иудео-персидские источники

Маулана Шахини Ширази (начало XIV века)

Из периода до XV века сохранилась лишь одна полноценная рукопись Книги Иова в иудео-персидском переводе [Paper 1976]. Однако поэтическое переложение истории дает представление о популярности и интерпретации Книги Иова в иудео-персидской общине. Маулана Шахини Ширази жил в Ширазе во время правления Абу-Саида Бахадур-хана (1316–1335). Его перу принадлежат два цикла эпических поэм; первый содержит нарративы из Пятикнижия, второй — отдельные места из Есфири, Ездры и Неемии [Moreen 2000: 26–31]. После главы, посвященной потомкам Исава, Ширази в 170 стихах изображает Иова. Как и в предшествующих раввинистических трактовках, Иов здесь представлен внуком или правнуком Исава [Kalman 2007]. В изложении Ширази отсутствуют диалоги Иова с друзьями и встреча с Богом. Ширази предпочел сосредоточиться на беседе Иова с женой [Moreen 2000: 28]. Иов, праведный сын Нахора, женился на Дине после убийства Шехема[45]. У него родились дети, богатство его росло, и Сатана стал завидовать ему, потому что он был совершенно покорен Богу. Бог спрашивает Врага (Иблиса), почему тот преследует «терпеливого Иова», которого нельзя сбить с пути или заставить согрешить, потому что Бог дал ему верное направление. В тексте нет упоминания о собрании божественных существ. Враг отвечает, что терпение Иова — это обман, и Иов откажется от своей покорностью, если утратит свои материальные блага. Бог разрешает Врагу уничтожить все владения Иова. Но после этого покорность Иова только возрастает, и Враг, чрезвычайно огорченный, удивляется тому, что происходит. Враг просит Бога убить детей Иова, и Бог убивает их, но Иов становится еще покорнее. Затем Врагу позволяется разрушить здоровье Иова, хотя, как и в библейской истории, он должен сохранить Иову жизнь. Иова охватывает жар, и его тело превращается в открытую гноящуюся рану, зараженную червями. Если червь пытается уползти, он возвращает его на место и ругает его, как в Таргум Иов. Дина описывает Иову его утраты и страдания и говорит, что ему не за что благодарить Бога. Но вместо библейского «похули Бога и умри» Дина советует Иову прервать свое поклонение, чтобы исцелиться, потому что Бог позволяет тем, кто болен, не поклоняться и не поститься. Иов отвечает своей «глупой жене», что он не может быть другом Бога, только когда получает блага. Он знает, что Бог восстановит их обоих. Дина говорит во второй раз и спорит с Иовом: «Ты стар и болен, как ты можешь воображать, что Бог восстановит тебя? Из-за страдания ты глупеешь». Иов отвечает, что ей не удастся убедить его не благодарить Бога. Текст поясняет, что именно из-за этого Иов прославился своим терпением. В этом пересказе черви — единственные друзья Иова. Его страдание прекратилось через год, когда ангелы взмолились о нем Богу.

---

[45] Текст в английском переводе доступен в [Moreen 2000: 82–90].

Диспуты, апологетика, полемические сочинения

Параллельно росту военной мощи христиан в XII и XIII веках они стали прикладывать большие интеллектуальные усилия, пытаясь обратить мусульман и евреев. Об этом свидетельствует написание трудов, направленных на убеждение читателей в истинности положений христианства, и организация публичных диспутов между представителями церкви и еврейских общин[46]. В ответ на это евреи писали полемические сочинения, направленные на оспаривание и подрыв этих христианских учений. Значительная часть дискуссии вращалась вокруг верного понимания библейских пассажей. Хотя Книга Иова играла в этом контексте очень ограниченную роль, трактовка Иова либо как христоподобной фигуры, либо как пророка воскресшего Христа была значимым моментом христианских учений, которая по крайней мере для некоторых ведущих еврейских фигур требовала адекватного ответа[47]. Также пассажи из Книги Иова возникают в других текстах, где обсуждаются правильные методы и стратегии чтения Писания.

---

[46] Об историческом контексте, способствовавшем написанию еврейских полемических сочинений, см. [Chazan 2004: 91–121]. О роли интерпретации Библии в диспутах см. [Stemberger 2000].

[47] В одном из развернутых обсуждений, пятом разделе антиеврейского полемического труда «Scrutinium Scripturarum» («Исследование Писаний») обращенного архиепископа Павла Бургусского, урожденного Соломона га-Леви (1351–1435), проводится тщательное сравнение прочтения Иова у Маймонида и Фомы Аквинского. Автор пытается показать обращенным евреям, как они могут инкорпорировать раввинистическую мысль в свое недавно принятое христианство. См. [Yisraeli 2018: 167–168]. Похожее учение также содержится в сочинениях Альфонсо де Саморы (1474–1544), перешедшего в христианство в 1506 году. До своего обращения де Самора был испанским раввином, после занимался писательством и переводами и в какой-то момент стал профессором восточных языков в Университете Саламанки. Он внес значительный вклад в «Полиглотту» Хименеса. В числе рукописей, которые он копировал, восстанавливал и переводил, — Таргум и комментарии к Иову Нахманида и Герсонида. В недавних исследованиях было высказано предположение, что, несмотря на свой подъем в церковной иерархии, де Самора оставался тайным иудеем. Его взгляды на Иова выражены только в маргиналиях. Из них понятно, что он понимал страдание Иова как испытание ради праведников, причем изгнание из Испании он полагал таким же испытанием для Израиля [Ho 2016: 591]. Иов,

Иосиф Кимхи, «Книга Завета»

Кимхи, испанский экзегет XII века, чей комментарий к Иову обсуждался выше, бежал с Пиренейского полуострова в Прованс во время альмохадских преследований в середине XII века. Он написал полемическое сочинение «ספר הברית» («Книга Завета») по просьбе своих учеников, которые опасались, что некоторых евреев могут убедить христианские (ложные) трактовки пассажей из еврейской Библии[48].

В самом начале полемики Кимхи обсуждает христианское верование, что Иисус был рожден Марией, то есть что Бог стал плотью в утробе женщины, что превратило Его в человека, такого как все. Кимхи цитирует Иов 14:1, отрицая божественность Иисуса: «Кто поверит, что Господин вселенной был "рожден женою, краткодневен и пресыщен печалями"?» [Talmage 1972: 30]. Далее он оспаривает идею, что люди продолжают страдать за грех Адама. Он доказывает, что эта идея противоречит божественной справедливости, а Бог не извращает суд и правду, как сказано в Иов 8:3 [Talmage 1972: 30]. В продолжение полемики Кимхи снова отстаивает справедливость Бога, цитируя Иов 34:10 [Talmage 1972: 37]. Из этих трех только у комментария к 8:3 есть параллель в комментарии Кимхи к Книге Иова.

Иехиель из Парижа и суд над Талмудом

В 1236 году Николя Донин, евреи, перешедший в христианство, предстал перед папой Григорием IX, заявляя, что Талмуд содержит богохульные пассажи о христианстве и рекомендует евреям дурно поступать с христианами. Григорий отправил Донина

однако, играет большую роль в его заметках и колофонах, где он часто пишет о своей старости, ухудшающемся зрении и страданиях двойной жизни, заимствуя пассажи из Книги Иова. К 1520 году относится печальный фрагмент, где он говорит о своем слабеющем духе, мутнеющих глазах и о друзьях, которые отвернулись от него. Он цитирует Иов 17:1, чтобы выразить чувство, что он подходит к концу жизни, и просит Бога завершить ее [Ho 2016: 33–34].

[48] Больше о Кимхи как полемисте см. в [Talmage 1972: 9–26; Chazan 2004: 94–98].

к европейским королям и священству с посланием, что если в результате расследования утверждения Донина окажутся обоснованными, то все копии Талмуда следует уничтожить и запретить евреям его использовать. Только французский король Людовик IX согласился провести такое расследование, что вылилось в Парижский диспут, или судебный процесс над Талмудом, состоявшийся в Париже в июне 1240 года. Четверо ведущих раввинов были призваны в Париж для защиты Талмуда, но по итогам разбирательства Талмуд был осужден и его копии были сожжены. Сохранилось три еврейских сообщения о защите Талмуда. Это литературные документы, а не транскрипты, они были написаны десятилетия спустя после событий и после смерти ряда ключевых фигур, в том числе рабби Иехиеля из Парижа и рабби Иуды бен Давида. В лучше всего сохранившемся тексте, рукописи из Парижа, датируемой концом XIII века, веская аргументация рабби Иехиеля в защиту Талмуда излагается в драматической форме[49].

В своей носящей несколько шутливый характер защите Талмуда от абсурдных обвинений Иехиель пытается показать, что, как и Библия, он использует гиперболу: «Так и в Книге Иова [39:26] написано: "Твоею ли мудростью летает ястреб и направляет крылья свои на полдень?", что предполагает, что существует одна птица, именуемая ястребом, чьи крылья держат всю южную область мира. Разве птица, подобная этой, не сможет утопить шестьдесят городов своим яйцом?» [Friedman 2012: 163].

Также Иехиель использует пассажи из Иов 40:25–30, посвященные Левиафану, чтобы отстоять талмудические утверждения, что праведники будут поедать его плоть на пиру в конце дней [Friedman 2012: 164][50]. Наконец, Иехиель молится о том, чтобы негасимый огонь, о котором сказано в Иов 20:26, однажды поглотил допрашивающего его злодея [Friedman 2012: 167].

---

[49] Подробное обсуждение судебного процесса и различных свидетельств см. в [Chazan 2012].

[50] Дополнительно о пиршестве праведников и истоках этой идеи в литературе времен Второго храма см. [Whitney 2006; Mulder 2017]. О пиршестве праведников в *пиютим* см. выше. О его изображении в искусстве см. ниже.

Моше бен Нахман, Барселонский диспут

В апреле 1265 года испанский раввин и библейский комментатор Нахманид, чьи посвященные Иову сочинения подробно обсуждаются выше, предстал перед судом короля Арагона Хайме I. Он вынужден был защищаться от обвинений, выдвинутых доминиканскими братьями, в публикации памфлета, в котором он объявлял ложными христианские утверждения о том, что Иисус — мессия. Нахманид действительно опубликовал такой памфлет, и смысл разбирательства заключался в оценке жалобы местных доминиканских братьев, что наказание Нахманида двухлетним изгнанием было недостаточно и что он должен быть изгнан навсегда.

Нахманид решительно защищался, объясняя, что публикация была необходима, потому что лишь двумя годами ранее он был обязан участвовать в публичном диспуте с доминиканцами в Барселоне, в котором сам король также принимал участие. Король Хайме признал Нахманида победителем, но доминиканцы публично объявили о своей победе и пытались использовать эту свою самопровозглашенную победу, чтобы способствовать обращению испанских евреев в католицизм. Нахманид полагал, что должен был отреагировать в письменной форме, и суд согласился. Суд оправдал его и отверг предыдущее решение. Однако доминиканцы подали апелляцию папе, и Нахманид вскоре был вынужден отправиться в вечное изгнание[51].

Хотя к тому времени Нахманид уже завершил свои труды об Иове, ссылка на книгу возникает в изложении диспута лишь единожды. Согласно Нахманиду, христиане учат, что и злые, и праведники обречены на геенну из-за греха Адама (что делает необходимым спасение через Иисуса). Если бы это было так, то, утверждает он, Бог поступал бы несправедливо, ибо наказанием за этот грех является человеческая смертность, и «не может быть

---

[51] Краткое изложение диспута, характеристику сохранившегося текста и его содержания см. в [Caputo 2007: 91–127]. Текст диспута в английском переводе доступен в [Chavel 1978, 2: 651–696].

у Бога неправда» (Иов 34:10) [Chavel 1978, 2: 672]. В своем комментарии к этому стиху Нахманид утверждает, что Бог не отказывает в награде тем, кто исполняет Его волю, обращаясь с ними как с индивидами, «ибо Он по делам человека поступает с ним и по путям мужа воздает ему» (Иов 34:11).

Яаков бен Реувен, «Книга войн Господних»

Яаков бен Реувен известен только как автор полемического сочинения «ספר מלחמות השם» («Книга войн Господних»). Вероятно, он родился на Пиренейском полуострове, но в какой-то момент оказался в изгнании на юге Франции или на севере Испании. Его полемическое сочинение к началу XIV века пользовалось известностью среди евреев и христиан[52]. Из вводной главы ясно, что диалоги из Книги Иова привлекают автора как образец полемической дискуссии. Пассажи из Иова и других библейских книг переплетаются, создавая диалог между Яаковом, который описывает себя как «соединителя», и его оппонентом, «отрицателем» (божественного единства). Когда говорит отрицатель, в его устах регулярно появляются слова из Книги Иова. Иногда это слова Бога (Иов 38:2), но чаще встречаются длинные пассажи из Елиуя (Иов 33:2–8) [Schor-Haim 2012: 109, 126–127]. Во второй главе разбираются конкурирующие стратегии чтения Писания, применяемые евреями и христианами; далее в ней обсуждается смысл отдельных пассажей Торы. В последующих главах говорится о смысле отдельных библейских книг, Иов коротко обсуждается в главе 9[53].

В этой главе де Реувен приводит христианские учения об Иове с целью их опровержения. Первое учение касается Иов 4:12–16, где описывается фигура, являющаяся Елифазу в ночных видениях и вызывающая у него ужас и трепет — согласно христианам,

---

[52] Более подробное обсуждение автора и характеристику «Мильхамот Гашем» см. в [Chazan 2004: 98–103].

[53] Полное критическое издание текста см. в [Rosenthal 1963]. Материал, посвященный Иову, находится на с. 137–138. О Яакове бен Реувене и написании текста см. [Freudenthal 2016].

речь здесь может идти только о христианском мессии, который приходит на землю, чтобы спасти своих рабов. Второе учение рассматривает Иов 19:25–26, «А я знаю, Искупитель мой жив» и «во плоти моей узрю Бога», как пророчество о грядущем пришествии Христа воплощенного.

В ответ на это де Реувен утверждает, что если Иов 4:12–16 отсылает к христианскому мессии, то он должен был явиться во времена Иова, а не когда-либо позже, потому что стихи говорят о настоящем. Далее, если бы Елифаз пророчествовал о том, как другие испытают пришествие Иисуса, он должен бы сказать: «Он стал, — но *они* не распознали вида его, — только облик был пред *их* глазами; тихое веяние, — и *они* слышат голос...» Но текст гласит: «...я не распознал вида его...»

Касательно Иов 4:21, стих не может означать, что Иов утверждает, будто все люди до пришествия Иисуса сходили в Шеол, чтобы быть спасенными впоследствии. Иов не мог отсылать к избавлению через Христа, потому что в предыдущем стихе он полностью отрицает возможность избавления: «они вовсе исчезнут...» Если бы Иов хотел продемонстрировать свою веру в христианское спасение, то в тексте было бы написано: «...они исчезнут, пока не будут спасены». Иов не мог говорить о спасении через Христа, потому что он вообще отрицал предположение о спасении, в чем Рава обвиняет его в в. Бава Батра (см. главу вторую выше).

По поводу Иов 19:25–26 Яаков бен Реувен спрашивает, как эти стихи могут отсылать к Иисусу, если мы воспринимаем пассаж как последовательное целое. Христиане прочитывают стих так, как будто его произносит Иисус: «во плоти моей я являю Бога», но это говорится Иовом о его собственном опыте Бога в его собственной плоти, о том, что он видит Его своими глазами в 19:27.

Наконец, глава 11 оспаривает божественность Иисуса. Согласно Мф. 26:36, придя в Гефсиманию, Иисус пошел молиться Отцу. Бен Реувен спрашивает, как можно считать Иисуса божественным, если он не исполняет обещанное в Иов 22:28: «Положишь намерение, и оно состоится у тебя». Зачем божественному Иисусу нужно было бы молиться Отцу, чтобы его намерение могло было исполнено? [Levy 2004: 69–70].

Йосеф бен Натан Официал, Книга Йосефа фанатичного

«Книга Йосефа фанатичного» («ספר יוסף המקנא») — полемическое сочинение, написанное в XIII веке финансистом архиепископа Санса. Отец Йосефа бен Натана Официала активно полемизировал с высокопоставленными христианами и обратившимися в христианство евреями [Rosenthal 2007]. Йосеф пошел по его стопам и написал полемическое сочинение, в котором сперва отвергаются христологические прочтения еврейской Библии, а затем еврейские источники используются для опровержения Евангелий [Benotti 2016][54].

На протяжении всего труда противники иудаизма обозначаются как «сеявшие зло» (Иов 4:8) и как те, которые «умирают, не достигнув мудрости» (4:21). Первый раздел части, посвященной еврейской Библии, развивает утверждение из в. Бава Батра 75а, что Бог устроит из плоти Левиафана пиршество для праведников в грядущем мире. Йосеф упоминает о французском монахе, который говорит, что евреи впадают в ересь, утверждая, что Левиафан — величественное создание, тогда как христиане считают, что это демон. Из этого следует, что однажды евреи будут поглощать мясо демона. Еврейский ответ состоит в том, что либо христиане неправы, считая Левиафана демоном, поскольку Иов 41:10–15 описывает его в чудесных, фантастических терминах, либо евреи извлекут добро из зла, когда праведники будут поедать поверженного Левиафана.

В разделе 136 по видимости христологическое высказывание из Дан. 3:92 «и вид четвертого подобен сыну Божию», которое использовалось для демонстрации, что у Бога есть сын (то есть Иисус), отвергается ссылкой на Иов 1:6. Под «сынами Божьими», предстающими перед Богом, надо понимать ангелов, а не буквально детей божества.

В разделах 18 и 19 опровержения Евангелий Йосеф критикует сошествие Христа во ад, говоря, что Иисус либо был вором, либо

---

[54] Я следую системе нумерации из [Benotti 2016], основанной на критическом издании Иуды Розенталя.

остался в аду. Так как Бог отдал души грешников Врагу, Иисус, освобождая их, совершал бы кражу. С другой стороны, Иисус должен был остаться в аду, поскольку, как сказано в Иов 7:9, тот, кто нисходит в Шеол, не возвращается[55].

«Сефер ницахон ветус»

«Сефер ницахон ветус» («ספר נצחון ישן», «Старая книга победы, или Полемики»), написанная, вероятно, в конце XIII века, была впервые опубликована в XVII веке. Книга представляет собой анонимную антологию еврейско-христианской полемики, которая имела хождение в еврейской среде Франции и Германии; она обозначается как *ветус*, или ישן (старая), чтобы отличить ее от других трудов под таким же заглавием. Первая половина книги организована вокруг тем отдельных библейских книг начиная с Торы; далее обсуждаются некоторые из ранних пророков, малые пророки, Притчи, Екклесиаст, Иов, Даниил, Псалтирь и Песнь Песней. Обсуждение библейских текстов занимает около 100 страниц, но Иову посвящено едва ли полстраницы[56].

Раздел 119 состоит из кратких комментариев к Иову, предназначенных для подрыва христианской веры в Иисуса, который, будучи рожден женщиной (Марией), имеет жизнь «краткодневную» и «пресыщенную печалями» (Иов 14:1). Обсуждение здесь уникально в том отношении, что пассаж из Библии рассматривается евреями как в самом деле говорящий об Иисусе; однако подчеркивается не его божественность, а то, что он лишь человек. Также слова Елифаза: «Что такое человек, чтоб быть ему чистым, и чтобы рожденному женщиною быть праведным?» (Иов 15:14) — трактуются как пророчествующие об Иисусе. Иисус, рожденный женщиной, не мог быть праведен [Berger 1979: 131].

---

[55] Отвержение сошествия в ад со ссылкой на Иов 7:9 стало использоваться уже в IX веке, свидетельством чему служит еврейское полемическое сочинение «Книга Нестора священника» [Lasker et al. 1996: 129, 169]. Дополнительное обсуждение см. в [Benotti 2016: 146].

[56] Историю, критическое издание и английский перевод см. в [Berger 1979].

Иов появляется и в других местах текста. В разделе 23 обсуждается, всегда ли Шеол еврейской Библии синонимичен аду. Когда в Иов 14:13 Иов просит Бога сокрыть его в Шеоле, автор говорит, что Иов просит Бога не отправить его в ад, а похоронить его в земле, пока не пройдет Его гнев [Berger 1979: 57–58]. Экзегетический акт здесь можно рассматривать как полемический, поскольку он отсылает к общему тропу, критикующему сошествие Иисуса во ад. Если Шеол здесь — это не ад, то эти библейские стихи не могут говорить о том, что Иисус туда спустился.

В разделе 131 Иов 22:28 трактуется как означающее, что Бог реализует намерения праведников. Это служит опровержению христианского положения о праведности Иисуса. Согласно «Сефер ницахон ветус», христиане верят, что Иисус молился словами и просил о том, чтобы Бог услышал его слова. С учетом того, что написано в Иов 22:28, Иисус не мог быть праведен, поскольку он должен был молиться о том, чтобы быть услышанным, и не был уверен, что то, о чем он молился, будет исполнено [Berger 1979: 138–139]. Наконец, в разделе 217 Иов 12:23 цитируется в контексте утверждения, что христианские истории об исцелении святыми — это ловушки, которые специально предназначены для того, чтобы сбить с толку верующих евреев [Berger 1979: 211].

Йом Тов Липман Мильгаузен, «Сефер ницахон»

Йом Тов Липман Мильгаузен, родившийся в Германии, провел бо́льшую часть своей жизни, служа ведущим раввином в Праге. Там он выжил в погроме 1389 года и прожил приблизительно до 1421 года. Он был мыслителем-рационалистом и следовал подходу Маймонида, но также хорошо знал еврейские мистические сочинения. Сохранились фрагменты его комментария к «Сефер йецира», как и несколько других его работ. Рукопись комментария к Иову [Библиотека Академии наук Венгрии, MS Kaufmann A259] атрибутируется ему. Его полемическое сочинение «ספר נצחון» («Книга победы» / «Книга полемики»), написанная в доступном стиле, сохраняла влияние и после его смерти. Она основана на более ранних источниках, в том числе на «Книге Йосефа фанатичного» и «Сефер ницахон ветус» [Carlebach 2010].

Произведение Мильгаузена отличает то, что он спорит как с христологическими тезисами, так и с тезисами сомневающихся евреев[57]. Труд содержит развернутое обсуждение Иова (с. 163– 168), которое начинается с рассуждения о праведности Иова и следствий из этой проблемы, касающихся божественной справедливости. Наказывает ли Бог без справедливой причины? Мильгаузен начинает с утверждения из в. Бава Кама 50а, что Бог тщательно следит за человеческими существами, вплоть до каждого их волоска. Он воспроизводит представление, что дети Иова умерли из-за своих грехов. Книга Иова рассказывает об их собраниях и питии, чтобы подчеркнуть, что, хотя Иов приносил за них жертвы, он не возбранял их поступки напрямую. Мильгаузен сетует, что богатство, подобное богатству Иова, ведет к греху. Потеряв все, Иов не хулил Бога, но и не начал обдумывать свои поступки и каяться. Далее Мильгаузен воспроизводит раввинистическое обвинение, что Иов был одним из трех советников фараона во время порабощение израильтян.

Далее Мильгаузен приступает к обсуждению маймонидовского подхода к Иову (раздел 267), подчеркивая, что Иов был совершенно праведен и за ним не числилось никакого греха. Однако ему не хватало мудрости, и он верил, что звезды и созвездия управляют его судьбой, потому что Бога в Его величии не может заботить индивидуальное провидение. Божественная справедливость была установлена, когда Иов признал, что он ошибался, и Бог принял его раскаяние. Мильгаузен возвращается к содержанию истории Иова, когда в разделе 201 вводит фигуру Елиуя. Здесь он утверждает, что ошибка Иова — в отрицании индивидуального провидения, а ошибка друзей — в том, что они полагают, что любое страдание — наказание за грех и что процветание нечестивых объясняется божественным милосердием. Елиуй говорит, что существует страдание без греха. Чтобы удвоить вознаграждение праведников в грядущем мире, Бог испытывает их страданием. Далее Мильгаузен отмечает Нахманидово объяснение страдания праведников посредством тайны переселения душ

---

[57] О целях его полемики см. [Limor, Yuval 2004].

и коротко описывает убеждение Софара, что все вещи происходят по божественной воле — с нечестивыми случаются хорошие вещи, с праведниками — плохие, и жалобы недопустимы. Вилдад утверждает, что происходящее с людьми — плод божественной мудрости, что Бог делает все во благо. Елифаз выражает взгляд Торы, что все происходит по божественной справедливости. Елиуй утверждает, что все происходит по божественной справедливости и что грядущий мир создает дополнительную возможность для достижения равновесия. Однако он указывает, что, несмотря на индивидуальное провидение, страдание праведника все же возможно, поскольку незаслуженный вред ему могут причинить другие. Здесь Мильгаузен по видимости следует положению Маймонида, что грядущий мир тождествен вечности души.

В разделе 203 Мильгаузен оспаривает разнообразные формы христианской критики евреев, касающиеся талмудических тезисов о поедании Левиафана и Шор га-Бара в грядущем мире. Он отвечает, что они ошибочно прочитывают еврейские тезисы и библейские стихи буквально, тогда как на деле это метафоры о том, что в конце концов праведники будут благоденствовать. Эта пища — символ интеллектуального достижения и просветления, которое есть исполнение Торы.

Базельский «Ницахон»

В рукописи XVI века (Öffentliche Bibliothek der Universität, Basle, R. MS. AN. IX. 4) сохранился французский или северогерманский текст, у которого, возможно, был общий источник с «Сефер ницахон ветус». Отличительная черта текста — то, что он использует Иов 36:12, где Елиуй говорит о каре за непослушание Богу. Во введении к тексту обещание Авдия, что от дома Исава ничего не останется (Авд. 1:18), рассматривается как относящееся к Риму и христианскому миру. Цитата из Елиуя о каре адресуется христианам, которые, не послушав Бога, пытаются навредить Израилю без справедливой причины. Если бы евреи нарушили божественный закон, то христиане были бы правы, наказывая их, как и сказал Елиуй [Horbury 1983].

Глосса к Иову, атрибутируемая Шеалтиэлю бен Шломо Нехемии

Две сохранившиеся рукописные копии комментария к Иову, атрибутируемого Шеалтиэлю бен Шломо Нехемии, о котором более ничего не известно, содержат вступительную глоссу к Книге Иова, начинающуюся с обсуждения вознаграждения и наказания в трактовке Йосефа Альбо[58]. Труд предположительно был написан в первой половине XVI века в Италии представителем сообщества беженцев с Пиренейского полуострова. Открывающая глосса имеет особое значение, поскольку в ней Книга Иова представляется моделью для диалога между Израилем и окружающими его в изгнании народами. Автор обеспокоен тем, что его собратья-евреи могут переживать кризисы веры из-за успеха и роста христианства, пока изгнание их продолжается и конца ему не видно. Он представляет Моисея автором Книги Иова. Друзья Иова привлекательными и убедительными речами пытаются склонить Иова к своим взглядам, подобно христианам, использующим проповеди и другие формы публичного воздействия, чтобы заманить евреев в христианство. Причина, по которой это говорится о друзьях Иова, состоит в том, что христианство, в отличие от других верований, произошло из иудаизма и само по себе не является идолопоклонством. Это означает, что столкновения с христианами более опасны, чем древние столкновения между евреями и неевреями. С точки зрения автора, у иудаизма и христианства достаточно общего, чтобы переход из первого во второе был заманчивым.

---

[58] JTSA, New York, NY MS 1114 (ранее Lutzki 466 и Adler 1253) и Bibliothèque nationale de France, Hébreu 274. Хотя Адлер пишет, что первая рукопись представляет собой автограф, она датируется 1602 или 1605 годом и написана испанским шрифтом [Adler 1921: 5]. Рукопись из BNF датируется 1562 годом и написана итальянским почерком, что ставит утверждение Адлера под вопрос. Если Хаим Гиллель Бен-Сассон прав, что глосса, с учетом того, что она положительно говорит о протестантизме, должна была быть написана ранее 1540 года, то более ранняя рукопись также может быть копией, а не автографом [Ben-Sasson 1969–1970].

> Елифаз, Вилдад и Софар — это нации, в среду которых Израиль оказался изгнан. Они называются компаньонами Иова, то есть Израиля, поскольку все они разделяют определенные доктрины, например, существование и единство Бога, творение, предвидение, провидение, пророчество, воскрешение и вечная награда. Народы древних времен были не таковы [Ben-Sasson 1969–1970: 271].

Друзья порицают Иова (то есть Израиль) за то, что он не принимает христианство, и доказывают, что этот отказ — причина продолжающегося страдания изгнания. Особое место среди друзей занимает Софар, представляющий протестантизм и Реформацию. Здесь глосса к Иову рисует довольно симпатичный портрет христианского движения, особенно в связи с его разрывом с католиками, под чьей властью евреи подвергались жестокому обращению и угнетению.

> «Софар Наамитянин» обозначает новую веру, которая недавно возникла в Германии, «Софар» сродни «утру» и «свету», ибо новая вера воссияла, как утренний свет. Быть может, теперь, когда она пришла, мы вскоре увидим зарю избавления. Более того, ее основателя тоже зовут Лютер, что по-немецки значит «свет»[59].

Визуальные искусства

Иллюстрации в итальянской рукописи

Число сохранившихся визуальных изображений Иова из средневековых источников невелико[60]. Лишь несколько были идентифицированы. В ивритском манускрипте (Yale University, Beinecke, 409), датируемом 1467 годом и включающем Псалтирь, Иова

---

[59] Цит. по: [Ben-Sasson 1969–1970: 272].

[60] Здесь нас интересуют главным образом изображения Иова и событий вокруг него. Об изображении Левиафана и Бегемота см. [Gutmann 1968; Epstein 1997: 70–95]. О Левиафане, Бегемоте и пиршестве праведников см. [Frojmovic 2015]. Автор статьи фокусируется на последних фолио Амбросианской Библии (1236–1238, южная Германия).

и Притчи, который был скопирован для Яакова бен Беньямина из Монтальчино и который, вероятно, был иллюминирован в нееврейской мастерской, нарратив Иова изображен дважды (на фолио 110v). Маленькое круглое изображение в маргиналии репрезентирует уничтожение стад Иова, а на большой иллюстрации, занимающей целую страницу, изображен покрытый язвами Иов, беседующий с тремя друзьями, облокотившись на кучу навоза. Картина, с одной стороны, показывает страдание Иова; с другой стороны, тот факт, что единственная важная сцена, удостоившаяся изображения, — это сцена диалога, отсылает к философской экзегезе Маймонида и Герсонида — источникам, которые были популярны среди образованных евреев в Италии в конце XV века [Lelli 2008: 217–221]. Аналогичным образом, ивритская рукопись, заказанная Овадии из Форли семьей Медичи и ныне хранящаяся в Израильском музее, которая включает Книгу Иова, Притчи и Псалтирь (ספר אמת, MS 180/55), содержит полностраничную иллюминацию (фолио 134v), очень похожую на ту, о которой говорилось выше, из йельского собрания [Sed-Rajna 1987: 134]. Бородатый Иов сидит, скобля себя куском черепицы. На заднем плане виден город. Двое друзей жестикулируют, третий держит руки Иова. Молитвенная и ритуальная книга из северной Италии XV века (Princeton Garrett MS 26: Hebrew Miscellany) содержит миниатюру Иова, сидящего со своими четырьмя друзьями. Изначально по соседству было изображение сна Иакова в Вефиле (фолио 141r). Расположение двух изображений рядом указывает на понимание Иова как символа Израиля в изгнании, мечты о времени восстановления [Seow 2012: 144–145][61]. Контрастирующие с этим изображения есть в сборнике Ротшильда (Israel Museum MS 180/51), скорее всего, созданном в Ферраре между 1454 и 1479 годами. Иов изображен здоровым. Полностраничная иллюминация фолио 64v, основанная на Иов 1:3, изображает Иова сидящим на восточном ковре в портике ренессансного дворца в окружении сыновей и дочерей. На фолио 65v полностраничная иллюстрация, основанная на Иов 42:12, представляет работников Иова, трудящихся

---

[61] Описание манускрипта см. в [Panofsky 1941].

в полях и пасущих скот [Lelli 2008: 233]. Посредством этих изображений Иова и его семьи в хорошие времена богатый владелец рукописи, возможно, производил акт симпатической магии или самоидентификации с человеком, пережившим тяжелые времена и получившим двойное вознаграждение от Бога. Образы довольно необычны в сравнении с другими сохранившимися иллюстрациями, изображающими Иова во время его страданий[62].

Иллюминации из Рейнланда

В ивритской рукописи комментария Раши к Иову, созданной в Вюрцбурге в 1233 году, изображен обнаженный Иов в нарывах, в окружении четырех друзей и жены. Его жена сидит слева от него (нижняя правая четверть картины), ее руки выражают вопрос, а Елиуй, обращенный к Иову, говорит с ним. Вилдад, Софар и Елифаз стоят на заднем плане в левой части картины (Bayerische Staatsbibliothek, Cod. hebr. 5, vol. 2, folio 183). Манускрипт написан еврейским писцом, но стиль изображения напоминает христианские работы этого периода [Revel-Neher 1995: 108]. В ивритском Пятикнижии начала XIV века с Гафтарой и Книгой Иова из Регенсбурга (Israel Museum MS 180/52) есть изображение страдающего Иова на куче навоза, разговаривающего с Елифазом, Вилдадом и Софаром (фолио 225v) [Narkiss 1974: 98][63]. Иов показывает им нарывы на своем теле. Друзья отделены от Иова эмблемами с цитатами из Иов 3:3, 4:1, 8:1, 11:1. В литургическом Пятикнижии Леви (1309, Брюссель) за арамейской версией молитвы Мордехая и Есфири следует занимающее четверть фолио изображение лысого и обнаженного Иова, покрытого нарывами с головы до пят и скоблящего себя черепком. На изображении есть надпись на иврите «זה איוב בשחין» («это Иов в нарывах») (Staats- und Universitätsbibliothek Carl von Ossietzky, Hamburg, folio 601v). В ивритском манускрипте, датируемом 1347 годом (Cambridge University Library E.e. 5.9, folio 232r), содержащем Агиографы, но без Пяти свитков, Книгу Иова с Таргумом и ком-

---

[62] Обсуждение изображений см. в [Gutmann 1978: 112–113].
[63] Изображение помещено на обложку настоящего издания.

ментарием Нахманида предваряет изображение Иова, порицаемого своей женой, с Врагом, стоящим позади него [Sed-Rajna 1987: 134]. Самый ранний источник, в котором жена Иова и Враг изображены в одной сцене, — это Таргум Иова. Изображение всех троих вместе было распространено в христианском искусстве и комментариях [Low 2013: 56–78]. Некоторые интерпретаторы высказывали предположение, что, хотя рукопись предназначалась для еврейской аудитории, изображение было заимствовано у христианских художников, следовавших христианскому пониманию текста. Однако, как было показано выше, представление о влиянии Сатаны на действия жены Иова было в какой-то мере не чуждо и еврейскому сообществу, по крайней мере на севере Франции, примером чего служит комментарий Рабейну Тама. В ашкеназской Библии XIV века, ныне хранящейся в Вроцлаве, первое слово Иов 1:1, «איש», декорировано изображениями льва и собаки вокруг него. Совсем рядом с этим рисунком, с правого края, изображен Иов в нарывах. Первое слово Иов 3:2 декорировано жирафом и драконом, а 42:7 — львом и драконом. Иов только что покаялся в 42:6, и Бог переходит к осуждению его друзей. По всей видимости, иллюстрации подчеркивают, что Бог — господин небесных и земных созданий (Wrocław Bible, Ossolineum Pawlikowski Collection, Warsaw, Coll. 141, 798, 801, 847).

Испанские иллюминации

В изготовленной около 1320 года в Барселоне «Золотой Агаде» (British Library, Add. MS 27210) содержится много миниатюр библейских сцен. На фолио 9r мы находим изображение младенца Моисея, которого передает фараону его дочь. За ним стоят трое его советников, возможно, Иофор, Валаам и Иов, как учит мидрашическая традиция [Narkiss 1997: 36–37].

Библия Альба (1422–1433) содержит самую подробную репрезентацию истории Иова из всех источников, происходящих из еврейского контекста [Arragel 1991; Nordström 1967; Fellous 2001; Fellous 2004]. Однако художественный стиль этой Библии, как и ее комментарий, представляет собой смесь христианской и еврейской мысли о книге. Она содержит пять миниатюр. На первой изображен Иов, приносящий жертвы за своих детей (фолио 427r). Она призвана продемонстрировать простоту и благочестие Иова, а также, судя по алтарю, изображению ножа и жертвенных животных, также строгое соблюдение им Закона. На второй миниатюре изображен небесный суд из пролога; Сатана и ангелы стоят перед Христом, восседающем на троне с державой в руке (также фолио 427r). Ангелы изображены в белых робах и с крыльями. Враг — красный, с рогами и копытами; небесная сцена подана так, как ее должен был представлять себе заказчик Библии Альба. Третья миниатюра репрезентирует подходящих к Иову друзей, пеших. В отличие от других изображений, друзья не беседуют с ним, но скорбно склонили головы, а одеяние Иова приподнято, так что мы видим его израненные ноги (Аррахель в комментарии отмечает, что задача друзей — утешить своего собрата, а не спорить с ним)[64]. Мы также видим жену Иова, сидящую перед ним со скрещенными руками, словно она уже успокоилась — что отсылает к сказанному Аррахелем о женщинах в прологе. Ту же идею развивает четвертая миниатюра (фолио 427v), на которой трое мужчин, сидя перед Иовом, держатся за головы в печали. Жену Иова, стоящую в крайней левой части композиции, соблазняет золотом Сатана. У этого изображения есть сходства с иллюминациями в других еврейских манускриптах, как отмечалось выше, но здесь «измерение соблазнения» представлено значительно сильнее. Эти четыре миниатюры во многом отражают некое христианское представление, где Иов выступает соблюдающим Закон, и включают изображение Христа в сцене на небесах с Сатаной в роли соблазнителя. Однако пятая миниатюра в значительной мере основана на Таргуме: на ней трое друзей Иова изображены в своих домах, позади каждого из них мы видим дерево, и перед ними разложена еда (фолио 428r). Эта миниатюра, сопровождающая сцену, где они узнают, что их друг нуждается в них — самая специфически еврейская из пяти. Она также подчеркивает убеждение Аррахеля, что братство — главный урок, который необходимо извлечь из Книги Иова.

---

[64] См. обсуждение Аррахеля в главе седьмой выше.

Заключение

Если Книга Иова не входит в регулярную литургию, как случилось так, что она настолько пропитывает еврейскую жизнь и культуру, что нет практически ни одного жанра еврейских художественных произведений, в которых отсутствовали бы ссылки на нее? Несомненно, ее поэтический язык и мощные образы, в которых она схватывает силы творения, подходили для риторических целей. Но возможно, указание в юридической литературе, что именно Книгу Иова следует изучать во времена скорби и страдания, было главным, что привлекло читателей. Один из моментов, который следует учитывать в отношении всех этих источников, заключается в том, что взаимодействие между историческим сознанием и экзегезой имеет круговой характер. Библейские модели давали — посредством аналогии — понимание исторических обстоятельств, тогда как эти же обстоятельства, в свою очередь, трансформировали интерпретацию библейских повествований. Практически все авторы, о которых мы говорили выше, жили в изгнании; для них Бог сделал так, что они или их предки вынуждены были покинуть землю Израиля. Эти авторы верили, что их положение было следствием божественной кары, и нарративизировали его именно так. Историк Йосеф Хайим Йерушалми замечает:

> Практически во всех ветвях средневековой еврейской литературы мы находим богатство мысли о положении евреев в истории, идей о еврейской истории, часто глубоких и иногда дерзких рассуждений об изгнании и избавлении, но в сравнении с этим интерес к записи текущего исторического опыта евреев незначителен. Много сказано о смыс-

ле еврейской истории; историографии мало. Истолкования истории, как эксплицитные, так и скрытые, можно встретить в философских трудах, в гомилетике, в библейской экзегезе, в правовых сочинениях, в мистике, и чаще всего в них нет ни одного упоминания реальных исторических событий и персонажей и не предпринимается ни одной попытки соотнестись с ними [Yerushalmi 1996: 31].

Книга Иова фигурирует в еврейских сочинениях, написанных в самых разных уголках средневекового еврейского мира, но эти труды практически никогда не связывают напрямую исторические события и интерпретацию истории библейского праведного страдальца. Авторы или их предки были изгнаны со своей родной земли своим Богом, их Храм был разрушен, их жизни постоянно переворачивались крестовыми походами, преследованиями, болезнями и личными утратами. Объяснение этому они находили в своих собственных грехах или грехах предков. Такое понимание божественной справедливости, девтерономический смысл теодицеи — все это подкреплялось, когда Иов воспринимался как страдающий за свои несовершенства, будь то греховные поступки, еретические мысли, нехватка философского или мистического понимания, заместительное страдание за других членов общины или унаследование плохой души. Все это обосновывало веру в справедливого Бога, который однажды должен был вознаградить Свой народ и восстановить его, когда он исправит свои ошибки, придет к правильному пониманию и покается, как Бог в итоге поступил с Иовом. Возможно, настоящее послание библейской книги заключалось не в этом, но именно такое послание было нужно общинам. Различные хроники и исторические повествования пытались создать резонанс между библейским нарративом и реальными событиями, но попытки связать одно с другим редки в формальных комментариях к Книге Иова. Возможно, единственная такая аллюзия в формальном комментарии содержится у Герсонида, на чью жизнь наложились изгнания евреев из Франции в 1306 и 1322 годах, а также крестовый поход 1320 года, и представляется, что он пытается вдохнуть в своих читателей надежду:

> Тебе следует знать, тебе, ищущему, что подобным образом разрешаются сомнения о том, что было упомянуто в Торе о зле, которое случается с нами, когда мы не идем путями Бога, и о благах, которые случаются с нами, когда мы идем ими, как упомянуто в благословениях и проклятиях. То есть [еврейский] народ в целом познает провидение, когда идет путями Бога. Но когда он отступает от благого пути, тогда назначается злу пасть на него с [небесного] свода. <…> Блага придут к нам, когда мы пойдем путями Бога и когда будем привязаны к Нему посредством провидения, а не только [действием небесного] свода; зло придет к нам, когда мы отступим от них. Зло, которое случается согласно провидению, чтобы наказать народ, не навсегда, как упоминает в своем ответе Елиуй[1].

Надежда происходила из веры в то, что изменение собственного поведения (или коллективного поведения общины) может исправить жизненные обстоятельства. Это означало, что у индивидуального страдальца или переживающей страдания общины, подобно Иову, был дефект, который нуждался в исправлении. Но он мог быть исправлен. Это также означало, что можно хранить веру в божественную справедливость, несмотря на признание самого Бога:

> И сказал Господь сатане: обратил ли ты внимание твое на раба Моего Иова? ибо нет такого, как он, на земле: человек непорочный, справедливый, богобоязненный и удаляющийся от зла, и доселе тверд в своей непорочности; а ты возбуждал Меня против него, чтобы погубить его безвинно.

Авторы же, обращавшиеся к идее, что Книга Иова является историей о праведном человеке, подвергнутом испытанию, как Авраам, давали утешение тем, кто не находил в себе и своей общине прегрешений, которые объясняли бы кару. Высказывались предположения, что первое было более распространено, когда

---

[1] Конец комментария к главе 33. Цит. по: [Eisen 2004: 163–164]. Эйзен отмечает, что эксплицитное связывание Герсонидом текущих обстоятельств и страдания Иова достаточно уникально.

страдание затрагивало других людей, а второе — когда страдание было собственным, потому что никто не хотел указывать на себя пальцем [Frank 2006]. Но это решение слишком просто и наивно. Ясно, что разные читатели по-разному воспринимали теологические ответы на страдание, которые они находили в истории Иова. В молитве, ритуальной практике и исследованиях отсылки к Иову вполне могли напоминать евреям об их обязанностях перед Богом и подкреплять их надежду, что, возможно, и они тоже в конце концов удостоятся двойной награды.

Приложение

Текст #8[1]

ח. (א, כב) ולא נתן תפלה לאלהים. מהו ולא נתן תפלה לאלהים, אלא שלא הרהר לומר אלו לא יצאו הצאן והבקר היום לחרוש לא נטלו, או אלו לא יצאו הגמלים לא נשבו והאתונות לא נטלו, או אלו היו יוצאין אחר הגיים היו מצילין את הבהמה, או אלו היו בניו כל אחד בביתו לא נפל עליהם הבית, לכך נאמר ולא נתן תפלה לאלהים.

8. (Иов 1:22) «*и не произнёс упрёка Богу*» (*Синод. пер.* «*и не произнёс ничего неразумного о Боге*»). Что значит «*не произнёс упрёка Богу*»? — И не подумал сказать, «если бы не вышли сегодня овцы и коровы, не погибли бы», или «если бы верблюды сегодня не вышли, не пропали бы, и ослицы тоже не погибли бы», или «если бы вышли позже разбойников, спасли бы скот», или «если бы были сыновья каждый в своём доме, не упал бы на них дом».[2] Об этом и сказано «*не произнёс упрёка Богу*».

---

[1] Согласно Вертхаймеру, этот текст появляется в комментарии *Меир Ийов* Меира Арамы на Иов 1:22 (1567 ed., 7a). Пассаж вводится замечанием: ויפה דברו חז׳׳ל. («хорошо сказали мудрецы благословенной памяти). Вертхаймер точно передаёт источник.

[2] Единственный раввинистический источник, который бы напрямую имел дело с гибелью детей Иова, винит их самих в собственной смерти. См. Сифре-Дварим, 318.

Текст #10[3]

י. (ב, ג) ותסיתני בו לבלעו חנם. ר' יוחנן כי מטא להאי קרא ותסיתני בו בכי, עבד שמסיתין את רבו עליו וניסות מאי תקנה יש לו. ולמה הגיע על איוב כל הצרות הללו, והרי אנו מוצאין שאמר הקדוש ברוך הוא עליו איש תם וישר ירא אלהים וסר מרע. והם מדות גדולות ומשובחות. אמר לו ר' אסי אפילו באו על איוב כמה יסורין משונים לא היה כדי במה שכתב הקדוש ברוך הוא עליו מה שאמר לשטן ותסיתני בו לבלעו חנם. דבר קשה שאין דבר טעות לפני הקדוש ברוך הוא. ומפני מה נאמר ותסיתני בו, לפי שלא היה איוב ראוי שיגיעהו אותן הצרות.

10. (Иов 2:3) «*а ты возбуждал Меня против него, чтобы погубить его безвинно*».

Когда рабби Йоханан доходил до этого стиха, «*а ты возбуждал Меня против него...*», он плакал: «Раб, против которого возбуждают его господина — какой выход есть у него?!

И почему случились с Иовом все эти несчастья? Ведь мы находим, что Пресвятой-Благословенный сказал о нём (Иов 2:3): «*человек непорочный, справедливый, богобоязненный и удаляющийся от зла*», а это великие и похвальные качества!»

Ответил ему рабби Аси: «Даже если выпали Иову какие-то излишние страдания, то лишь для того, чтобы Пресвятой-Благословенный написал о нём, как Он сказал Сатану, «*ты возбуждал Меня против него, чтобы погубить его безвинно*».

Непонятны эти слова, ведь не бывает ошибок перед Пресвятым-Благословенным![4] Почему же тогда написано «а ты возбуждал»? — Чтобы сказать, что Иов не заслуживал, чтобы постигли его эти несчастья.

---

[3] Согласно Вертхаймеру, этот текст появляется в комментарии *Мааян Ганим* на Иов 2:3. Здесь Вертхаймер разместил рядом то, что было изначально независимыми единицами.

[4] Т. е., "Пресвятой не ошибается".

Текст #18[5]

יח. (ג, א) אחרי כן פתח איוב את פיהו וגו'. שאמר מולדות הן. ונוח [היה] לי שלא הורתי [במולד] ולא אקרא תגר אחר הקדוש ברוך הוא. יודע אני שאין בי עונות למכות הללו, והקדוש ברוך הוא אינו מעביר את הדין, ואין זה [לא] מזכות ולא מפחד, אלא יום מולד הוא. [הוי] יאבד יום אולד בו [דברי ר' הושעיא].

18. (Иов 3:1) *После того открыл Иов уста свои [и проклял день свой].* Ибо он сказал: дни рождения это.

Лучше бы мне было, если б я не был зачат, и я не буду упрекать Пресвятого-Благословенного.

Знаю я, что нет на мне грехов, соответствующих этим карам, а Пресвятой-Благословенный не выносит неверного приговора.

Так что не в заслугах дело, и не в страхе, а в дне рождения — [О!] «*Погибни день, в который я родился!*» (3:3). [Слова рабби Гошайи].

Text #24[6]

*כד. (ד, ד) כושל יקימון מליך. כשהיה בא אצלו חגר, היה אומר [לו] כך עתיד הקדוש ברוך הוא להשתבח בך, שנאמר (ישעיה לה, ו) ידלג כאיל פסח. וכשהיה בא אצלו עור [היה אומר לו עתיד הקדוש ברוך הוא להשתבח בך, שנאמר אז תפקחנה עיני עורים (ישעיה לה, ה)].

24. (Иов 4:1) *Отвечал Элифаз Тейманит, и сказал...* Рабби Берахия говорит, что Элифаз был праведником и очень любим

---

[5] Этот пассаж появляется в *Меир Ийов* (1567 ed., f. 11b) и в комментарии Ихака бен Шломо ха-Коѓена. Слова в квадратных скобках встречаются у Арамы, но отсутствуют у Ицхака бен Шломо. Эти источники обладают рядом вариаций, отмеченных Вертхаймером. У Арамы цитата из Иов 3:1 продолжена до слов ויקלל את יומו («и проклял день свой»). Упоминания о «Пресвятом-Благословенном» в обоих текстах аббревиированы. Только Меир Арама приписывает этот пассаж рабби Гошайе. Последние три слова у Вертхаймера отсутствуют в варианте Ицхака бен Шломо. Однако эта атрибуция особенно важна для Вертхаймера, который приписывал редакцию *Мидраша Иова* рабби Гошайе (Ошайе) Великому, палестинскому амораю первого поколения (см. Wertheimer and Wertheimer, בתי מדרשות, 2:156).

[6] Вертхаймер указывает источником *Мааян Ганим*. Текст передан точно.

Иовом был, и это Элифаз, первенец Эсава. А что он сказано *Тейманит*, то это потому, что он проживал в стране Тейман (Йемен).

Текст #32[7]

לב. (איוב ט, כב) אחת היא על כן אמרתי תם ורשע הוא מכלה. אמר איוב אין הקדוש ברוך הוא נותן שכר לצדיקים ולא פורע מן הרשעים, שנאמר אחת היא על כן אמרתי תם ורשע הוא מכלה. במדה אחת נוהד העולם עם הצדיקים ועם הרשעים. התחיל קובל לארץ, שנאמר ארץ אל תכסי דמי (איוב טז, יח). אמר לו [הקדוש ברוך הוא] על מי אתה קובל. אמר לו עליך שאתה בעל דיני דייני ואתה סנגורי, שנאמר גם עתה הנה בשמים עדי וגו' (איוב טז, יט), את העדת עלי שאני תם וישרת ואתה הבאת עלי כל כך. שמא מדה אחת אתה נוהג לצדיקים ולרשעים ואתה רודפני בפורענות.

32. (Иов 9:22) «*Всё одно; поэтому я и сказал, что Он губит и непорочного, и злодея*».

Сказал Иов: «Пресвятой-Благословенный не даёт награды праведникам и не взыскивает со злодеев», как написано «*Всё одно; поэтому я и сказал, что Он губит и непорочного, и злодея*» — единой мерой устроен мир и для праведников, и для злодеев. Начал он жаловаться земле, как написано «*Земля! Не закрой моей крови!*» (Иов 16:18).

Спросил его [Пресвятой-Благословенный]:

— На кого ты жалуешься?

Ответил ему:

— На тебя, ибо ты владеешь моим приговором — ты мне и судья, и защитник!

Как сказано:

«*И ныне вот, на небесах Свидетель мой, [и Заступник мой в вышних!]*» (Иов 16:19).

---

[7] Вертхаймер указывает источником комментарий *Меир Ийов* (1567 ed., f. 50b), хотя там этот текст появляется в обсуждении другого отрывка библейского текста (Иов 17:5–12, а не 9:22).

[Сказал Иов:]

— И свидетельство обо мне, что я *непорочен и справедлив* (Иов 2:3), а Ты навёл на меня всё это! Уж не одной ли мерой Ты поступаешь и с праведниками, и со злодеями, раз Ты преследуешь и наказываешь меня?!

Текст #37[8]

לז. (טז, טו) שק תפרתי עלי גלדי. אמר איוב מנהגו של עולם מי שהיתה לו מכה ונתרפאה מעט והעלתה גלד נותן בה דברים רכים כמו צמר גפן או סרק של פשתן בריכוך השמן. אבל אני השק שאינו רך אלא קשה תפרתי עלי גלדי.

37. (Иов 16:15) «*Вретище сшил я на кожу мою*» (букв. *на струп мой*). Сказал Иов:

— Обычай мира, что у кого была рана, и залечилась немного, так что образовался струп, тот прикладывает к ней мягкие вещи, как то хлопок или кусок льна, смоченный в масле.

Я же «вретище», которое не мягкое, а жёсткое, «*сшил себе на струп*»!

---

[8] Вертхаймер цитирует этот пассаж из комментария Гая Гаона на *Микваот*, где он появляется без вводной формулы, которая бы указывала, что это мидраш или раввинистическое высказывание. Параллелей в известных нам источниках не обнаружено. Вертхаймер доказывает, что Гай Гаон перерабатывал раввинистический источник (*Мидраш Ийов*), а не породил это поучение сам (Wertheimer and Wertheimer, מדרשות בתי, 2:173n29). О комментарии Гая Гаона к *Микваот*, см. Moses Jacob Mittleman, אפיקי מים: מסכת מקואות (Bene Berak: s.n., 2001), 21.
Гай бен Шерира (939–1038), Гаон Пумбедиты, многократно цитируется и упоминается по имени в комментарии Ибн Эзры на Иова, см. 4:15, 6:10, 13:27, 21:32, and 37:20. В большинстве случаев цитируются его объяснения отдельных слов (например, сравнения с мишнаитским ивритом или арабским). Тем не менее, нет твёрдых свидетельств, что Гай Гаон написал комментарий на книгу Иова — приводимый Ибн Эзрой объяснения могут восходить к его словарю, *Kitāb al-Ḥāwi*, дошедшем лишь фрагментарно. См. Gómez Aranda, *El comentario de Abraham ibn Ezra al libro de Job*, lxxxix–xc.

Text #40[9]

מ. (כט, יג) ברכת אבד עלי תבא [ולב אלמנה ארנין].‏ מהי ברכת אבד עלי תבא. הרבה מדות היה באיוב, ראה היאך הכתוב מקלסו, איש תם וישר, ירא אלהים וסר מרע, וכן אתה מוצא שהיה חונן את העניים בצדקות, שנאמר אב אנכי לאביונים (איוב כט, טז), ומלביש את הערומים, שנאמר אם אראה אובד מבלי לבוש ואין כסות(בקרה) [לאביון] (איוב לא, יט). והיה מחזיק ידי יתומים ואלמנות, ועם כל זה המדות הגדולות הללו שהיו בו היה תופש מדה גדולה ומשובחת שהיה מחזר ומבקר את החולים בין עניים ובין עשירים, העשירים.[10] היה מוליך את הרופא עמו, ופעמים שהיה הרופא מאבד לחולה ואומר עליו לא יוסיף עוד לקום, מיד הוא וקרוביו אומרים שצריך הוא לעשות צואה, לפי שהוא בסכנה גדולה. וכיון שהיתה אשת החולה שומעת כך היתה מטפחת על פניה ומגלה את פניה וסותרת את שערה ותולשת אותן. ואיוב כיון שראה אותה עושה כל מה שאמרנו הוא אומר לה, בתי למה את צועקת בפניו, כי עד עכשיו יש בנר שלו שמן. והיא אומרת לו, מה אני עושה לבני ומהיכן אוכל לזון אותם וכמה היה העני יגע להוציא פרנסתם ביום ובלילה ולא היה מספיק להם מזונות. והיה איוב משיב לה דברים טובים דברי נחומים ואומר לה לעולם תהיה בטוחה על חסדיו ורחמיו של ב"ה הקדוש ברוך הוא שלא עזב ולא יעזוב, וישיעמד בעליך מחלי זה ויכלכל אתכם ואת בניו כשם שהיה רגיל לעשות. ואם חס ושלום ימות בעליך מעיד אני עלי את השמים שכל מחסורכם עלי למלאות ואני אפרנס אתכם משלי בכל יום ובכל שבת ובכל שנה. ומיד היה

---

[9] Пассаж целиком взят из *Мааян Ганним*. Бубер указывает, что не имеет представления об источнике этого материала (Buber, *Majan Gannim: Commentar zu Job von Rabbi Samuel Ben Nissim Masnuth*, 91–92n4). В *Мааян Ганним* пассаж вводится словами («мудрецов благословенной памяти») לרז״ל, однако это отражает лишь мнение составителя.

[10] Это слово здесь неожиданно. Представляется, что дальнейший текст означает, что Иов приводил с собой врача, когда посещал бедных, и тогда текст должен был бы читаться как העניים («бедные»). Луис Гинзберг в своём пересказе этого пассажа предполагает, что Иов приводил с собой врача как к бедным, так и к богатым. Иов «посещал больных, как бедных, так и богатых, и, при необходимости, приводил с собой врача» [Louis Ginzberg, The Legends of the Jews, trans. Henrietta Szold (Philadelphia, PA: Jewish Publication Society, 1920), 2:230]. Если второе העשירים — это действительно начало нового пассажа, и Иов действительно приводил к ним доктора, это может означать, что в тексте утрачен пассаж, начинавшийся со слова העניים. В существующем виде пассаж читается как путеводитель по тому, как обеспеченные члены общины должны заботиться о более уязвимых её членах.

קורא ללבלר והיה כותב עליו על התנאין הללו בפני עדים שיתן להם הוצאתם בעוד שבעלה חולה, עד שיקום והתהלך בחוץ על משענתו ואם מת אתן הוצאתם עד שיגדלו הנערים או עד שתנשא האשה אם תרצה להנשא. וכשהיה החולה שומע שחתך הרופא שברו ממנו, ומה שהתנה איוב על עצמו לעשות לבניו ולאשתו אם ימותת מיד הוא מברכו, ואומר לאיוב ברוך הוא שציוה על היתומים ועל האלמנות הוא יהיה בעזרך. לכן כשהגיעו כל אותן היסורין על איוב התחיל לומר ברכת אובד עלי תבא, אותו חולה שאבדו הרופא ונחתך סברו ממנו, והייתי משמח אלמנות ולב אלמנה ארנין.

40. (Иов 29:13) «*Благословения погибавшего приходили на меня, [и сердцу вдовы доставлял я радость]*».

Что значит «*благословения погибавшего приходили на меня*»?

Много качеств было у Иова! Смотри, как Писание восхваляет его: «*человек праведный, справедливый, богобоязненный и удаляющийся от зла*» (Иов 1:2)!

И ты найдёшь, что он праведно заботился о бедняках, как сказано: «*отцом был я для нищих*» (Иов 29:16), и одевал нагих, как сказано «*если я видел кого погибавшим без одежды...*» (Иов 31:19), и поддерживал вдов и сирот.

И помимо всех этих великих качеств, что были в нём, держался он ещё одного великого и достославного качества, а именно, навещал больных, как бедных, так и богатых.

И приводил он с собой врача, и иногда, если врач отчаивался в больном[11] и говорил «не встанет он более», тотчас начинал он и близкие того говорить, что должен он оставить свою посмертную волю, ибо он в большой опасности.

И когда слышала об этом жена больного, то била себя по лицу, и открывала лицо, и рвала на себе волосы.

Иов же, когда видел, как она делает вышесказанное, говорил ей: «Дочь моя, что ты вопиешь при нём? До сих пор есть масло в его светильнике!»

А она отвечала ему: «Что мне делать с моими детьми? И откуда взять пищу кормить их? Как бедняк трудится вовсю днём и ночью, добывая пропитание, и [всё равно] не хватает им!»

---

[11] То есть терял надежду на выздоровление больного.

А Иов отвечал ей благими словами, словами утешения, и говорил ей: «Будь всегда уверена в милости и милосердии Пресвятого-Благословенного, который не покинул и не покинет! Если встанет твой муж от своей болезни, прокормит вас и своих детей, как имел обыкновение. Если же, упаси [Господь], умрёт твой муж, я свидетельствую перед небесами, что все ваши нужды я исполню, и буду кормить вас из своего имущества каждый день, каждый шаббат и каждый год!»

И тотчас звал он писца, и записывал все эти условия перед свидетелями, что он обеспечит их ещё при болезни её мужа, пока он не «*встанет и будет выходить из дома с помощью палки*» (Исх 21:19).

«А если [тот] умрёт, то я дам им обеспечение, пока не вырастут юноши, или пока жена не выйдет замуж, если захочет выйти замуж».

И когда слышал больной, что врач лишил его надежды31, и что именно Иов взял на себя сделать его детям и жене, если он умрёт, тотчас благословлял Иова. И говорил Иову: «Пресвятой-Благословенный, который заповедал [заботу] о сиротах и вдовах, да будет тебе в помощь!»

Посему, когда выпали ему (Иову) все эти страдания, стал он говорить: «*Благословения погибавшего приходили на меня*» — того больного, в котором отчаялся врач, и лишил его надежды, — и «вдов я радовал», как сказано «*и сердцу вдовы доставлял я радость*» (Иов 29:13).

Вероятно, эта фраза означает, что врач «потерял надежду на его выздоровление».

Вертхаймер цитирует ספר המוסר Йеѓуды Калаца в качестве источника, и его вариант соответствует версии, опубликованной в тексте издания Mantua, 1561, напечатанного Джиакомо Руфинелли. Калац был мистиком, жившим в Алжире в начале XV века.

Источники

Бен Маймон 2011–2019 — Бен Маймон М. Мишне Тора [Кодекс Маймонида] / Под ред. Б. Горина; пер. М. Левинова, Я. Синичкина и др. М.: Лехаим; Книжники, 2011–2019.

Витковская, Витковский 2001 — Завещание Авраама // Апокрифические апокалипсисы / Пер., вступ. ст., коммент. М. Витковской, В. Витковского. СПб.: Алетейя, 2001. С. 156–184.

Ибн Габироль 2005 — Ибн Габироль С. Царская Корона (Кетер Малхут) / Пер. В. Н. Нечипуренко. Ростов н/Д: ООО «Сигма», 2005.

Abrahams, Fine 2006 — Abrahams I., Fine L. Hebrew Ethical Wills, Expanded Facsimile. Philadelphia, PA: Jewish Publication Society, 2006.

Abulafia 2001 — Abulafia A. אור השכל; ושמר מצוה / Ed. by A. Gross. Jerusalem: Aharon Barzani u'beno, 2001.

Adarbi 1580 — Adarbi I. דברי שלום. Salonica: David ben Abraham Azubib, 1580.

Albo 1946 — Albo J. Sefer Ha-Ikkarim: The Book of Principles / Transl. by I. Husik. 5 vols. Philadelphia, PA: Jewish Publication Society, 1946.

Alshekh 1603 — Alshekh M. חלקת מחקק. Venice: Giovanni di Gara, 1603.

Alshekh 1996 — Alshekh M. A Celestial Challenge: The Commentary of Rabbi Moshe Alshich on the Book of Job (Chelkath Mechokek) / Transl. by R. Shahar: 2 vols. Jerusalem: Feldheim Publishers, 1996.

Altschuler 1593 — Altschuler N. H. ben A. אילה שלוחה. Cracow: Isaac ben Aaron Prostitz, 1593.

Altschuler 1877 — Altschuler N. H. ben A. חנ״ך עם פירוש איליה שלוחה על תהלים ואיוב. Amsterdam: Proops, 1877.

Arama 1517 — Arama M. מאיר איוב. Salonika, 1517.

Arama 1562–1567 — Arama M. מאיר איוב. Riva di Trento; Venezia: Jacob Marcaria, Giorgio di Cavalli, 1562–1567.

Arragel 1991 — Arragel M. The Hebrew Bible of the Jews Translated into Castilian in 1422 by Rabbi Moses Arragel de Guadalajara. London: Facsimile Editions, 1991.

Asher 1768 — Asher B. ben. שובע שמחות. Amsterdam: Meir of Hamburg, 1768.

Asher 1947 — Asher B. ben. פירוש רבינו בחיי על איוב. Jerusalem: Y. Itah, 1947.

Avery 1987 — Avery K. S. A Translation of Abraham ibn Ezra's Commentary to the Book of Job: With Introduction, Notes, and Appendices. M. A. Thesis. Melbourne, University of Melbourne, 1987.

Bacharach 1648 — Bacharach N. ben J. E. עמק המלך. Amsterdam: Immanuel Benveniste, 1648.

Bacher 1908 — Bacher W. תרגום ערבי על ספר איוב עם ביאור ערבי: / ספר היובל זכרון לאברהם הרקבי // לר' משה בן שמואל הכהן הנקרא ג'קטילה. Ed. by D. Günzberg. St. Petersburg: s. n., 1908. P. 221–271.

Banitt 1995–2005 — Banitt M. Le Glossaire de Leipzig: 4 vols. Jerusalem: The Israel Academy of Sciences and Humanities, 1995–2005.

Banitt 2005 — Banitt M. Le Glossaire de Leipzig: Introduction. Jerusalem: The Israel Academy of Sciences and Humanities, 2005.

Bar Hiyya 1969 — Bar Hiyya A. The Meditation of the Sad Soul / Transl. by G. Wigoder. London: Kegan Paul and Routledge, 1969.

Barfat 1574 — Barfat S. פרוש איוב בקצור מפלג. Cracow: Isaac ben Aaron Prostitz, 1574.

Barkai 1991 — Barkai R. Les infortunes de Dinah: le livre de la génération: la gynécologie juive au Moyen Âge. Paris: Cerf, 1991.

Benotti 2016 — Benotti L. A Critical Edition of Sefer Yosef Ha-Meqanne', with an Introduction, a Translation and a Commentary // PhD diss., Universita Ca' Foscari, 2016.

Berliner 1886 — Berliner A. תעמי אמת בחרוזים. Berlin: Rosenstein & Hildesheimer, 1886.

Brünnel et al. 1996 — Die «Hiob»-Paraphrase des Avroham Ben Schemuel Pikartei: In Handschriftenabdruck und Transkription / Hg. von G. Brünnel, W. Röll, M. Fuchs. Hamburg: Buske, 1996.

Buber 1889 — Buber S. Majan-Gannim: Commentar zu Job von Rabbi Samuel Ben Nissim Masnuth. Berlin: Mekize Nirdamim, 1889.

Carmi 1981 — Carmi T. The Penguin Book of Hebrew Verse. New York, NY: Viking Press, 1981.

Chavel 1963 — Chavel C. B. כתבי רמב"ן. Jerusalem: Mossad HaRav Kook, 1963.

Chavel 1966 — Chavel C. B. A Commentary on the Book of Job by Rabbeynu Meyuchos Ben Eliyahu (Part 1) // HaDarom. 1966. Vol. 22. P. 28–99.

Chavel 1967 — Chavel C. B. A Commentary on the Book of Job by Rabbeynu Meyuchos Ben Eliyahu (Part 2) // HaDarom. 1967. Vol. 23. P. 94–126.

Chavel 1969a — Chavel C. B. A Commentary on the Book of Job by Rabbeynu Meyuchos Ben Eliyahu. New York, NY: Feldheim Publishers, 1969.

Chavel 1969b — Chavel C. B. כתבי רבינו בחיי. Jerusalem: Mossad HaRav Kook, 1969.

Chavel 1978 — Ramban (Nachmanides): Writings and Discourses: 2 vols. / Ed. by C. B. Chavel. New York, NY: Shilo Publishing House, 1978.

Cohen 1966 — Cohen M. A. The Autobiography of Luis De Carvajal, the Younger // American Jewish Historical Quarterly. 1966. Vol. 55, № 3. P. 277–318.

Cohen 1988 — Cohen M. R. The Autobiography of a Seventeenth-Century Venetian Rabbi: Leon Modena's Life of Judah. Princeton, NJ: Princeton University Press, 1988.

Cohen 2019 — Mikra'ot Gedolot «HaKeter»: A Revised and Augmented Scientific Edition: Job / Ed. by M. Cohen. Ramat Gan: Bar-Ilan University Press, 2019.

Cohn 1882 — Cohn J. Kitāb Ajjub al-mulaqqab bi-Kitāb at-ta'dil: Das Buch Hiob übersetzt und erklärt vom Gaon Saadia Cap. 1–5. PhD diss., Leipzig University, 1882.

Cohn 1889 — Cohn J. Das Buch Hiob: Übersetzt und erklärt vom Gaon Saadia: Nach Handschriften der Bodlejana und der Königlichen Bibliothek in Berlin, herausgegeben und mit Anmerkungen versehen. Altona: Gebrüder Bonn, 1889.

Cole 2007 — Cole P. The Dream of the Poem: Hebrew Poetry from Muslim and Christian Spain, 950–1492. Princeton, NJ: Princeton University Press, 2007.

Cole, Dykman 2014 — The Poetry of Kabbalah: Mystical Verse from the Jewish Tradition / Ed. by P. Cole, A. Dykman. New Haven, CT: Yale University Press, 2014.

Derenbourg, Derenbourg 1889 — Derenbourg J., Derenbourg H. Version Arabe Du Livre de Job de R. Saadia Ben Iosef al-Fayyoûmî. Paris: Ernest Leroux, 1899.

Donsky 1989 — Donsky A. A Source-Critical Analysis and Translation of Selected Chapters from Ma'ayan Gannim, a Midrashic Commentary of the Book of Job. Rabbinic Thesis, New York, NY, Hebrew Union College-Jewish Institute of Religion, 1989.

Duran 1589 — Duran S. b. Z. ספר אוהב משפט. Venice: Giovanni di Gara, 1589.

Ebreo 2007 — Ebreo L. Dialogues of Love / Ed. by R. Pescatori. ON: University of Toronto Press, 2007.

Ecker 1962 — Ecker R. Die arabische Job-Übersetzung des Gaon Saadja ben Josef Al Fajjûmî. Munich: Kosel Verlag, 1962.

Edelmann, Dukes 1851 — Edelmann H., Dukes L. Treasures of Oxford: Containing Poetical Compositions by the Ancient Jewish Authors in Spain / Ed. by M. H. Bresslau. London: Groombridge, 1851.

Eidelberg 1996 — Eidelberg S. The Jews and the Crusaders: The Hebrew Chronicles of the First and Second Crusades. Hoboken, NJ: KTAV, 1996.

Eisemann, Scherman 1994 — Eisemann M., Scherman N. Iyov/Job: A New Translation with Commentary Anthologized from Talmudic, Midrashic, and Rabbinic Sources. New York, NY: Mesorah, 1994.

Elbaum 2004 — Elbaum J. Yalqut Shim'oni and the Medieval Midrashic Anthology // The Anthology in Jewish Literature / Ed. by D. Stern. Oxford: Oxford University Press, 2004. P. 159–175.

Firkovich 1834 — ספר ספר מבחר ישרים: על נ"ך וישעיה לר' אהרן בן יוסף הראשון, / העשר על נ"א וכתובים לר' יעקב בן ראובן Ed. by A. Firkovich. Gozlow: s.n., 1834.

Florsheim 1989 — Florsheim Y. Rashi on the Bible in His Commentary on the Talmud — Vol:3: Ketuvim. Jerusalem: Rubin Mass, 1989.

Gabay 1993 — Gabay N. Sefer Sha'ar Ha-Shamayim (The Book Gate of Heaven) by Rabbi Yaakov Ben Sheshet Girondi: Scientific Edition Including Foreword and Annotations. M. A. Thesis, Tel Aviv University, 1993.

Gad 1952 — Gad H. ספר חמישה מאורות הגדולים. Johannesburg: s.n. 1952.

Galliner 1901 — Galliner J. Abraham ibn Esra's Hiobkommentar auf seine Quellen untersucht. Berlin: Poppelauer, 1901.

Gaster 1972 — Gaster M. The Chronicles of Jeraḥmeel; or, The Hebrew Bible Historiale. New York, NY: KTAV, 1972.

Geiger 1847 — Geiger A. נטאי נעמנים / לקוטים מפרושי ר' יוסף בן שמעון קרא // Ed. by Sh. L. Heilberg. Breslau: s.n., 1847.

Gershom 1999 — Gershom L. B. The Wars of the Lord. Vol. 3 / Transl. by S. Feldman. Philadelphia, PA: Jewish Publication Society, 1999.

Gikatilla 1998 — Gikatilla J. ben A. Gates of Light / Transl. by A. Weinstein. Walnut Creek, CA: Rowman Altamira, 1998.

Ginsburg 2009 — Ginsburg C. D. The Massoreth Ha-Massoreth of Elias Levita: Being an Exposition of the Massoretic Notes on the Hebrew Bible, or the Ancient Critical Apparatus of the Old Testament in Hebrew, with an English Translation, and Critical and Explanatory Notes, Reprint. Eugene, OR: Wipf and Stock Publishers, 2009.

Gollancz 1902 — Gollancz H. The Ethical Treatises of Berachya Son of Rabbi Natronai Ha-Nakdan: Being the Compendium and the Marṣref. London: David Nutt, 1902.

Gómez Aranda 2004 — Gómez Aranda M. El comentario de Abraham ibn Ezra al libro de Job. Madrid: Consejo Superior de Investigaciones Científicas, 2004.

Gómez Aranda, Ortega-Monasterio 2002 — Gómez Aranda M., Ortega-Monasterio M.-T. Critical Editions of Medieval Biblical Commentaries and Masorahs: The Cases of Abraham ibn Ezra and the Masorah of Spanish Manuscripts // Bible and Computer / Ed. by J. Cook. Leiden: Brill. 2002. P. 231–243.

Goodman 1988 — Goodman L. E. The Book of Theodicy: Translation and Commentary on the Book of Job by Saadiah Ben Joseph Al-Fayyūmī. New Haven, CT: Yale University Press, 1988.

Goodman 2009 — Goodman M. S. ספר איוב עם פירושי עבן עזרא. Jerusalem: Mossad haRav Kook, 2009.

Gordis 1978 — Gordis R. The Book of Job: Commentary, New Translation and Special Studies. New York, NY: Jewish Theological Seminary Press, 1978.

Greenstein 2019 — Greenstein E. L. Job: A New Translation. New Haven, CT: Yale University Press, 2019.

Hakham 2009 — Hakham A. The Bible: Job with the Jerusalem Commentary / Transl. by I. V. Berman, J. Green. Jerusalem: Mossad HaRav Kook, 2009.

HaKohen 1545 — HaKohen I. ben S. ספר איוב עם פרוש. Constantinople: Gershom Soncino, 1545.

Harris 2018 — Harris R. A. Rabbi Eliezer of Beaugency: Commentaries on Amos and Jonah. Kalamazoo, MI: Medieval Institute Publications, 2018.

Hazzan 1611 — Hazzan A. ben J. חבורי לקט. Lublin: Zevi ben Abraham Kalonymous Jaffe, 1611.

Hecker 2016 — The Zohar: Pritzker Edition / Transl. by J. Hecker. Vol. 11. Stanford, CA: Stanford University Press, 2016.

Heller 2004 — Heller M. J. The Sixteenth Century Hebrew Book: An Abridged Thesaurus. Leiden: Brill, 2004.

Heller 2011 — Heller M. J. The Seventeenth Century Hebrew Book: An Abridged Thesaurus. Leiden: Brill, 2011.

Heller 2014 — Heller M. J. Unicums, Fragments, and Other Hebrew Book Rarities // Judaica Librarianship. 2014. Vol. 18. P. 130–153.

Herring 1982 — Herring B. Joseph ibn Kaspi's Gevia Kesef: A Study in Medieval Jewish Philosophic Bible Commentary. New York, NY: KTAV, 1982.

Hyman 1965 — Hyman A. B. מקורות ילקוט שמעוני: 2 vols. Jerusalem: Mossad HaRav Kook, 1965.

Jabez 1593 — Jabez I. ben S. תורה חסד: יראת שדי. Belvedere, 1593.

Japhet 2000 — Japhet S. פירוש שמואל בן מאיר (רשב״ם) לספר איוב. Jerusalem: Hebrew University Magnes Press, 2000.

Jastrow 1920 — Jastrow M. The Book of Job: Its Origin, Growth and Interpretation: Together with a New Translation, Based on a Revised Text. Philadelphia, PA: J. B. Lippincott, 1920.

Kanter 2001 — Kanter M. Translation of the Introduction of Ramban to the Book of Iyov // Academic Journal of Hebrew Theological College. 2001. Vol. 1, № 1. P. 13–35.

Kapach 1972 — Kapach Y. איוב עם תרגום ופירוש הרס״ג. Jerusalem: Makor, 1972.

Kaplan 1979 — Kaplan A. The Bahir. York Beach, ME: Samuel Weiser, 1979.

Kasher 1988 — Kasher H. פירוש אריסטוטלי ופירוש פונדמנטליסטי לאיוב אצל אבן כספי. Daat. 1988. Vol. 20. P. 117–125.

Kaspi 1905 — Kaspi J. ibn. Asarah Kelei Kesef / Ed. by I. Last. Pressburg: Alkalay, 1905.

Khan 2000 — Khan G. The Early Karaite Tradition of Hebrew Grammatical Thought: Including a Critical Edition, Translation and Analysis of the Diqduq of Abu Ya'qub Yusuf ibn Nuh on the Hagiographa. Leiden: Brill, 2000.

Kreisel 2000 — Kreisel H. מעשה נסים: פירוש לתורה לר' נסים ממרסיי. Jerusalem: Mekize Nerdamim, 2000.

Lambert, Brandin 1905 — Lambert M., Brandin L. Glossaire hébreu-français du XIIIe siècle: recueil de mots hébreux bibliques avec traduction française. Paris: Ernest Leroux, 1905.

Langermann 2005 — Langermann Y. T. From my Notebooks: The Hebrew Version of Semita Recta, an Alchemical Treatise Attributed to Albertus Magnus // Aleph. 2005. Vol. 5. P. 273–284.

Lasker et al. 1996 — Lasker D. J., Stroumsa S., Nestor (the Priest). The Polemic of Nestor the Priest: Introduction, Annotated Translations and Commentary. Vol. 1. Jerusalem: Ben-Zvi Institute for the Study of Jewish Communities in the East, 1996.

Lassen 1946 — Lassen A. The Commentary of Levi ben Gerson (Gersonides) on the Book of Job. New York, NY: Bloch Publishing Company, 1946.

Leon 2001 — Leon M. de. ספר עמודי הקבלה //שושן עדות. Vol. 2. Jerusalem: Nezer Shraga, 2001.

Leperer, Wise 2011 — Leperer S. B., Wise M. H. Megilat Sefer: The Autobiography of Rabbi Jacob Emden (1697–1776). Baltimore, MD: Shaftek, 2011.

Levin 1975 — Levin I. שירי־הקודש של אברהם אבן עזרא. Jerusalem: Israel Academy of Sciences and Humanities, 1975.

Lieb 1969 — Lieb D. An Annotated Translation of Nahmanides' Commentary to Job 1–14: With Special Attention to the Attendant Philosophical System. Rabbinic Thesis, Hebrew Union College-Jewish Institute of Religion, 1969.

Lieber 2010 — Lieber L. S. Yannai on Genesis: An Invitation to Piyyut. Cincinnati: Hebrew Union College Press, 2010.

Luzzato 1843 — Luzzatto S. D. Compte-rendu et extraits d'un ms. du commentaire de Y. Qara' sur Job // Kerem Hemed. T. 7. 1843. P. 57–68.

Mangan 1991 — Mangan C. The Targum of Job // Aramaic Bible: Targums of Job, Proverbs, & Qohelet / Celine Mangan, Peter Knobel, John Healey (eds.). Collegeville, MN: The Liturgical Press. 1991.

Masnut 2017 — Masnut S. ben N. מדרשי וביאורי איוב, דניאל, עזרא-נחמיה, דברי הימים לרבינו שמואל מסנות. Jerusalem: Zichron Aharon, 2017.

Mathews 1878 — Mathews H. J. בנימין זאב יטרף: Notes from Various Authors on Psalms, Job, the Megilloth (except Ruth) and Ezra. Amsterdam: Levisson, 1878.

Miletto, Veltri 2011 — Miletto G., Veltri G. Judah Moscato Sermons: Edition and Translation, vol. 2. Leiden: Brill, 2011.

Miletto, Veltri 2013 — Miletto G., Veltri G. Judah Moscato Sermons: Edition and Translation. Vol. 3. Leiden: Brill, 2013.

Molcho 1883 — Molcho S. ספר המפואר. Warsaw: Lebenzon, 1883.

Moreen 2000 — Moreen V. B. In Queen Esther's Garden: An Anthology of Judeo-Persian Literature. New Haven, CT: Yale University Press, 2000.

Moses, Moses 1889 — Moses I. S., Moses A. The Ethics of the Hebrew Scriptures, Comprising Selections from the Pentateuch, Psalms, Prophets, Proverbs, Job, Ecclesiastes, Ben Sirach, Sayings of the Fathers, the Talmud, and Mediaeval Jewish Writers. Cincinnati, OH: Bloch Publishing Company, 1889.

Narkiss 1974 — Narkiss B. Hebrew Illuminated Manuscripts. Jerusalem: Encyclopaedia Judaica, 1974.

Narkiss 1997 — Narkiss B. The Golden Haggadah. Rohnert Park, CA: Pomegranate Artbooks, 1997.

Nemoy 1976 — Nemoy L. The Pseudo-Qūmisīan Sermon to the Karaites // Proceedings of the American Academy for Jewish Research. 1976. Vol. 43. P. 49–105.

Nemoy 1980 — Nemoy L. Elijah ben Abraham and His Tract Against the Rabbanites // Hebrew Union College Annual. 1980. Vol. 51. P. 63–87.

Ottensoser 1828 — Ottensoser D. ספר איוב: עם באור ותרגום אשכנזי. Offenbach: Avraham ben Hirsch Segal, 1828.

Pakuda 1973 — Pakuda B. ben J. ibn. The Book of Direction to the Duties of the Heart / Transl. by M. Mansoor. London: Kegan Paul and Routledge, 1973.

Paper 1976 — Paper H. H. A Judeo-Persian Book of Job. Jerusalem: Israel Academy of Sciences and Humanities, 1976.

Paz y Meliá, Paz 1920 — Biblia (Antiguo Testamento) / Ed. by A. Paz y Meliá, J. Paz. Madrid: Roxburghe Club, 1920.

Penkower 2003 — Penkower J. S. The End of Rashi's Commentary on Job. The Manuscripts and the Printed Edition // Jewish Studies Quarterly. 2003. Vol. 10, № 1. P. 18–48.

Perani 2014 — Perani M. The Corpus Epitaphiorum Hebraicorum Italiae (CEHI): A Project to Publish a Complete Corpus of the Epitaphs Preserved in Italian Jewish Cemeteries // Death in Jewish Life: Burial and Mourning Customs Among Jews of Europe and Nearby Communities / Ed. by S. Goldin, S. C. Reif, A. Lehnardt. Berlin: De Gruyter, 2014.

Perreau 1872 — Perreau P. Comento sopra Giobbe del Rab. Immanuel ben Salomo // Annuario della societa Italiana per gli studi orientali. 1872. Vol. 1. P. 87–92.

Pfeffer 2003 — Pfeffer J. I. Malbim's Job: The Book of Job. Jersey City, NJ: KTAV, 2003.

Poznanski 1965 — Poznanski S. מבוא על חכמי צרפת מפרשי המקרא. Reprint. Jerusalem: s.n. 1965.

Qara 1856 — Qara Y. Le Texte de Commentaire de Yoseph Qara' Sur Job [Pt 1] // Monatsschrift für Geschichte und Wissenschaft des Judentums. 1856. Bd. 5. S. 224–229, 268–278, 342–351, 469–475.

Qara 1857 — Qara Y. Le Texte de Commentaire de Yoseph Qara' Sur Job [Pt 2] // Monatsschrift für Geschichte und Wissenschaft des Judentums. 1857. Bd. 6. S. 70–73, 182–194, 270–274, 350–357, 463–470.

Qara 1858 — Qara Y. Le Texte de Commentaire de Yoseph Qara' Sur Job [Pt 3] // Monatsschrift für Geschichte und Wissenschaft des Judentums. 1858. Bd. 7. S. 255–263, 345–358.

Rabinowitz 2001 — Rabinowitz C. D. Da'ath Sofrim: The Book of Iyov (Job). New York, NY; Jerusalem: H. Vagshal Publishing Ltd. 2001.

Regev 1990 — Regev S. פצעי אוהב' לר' ישראל נאג'ארה // Asufot. 1990. Vol. 4. P. 325–356.

Reichert 1946 — Reichert V. E. Job with Hebrew Text and English Translation. London: Soncino Press, 1946.

Renan 1893 — Renan E. Les Écrivains juifs français du XIVe siècle. Paris: Imprimerie Nationale, 1893.

Robinson 2007 — Robinson J. T. Samuel ibn Tibbon's Commentary on Ecclesiastes: The Book of the Soul of Man. Tübingen: Mohr Siebeck, 2007.

Röllm 2002 — Die Jiddischen Glossen des 14.–16. Jahrhunderts zum Buch «Hiob» in Handschriftenabdruck und Transkription: 2 Bd. / Hg. von W. Röllm. Tübingen: Niemeyer, 2002.

Rosenberg 1989 — The Book of Job: A New English Translation of the Text, Rashi and a Commentary Digest / Ed. by A. J. Rosenberg. New York, NY: Judaica Press, 1989.

Rosenfeld 1979 — Rosenfeld A. The Authorised Kinot for the Ninth of Av. New York, NY: Judaica Press, 1979.

Rossi 2001 — Rossi A. de. The Light of the Eyes / Transl. by J. Weinberg. New Haven, CT: Yale University Press, 2001.

Sadan 2020 — Sadan A. The Arabic Translation and Commentary of Yefet Ben 'Eli the Karaite on the Book of Job. Vol. 12. Leiden: Brill, 2020.

Sandman 2006 — Sandman I. The Meshobeb Netibot of Samuel ibn Matut («Motot»): Introductory Excursus, Critical Edition and Annotated Translation. PhD diss., University of Chicago, 2006.

Saperstein 1989 — Saperstein M. Jewish Preaching, 1200–1800. New Haven, CT: Yale University Press, 1989.

Sasson 2017 — Sasson I. Job: Arabic Translations // The Hebrew Bible. Vol. 1C: Writings / Ed. by A. Lange and E. Tov. Leiden: Brill, 2017.

Schechter 1887 — Schechter S. Aboth de Rabbi Nathan. London: D. Nutt, 1887.

Schwarz 1868 — Schwarz I. Tikwath Enosh. Vol. 1. Berlin: Louis Gerschel, 1868.

Sforno 1987 — Sforno O. כתבי רבי עובדיה ספורנו / Ed. by Z. Gottlieb. Jerusalem: Mossad HaRav Kook, 1987.

Silver 1969 — Silver D. J. Nachmanides' Commentary on the Book of Job // Jewish Quarterly Review. 1969. Vol. 60, № 1. P. 9–26.

Singer 1971 — Singer S. A. Medieval Jewish Mysticism. Book of the Pious. Northbrook, IL: Whitehall Co., 1971.

Sivoni 2011 — Sivoni D. חסד לאברהם — ביאור על ספר גלגולי נשמות לרמ״ע מפאנו. Beer-Sheva: s.n., 2011.

Shoshana 1999 — ספר איוב מבית מדרשו של רש״י / Ed. by A. Shoshana A. Jerusalem: Ofeq, 1999.

Shu'aib 1575 — Shu'aib J. ibn. דרשות על התורה. Cracow: Isaac ben Aaron Prostitz, 1575.

Skalli 2007 — Isaac Abravanel: Letters / Ed. by C. C. Skalli // Studia Judaica. Vol. 40. Berlin: De Gruyter, 2007.

Stec 1994 — Stec D. M. The Text of the Targum of Job: An Introduction and Critical Edition. Leiden: Brill, 1994.

Stern 2004 — Stern D. The Anthology in Jewish Literature. Oxford: Oxford University Press, 2004.

Sulzbach 1911 — Sulzbach A. Commentar eines Anonymus zum Buche Hiob. Frankfurt a.M.: s.n., 1911.

Szold 1886 — Szold B. The Book of Job, With a New Commentary. Baltimore, MD: H. F. Siemers, 1886.

Ta-Shma 1996 — Ta-Shma I. פירוש רבינו תם לספר איוב // Kovetz al Yad. 1996. Vol. 13. P. 191–233.

Talmage 1972 — The Book of the Covenant of Joseph Kimḥi / Ed. by F. Talmage. Toronto, ON: Pontifical Institute of Mediaeval Studies, 1972.

Tibbon 1837 — Tibbon S. ibn. Ma'amar Yiqqawu Ha-Mayim / Ed. by M. L. Bislisches. Pressburg: Anton Edlen, 1837.

Tiktiner, Von Rohden 2008 — Tiktiner R., Von Rohden F. The Meneket Rivkah. Philadelphia, PA: Jewish Publication Society, 2008.

Umbreit 1836 — Umbreit F. W. C. A New Version of the Book of Job: With Expository Notes, and an Introduction / Transl. by J. H. Gray. Edinburgh: Thomas Clark, 1836.

Visi et al. 2019 — Berechiah Ben Natronai Ha-Naqdan's Works and Their Reception / Ed. by T. Visi, T. Bibring, D. Soukup. Turnhout: Brepols, 2019.

Vital 1906 — Vital H. ספר עץ הדעת טוב חלק שני. Jerusalem: Zalman Leib HaLevi Leventhal, 1906.

Vital 1912 — Vital H. שער הפסוקים — ספר הליקותים. Jerusalem: HaAhim Lifschitz, 1912.

Vital 1961 — Vital H. ספר שער הגלגולים. Jerusalem, 1961.

Wechsler 2008 — Wechsler M. G. The Arabic Translation and Commentary of Yefet ben 'Eli the Karaite on the Book of Esther. Leiden: Brill, 2008.

Wengrov 1992 — Sefer HaHinnuch: The Book of [Mitzvah] Education / Transl. by C. Wengrov. New York, NY: Feldheim Publishers, 1992.

Wertheimer 1902 — Wertheimer S. A. לקט מדרשים: בו נלקטו ונאספו מדרשים קטנים מכתבי יד ישנים ודפוסים שונים. Jerusalem: s. n., 1902.

Wertheimer 1926 — Wertheimer S. A. ספר מדרש איוב: והוא מדרש עתיק מרז"ל על ספר איוב. Jerusalem: Zuckerman, 1926.

Wertheimer 1978 — Wertheimer S. A. פירוש נביאים וכתובים לרבינו ישעיה הראשון מטראני. Jerusalem: Ktav Yad v'Sefer, 1978.

Wertheimer, Wertheimer 1950 — Wertheimer S. A., Wertheimer A. J. בתי מדרשות: עשרים וחמשה מדרשי חז"ל על פי כתבי יד מגניזת ירושלים ומצרים. 2 vols. Jerusalem: Mossad HaRav Kook, 1950.

Wright 1979 — Wright W. A. A Commentary on the Book of Job by Berechiah, Mediaeval Jewish Scholar in France. Reprint of London, 1905 edition. Amsterdam: APA-Philo Press, 1979.

Yahya 1538 — Yahya J. ben D. ibn. פירוש חמש מגילות, תהילים, משלי, איוב, דניאל, עזרא, דברי הימים. Bologna: HaShutafim [Company of Silk Weavers], 1538.

Yahya 1961 — Yahya G. ibn. ספר שלשלת הקבלה. Jerusalem: HaDorot haRishonim, 1961.

Ya'ish 1576 — Ya'ish B. ben Y. ibn. מקור ברוך על שיר השירים, קהלת, משלי, איוב. Constantinople: Eliezer Ashkenazi, 1576.

Yeshaya 2010 — Yeshaya J. J. M. S. Medieval Hebrew Poetry in Muslim Egypt. Leiden: Brill, 2010.

Yeshaya 2014 — Yeshaya J. J. M. S. Poetry and Memory in Karaite Prayer. Leiden: Brill, 2014.

Yuval 1994 — Yuval I. A German-Jewish Autobiography of the Fourteenth Century // Binah. 1994. Vol. 3. P. 79–99.

Zawanowska 2019 — Zawanowska M. Yefet Ben 'Eli on Genesis 11 and 22 // Jewish Biblical Exegesis from Islamic Lands / Ed. by M. Polliack, A. Brenner-Idan. Atlanta, GA: SBL Press, 2019. P. 33–60.

Zemke 2004 — Zemke J. M. Mose ben Baruk Almosnino: Regimiento de la vida Tratado de los suenyos. Tempe, AZ: Arizona Center for Medieval and Renaissance Studies. 2004.

Zuriel 2015 — Zuriel M. פירושי רלב"ג: איוב — משלי. Jerusalem: Mossad HaRav Kook, 2015.

קהילות משה 1724–1728 — קהילות משה. Amsterdam, 1724–1728.

Библиография

Визель 1993 — Визель Э. Ночь. Рассвет. День / Пер. О. Боровой. М.: Олимп-ППП, 1993.

Шолем 2021 — Шолем Г. Происхождение каббалы. М.: Касталия, 2021.

Abdalla 2019 — Abdalla B. One Truth or Two? Jewish Averroists on the Truth of the Philosophers and the Truth of the Prophets: The Case of Isaac Albalag. PhD diss., McGill University, 2019.

Abeles 1957 — Abeles C. J. «Moses Almosnino, His Ethical and Other Writings»: A Study of the Life and Works of a Prominent, Sixteenth Century, Salonikan Rabbi. PhD diss., Dropsie College, 1957.

Adler 1921 — Adler E. N. Catalogue of Hebrew Manuscripts in the Collection of Elkan Nathan Adler. Cambridge: The University Press, 1921.

Ahrend 1978 — Ahrend M. Le Commentaire sur Job de Rabbi Yoséf Qara'. Hildesheim: Gerstenberg Verlag, 1978.

Ahrend 1988 — Ahrend M. פרוש רבי יוסף קרא: ספר איוב. Jerusalem: Mossad HaRav Kook. 1988.

Almagor 2007 — Almagor D. Sommo, Judah Leone Ben Isaac // Encyclopaedia Judaica / Ed. by M. Berenbaum, F. Skolnik. Vol. 29. Detroit, MI: Macmillan Reference USA. 2007. P. 8–9.

Almoli 1998 — Almoli S. ben J. Dream Interpretation from Classical Jewish Sources / Transl. by Y. Elman. Hoboken, NJ: KTAV, 1998.

Altmann 1969 — Altmann A. The Delphic Maxim in Medieval Islam and Judaism // Studies in Religious Philosophy and Mysticism / Ed. by A. Altmann. Ithaca, NY: Cornell University Press, 1969. P. 1–50.

Andruss 2015 — Andruss J. H. Exegesis, Homily, and Historical Reflection in the Arabic Commentary on Lamentations by Salmon ben Yerūḥīm, Tenth-century Karaite of Jerusalem. PhD diss., University of Chicago, 2015.

Angel 2014 — Angel H. J. Text and Historical Motivations Behind the Commentary of Rabbi Ovadiah Sforno on the Torah // Jewish Bible Quarterly. 2014. Vol. 42, № 2. P. 73–82.

Ankori 1959 — Ankori Z. Karaites in Byzantium: The Formative Years, 970–1100. New York, NY: Columbia University Press, 1959.

Ariel 2020 — Ariel N. Y. Fußspuren eines gaonäischen Midrasch zu Hiob (32:11) // Samuel b. Ḥofnis neu entdecktem Fragment (CUL T-S Ar. 46.156): Kitāb lawāzim al-Ḥukkām // Judaica. Neue digitale Folge. 2020. Vol. 1. P. 1–11.

Astren 2004 — Astren F. Karaite Judaism and Historical Understanding. Columbia, SC: University of South Carolina Press, 2004.

Baer 1852 — Baer S. Thorath Emeth sive liber et praecepta et doctrinam plenam perfectamaque accentuum libb. psalmorum, proverbiorum et Jobi continens. Rödelheim, 1852.

Balentine 2015 — Balentine S. E. Have You Considered My Servant Job?: Understanding the Biblical Archetype of Patience. Columbia, SC: University of South Carolina Press, 2015.

Bar-Asher 2015 — Bar-Asher A. Tablets and Fragments of Tablets: Some Notes on R. Yehuda b. Yoseph Al-Carasani's Aron Ha'Edut // Studies in the Culture of North African Jewry: Collection of the Lectures Presented in the Workshop at Yale University, October 15–24, 2012 / Ed. by S. Fraade, M. Bar-Asher. Jerusalem and New Haven, CT: The Center for Jewish Languages and Literatures, The Hebrew University and The Program in Judaic Studies, Yale University, 2015. P. 33–48.

Baskin 1983 — Baskin J. Pharaoh's Counsellors: Job, Jethro, and Balaam in Rabbinic and Patristic Tradition. Chico, CA: Scholars Press, 1983.

Baskin 1992 — Baskin J. Rabbinic Interpretations of Job // The Voice from the Whirlwind / Ed. by L. Perdue, W. C. Gilpin. Nashville, TN: Abingdon Press, 1992.

Basser 1990 — Basser H. W. A Conundrum in the MS. Readings to Moses Kimhi's Job Commentary // Proceedings of the World Congress of Jewish Studies. 1990. Vol. 10A. P. 183–190.

Basser 2006 — Basser H. Kabbalistic Teaching in the Commentary of Job by Moses Naḥmanides (RAMBAN) // Biblical Interpretation in Judaism and Christianity / Ed. by I. Kalimi, P. J. Haas. London: T & T Clark, 2006. P. 91–105.

Basser, Englander 1993 — Basser H. W., Englander L. The Mystical Study of Ruth: Midrash HaNe'elam of the Zohar to the Book of Ruth. Atlanta, GA: Scholars Press, 1993.

Basser, Walfish 1992 — Basser H. W., Walfish B. Moses Kimhi: Commentary on the Book of Job. Atlanta: Scholars Press, 1992.

Baumgarten 2004 — Baumgarten E. Mothers and Children: Jewish Family Life in Medieval Europe. Princeton, NJ: Princeton University Press. 2004.

Baumgarten 2014 — Baumgarten E. Practicing Piety in Medieval Ashkenaz. Philadelphia: University of Pennsylvania Press, 2014.

Beeri 2019 — Beeri T. Israel Najara: A Beloved and Popular Poet // The Poet and the World / Ed. by J. J. M. S. Yeshaya, E. Hollender, N. Katsumata. Berlin: De Gruyter, 2019. P. 59–76.

Beit-Arié, May 1994 — Catalogue of the Hebrew Manuscripts in the Bodleian Library: Supplement of Addenda and Corrigenda to Vol. I (A. Neubauer's Catalogue) / Ed. by M. Beit-Arié, R. A. May. Oxford: Clarendon Press, 1994.

Ben-Sasson 1969–1970 — Ben-Sasson H. H. The Reformation in Contemporary Jewish Eyes // Proceedings of the Israel Academy of Sciences and Humanities. 1969–1970. Vol. 4. P. 239–326.

Ben-Shalom 2016 — Ben-Shalom R. Living with Unanswered Questions: The Meaning of the Queries about the Book of Job in Isaac Nathan's «Ḥazut Qashah» («Grievous Vision») // Medieval Encounters. 2016. Vol. 22, № 1–3. P. 193–212.

Ben-Shammai 1969 — Ben-Shammai H. פירושו הערבי של יפת בן לאיוב א–ה. M. A. Thesis, Hebrew University, 1969.

Ben-Shammai 2003 — Ben-Shammai H. Major Trends in Karaite Philosophy and Polemics in the Tenth and Eleventh Centuries // Karaite Judaism: A Guide to Its History and Literary Sources / Ed. by M. Polliack. Leiden: Brill, 2003.

Berenbaum, Skolnik 2007a — Arama, Meir // Encyclopaedia Judaica / Ed. by M. Berenbaum, F. Skolnik. Vol. 2. Detroit, MI: Macmillan Reference USA, 2007. P. 341–342.

Berenbaum, Skolnik 2007b — Mattathias Ha-Yizhari // Encyclopaedia Judaica / Ed. by M. Berenbaum, F. Skolnik. Vol. 13. Detroit, MI: Macmillan Reference USA, 2007. P. 686.

Berger 1979 — Berger D. The Jewish-Christian Debate in the High Middle Ages. Philadelphia, PA: Jewish Publication Society, 1979.

Berger 1983 — Berger D. Miracles and the Natural Order in Nahmanides // Rabbi Moses Nahmanides (Ramban): Explorations in his Religious and Literary Virtuosity / Ed. by I. Twersky. Cambridge, MA: Harvard University Press, 1983. P. 107–128.

Berger 2009 — Berger D. Polemic, Exegesis, Philosophy, and Science: Reflections on the Tenacity of Ashkenazic Modes of Thought // Simon Dubnow Institute Yearbook. 2009. Vol. 8. P. 27–39.

Berlin 1991 — Berlin A. Biblical Poetry Through Medieval Jewish Eyes. Bloomington: Indiana University Press, 1991.

Blackburn 1998 — Blackburn S. P. The Early Arabic Versions of Job (First Millennium C. E.). PhD diss., University of St. Andrews, 1998.

Bleich 1973 — Bleich J. D. Providence in the Philosophy of Gersonides. New York, NY: Yeshiva University Press, 1973.

Bleich 1979 — Bleich J. D. Duran's View of the Nature of Providence // Jewish Quarterly Review. 1979. Vol. 69, № 4. P. 208–225.

Bohak 2008 — Bohak G. Ancient Jewish Magic: A History. Cambridge: Cambridge University Press, 2008.

Bornstein-Makovetsky 2010 — Bornstein-Makovetsky, Leah. Adarbi, Isaac // Encyclopedia of Jews in the Islamic World. Vol. 1, № 73. Leiden: Brill, 2010.

Botuck 1991 — Botuck W. S. Leone de' Sommi: Jewish Participation in Italian Renaissance Theatre. PhD diss., City University of New York, 1991.

Braiterman 1998 — Braiterman Z. (God) after Auschwitz: Tradition and Change in Post-Holocaust Jewish Thought. Princeton, NJ: Princeton University Press, 1998.

Breed 2014 — Breed B. W. Nomadic Text: A Theory of Biblical Reception History. Bloomington, IN: Indiana University Press, 2014.

Brody 2013 — Brody R. Sa'adyah Gaon. Oxford: Littman Library of Jewish Civilization, 2013.

Buttenwieser 1922 — Buttenwieser M. Book of Job. New York, NY: Macmillan, 1922.

Caballero Navas 2014 — Caballero Navas C. «She Will Give Birth Immediately»: Pregnancy and Childbirth in Medieval Hebrew Medical Texts Produced in the Mediterranean West // Dynamis. 2014. Vol. 34, № 2. P. 377–401.

Caputo 2007 — Caputo N. Nahmanides in Medieval Catalonia: History, Community, & Messianism Notre Dame, IN: University of Notre Dame Press, 2007.

Carlebach 2010 — Carlebach E. Mülhausen, Yom Tov Lipmann // YIVO Encyclopedia of Jews in Eastern Europe. 2010. URL: https://yivoencyclopedia.org/article.aspx/Mulhausen_Yom_Tov_Lipmann (дата обращения: 11.09.2024).

Caspi, Milstein 2004 — Caspi M., Milstein S. Why Hidest Thy Face: Job in Traditions and Literature. North Richland Hills, TX: BIBAL Press, 2004.

Cassuto, Sáenz-Badillos 2007 — Cassuto U., Sáenz-Badillos A. Immanuel (Ben Solomon) of Rome // Encyclopaedia Judaica / Ed. by M. Berenbaum, F. Skolnik. Vol. 9. Detroit, MI: Macmillan Reference USA, 2007. P. 740–741.

Chavel 1980 — Chavel C. B. Encyclopedia of Torah Thoughts. New York, NY: Shilo Publishing House, 1980.

Chazan 2000 — Chazan R. God, Humanity, and History: The Hebrew First Crusade Narratives. Berkeley: University of California Press. 2000.

Chazan 2004 — Chazan R. Fashioning Jewish Identity in Medieval Western Christendom. Cambridge: Cambridge University Press, 2004.

Chazan 2012 — Chazan R. Trial, Condemnation, and Censorship // The Trial of the Talmud: Paris, 1240 / Ed. by J. Friedman, J. C. Hoff, R. Chazan. Toronto, ON: Pontifical Institute of Mediaeval Studies. 2012. P. 1–92.

Cohen 2006 — Cohen J. Sanctifying the Name of God. Philadelphia: University of Pennsylvania Cohen 1966 Press, 2006.

Cohen 2001 — Cohen M. A. The Martyr: Luis de Carvajal, A Secret Jew in Sixteenth-Century Mexico. Albuquerque: University of New Mexico Press. 2001.

Cohen 2000a — Cohen M. Z. The Aesthetic Exegesis of Moses ibn Ezra // Hebrew Bible / Old Testament. I: From the Beginnings to the Middle Ages (Until 1300). Part 2: The Middle Ages / Ed. by M. Saebo. Göttingen: Vandenhoeck & Ruprecht, 2000. P. 282–301.

Cohen 2000b — Cohen M. Z. The Qimhi Family // Hebrew Bible / Old Testament. I: From the Beginnings to the Middle Ages (Until 1300). Part 2: The Middle Ages / Ed. by M. Saebo. Göttingen: Vandenhoeck & Ruprecht, 2000. P. 388–415.

Cohen 2004 — Cohen M. Z. Maimonides' Disagreement with «The Torah» in His Interpretation of Job // Zutot: Perspectives on Jewish Culture. 2004. Vol. 4, № 1. P. 66–78.

Cohen 2007 — Cohen M. Z. גדולים חקרי לב: רגישות פסיקולוגיות בפירושי רמב״ן לתורה ולאיוב // אסופת מחקרים בפרשנות המקרא מוגשת לעמוס חכם / תשורה לעמוס. Ed. by M. Bar-Asher, N. Hacham, Y. Ofer. Alon Shevut: Tevunot, 2007. P. 213–233.

Cohen 2010 — Cohen M. Z. Maimonides vs. Rashi: Philosophical and Philological-Ethical Approaches to Job // Between Rashi and Maimonides: Themes in Medieval Jewish Thought, Literature and Exegesis / Ed. by E. Kanarfogel, M. Sokolow. New York, NY: Yeshiva University Press, 2010. P. 319–342.

Cohen 2020 — Cohen D. Missing Treasures: Tracking Lost Ladino Books // Zutot: Perspectives on Jewish Culture. 2020. 17. P. 58–73.

Cooper 2001 — Cooper A. M. The Message of Lamentations // Journal of the Ancient Near Eastern Society. 2001. Vol. 28. P. 1–18.

Cooper 2006 — Cooper A. M. The Suffering Servant and Job: A View from the Sixteenth Century // «As Those Who Are Taught»: The Interpretation of Isaiah from the LXX to the SBL / Ed. by C. M. MacGinnis, P. K. Tull. Atlanta, GA: Society of Biblical Literature, 2006.

Curley 2002 — Curley E. Maimonides, Spinoza, and the Book of Job // Jewish Themes in Spinoza's Philosophy / Ed. by H. Ravven, L. E. Goodman. Albany, NY: SUNY Press, 2002. P. 170–175.

Dan 1986 — Dan J. ספר הישר. Sifriyat Dorot 56. Jerusalem: Mossad Bialik. 1986.

Darmon 2003 — Darmon M. Introduction au Commentaire sur le Livre de Job // Les Méthodes de Travail de Gersonide et le maniement du savoir chez les scolastiques / Ed. by C. Sirat, S. Klein-Braslavy, O. Weijers. Paris: Vrin, 2003. P. 336–340.

Dascalu 2016 — Dascalu R. Philology, Philosophy, and Sufism: Towards an Understanding of Tanhum Ha-Yerushalmi's Exegesis and Thought. PhD diss. University of Chicago, 2016.

Dascalu 2019 — Dascalu R. A Philosopher of Scripture: The Exegesis and Thought of Tanhum Ha-Yerushalmi. Leiden: Brill, 2019.

Dauber 2012 — Dauber J. Knowledge of God and the Development of Early Kabbalah. Leiden: Brill, 2012.

David 2007a — David A. Ibn Shuaib, Joel // Encyclopaedia Judaica / Ed. by M. Berenbaum, F. Skolnik. Vol. 9. Detroit, MI: Macmillan Reference USA, 2007. P. 693–694.

David 2007b — David A. Najara, Israel Ben Moses // Encyclopaedia Judaica / Ed. by M. Berenbaum, F. Skolnik, Vol. 14. Detroit, MI: Macmillan Reference USA, 2007. P. 761.

Davidson 2004 — Davidson H. Moses Maimonides: The Man and His Works. Oxford: Oxford University Press, 2004.

Davis 1988 — Davis N. Z. Fame and Secrecy: Leon Modena's Life as an Early Modern Autobiography // The Autobiography of a Seventeenth-Century Venetian Rabbi / Ed. by M. R. Cohen. Princeton, NJ: Princeton University Press. 1988. P. 50–70.

De Souza 2018 — De Souza I. H. Rewriting Maimonides: Early Commentaries on the Guide of the Perplexed. Berlin: De Gruyter, 2018.

Diamond 2016 — Diamond J. A. Isaac Arama's «Nightmare»: Closing the Philosophical Exegetical Chapter Maimonides Opened // European Journal of Jewish Studies. 2016. Vol. 10. P. 201–222.

Diéguez 2014 — Diéguez G. G. Isaac ibn Laṭif (1210–1280) between Philosophy and Kabbalah: Timeless and Timebound Wisdom. PhD diss., New York, NY: NYU Press, 2014.

Diesendruck 1936 — Diesendruck Z. Samuel and Moses ibn Tibbon on Maimonides' Theory of Providence // Hebrew Union College Annual. 1936. Vol. 11. P. 341–366.

Diner 2010 — Diner H. R. We Remember with Reverence and Love: American Jews and the Myth of Silence after the Holocaust, 1945–1962. New York, NY: NYU Press, 2010.

Dobbs-Weinstein 1995 — Dobbs-Weinstein I. Maimonides and St. Thomas on the Limits of Reason. Albany, NY: SUNY Press, 1995.

Einbender 2002 — Einbinder S. L. Beautiful Death: Jewish Poetry and Martyrdom in Medieval France. Princeton, NJ: Princeton University Press, 2002.

Einbender 2009 — Einbinder S. L. No Place of Rest: Jewish Literature, Expulsion, and the Memory of Medieval France. Philadelphia: University of Pennsylvania Press, 2009.

Eisen 1998 — Eisen R. Job as a Symbol of Israel in the Thought of Saadiah Gaon // Daat. 1998. Vol. 41. P. V–XXV.

Eisen 1999 — Eisen R. Samuel ibn Tibbon on the Book of Job // Association for Jewish Studies Review. 1999. Vol. 24, № 2. P. 263–300.

Eisen 2002 — Eisen R. Did Zerahiah Hen Compose Two Versions of His Commentary on the Book of Job? // Daat. 2002. Vol. 48. P. V–XXVI.

Eisen 2004 — Eisen R. The Book of Job in Medieval Jewish Philosophy. Oxford: Oxford University Press, 2004.

Eisen 2006 — Eisen R. Joseph ibn Kaspi on the Book of Job // Jewish Studies Quarterly. 2006. Vol. 13, № 1. P. 50–86.

Ehrlich 2008 — Ehrlich D. ‏בעיית הרע בספר העיקרים לר' יוסף אלבו‎ // Pe'amim. 2008. Vol. 116. P. 117–146.

Elbogen 1993 — Elbogen I. Jewish Liturgy: A Comprehensive History / Transl. by R. P. Scheindlin. Philadelphia, PA: Jewish Publication Society, 1993.

Elman 1989 — Elman Y. When Permission Is Given: Aspects of Divine Providence // Tradition. 1989. Vol. 24, № 4. P. 24–45.

Engel 1992 — Engel E. Abraham Ben Mordecai Farissol: Sephardi Tradition of Book Making in Northern Italy of the Renaissance Period // Jewish Art. 1992. Vol. 18. P. 149–167.

Eppenstein 1898 — Eppenstein S. Un Fragment du commentaire de Joseph Kimhi sur Job // Revue des Études Juives. 1898. T. 37. P. 86–102.

Epstein 1968 — Epstein I. Studies in the Communal Life of the Jews of Spain: As Reflected in the Responsa of Rabbi Solomon Ben Adreth and Rabbi Simon Ben Zemach Duran, 2nd ed. Hermon Press, 1968.

Epstein 1997 — Epstein M. M. Dreams of Subversion in Medieval Jewish Art and Literature. University Park: The Pennsylvania State University Press, 1997.

Feldman 2010 — Feldman S. Gersonides: Judaism within the Limits of Reason. Oxford: The Littman Library of Jewish Civilization, 2010.

Fellous 2001 — Fellous S. Histoire de la Bible de Moïse Arragel, Tolède 1422–1433: quand un rabbin interprète la Bible pour les chrétiens. Paris: Somogy, 2001.

Fellous 2004 — Fellous S. L'iconographie du livre de Job dans les traditions juive et chrétienne // Les Cahiers du judaïsme. 2004. T. 16. P. 39–56.

Fellous 2012 — Fellous S. Transmission of Texts and Globalization of Knowledge: Inter- Religious Dialogue in Castile in the Fifteenth Century // Two Mediterranean Worlds: Diverging Paths of Globalization and Autonomy / Ed. by Y. Essid, W. D. Coleman. Vancouver, BC: UBC Press, 2012. P. 98–115.

Fine 2003 — Fine L. Physician of the Soul, Healer of the Cosmos: Isaac Luria and His Kabbalistic Fellowship. Stanford, CA: Stanford University Press, 2003.

Fishbane 2003 — Fishbane M. Biblical Myth and Rabbinic Mythmaking. Oxford: Oxford University Press, 2003.

Fishkin 2011 — Fishkin D. W. Situating Hell & Heaven: Immanuel of Rome's «Mahberet Ha-Tophet V' Ha-Eden». PhD diss., New York University, 2011.

Fleischer 1985 — Fleischer E. Prayer and Piyyut in the Worms Mahzor // Mahzor Worms: Introductory Volume / Ed. by M. Beit-Arié. Jerusalem: Jewish National and University Library, 1985.

Frank 1991 — Frank D. The Religious Philosophy of the Karaite Aaron Ben Elijah: The Problem of Divine Justice. PhD diss., Harvard University. 1991.

Frank 2003 — Frank D. Karaite Exegetical and Halakhic Literature in Byzantium and Turkey // Karaite Judaism: A Guide to Its History and Literary Sources / Ed. by M. Polliack. Leiden: Brill, 2003. P. 529–558.

Frank 2004 — Frank D. Search Scripture Well: Karaite Exegetes and the Origins of the Jewish Bible Commentary in the Islamic East. Leiden: Brill, 2004.

Frank 2006 — Frank D. H. [Robert Eisen's] The Book of Job in Medieval Jewish Philosophy (Review) // Journal of the History of Philosophy. 2006. Vol. 44, № 2. P. 318–319.

Frankel 1868 — Frankel Z. Über die Authentie des Commentars Nachmanis zum Buche Job // Monatsschrift für Geschichte und Wissenschaft des Judentums. 1868. Vol. 17. P. 499–458.

Freehof 1958 — Freehof S. B. Book of Job: A Commentary. New York, NY: Union of American Hebrew Congregations, 1958.

Freudenthal 2013 — Freudenthal G. The Father of the Latin-into-Hebrew Translations: «Doeg the Edomite», the Twelfth-Century Repentant Convert //

Latin-into-Hebrew: Texts and Studies, Vol. 1: Studies / Ed. by G. Freudenthal, R. Fontaine. Leiden: Brill, 2013. P. 105–120.

Freudenthal 2016 — Freudenthal G. Philosophy in Religious Polemics: The Case of Jacob ben Reuben (Provence, 1170) // Medieval Encounters. 2016. Vol. 22. P. 25–71.

Friedman 1988 — Friedman M. S. Martin Buber's Life and Work: The Later Years, 1945–1965. Vol. 3. Detroit: Wayne State University Press, 1988.

Friedman 1996 — Friedman L. Targum Chaim: Iyov — The Book of Divine Providence. Jerusalem: Machon Yachdav, 1996.

Friedman 2012 — Friedman J. The Disputation of Rabbi Yehiel of Paris // The Trial of the Talmud: Paris, 1240 / Ed. by J. Friedman, J. C. Hoff, R. Chazan. Toronto, ON: Pontifical Institute of Mediaeval Studies, 2012. P. 126–168.

Friedman 2013 — Friedman J. S. «Guidance, Not Governance»: Rabbi Solomon B. Freehof and Reform Responsa. Cincinnati: Hebrew Union College Press, 2013.

Friedman 2018 — Friedman Y. L. ספר איוב עם פירוש הרמב"ן. Nanuet, NY: Feldham Publishers, 2018.

Frojmovic 2015 — Frojmovic E. Feasting at the Lord's Table // Images. 2015. Vol. 7. № 1. P. 5–21.

Frydman-Kohl 2004 — Frydman-Kohl B. «Hazut Qashah»: Faith, Felicity and Fidelity in the Thought of Yitshaq Arama. PhD diss., Jewish Theological Seminary, 2004.

Garshowitz 2012 — Garshowitz L. «From My Flesh I Envision God»: Shem Tov ibn Shapruṭ's Exegesis of Job 19:25–27 // The Hebrew Bible in Fifteenth-Century Spain: Exegesis, Literature, Philosophy, and the Arts / Ed. by J. Decter, A. Prats. Leiden: Brill, 2012. P. 101–115.

Gershowitz 2008 — Gershowitz U. פירוש ספר איוב לר' אליהו בן אליעזר הירושלמי בהקשר הפרשנות הפילוסופית היהודית בימי-הביניים. PhD diss. Hebrew University, 2008.

Glasner 2015 — Glasner R. Gersonides: A Portrait of a Fourteenth-Century Philosopher-Scientist. Oxford: Oxford University Press, 2015.

Glatzer 1966 — Glatzer N. N. The Book of Job and Its Interpreters // Biblical Motifs: Origins and Transformations / Ed. by A. Altmann. Cambridge, MA: Harvard University Press, 1966. P. 197–220.

Glatzer 1969 — Glatzer N. N. The Dimensions of Job. New York, NY: Schocken, 1969.

Goetschel 1981 — Goetschel R. Kabbale et apocalyptique dans le «Sefer ha-Mefo'ar» de Salomon Molkho // Proceedings of the World Congress of Jewish Studies. 1981. Vol. 8c. P. 87–92.

Golb 1998 — Golb N. The Jews in Medieval Normandy: A Social and Intellectual History. Cambridge: Cambridge University Press, 1998.

Goldberg, Toaff 2007 — Goldberg A., Toaff A. Sforno, Obadiah Ben Jacob // Encyclopaedia Judaica / Ed. by M. Berenbaum and F. Skolnik. Vol. 18. Detroit, MI: Macmillan Reference USA. 2007. P. 333–334.

Goldin 1955 — Goldin J. The Fathers According to Rabbi Nathan. New Haven, CT: Yale University Press, 1955.

Gómez Aranda 2001a — Gómez Aranda M. Aspectos científicos en el comentario de Abraham ibn Ezra al libro de Job // Henoch. 2001. Vol. 23. P. 81–96.

Gómez Aranda 2001b — Gómez Aranda M. Exégesis filosófica en las interpretaciones de Abraham ibn Ezra // Sefarad. 2001. Vol. 61. P. 367–380.

Gómez Aranda 2002 — Gómez Aranda M. El «masal» como método exegético en los comentarios de Abraham ibn 'Ezrá a Eclesiastés y Job // Judaísmo Hispano: estudios en memoria de José Luis Lacave Riaño / Ed. by E. Romero. Vol. 1. Madrid: Consejo Superior de Investigaciones Científicas, 2002. P. 109–119.

Gómez Aranda 2007 — Gómez Aranda M. La influencia de Saadia Gaón en el Comentario de Abraham ibn Ezra al Libro de Job // Sefarad. 2007. Vol. 67. P. 51–70.

Goodman 1990 — Goodman L. E. Saadiah Gaon's Interpretive Technique in Translating the Book of Job // Translation of Scripture / Ed. by D. M. Goldenberg. Philadelphia, PA: Annenberg Research Institute, 1990. P. 47–76.

Goodman 2000 — Goodman M. S. איוב לספר ע"הרב פירוש לדפוסי תיקונים. Sinai. 2000. Vol. 125. P. 145–159.

Gordis 1965 — Gordis R. The Book of God and Man. Chicago, IL: University of Chicago Press, 1965.

Gordis 1972 — Gordis R. A Cruel God or None — Is There No Other Choice? // Judaism. 1972. Vol. 21, № 3. P. 277–284.

Gordis 1973–1974 — Gordis R. Observations on Problems and Methods in Biblical Research: Writing a Commentary on Job // Proceedings of the American Academy for Jewish Research. 1973–1974. Vol. 41–42. P. 105–135.

Green 2004 — Green A. A Guide to the Zohar. Stanford, CA: Stanford University Press, 2004.

Green 2019 — Green A. Power and Progress: Joseph ibn Kaspi and the Meaning of History. Albany, NY: SUNY Press, 2019.

Greenberg 1992 — Greenberg M. איוב היה או לא היה: סוגיה בפרשנות ימי הביניים // Sha'arei Talmon / Ed. by E. Tov, M. A. Fishbane. Winona Lake, IN: Eisenbrauns, 1992. P. *3–*11.

Greenstein 1986 — Greenstein E. L. Professor Robert Gordis and the Literary Approach to the Bible // Proceeds of the Rabbinical Assembly. 1986. Vol. 48. P. 190–200.

Gries 2020 — Gries Z. The Reception History of Gersonides' Writings, According to Their Early Printing History (Fifteenth-Sixteenth Centuries) // Gersonides' Afterlife / Ed. by O. Elior, G. Freudenthal, D. Wirmer. Leiden: Brill, 2020. P. 403–417.

Gross 1995 — Gross A. Iberian Jewry from Twilight to Dawn: The World of Rabbi Abraham Saba. Leiden: Brill, 1995.

Gross 2014 — Gross A. Liturgy as Personal Memorial for the Victims of 1096 // Death in Jewish Life: Burial and Mourning Customs Among Jews of Europe and Nearby Communities / Ed. by A. Lehnardt, S. Goldin, S. C. Reif. Berlin: De Gruyter, 2014. P. 155–169.

Grossman 2000 — Grossman A. The School of Literal Jewish Exegesis in Northern France // Hebrew Bible / Old Testament. I: From the Beginnings to the Middle Ages (Until 1300). Part 2: The Middle Ages / Ed. by M. Saebo. Göttingen: Vandenhoeck & Ruprecht, 2000.

Grossman 2011 — Grossman A. Rashi's Position on Prophecy among the Nations and the Jewish-Christian Polemic // New Perspectives on Jewish-Christian Relations / Ed. by E. Carlebach, J. J. Schachter. Leiden: Brill, 2011. P. 399–417.

Gruber 2003 — Gruber M. I. Tur-Sinai's Job in the Jewish Liturgy // Review of Rabbinic Judaism. 2003. Vol. 6, № 1. P. 87–100.

Guirsch et al. 2013 — Guirsch C., Neuberg S., Schumacher J. Ein Hiob-Lied // Jiddistik Mitteilungen. 2013. Vol. 50. P. 1–35.

Gutmann 1968 — Gutmann J. Leviathan, Behemoth and Ziz: Jewish Messianic Symbols in Art // Hebrew Union College Annual. 1968. Vol. 39. P. 219–230.

Gutmann 1978 — Gutmann J. Hebrew Manuscript Painting. New York, NY: George Braziller, 1978.

Haberman 2003 — Haberman J. The Microcosm of Joseph ibn Saddiq. Madison, NJ: Fairleigh Dickinson University Press and Associated University Presses. 2003.

Hacker 2007a — Hacker J. R. Lerma, Judah Ben Samuel // Encyclopaedia Judaica / Ed. by M. Berenbaum and F. Skolnik. Vol. 12. Detroit, MI: Macmillan Reference USA, 2007. P. 655.

Hacker 2007b — Hacker J. R. איגרת ר' מאיר עראמה נגד ר' יצחק אברבנל והתקבלותה: חידה שבאה על פתרונה // Tarbiz. 2007. Vol. 76, № 3/4. P. 501–518.

Halbertal 2015 — Halbertal M. Maimonides: Life and Thought. Princeton, NJ: Princeton University Press, 2015.

Halkin 1980 — Halkin A. S. Nissim Ben Moscheh on Providence // Hommages à Georges Vajda / Ed. by G. Nahon, C. Touati. Leuven: Peeters, 1980. P. 219–225.

Hallamish 1999 — Hallamish M. An Introduction to the Kabbalah. Albany, NY: SUNY Press, 1999.

Harkins 2017 — Harkins A. K. Job in the Ancient Versions and Pseudepigrapha // A Companion to Job in the Middle Ages / Ed. by F. T. Harkins, A. Canty. Leiden: Brill, 2017.

Harris 1997 — Harris R. A. The Literary Hermeneutic of Rabbi Eliezer of Beaugency. PhD diss., New York: Jewish Theological Seminary of America, 1997.

Harvey 2019 — Harvey W. Z. The Problem of Many Gods in al-Ghazālī, Averroes, Maimonides, Crescas, and Sforno // Skeptical Paths: Enquiry and Doubt from Antiquity to the Present / Ed. by G. Veltri, R. Haliva, S. Schmid and E. Spinelli. Berlin: De Gruyter, 2019. P. 83–96.

Hayoun 1989 — Hayoun M. R. La philosophie et la théologie de Moïse de Narbonne (1300–1362). Tübingen: Mohr Siebeck, 1989.

Ho 2016 — Ho A. Alfonso de Zamora: His Life and Work. PhD diss., Claremont Graduate University, 2016.

Hoffman 1996 — Hoffman J. The Bible in the Prayer Book: A Study in Intertextuality. DHL thesis, Jewish Theological Seminary, 1996.

Hoffman 2009 — Hoffman J. Akdamut: History, Folklore, and Meaning // Jewish Quarterly Review. 2009. Vol. 99, № 2. P. 161–183.

Hone 1960 — The Voice Out of the Whirlwind: The Book of Job / Ed. by R. E. Hone. San Francisco, CA: Chandler Publishing Company. 1960.

Horbury 1983 — Horbury W. The Basle Nizzahon // Journal of Theological Studies. 1983. Vol. 41. P. 497–514.

Horowitz 1989 — Horowitz C. The Jewish Sermon in 14th Century Spain: The Derashot of R. Joshua ibn Shuʿeib. Cambridge, MA: Harvard University Center for Jewish Studies, 1989.

Hughes 2019 — Hughes A. W. Poetry // Medieval Jewish Philosophy and Its Literary Forms / Ed. by A. W. Hughes, J. T. Robinson. Bloomington, IN: Indiana University Press, 2019. P. 213–237.

Hussain 1986 — Hussain H. A. Yefet Ben ʿAli's Commentary on the Hebrew Text of the Book of Job I–X. PhD diss., University of St. Andrew's, 1986.

Idel 1998 — Idel M. Messianic Mystics. New Haven, CT: Yale University Press, 1998.

Idel 2006 — Idel M. The Secret of Impregnation as Metempsychosis in Kabbalah // Verwandlungen: Archäologie der literarischen Kommunikation IX / Hg. von A. Assman, J. Assman. München: William Fink Verlag, 2006.

Idel 2011 — Idel M. Kabbalah in Italy, 1280–1510: A Survey. New Haven, CT: Yale University Press, 2011.

Idelsohn 1924 — Idelsohn A. תולדות הנגינה העברית. Tel Aviv: P. Naidt, 1924.

Idelsohn 1929 — Idelsohn A. Jewish Music in Its Historical Development. New York, NY: Henry Holt and Company, 1929.

Ivry 2007 — Ivry A. Moses Ben Joshua (Ben Mar David) of Narbonne // Encyclopaedia Judaica / Ed. by M. Berenbaum, F. Skolnik. Vol. 14. Detroit, MI: Macmillan Reference USA, 2007. P. 552.

Jacobs 1971 — Jacobs I. The Book of Job in Rabbinic Thought. PhD diss. University of London, 1971.

Jacobs 1975 — Jacobs L. Theology in the Responsa. London: Routledge and Kegan Paul, 1975.

Jaffee 2009 — Jaffee M. S. Who Is Pious? Whoever Suspects Piety // The End of Jewish Radar: Snapshots of a Postethnic American Judaism. New York, NY: iUniverse. 2009. P. 57–60.

Jospe 1988 — Jospe R. Torah and Sophia: The Life and Thought of Shem Tov ibn Falaquera. Cincinnati, OH: Hebrew Union College Press, 1988.

Kahana 2013 — Kahana M. An Esoteric Path to Modernity: Rabbi Jacob Emden's Alchemical Quest // Journal of Modern Jewish Studies. 2013. Vol. 12, № 2. P. 253–275.

Kalman 2005a — Kalman J. Biblical Criticism in the Service of Jewish Theology: A Case Study in Post-Holocaust Biblical Exegesis // Old Testament Essays. 2005. Vol. 18, № 1. P. 93–108.

Kalman 2005b — Kalman J. With Friends Like These: Turning Points in the Jewish Exegesis of the Book of Job. PhD diss., McGill University. 2005.

Kalman 2007 — Kalman J. Repeating His Grandfather's Heresy: The Significance of Esau and Job's Denial of the Resurrection of the Dead in Rabbinic Anti-Christian Polemic // Midrash and Context / Ed. by W. D. Nelson, R. Ulmer. Piscataway, NJ: Gorgias Press, 2007. P. 1–16.

Kalman 2008a — Kalman J. Job the Patient/Maimonides the Physician: A Case Study in the Unity of Maimonides' Thought // AJS Review. 2008. Vol. 32, № 1. P. 117–140.

Kalman 2008b — Kalman J. Medieval Jewish Biblical Commentaries and the State of Parshanut Studies // Religion Compass. 2008. Vol. 5, № 2. P. 819–843.

Kalman 2009a — Kalman J. Abba Mari Ben Eligdor // Encyclopedia of the Bible and Its Reception. Berlin: De Gruyter, 2009.

Kalman 2009b — Kalman J. Arundi, Isaac // Encyclopedia of the Bible and Its Reception. Berlin: De Gruyter, 2009.

Kalman 2014 — Kalman J. Rabbinic Exegesis // The Oxford Encyclopedia of Biblical Interpretation / Ed. by S. L. McKenzie. Vol. 2. New York, NY: Oxford University Press, 2014. P. 177–189.

Kanarfogel 2018 — Kanarfogel E. Restoring Spanish Torah Study to Its Former Glory: On the Goals and Intended Audiences of «Sefer Ha-Hinukh» and Its Exposition of «Ta'amei Ha-Mitsvot» // Diné Israel. 2018. Vol. 32. P. 42–43.

Kazarnovsky, Weisberg 2012 — Kazarnovsky Y. Y., Weisberg H. The Search for Faith and Meaning: The Malbim on Iyov. Jerusalem: Brand Name Publishing, 2012.

Kepnes 2000 — Kepnes S. Job and Post-Holocaust Theodicy // Strange Fire: Reading the Bible After the Holocaust / Ed. by T. Linafelt. New York, NY: NYU Press, 2000.

Kigel 1996 — Kigel M. To Bind the Chains of the Pleiades: Or Three Philosophical Comforters to Job. PhD diss., University of Toronto, 1996.

Knight 2001 — Knight H. Facing the Whirlwind Anew: Looking over Job's Shoulders from the Shadows of the Storm // Remembering for the Future: The Holocaust in an Age of Genocide / Ed. by J. K. Roth, E. Maxwell. Vol. 2. New York, NY: Palgrave. 2001.

Kraemer 1995 — Kraemer D. C. Responses to Suffering in Classical Rabbinic Literature. Oxford: Oxford University Press, 1995.

Kraemer 2008 — Kraemer J. L. Maimonides: The Life and World of One of Civilization's Greatest Minds. New York, NY: Doubleday, 2008.

Kravitz, Olitzky 2017 — Kravitz L. S., Olitzky K. M. The Book of Job. Eugene, OR: Wipf & Stock, 2017.

Kreisel 2015 — Kreisel H. Nissim of Marseille and His Radical Philosophic Commentary on the Torah // Kreisel H. Judaism as Philosophy: Studies in Maimonides and the Medieval Jewish Philosophers of Provence. Boston, MA: Academic Studies Press, 2015. P. 161–206.

Kozodoy 2011 — Kozodoy M. Medieval Hebrew Medical Poetry: Uses and Contexts // Alef. 2011. Vol. 11, № 2. P. 233–240.

Lambert 1908 — Lambert M. Die hebräischen Erklärungen im hebräisch-französischen Glossar der Pariser Nationalbibliothek // Festschrift zu Ehren des Dr. A. Harkavy / Hg. von D. Günzburg, I. Markon. St. Petersburg, 1908. S. 368–390.

Larrimore 2013 — Larrimore M. J. The Book of Job: A Biography. Princeton, NJ: Princeton University Press, 2013.

Lasker 2008 — Lasker D. J. From Judah Hadassi to Elijah Bashyatchi: Studies in Late Medieval Karaite Philosophy. Leiden: Brill. 2008.

Lasker et al. 2019 — Lasker D. J., Niehoff-Panagiotidis J., Sklare D. Theological Encounters at a Crossroads. Leiden: Brill, 2019.

Leaman 1995 — Leaman O. Evil and Suffering in Jewish Philosophy. Cambridge: Cambridge University Press, 1995.

Leber 2000 — Leber B. A Jewish Convert in Counter-Reformation Rome: Giovanni Paolo Eustachio. PhD diss., University of Maryland, 2000.

Leibowitz 1987 — Leibowitz J. H. The Image of Job as Reflected in Rabbinic Writings. PhD diss., University of California, Berkeley, 1987.

Leisawitz 2015 — Leisawitz D. Beyond Praxis: Leone de' Sommi's Apology of Theater and Judaism in His «Quattro dialoghi in materia di rappresentazioni sceniche» // Italica. 2015. Vol. 92, № 2. P. 318–336.

Lehnardt 2014 — Lehnardt P. Ha-Ṣur Tamim Be-Khol Poʻal: On Some Italian Roots of the Poetic Ṣidduq Ha-Din in the Early Ashkenazi Rite // Death in Jewish Life: Burial and Mourning Customs Among Jews of Europe and Nearby Communities / Ed. by S. Goldin, S. C. Reif, A. Lehnardt. Berlin: De Gruyter. 2014.

Lelli 2008 — Lelli F. Christian and Jewish Iconographies of Job in Fifteenth-Century Italy // Jewish Biblical Interpretation and Cultural Exchange / Ed. by N. B. Dohrmann and D. Stern. Philadelphia: University of Pennsylvania Press, 2008. P. 214–235, 316–325.

Lesley 1992 — Lesley A. Jewish Adaptation of Humanist Concepts in Fifteenth- and Sixteenth-Century Italy // Essential Papers on Jewish Culture in Renaissance and Baroque Italy / Ed. by D. B. Ruderman. New York, NY: NYU Press, 1992. P. 45–62.

Levenson 2006 — Levenson J. D. Resurrection and the Restoration of Israel. New Haven, CT: Yale University Press, 2006.

Levinger 1988 — Levinger J. S. Maimonides' Exegesis of the Book of Job // Creative Biblical Exegesis: Christian and Jewish Hermeneutics through the Centuries / Ed. by B. Uffenheimer, H. G. Reventlow. Sheffield: Sheffield Academic Press, 1988. P. 81–88.

Levy 1983 — Levy B. B. Artscroll — an Overview // Approaches to Modern Judaism / Ed. by M. L. Raphael. Chico, CA: Scholars Press, 1983. P. 111–140.

Levy 1990 — Levy B. B. Planets, Potions, and Parchments: Scientifica Hebraica from the Dead Sea Scrolls to the Eighteenth Century. Montreal, QC: McGill-Queen's University Press, 1990.

Levy 2000 — Levy B. B. Rabbinic Bible Interpretation After the Holocaust // Strange Fire: Reading the Bible After the Holocaust / Ed. by T. Linafelt. New York, NY: NYU Press. 2000. P. 52–61.

Levy 2004 — Levy J. L. Sefer Milhamot Hashem, Chapter Eleven: The Earliest Jewish Critique of the New Testament. PhD diss., New York University, 2004.

Lichtenstein 1999 — Lichtenstein A. The Duties of the Heart and Response to Suffering // Jewish Perspectives on the Experience of Suffering / Ed. by Sh. Carmy. Northvale, NJ: Jason Aronson, 1999. P. 21–61.

Lichtenshtein 2006 — Lichtenshtein Y. Suicide as an Act of Atonement in Jewish Law // The Jewish Law Annual. Vol. 16. London: Routledge, 2006. P. 51–92.

Limor, Yuval 2004 — Limor O., Yuval I. Skepticism and Conversion: Jews, Christians, and Doubters in Sefer Ha-Nizzahon // Hebraica Veritas?: Christian Hebraists and the Study of Judaism in Early Modern Europe / Ed. by A. P. Coudert, J. S. Shoulson. Philadelphia: University of Pennsylvania Press, 2004. P. 159–180.

Lobel 2007 — Lobel D. A Sufi-Jewish Dialogue: Philosophy and Mysticism in Bahya ibn Paquda's Duties of the Heart. Philadelphia, PA: University of Pennsylvania Press, 2007.

Lockshin 2001 — Lockshin M. «Rashbam» on Job: A Reconsideration // Jewish Studies Quarterly. 2001. Vol. 8, № 1. P. 80–104.

Low 2013 — Low K. The Bible, Gender, and Reception History: The Case of Job's Wife. London: Bloomsbury, 2013.

Maarsen 1939 — Maarsen I. Raschi's Kommentar zu Spruche und Job // Monatsschrift für Geschichte und Wissenschaft des Judentums. 1939. Bd. 83. S. 442–456.

Mack 2000 — Mack H. בני איוב הנספים. Shnaton. 2000. Vol. 12. P. 221–239.

Mack 2004 — Mack H. אלא משל היה: איוב בספרות הבית השני ובעיני חז"ל. Ramat Gan: Bar-Ilan University Press, 2004.

Malkiel 1993 — Malkiel D. Infanticide in Passover Iconography // Journal of the Warburg and Courtauld Institutes 56. 1993.

Maman 2000 — Maman A. The Linguistic School // Hebrew Bible / Old Testament. I: From the Beginnings to the Middle Ages (Until 1300). Part 2: The Middle Ages / Ed. by M. Saebo. Göttingen: Vandenhoeck & Ruprecht, 2000.

Mangan 1994 — Mangan C. The Interpretation of Job in the Targums // The Book of Job / Ed. by W. A. M. Beuken. Leuven: Leuven University Press and Peeters, 1994.

March 1906 — March F. A. A Thesaurus Dictionary of the English Language: Designed to Suggest Immediately Any Desired Word Needed to Express Exactly a Given Idea; a Dictionary, Synonyms, Antonyms, Idioms, Foreign Phrases, Pronunciations, a Copious Correlation of Words. Philadelphia, PA: Historical Publishing Company, 1906.

Marciano 2016 — Marciano J. גרוש בדור אנטי־פילוסופית פילוסופית פרשנות / אדם לאדם // ספרד / Ed. by S. Wygoda et. al. Jerusalem: Hebrew University Magnes Press, 2016.

Marcos 1994 — Marcos N. F. The Septuagint Reading of the Book of Job // The Book of Job / Ed. by W. A. M. Beuken. Leuven: Peeters, 1994. P. 251–266.

Marcus 1982 — Marcus I. G. From Politics to Martyrdom: Shifting Paradigms in the Hebrew Narratives of the 1096 Crusade Riots // Prooftexts. 1982. Vol. 2, № 1. P. 40–52.

Mesch 1975 — Mesch B. Studies in Joseph ibn Caspi: Fourteenth-Century Philosopher and Exegete. Leiden: Brill, 1975.

Meshi-Zahav 1969 — Meshi-Zahav M. M. משלי ספר על המאירי פירוש. Jerusalem: Ozar HaPoskim, 1969.

Miletto 2012 — Miletto G. Judah Moscato: His Life and His Work // Rabbi Judah Moscato and the Jewish Intellectual World of Mantua in the 16th–17th Centuries / Ed. by G. Veltri, G. Miletto. Leiden: Brill, 2012. P. 1–13.

Millen 1974 — Millen H. Bahya Ben Asher: The Exegetical and Ethical Components of His Writings. PhD diss., Yeshiva University, 1974.

Miller 1984 — Miller P. E. At the Twilight of Byzantine Karaism: The Anachronism of Judah Gibbor. PhD diss., New York University, 1984.

Mulder 2017 — Mulder M. Leviathan on the Menu of the Messianic Meal. The Use of Various Images of Leviathan in Early Jewish Tradition // Playing With Leviathan / Ed. by K. van Bekkum et al. Leiden: Brill, 2017. P. 115–130.

Naveh, Shaked 1998 — Naveh J., Shaked S. Amulets and Magic Bowls: Aramaic Incantations of Late Antiquity, 3rd edition. Jerusalem: Hebrew University Magnes Press, 1998.

Neubauer 1886 — Neubauer A. Catalogue of the Hebrew Manuscripts in the Bodleian Library and in the College Libraries of Oxford. Oxford: Clarendon Press, 1886.

Newsom 2018 — Newsom C. A. The Reception of Job in the Dead Sea Scrolls // When the Morning Stars Sang / Ed. by S. C. Jones, Ch. Yoder. Berlin: De Gruyter, 2018. P. 99–114.

Nicoll 1966 — Nicoll A. The Development of the Theatre. New Edition. New York, NY: Harcourt, Brace & World, 1966.

Nicolson, Trautmann 1978 — The Letters of Virginia Woolf / Ed. by N. Nicolson, J. Trautmann. Vol. 2: 1912–1922. New York, NY: Harcourt Brace Jovanovich, 1978.

Nordström 1967 — Nordström C.-O. The Duke of Alba's Castilian Bible; A Study of the Rabbinical Features of the Miniatures. Uppsala: Almqvist & Wiksells, 1967.

Ogren 2009 — Ogren B. Renaissance and Rebirth: Reincarnation in Early Modern Italian Kabbalah. Leiden: Brill, 2009.

Panofsky 1941 — Panofsky E. Giotto and Maimonides in Avignon: The Story of an Illustrated Hebrew Manuscript // The Journal of the Walters Art Gallery, 1941. Vol. 4. P. 26–44.

Parkoff 1994 — Parkoff E. Fine Lines of Faith: A Study of the Torah's Outlook on Human Suffering Based on Malbim's Commentary to Iyov. Jerusalem: Feldheim Publishers, 1994.

Perreau 1884 — Perreau P. Intorno al comento inedito ebreorabbinico del Rabbi' Immanuel ben Selomo' sopra Giobbe. Corfu: G. Nacamulli, 1884.

Petrover 2006 — Petrover L. פירוש רבי שמעון בן צמח דוראן לספר איוב: ביאוריו הדקדוקיים. M. A. Thesis, Hebrew University, 2006.

Petrover 2010 — Petrover L. אוהב משפט: פירושו של ר' שמעון בן צמח דוראן (בעל התשב״ץ) לספר איוב / Michlol. 2010. Vol. 27. P. 103–117.

Petuchowski 1977 — Petuchowski J. J. Theology and Poetry: Studies in the Medieval Piyyut. London and Boston, MA: Routledge and Kegan Paul, 1977.

Pfeffer 2005 — Pfeffer J. I. Providence in the Book of Job: The Search for God's Mind. Brighton: Sussex Academic Press, 2005.

Plaskow 1983–1984 — Plaskow J. The Sense in Suffering // CrossCurrents. 1983–1984. Vol. 33, № 4. P. 470–472.

Poliak 2007 — Poliak A. N. Armenia // Encyclopaedia Judaica / Ed. by M. Berenbaum, F. Skolnik. Vol. 2. Detroit, MI: Macmillan Reference USA, 2007. P. 472–474.

Polliack 2003 — Polliack M. Major Trends in Karaite Biblical Exegesis in the Tenth and Eleventh Centuries // Karaite Judaism: A Guide to Its History and Literary Sources / Ed. by M. Polliack. Leiden: Brill. 2003. P. 363–413.

Preschel, Derovan 2007 — Preschel T., Derovan D. Alshekh, Moses // Encyclopaedia Judaica / Ed. by Michael Berenbaum and F. Skolnik. Vol. 2. Detroit, MI: Macmillan Reference USA, 2007. P. 10–11.

Rand 2009 — Rand M. Clouds, Rain, and the Upper Waters: From Bereshit Rabbah to the Piyyuṭim of Eleazar Be-Rabbi Qillir // Aleph: Historical Studies in Science and Judaism. 2009. Vol. 9, № 1. P. 13–39.

Ravitzky 2007 — Ravitzky A. Zerahiah ben Isaac ben Shealtiel // Encyclopaedia Judaica / Ed. by M. Berenbaum, F. Skolnik. Vol. 21. Detroit, MI: Macmillan Reference USA, 2007. P. 514–515.

Regev 2002 — Regev S. The Ambivalent Attitude Toward Philosophy in the Sixteenth Century // Revue des Études Juives. 2002. T. 161, № 1–2. P. 139–158.

Reiner 2017 — Reiner A. Bible and Politics: A Correspondence Between Rabbenu Tam and the Authorities of Champagne // Entangled Histories / Ed. by E. Baumgarten, R. M. Karras, K. Mesler. Philadelphia: University of Pennsylvania Press, 2017. P. 59–72, 282–286.

Revel-Neher 1995 — Revel-Neher E. תיאורי איוב באמנות של ימי הביניים / איוב במקרא, בהגות, באמנות // Ed. by L. Mazor. Jerusalem: Mount Scopus Publications and Hebrew University Magnes Press. 1995. P. 103–114.

Richler 1993 — Richler B. Rabbenu Tam's «Lost» Commentary on Job // The Frank Talmage Memorial Volume: In 2 vols. / Ed. by B. Walfish. Vol. 1. Haifa: Haifa University Press, 1993. P. 191–202.

Robinson 2009 — Robinson J. T. Soul and Intellect // The Cambridge History of Jewish Philosophy / Ed. by S. Nadler, T. Rudavsky. Vol. 1. Cambridge: Cambridge University Press, 2009.

Roos 2006 — Roos L. «God Wants It!»: The Ideology of Martyrdom in the Hebrew Crusade Chronicles and Its Jewish and Christian Background. Turnhout: Brepols, 2006.

Rosen 1994 — Rosen M. The Hebrew Commentary on Job in Manuscript Jewish Theological Seminary N. Y. L 778 Attributed by Some to R' Samuel Ben Meir — An Analysis of Its Sources and Consideration of Its Authorship. PhD diss., University of London, 1994.

Rosenberg 1996 — Rosenberg S. פילוסופיה ופרשנות ספרותית — איוב משל היה / מחקרים במקרא ובחנוך // Ed. by D. Rappel. Jerusalem: Touro College, 1996.

Rosenthal 1943 — Rosenthal E. Saadya's Exegesis of the Book of Job // Saadya Studies / Ed. by E. Rosenthal. Manchester: Manchester University Press, 1943. P. 177–205.

Rosenthal 1963 — Rosenthal J. ספר מלחמות השם. Jerusalem: Mossad HaRav Kook, 1963.

Rosenthal 2007 — Rosenthal J. Official, Nathan Ben Joseph and Joseph // Encyclopaedia Judaica / Ed. by M. Berenbaum, F. Skolnik. Vol 15. Detroit, MI: Macmillan Reference USA. 2007. P. 388–389.

Roth 2021 — Roth N. The Bible and Jews in Medieval Spain. London: Routledge, 2021.

Rubenstein 1966 — Rubenstein R. After Auschwitz: Radical Theology and Contemporary Judaism. Indianapolis, IN: Bobbs-Merrill, 1966.

Ruderman 1981 — Ruderman D. B. The World of a Renaissance Jew: The Life and Thought of Abraham Ben Mordecai Farissol. Cincinnati, OH: Hebrew Union College Press, 1981.

Ruderman 1990 — Ruderman D. B. A Valley of Vision: The Heavenly Journey of Abraham Ben Hananiah Yagel. Philadelphia: University of Pennsylvania Press, 1990.

Ruderman 2001 — Ruderman D. B. Jewish Thought and Scientific Discovery in Early Modern Europe. Detroit, MI: Wayne State University Press, 2001.

Sackson 2017 — Sackson A. Joseph ibn Kaspi: Portrait of a Hebrew Philosopher in Medieval Provence. Leiden: Brill, 2017.

Sadan 2017 — Sadan A. Islamic Terminology, the Epithets and Names Used for God and Proper Nouns in Yefet Ben 'Eli's Translation of the Book of Job in Judeo-Arabic // Senses of Scripture, Treasures of Tradition / Ed. By M. L. Hjalm. Leiden: Brill, 2017.

Sadan 2019 — Sadan A. On the Advantages of Studying the Book of Job as Outlined in Yefet Ben 'Eli's Commentary // Jewish Biblical Exegesis from Islamic Lands / Ed. by M. Polliack, A. Brenner-Idan. Atlanta, GA: SBL Press, 2019. P. 271–276.

Saebo 2000 — Hebrew Bible / Old Testament / Ed. by M. Saebo. Vol. 1: From the Beginnings to the Middle Ages (Until 1300). Part 2: The Middle Ages. Göttingen: Vandenhoeck & Ruprecht, 2000.

Sáenz-Badillos 2014 — Sáenz-Badillos A. Luis de Guzmán's Patronage and the Spanish Translation and Commentary of the Bible by Arragel // Patronage, Production, and Transmission of Texts in Medieval and Early Modern Jewish Cultures. Turnhout: Brepols, 2014. P. 361–383.

Sáenz-Badillos 2015 — Sáenz-Badillos A. Jewish and Christian Interpretations in Arragel's Biblical Glosses // Medieval Exegesis and Religious Difference / Ed. by R. Szpiech. New York, NY: Fordham University Press, 2015. P. 142–152.

Sáenz-Badillos, Pines 2007 — Sáenz-Badillos A., Pines S. Gabirol, Solomon Ben Judah, Ibn // Encyclopaedia Judaica / Ed. by M. Berenbaum, F. Skolnik. Vol. 7. Detroit, MI: Macmillan Reference USA. 2007. P. 321–327.

Safire 1992 — Safire W. The First Dissident: The Book of Job in Today's Politics. New York, NY: Random House, 1992.

Saperstein 2012 — Saperstein M. Moscato as Eulogizer // Rabbi Judah Moscato and the Jewish Intellectual World of Mantua in the 16th–17th Centuries / Ed. by G. Veltri, G. Miletto. Leiden: Brill, 2012. P. 37–56.

Saperstein 2018 — Saperstein M. Education and Homiletics // The Cambridge History of Judaism Volume VII: The Early Modern World, 1500–1815 / Ed. by J. Karp, A. Sutcliffe. Cambridge: Cambridge University Press, 2018. P. 407–436.

Satlow 2006 — Satlow M. L. Creating Judaism: History, Tradition, Practice. New York, NY: Columbia University Press, 2006.

Schippers 1994 — Schippers A. Spanish Hebrew Poetry and the Arabic Literary Tradition: Arabic Themes in Hebrew Andalusian Poetry. Leiden: Brill, 1994.

Schirmann 2007 — Schirmann J. Darʿī, Moses Ben Abraham // Encyclopaedia Judaica / Ed. by M. Berenbaum, F. Skolnik. Vol. 5. Detroit, MI: Macmillan Reference USA, 2007. P. 434.

Scheindlin 2007 — Scheindlin R. P. The Song of the Distant Dove: Judah Halevi's Pilgrimage. Oxford: Oxford University Press, 2007.

Schiller-Szinessy 1876 — Schiller-Szinessy S. Catalogue of the Hebrew Manuscripts Preserved in the University Library, Cambridge. Cambridge: Cambridge University Library, 1876.

Schleicher 2008 — Schleicher M. The Fate of Job in Jewish Tradition: On Job's Counterpointist Function // Nordisk Judaistik. 2008. Vol. 26, № 1–2. P. 5–18.

Scholem 1945 — Scholem G. ג׳ לחקר תורת הגלגול בקבלה במאה הי״. Tarbiz. 1945. Vol. 16, № 2–3. P. 135–150.

Scholem 1990 — Scholem G. Origins of the Kabbalah. Princeton, NJ: Princeton University Press, 1990.

Scholem 1991 — Scholem G. On the Mystical Shape of the Godhead: Basic Concepts in the Kabbalah. New York, NY: Schocken, 1991.

Schor-Haim 2012 — Schor-Haim W. Jacob ben Reuben's Sefer Milhamot Hashem, Chapter One: A Jewish Philosophical Critique of Christianity. PhD diss., New York University, 2012.

Schorsch 2004 — Schorsch J. Jews and Blacks in the Early Modern World. Cambridge: Cambridge University Press. 2004.

Schreiner 1994 — Schreiner S. E. Where Shall Wisdom Be Found?: Calvin's Exegesis of Job from Medieval and Modern Perspectives. Chicago, IL: University of Chicago Press? 1994.

Schwab 2005 — Schwab S. Rav Schwab on Iyov: The Teachings of Rabbi Shimon Schwab z"l on the Book of Job / Ed. by M. Schwab. Brooklyn, NY: Mesorah, 2005.

Sed-Rajna 1987 — Sed-Rajna G. Hebraic Bible in Medieval Illuminated Manuscripts. Encino, CA: Steimatzky, 1987.

Segal 1991 — Segal E. Midrash and Literature: Some Medieval Views // Prooftexts. 1991. Vol. 11, № 1. P. 57–65.

Segal 2005 — Segal A. הקדמת זרחיה לפירושו לספר איוב // Daat. 2005. Vol. 56. P. 75–100.

Segol 2012 — Segol M. Word and Image in Medieval Kabbalah. New York, NY: Palgrave Macmillan, 2012.

Seow 2012 — Seow C. L. Job 1–21: Interpretation and Commentary. Grand Rapids, MI: William B. Eerdmans, 2012.

Seow 2023 — The Many Faces of Job / Ed. by C. L. Seow. Vol. 1. Berlin: De Gruyter, 2023.

Sheldon 1980 — Sheldon M. Job, Human Suffering and Knowledge: Some Contemporary Jewish Perspectives // Encounter. 1980. Vol. 41, № 3. P. 229–235.

Silver 1927 — Silver A. H. A History of Messianic Speculation in Israel. New York, NY: Macmillan, 1927.

Silver 1965 — Silver D. J. Maimonidean Criticism and the Maimonidean Controversy, 1180–1240. Leiden: Brill, 1965.

Silverstein 2019 — Silverstein Y. Palestinian and Babylonian Traditions in Italy at the Outset of the Middle Ages: The Yerushalmi in the Writings of R. Isaiah Di Trani (the Rid) // The Jews in Italy / Ed. by Y/ Harel. Boston, MA: Academic Studies Press, 2019. P. 64–89.

Simon 2000 — Simon U. Jewish Exegesis in Spain and Provence and in the East, in the Twelfth and Thirteenth Centuries // Hebrew Bible / Old Testament. I: From the Beginnings to the Middle Ages (Until 1300). Part 2: The Middle Ages / Ed. by M. Saebo. Göttingen: Vandenhoeck & Ruprecht, 2000. P. 377–387.

Singer 1963 — Singer R. E. Job's Encounter. New York, NY: Bookman Associates, 1963.

Sirat 1990 — Sirat C. A History of Jewish Philosophy in the Middle Ages. Cambridge: Cambridge University Press, 1990.

Shulvass 1973 — Shulvass M. A. The Jews in the World of the Renaissance / Transl. by E. I. Kose. Leiden: Brill, 1973.

Shyovitz 2017 — Shyovitz D. I. A Remembrance of His Wonders: Nature and the Supernatural in Medieval Ashkenaz. Philadelphia, PA: University of Pennsylvania Press, 2017.

Sokolow 1979 — Sokolow M. Rashi's Commentary on Job // Gesher. 1979. Vol. 7. P. 125–134.

Sokolow 1981 — Sokolow M. The Commentary of Rashi on the Book of Job // Proceedings of the World Congress of Jewish Studies. 1981. Vol. 8, № A. P. 139–144.

Sokolow 1986 — Sokolow M. Tā'Ūfā Kabbōqer Tihyeh: The Vicissitudes of Rashi's Commentary to Job 11:17 // Journal of the Ancient Near Eastern Society. 1986. Vol. 18. P. 87–89.

Sperka 1979 — Sperka J. S. The Book of Job: Mankind on Trial. New York, NY: Bloch Publishing Company, 1979.

Sperling 1998 — Sperling S. D. Original Torah: The Political Intent of the Bible's Writers. New York, NY: NYU Press, 1998.

Stal 2009 — Stal Y. סודי חומש ושאר: פירושים, גימאטריאות ופרפראות על התורה, שיר השירים, איוב ורות. Jerusalem: Yaakov Yisrael ben Shmuel Dov Stal, 2009.

Steinschneider 1969 — Steinschneider M. Catalog der hebräischen Handschriften in der Stadtbibliothek zu Hamburg. Hildesheim: Georg Olms Verlag, 1969.

Stemberger 2000 — Stemberger G. Elements of Biblical Interpretation in Medieval Jewish-Christian Disputation // Hebrew Bible / Old Testament. I: From the Beginnings to the Middle Ages (Until 1300). Part 2: The Middle Ages / Ed. by M. Saebo. Göttingen: Vandenhoeck & Ruprecht. 2000. P. 578–590.

Stern 2013 — Stern G. Philosophy and Rabbinic Culture: Jewish Interpretation and Controversy in Medieval Languedoc. London: Routledge, 2013.

Stitskin 1963 — Stitskin L. D. From the Pages of Tradition: Ralbag's Introduction to the Book of Job // Tradition. 1963. Vol. 6, № 1. P. 81–85.

Szpek 2005 — Szpek H. M. On the Influence of Job on Jewish Hellenistic Literature // Seeking Out the Wisdom of the Ancients: Essays Offered to Honor Michael V. Fox on the Occasion of His Sixty-Fifth Birthday / Ed. by R. L. Troxel, K. G. Friebel, D. R. Magary. Winona Lake, IN: Eisenbrauns, 2005. P. 357–370.

Ta-Shma 2007a — Ta-Shma I. Isaiah Ben Elijah Di Trani // Encyclopaedia Judaica / Ed. by M. Berenbaum, F. Skolnik. Vol. 10. Detroit, MI: Macmillan Reference USA. 2007.

Ta-Shma 2007b — Ta-Shma I. Masnut, Samuel Ben Nissim // Encyclopaedia Judaica / Ed. by M. Berenbaum, F. Skolnik. Vol. 13. Detroit, MI: Macmillan Reference USA. 2007. P. 603.

Tanenbaum 2002 — Tanenbaum A. The Contemplative Soul: Hebrew Poetry and Philosophical Theory in Medieval Spain. Leiden: Brill, 2002.

The Jewish Encyclopedia 1906 — Ibn Yahya, Joseph Ben David // The Jewish Encyclopedia. New York, NY: Funk & Wagnalls, 1906. Vol. 6. P. 553.

Tirosh-Rothschild 1991 — Tirosh-Rothschild H. Between Worlds: The Life and Thought of Rabbi David ben Judah Messer Leon. Albany, NY: SUNY Press, 1991.

Touati 1992 — Touati C. La Pensée philosophique et théologique de Gersonide. Reprint; Paris: Gallimard, 1992.

Tuori 2016 — Tuori R. Notes on Karaite Hebrew Qinot: Mourning and Poetry in Eastern Europe // Frankfurt Jewish Studies Bulletin. 2016. Vol. 41. P. 37–53.

Tzeitkin 2015 — Tzeitkin Y. The Missing Synopsis to Gersonides' Commentary on Job (MS Paris 251) in Light of the Development of His Exegesis and Its Sources // Hebrew Union College Annual. 2015. Vol. 86. P. 101–194.

Vajda 1959 — Vajda G. An Analysis of the Maamar Yiqqawu Ha-Mayim by Samuel b. Judah ibn Tibbon // Journal of Jewish Studies. 1959. Vol. 10. P. 137–149.

Vajda 1976 — Vajda G. Quelques remarques en marge de la seconde rédaction du commentaire de Saadia Gaon sur le livre de Job // Revue des Études Juives. 1976. T. 135. P. 157–168.

Vargon 2001 — Vargon S. The Date of Composition of the Book of Job in the Context of S. D. Luzzatto's Attitude to Biblical Criticism // Jewish Quarterly Review. 2001. Vol. 91, № 3/4. P. 377–394.

Vicchio 2006 — Vicchio S. The Image of the Biblical Job: A History: 3 vols. Eugene, OR: Wipf & Stock, 2006.

Viezel 2018 — Viezel E. Abraham ibn Ezra's Commentary on Job 2:11: The Time and Place of Job and His Friends and the Composition of the Book of Job // Hebrew Union College Annual. 2017. Vol. 88. P. 113–157.

Walfish 2005 — Walfish B. Medieval Jewish Interpretation // The Oxford Jewish Study Bible / Ed. by A. Berlin, M. Z. Brettler. Oxford, New York, NY: Oxford University Press, 2005. P. 1876–1900.

Weil 1963 — Weil G. E. Elie Lévita: Humaniste et Massorète (1469–1549). Leiden: Brill, 1963.

Weinberg — Weinberg J. Job Versus Abraham: The Quest for the Perfect God-Fearer in Rabbinic Tradition // The Book of Job / Ed. by W. A. M. Beuken. Leuven: Leuven University Press and Peeters, 1994.

Weiss 1979 — Weiss R. התרגום הארמי לספר איוב. Tel Aviv: Tel Aviv University Press, 1979.

Weiss 2000 — Weiss R. Saadiah on Divine Grace and Human Suffering // Journal of Jewish Thought and Philosophy. 2000. Vol. 9, № 2. P. 155–171.

Weiss 2013 — Weiss S. Rabbi Joseph Albo's Concept of Free Choice in His Philosophic Exegesis. PhD diss., Yeshiva University, 2013.

Weiss 2016 — Weiss D. Pious Irreverence: Confronting God in Rabbinic Judaism. Philadelphia: University of Pennsylvania Press, 2016.

Weiss 2017 — Weiss S. Joesph Albo on Free Choice: Exegetical Innovation in Medieval Jewish Philosophy. New York, NY: Oxford University Press, 2017.

Werblowsky 1962 — Werblowsky R. J. Zwi. Joseph Karo: Lawyer and Mystic. Oxford: Oxford University Press, 1962.

Wheeler 2002 — Wheeler B. M. Prophets in the Quran. New York, NY: Continuum, 2002.

Whitney 2006 — Whitney K. W. Two Strange Beasts: Leviathan and Behemoth in Second Temple and Rabbinic Judaism. Winona Lake, IN: Eisenbrauns, 2006.

Wickes 1881 — Wickes W. A Treatise on the Accentuation of the Three So-Called Poetical Books of the Old Testament, Psalms, Proverbs, and Job. Oxford: Clarendon Press, 1881.

Wiesel 1965 — Wiesel E. A Plea for the Dead // Dynamics of Emancipation / Ed. by N. N. Glatzer. Boston, MA: Beacon Press, 1965. P. 151–152.

Wiesel 1976 — Wiesel E. Job: Our Contemporary // Messengers of God / E. Wiesel. New York, NY: Random House, 1976. P. 187–208.

Wiesel 1998 — Wiesel E. Job // Peace, In Deed / Ed. by Z. Garber, R. Libowitz. Atlanta, GA: Scholars Press, 1998. P. 119–134.

Wirszubski 1969 — Wirszubski C. Giovanni Pico's Book of Job // Journal of the Warburg and Courtauld Institutes. 1969. Vol. 32. P. 171–199.

Wolfson 2000 — Wolfson E. R. Abraham Abulafia — Kabbalist and Prophet: Hermeneutics, Theosophy, and Theurgy. Los Angeles, CA: Cherub Press, 2000.

Yaari 1939 — Yaari A. באהלי ספר // מן המצר: ספרים שנכתבו בבית הסוהר. Jerusalem: Reuben Mass, 1939. P. 54–75.

Yaffe 1979–1980 — Yaffe M. Providence in Medieval Aristotelianism: Moses Maimonides and Thomas Aquinas on the Book of Job // Hebrew Studies. 1979–1980. Vol. 20/21. P. 62–74.

Yerushalmi 1996 — Yerushalmi Y. H. Zakhor: Jewish History and Jewish Memory. Seattle: University of Washington Press, 1996.

Yisraeli 2018 — Yisraeli Y. From Christian Polemic to a Jewish-Converso Dialogue: Jewish Skepticism and Rabbinic-Christian Traditions in the Scrutinium Scripturarum // Medieval Encounters. 2018. Vol. 24. P. 160–196.

Zimmels 2007 — Zimmels H. J. Duran, Simeon Ben Ẓemaḥ // Encyclopaedia Judaica / Ed. by M. Berenbaum and F. Skolnik. Vol. 6. Detroit, MI: Macmillan Reference USA, 2007. P. 58–60.

Zinberg 1974 — Zinberg Z. A History of Jewish Literature. Vol. 4: Italian Jewry in the Renaissance Era. Cincinnati, OH and New York, NY: Hebrew Union College Press and KTAV. 1974.

Предметно-именной указатель

Аарон бен Ашер 87
Аарон бен Иосеф га-Рофе 170
Аарон бен Элиа 177–179
Абарбанель Исаак 56, 162
Абба-Мари бен Элигдор 128–130, 132
Абулафия Авраам 190, 191
Аверроэс (ибн Рушд) 126, 144, 164
Авот рабби Натана 58, 73, 74, 77–79
Адарби Исаак бен Самуил 120, 256–258
Азария Менахем из Фано 203
Албалаг Исаак 164
Алкабец Шломо 197
Алкорсоно Иегуда бен-Иосиф 145–147
Алшех Моше 198–201
Альбо Йосеф 150, 153–155, 162, 278
Альтшулер Нафтали Хирш бен Ашер 218, 219
Арама Ицхак 162, 206, 211
Арама Меир бен Исаак 205, 211–214, 220
арамейский язык 44, 50, 67, 82, 83, 96, 109, 168, 229, 281

Аристей из Проконнеса 69
Аристотель 122, 126–128, 135, 137, 143, 144, 188, 206, 222
Аррахель Моше 221–224, 283
артскролловский комментарий 37–39
Арунди Исаак 143, 144
Афраат Персидский 85
Ашер бен Йехиэль 54
Ашкенази Элиэзер 120, 255–257

Бава Батра 72–79, 81, 89, 93, 194, 214, 220, 233, 252, 272, 273
Барфат Сарек 148–150
Бассер Херберт / Basser Herbert W. 7, 110, 112, 113, 184, 187, 194, 195, 917
Бахарах Нафтали бен Яаков 204
Бахья бен Ашер бен Галава 48, 188–190, 206, 221
Бахья ибн Пакуда 163, 164
Бейрав Яаков 197
Беньямин Книжник 232, 233
Берехия бен Натронай ха-Накдан 89, 90, 92, 98, 101–103, 261
Берешит Раба 35, 55, 71–77, 80, 81, 167, 193, 199, 202

Предметно-именной указатель

Библия 11, 14, 17, 18, 21, 22, 25, 33, 36, 37, 42, 46, 48, 50, 61, 63, 67, 68, 83, 87–91, 94, 96, 97, 101, 106, 109, 114, 115, 117, 118, 120, 124, 126, 132, 137, 138, 140, 146, 155, 156, 168, 169, 175, 181, 183, 184, 187, 204, 209, 212, 215, 221–224, 226, 227, 243, 260, 261, 267–269, 273–275, 279, 282, 283
  Альба 221–224, 282, 283
  Амбросианская 279
  ашкеназская 282
  еврейская 11, 14, 17, 46, 48, 67, 68, 221, 268, 273, 275,
  короля Иакова 1611 года 11
  раввинистическая 68, 83, 94, 106, 132, 156, 183,
  Уиклифа 11
божественное провидение 42, 46, 60, 62, 85, 129, 141, 142, 146, 154, 158, 159, 198, 251, 253, 276
Бубер Мартин 24–26, 53
Буттенвизер Мозес/ Buttenwieser Moses 20–22
Бэлентайн Сэмюэль 49
  Обратил ли ты внимание твое на раба Моего Иова? 49

Вайикра Рабба 71
Вертгеймер Соломон Аарон 71, 80
Визель Эли /Wiesel E. 26, 27, 34, 106
  Ночь 26
Виккио Стивен 48
  Иов в Древнем мире 48
  Иов в современном мире 48
  Иов в средневековом мире 48
Виталь Хаим 201, 202

воздаяние 21, 31, 51, 62, 68, 78, 79, 102, 104, 105, 107, 111, 117, 119, 127, 139, 143, 147, 152, 178, 186, 187, 199, 242

Галеви Аарон бен Йосеф 60
Галеви Иегуда 166
Галеви Пинхас бен Йосеф 61
Гамлиэль бе-Рабби 44, 82, 83
гаоны 28, 42, 46, 48, 54, 60, 115, 151, 167, 215, 261
Герсонид (Леви бен Гершом) 131–136, 144, 148–150, 156, 158, 159, 161, 166, 184, 219, 221, 263, 267, 280, 285, 286
Гикатилла Моисей 107, 108, 118, 261
Глатцер Наум Н./ Glatzer Nahum N. 47, 90, 93, 97, 160, 161, 184, 186, 192, 209, 211, 212
  Измерения Иова 47, 48
Гордис Роберт / Gordis Robert 18, 28–33, 36
  Книга о Боге и человеке: исследование Иова 29
  Книга Иова: комментарий, новый перевод и специальные исследования 29

Давид бен Йосеф Абудархам 54
Давид ха-Леви Сегал (Турей-Захав) 65
Даниэль аль-Кумиси 162, 169
Дари Моисей бен Авраам 239, 240
Донин Николя 268, 269
Дунаш бен Лабрат 261
Дуран Шимон бен Цемах 48, 49, 62, 150–154, 160, 195, 205
Дэвис Натали Замон 259

Еврейский союзный колледж/ Hebrew Union College 17
Еврейское телеграфное агентство 11, 12

Завещание Иова 67, 69, 70, 77, 81, 84, 99, 249
Зерахия бен Шеалтиэль Хен 48, 49, 126–129, 167
Зогар 7, 48, 64, 167, 181, 187, 191–197, 201, 206, 208, 225, 262

Иаков бен Шломо га-Царфати 251, 252
ибн Валаам Иуда 87, 215
ибн Габироль Шломо 237–239
ибн Джанах Иона 108, 136, 215, 261
ибн Каспи Иосиф 48, 136–139
ибн Мелех Шломо 215, 216
ибн Нух Абу Якуб Юсуф 174, 176
ибн Сарук Менахем 109, 261
ибн Тиббон Самуил 49, 111, 114, 124–127, 130, 132, 141, 142, 147, 148, 167
ибн Эзра Авраам 48, 54, 66, 100, 102, 105–107, 112, 116, 128, 136, 145, 147, 151, 165, 166, 177, 184, 186, 188, 209, 215, 219, 221, 229, 234–236, 261
ибн Эзра Моше 236, 237
ибн Яхья Гедалья 197
ибн Яхья Йосеф бен Давид 214, 215, 219
иврит 19–21, 34, 45, 47, 88, 96, 106, 108, 109, 112, 115, 116, 120, 124, 127, 131, 153, 155, 159, 162, 168–171, 176, 177, 189, 197, 203, 211, 217, 221, 223, 228, 234, 235, 241, 243, 244, 251, 252, 254, 256, 259, 261, 264, 265, 279, 280, 281
Идельсон Авраам / Idelsohn Abraham 52, 53
идиш 217, 218, 246, 262–264
Иехиель из Парижа 268, 269
Иммануэль Римский 49, 139–142, 167
Иосиф Израиль из Форли 240
Иосиф Флавий 70; Против Апиона 70
Исаак Арунди 49, 142–144
Исаак бен Соломон га-Коген 216, 220
Исайя бен Элия ди Трани 103, 104, 116
испытание 10, 14, 22, 31, 35, 43, 44, 67, 69, 76, 79, 85, 98, 99, 102, 104, 105, 113, 118, 119, 151, 152, 154, 155, 164, 167, 171–173, 176, 177, 182, 183, 192, 199, 201, 206, 210, 211, 213, 215, 219, 223, 225, 236, 248, 249, 267, 286
Иуда бен Давид 269
Ицхак Натан бен Калонимос 243, 244

Йефет бен Эли Караим 118, 169–174, 176, 178
Йизхари Мататиас 250, 251
Йосеф бен Гедалия 64
Йосеф бен Натан Официал 273, 274
Йосеф ибн Цаддик 164

Калир Элеазар 118, 228–230
Калонимос бен Иуда из Майнца 231, 232

Кара Иосиф 48, 89, 92, 96, 97, 100, 261
караимы 47, 50, 52, 105, 115, 118, 119, 162, 163, 167–180, 208, 239
Кимхи Давид 215, 218, 219, 221, 261
Кимхи Иосиф 109–111, 215, 268
Кимхи Моисей 111–113, 220
Книга Ездры — Неемии 51, 91, 111, 136, 209, 265
Книга притчей Соломоновых 52, 53, 109, 111, 115, 126, 131, 136, 140, 145, 198, 217, 220, 236, 274, 280
Книга пророка Даниила 51, 105, 108, 115, 170, 198, 209, 274
Книги Библии Сончино, проект 21, 36
Книги Паралипоменон 51, 91, 209
Крескас Хасдай 153, 250
Кушнер Гарольд 40–42
Когда с хорошими людьми происходят плохие вещи 40, 42

Ларримор Марк 49
Книга Иова: биография 49
Леви бен Гершом (Герсонид) 131–136, 151; см. также Герсонид
Леви ибн Хабиб 62
Леоне да Модена 258, 259
Лерма Иегуда бен Шемуэль 162
Лиман Оливер 49
Зло и страдание в еврейской философии 49
литургия/литургическая 18, 19, 42–44, 50–66, 115, 150, 204, 205, 227, 229, 231, 233, 234, 239, 281, 284
еврейская 50–66
похоронная 59
поэзия 42, 105, 115, 150, 204, 229, 231
практика 42, 205, 229
Лихтенштейн Аарон 58
Лурия Ицхак 201–203

Маймонид (Моше бен Маймон) 48, 49, 56, 47, 61, 62, 111, 114–116, 121–133, 136–138, 140–142, 144–148, 150–156, 167, 177, 178, 183–185, 188, 192, 206, 212, 216, 221–223, 225, 247, 251, 267, 275, 277, 280
Сефер ха-бахир / Путеводитель растерянных 114, 116, 121, 123–128, 131, 132, 136, 140, 141, 146, 167, 177, 213
Маклиш Арчибальд 23
Малбим (Меир Лейб бен Иехиэль Михаэль) 37
Маснут Шмуэль бен Нисим 165, 209–211
Махзор Витри 55
Меир бен Элиэзер 233, 234
Меюхас бен Элияху 89, 101
мидраш 18, 28, 36, 37, 42, 46, 51, 52, 60, 71, 75, 80–82, 87, 88, 91, 93, 94, 96, 100, 101, 104, 109, 111, 119, 168, 169, 182, 184, 191, 192, 194–197, 208, 209, 213–216, 218, 221, 230, 231, 233, 244, 245, 257, 260, 265, 282
Мидраш га-Неэлам к Книге Руфи 194, 195
Мидраш Ийов 71, 80–82, 100, 195, 216
Мидраш Леках Тов 119

Мидраш Танхума 71
Мильгаузен Йом Тов Липман 275–277
Молхо Шломо 120, 254–256
Мордехай бен Яков 217, 263
Москато Иегуда 252–254
Моше бен Маймон (Маймонид, Рамбам) 114, 121–124; см. также Маймонид
Моше бен Нахман (Нахманид) 183–188, 270, 271; см. также Нахманид
Моше де Леон 192, 196, 197
Мускулус Вольфганг 11
Loci Communes 11

Наджара Исраэль бен Моше 204–206
наказание 10, 14, 22, 31, 35, 43, 44, 67, 69, 76, 79, 85, 98, 99, 102, 104, 105, 107, 113, 118, 119, 151, 152, 154, 155, 164, 167, 171–173, 176, 177, 182, 183, 192, 199, 201, 206, 210, 211, 213, 215, 219, 223, 225, 236, 248, 249, 267, 286
Нахманид (Моше бен Нахман) 44, 61–64, 66, 116, 128, 134, 151, 166, 183–192, 196, 204, 206, 213, 214, 221, 263, 267, 270, 271, 282
Ниссим бен-Моисей из Марселя 147, 148

Павел Бургусский (га-Леви Соломон) 267
Пархон Соломон 100, 261
Пениэль Соломон бен Авраам 204
Песикта де-Рав Кахана 75, 76, 119, 257

Песикта Раббати 72, 73, 75, 76
Пикартеи Авраам бен Шемуэль 263, 264
Псалтирь 21, 52, 53, 55, 96, 105, 108, 115, 124, 140, 159, 198, 212, 236, 237, 274, 279, 280
Пять Свитков 18, 22, 43, 96, 105, 115, 131, 214, 281
Песнь Песней 136, 140, 145, 159, 170, 188, 198, 212
Книга Руфь 136, 140
Плач Иеремии 52, 56, 136, 140, 169, 174, 179, 198, 212, 230, 256, 257
Книга Екклесиаста 124, 136, 145, 156, 159, 179, 185, 198, 274
Книга Есфири 72, 114, 140, 171, 198, 212, 248, 265, 281

Рабби Яаков бен Меир (Рабейну Там) 97–99
Рабейну Там 89, 97–100, 140, 153, 261, 282; см. также Рабби Яаков бен Меир
Рав 81, 82, 85, 86, 92, 194, 213, 272
раввинистическая традиция 28, 33, 35, 36, 38, 73, 75, 91, 92, 94, 95, 99, 104, 105, 108, 115, 119, 152, 162, 171, 177, 192, 247, 249, 264
Рашбам (Шмуэль бен Меир) 89, 94–97, 100, 113
Раши (Шломо Ицхаки) 34, 48, 54, 55, 66, 86, 89–103, 105, 113, 116, 136, 151, 184, 206, 209, 218, 219, 232, 250, 261, 281
Рейхерт Виктор Эмануэль 22, 23, 25, 36
Реканати Менахем 156, 197

Рефаэль Хизкия из Форли 59
Ривка (бат Меир) Тиктинер 262, 263
Рихлер Биньямин 8, 97
Рот Норман 184

Саадия бен Иосеф аль-Файюми Гаон 48, 49, 83, 102, 108, 115–121, 124, 151, 154, 166, 167, 171, 173, 176, 184, 189, 210, 215, 261
Самуил бен-Хофни 60
Самуил де Медина 256
Сангедрин 72, 74, 75
Сатлоу Майкл 226
Седер Олам Раба 72, 73
Седер Элиягу Зута 73
Септуагинта 45, 48, 68–70, 84, 85
Серьезный человек, фильм братьев Коэнов 12, 13, 15, 40, 42
Сефер Абудархам 54
Сефер га-багир 181
Сефер га-Яшар / Книга праведных 245, 246
Сефер Йецира 115
Сефер ницахон ветус / Старая книга победы, или Полемики, анонимная антология 274, 275, 277
Сефер ха-бахир / Путеводитель растерянных 141
Сефер хасидим / Книга благочестивых 182
Соловейчик Йосеф Дов-Бер 25, 26
Соломон бар Симсон 248–250
Соммо Иехуда Леоне бен Ицхак (Иехуда Соммо Порта-леоне, Леоне ди Сомми) 241, 242

Соран Эфесский 259
Сота 72–80
Сперка Джошуа /Sperka J. S. 34–36, 38
Сфорно Овадия 159–161

Тайтацак Йосеф 120, 254, 256
Талмуд 18, 34, 36, 37, 51–54, 56–58, 67, 71, 73, 79, 87, 89, 90, 115, 131, 150, 162, 183, 202, 215, 219, 221, 246, 260, 263, 268, 269
Вавилонский 53, 71, 73, 89, 90, 263
Иерусалимский 71
Палестинский 18, 52
Таненбаум Адена 165, 236
Танхум бен-Иосиф ха-Иерушалми 127
Танхума Бубер 71, 73–77, 81
Таргум Иова 47, 49, 54, 79, 82–84
теодиция 13, 21, 24, 28, 33, 35, 41, 42, 46, 49, 71, 73, 88, 90, 95, 102, 112, 113, 118, 122, 125, 134, 146, 147, 153, 154, 157, 202, 247, 251, 285
терпение Иова 11, 118, 222, 266
традиция 13, 28, 30, 32, 33, 35–38, 42, 43, 46, 47, 50, 52, 53, 60, 64, 70, 71, 73–75, 81, 83, 84, 91, 92, 94, 95, 99, 101, 103–105, 108, 109, 115, 119, 122, 130, 138, 139, 144, 150, 152, 155–157, 160–162, 167, 171, 176–178, 180–185, 192, 205, 208, 213, 226, 236, 245, 247, 249, 264, 265, 282
библейская 28
вавилонская 52
еврейская 46, 47, 155, 167, 181
караимская 178

маймонидовская 144
мидрашеская 60, 101, 109, 182, 213, 245, 282
мистическая 183, 185, 205;
палестинская 52, 53
раввинистическая 28, 33, 35, 36, 38, 73, 75, 77, 84, 91, 92, 94, 95, 99, 104, 105, 108, 115, 119, 152, 162, 171, 177, 247, 249, 264
талмудическая 130
устная 37

Уц, земля 12, 15, 98, 111, 118, 156, 204, 214, 220, 223, 243, 244, 247, 264, 265

Фариссоль Авраам бен Мордехай 155–159, 263
Франк Дэниэл / Frank Daniel 168, 170, 176, 177, 179, 287
Франкель Захария 183, 184
Фрихоф Соломон 22–25, 36

Хагиз Яков 204
Хаззан Авраам бен Иуда 218, 219
Хайюдж Иуда 108, 215, 261
Хасид Иегуда 64, 182
холокост 24–37, 39

Цзюнь-Лян Сяо 8, 48, 50, 120, 121, 173
Лики Иова 50

Чавел Чарльз / Chavel Charles 101, 184–186, 189, 270, 271
человеческие страдания 23, 28

Шеалтиэль бен Шломо Нехемия 278
Шем Тоб ибн Шапрут из Туделы 166, 167
Шимон бар Йохай 64, 192, 195
Ширази Маулана Шахини 265, 266
Шломо ибн Адрет 60, 188, 190
Шломо Ицхаки 34, 90–94, 232; см. также Раши
Шмот Раба 72, 74, 75
Шмуэль бен Меир 94–96; см. также Рашбам
Шулхан арух 43, 52, 56

Эйзен Роберт 48
Книги Иова в средневековой еврейской философии 48
экзегеза 41, 71, 85, 86, 94, 96, 105, 109, 113, 128, 136, 139, 140, 151, 159, 165, 168–170, 178, 179, 188, 206, 221, 264, 280, 284, 285
библейская 41, 115, 139, 140, 168, 264, 285
караимская 169, 170, 179
мистическая 180, 206
философская 178, 280
христианская 85, 221
Элеазар бен Ашер га-Леви 244, 245
Элиезер Ашкенази 120, 255, 256
Элиезер из Вормса 58
Элиэзер из Божанси 90, 102, 261
Элия бен Элиезер ха-Иерушалми 49, 141–143
Элия Левита 148
Элиягу га-Коген из Измира 204
Элияу бен Авраам 175

Юлиан Экланский 85

Яаков бен Ашер 55, 221
Яаков бен Беньямин из Монтальчино 280
Яаков бен Иоше Леви Моэлин 65
Яаков бен Реувен 271, 272
Ябез Ицхак бен Шломо 219–221
Ягел Авраам бен Ханания 246–248

Яков бен Реубен 175–177
Яков Эмден 259

Berger David 94, 188, 274, 275
Judaism, журнал 32
Le Glossaire de Leipzig, иудео-французский библейский глоссарий 260–262

Оглавление

Благодарности 7

Введение 11
Пролог. Где премудрость обретается? 46
Глава 1. Иов в еврейской литургии и религиозной
    практике 51
Глава 2. Иов в ранней раввинистической литературе 67
Глава 3. Иов в средневековых комментариях *пшат* 87
Глава 4. Иов в средневековой еврейской философии 114
Глава 5. Иов в средневековых караимских сочинениях 168
Глава 6. Иов в средневековых еврейских мистических
    сочинениях 181
Глава 7. Иов в антологических комментариях 208
Глава 8. Иов в средневековой еврейской литературе
    и искусстве 226
Заключение 284

Приложение 288
Источники 296
Библиография 307
Предметно-именной указатель 332

Научное издание

Джейсон Кальман
ГДЕ ПРЕМУДРОСТЬ ОБРЕТАЕТСЯ?
Еврейская интерпретация Книги Иова
от раввинистического периода до XVI века

Директор издательства *И. В. Немировский*
Ответственный редактор *И. Белецкий*
Куратор серии *Е. Яндуганова*
Заведующий редакцией *А. Наседкин*

Дизайн *И. Граве*
Редактор *Р. Рудницкий*
Корректор *И. Манлыбаева*
Верстка *Е. Падалки*

Подписано в печать 26.03.2025.
Формат издания 60 × 90 $^1/_{16}$. Усл. печ. л. 21,4.
Тираж 200 экз.

Academic Studies Press
1577 Beacon Street, Brookline, MA 02446 USA
https://www.academicstudiespress.com

ООО «Библиороссика».
198207, г. Санкт-Петербург, а/я № 8

Эксклюзивные дистрибьюторы:
ООО «Караван»
ООО «КНИЖНЫЙ КЛУБ 36.6»
http://www.club366.ru
Тел./факс: 8(495)9264544
e-mail: club366@club366.ru

Книги издательства можно купить
в интернет-магазине: www.bibliorossicapress.com
e-mail: sales@bibliorossicapress.ru

Знак информационной продукции согласно
Федеральному закону от 29.12.2010 № 436-ФЗ

www.ingramcontent.com/pod-product-compliance
Lightning Source LLC
Chambersburg PA
CBHW070402100426
42812CB00005B/1607